北大刑法博士文丛（17）

陈兴良　总主编

出罪事由的体系和理论

方　鹏　著

中国人民公安大学出版社
·北　京·

图书在版编目（CIP）数据

出罪事由的体系和理论/方鹏著. —北京：中国人民公安大学出版社，2011.8

（北大刑法博士文丛）

ISBN 978-7-5653-0602-0

Ⅰ. ①出… Ⅱ. ①方… Ⅲ. ①刑事犯罪—研究—中国 Ⅳ. ①D924.114

中国版本图书馆 CIP 数据核字（2011）第 189952 号

北大刑法博士文丛

出罪事由的体系和理论

方鹏 著

出版发行：中国人民公安大学出版社
地　　址：北京市西城区木樨地南里
邮政编码：100038
经　　销：新华书店
印　　刷：北京蓝空印刷厂

版　　次：2011 年 8 月第 1 版
印　　次：2011 年 8 月第 1 次
印　　张：12
开　　本：880 毫米 ×1230 毫米　1/32
字　　数：322 千字

书　　号：ISBN 978-7-5653-0602-0
定　　价：38.00 元

网　　址：www.cppsup.com.cn　www.porclub.com.cn
电子邮箱：zbs@cppsup.com　zbs@cppsu.edu.cn

营销中心电话：010-83903254
读者服务部电话（门市）：010-83903257
警官读者俱乐部电话（网购、邮购）：010-83903253
法律图书分社电话：010-83905745

本社图书出现印装质量问题，由本社负责退换

总 序

“北大刑法博士文丛”即将由中国人民公安大学出版社陆续出版。作为总主编，我感到十分高兴。随着法学教育的发展，每年毕业的博士生人数越来越多，博士论文作为获得博士学位的前提，成为一种学术成果的重要载体，受到学术界的高度重视。博士论文的水平，也成为衡量一个博士点质量高低的重要指数。在这种情况下，从已经答辩通过的博士论文中，择其优者经过修订予以出版，也是对学术界的一种贡献。北京大学刑法学博士点是我国培养刑法学专业博士生的一个重要基地，自1990年建点以来，已经培养了数十名博士生，并曾经系统地出版过博士论文集。这次在中国人民公安大学出版社出版的“北大刑法博士文丛”是这一出版活动的延续。我在主编本文丛的时候，择优选择博士论文，主要基于以下三个标准：

一是选题新。刑法学是一门发展较为成熟的部门法学科，到目前为止，博士论文已有数百篇，已经出现了一些选题重复的现象。因此，在选题上如何出新，就是一个值得研究的问题。入选本文丛的博士论文，我要求选题一定要新。这里的新，既指没有相同选题的博士论文，更指它能开启新的学术领域。陈旧的选题是很难在内容上出新的。因此，选题新就成为入选的一个基本前提。

二是观点新。博士论文虽然力求通过，但仍然给学术创新留下了一定的空间。如果在观点上都是一些陈词滥调，没有任何独创之处，就不可能成为一篇好的博士论文。因此，观点新是对博士论文的一个基本要求。这里的观点新，就是指论文在内容上具有一定的原创性，而不是资料堆砌或者文献综述。应该说，这是一个较高的要求。当然，观点新也并非是标新立异，而是要在承接前人研究成果的基础之上推陈出新，这就要求作者具有扎实的学术基础。

三是表述新。表述虽然只是一个形式问题，但我认为也是必须引起我们充分重视的。长期以来，我们在刑法理论研究中已经形成了某种固定的程式，按照这种程式写出来的论文在表述方法上是十分陈旧的，给人一种似曾相识之感，缺乏新意。我一直倡导一种新的表述方法，能够给人以别开生面之感。表述是一种文字功夫，虽然只是学术的载体和外表，但好的表述能使观点更引人入胜，更具有吸引力。

达到以上三个标准的博士论文，才是优秀的博士论文，这是我对本文丛入选标准的一点看法。我期待有更多的优秀博士论文能够入选。当然，由于出版资源有限，我们每年只能出版 3 ~ 5 本，这些博士论文应该是北京大学刑法学博士论文中最优秀的。本着宁缺毋滥的原则，我将严格把关，力争使本文丛的博士论文在质量上达到较高的学术水平。尤其是在论文的选题上，我将更侧重于前沿性的理论问题。博士论文的出版，对于培养学术新人来说，是一项功德无量的工作。对于那些立志将来献身学术研究的博士生来说，博士论文将是他的第一本个人专著。对于那些投身司法实践工作的博士生来说，博士论文也许是他的最后一本，甚至是唯一的一本个人专著。因此，饱含个人心血的博士论文能够出版，这是一件幸事，对此，我深有体会。想到十多年前我出版个人博士论文时的艰难，更为自己能够为学生们的博士论文的出版助一臂之力而感到快慰。

最后，我还要感谢中国人民公安大学出版社对本文丛出版所给予的大力支持。中国人民公安大学出版社在刑事法学术著作出版方面成绩卓著，已经成为刑事法学术著作出版的“重镇”，本文丛的出版就是一个明证。

是为序。

陈兴良
谨识于北京锦秋知春寓所
2004 年 6 月 20 日

目 录

序

方鹏的博士论文《出罪事由的体系和理论》，经过精心的修改、增补，即将交付出版，嘱我为之作序。作为方鹏的博士生指导教师，我感到十分高兴。

在本书中，方鹏研究的主题是出罪事由，我认为这是一个具有现实意义的题目。尤其是方鹏能够从法理与学理上对出罪事由进行研究，力图建构出罪事由的体系和理论，这是值得充分肯定的。

入罪和出罪，是司法活动中两种互相对立但又高度同一的裁判活动。之所以说互相对立，是因为一个案件要么入罪要么出罪，别无其他结果。因此，从裁判结果上来说，入罪与出罪是明显抵牾的。但入罪与出罪又是在同一个司法过程中完成的，不能把入罪与出罪截然区分为两种不同的裁判活动。在这个意义上说，入罪与出罪作为裁判内容又具有高度的同一性。而对入罪与出罪，司法应当保持其中立性：确实符合入罪要件的，当然应当入罪；确实符合出罪要件的，当然应当出罪。中国有句成语，叫做“出入人罪”，这是指不应当出罪的出罪，不应入罪的入罪。“出入人罪”明显违反了法律关于出入罪的要件，具有实体上的不公正性。同时，“出入人罪”也是以罔顾事实、歪曲法律为前提的，其必然违背司法的中立性，具有程序上的不公正性。应该说，我国长期以来注重入罪而忽视出罪。我国的刑事司法制度主要是为入罪而设计的，出罪机制不畅。我国刑法理论更多是为入罪提供根据，出罪理论不彰。在这种情况下，方鹏提倡建立开放性、多元化、阶层性出罪事由体系，我以为是极有见地的。

出罪事由体系的建立，涉及对罪刑法定原则的理解。罪刑法定原则的宗旨在于限制入罪权，这主要体现在“法无明文规定不为罪”这一法律格言当中。基于罪刑法定原则的要求，构成犯罪，法律必须有明文规定，因此入罪事由是封闭的。而出罪事由体系则是开放的。无罪（指刑法没有明文规定为犯罪）一定不罚，有罪（指刑法明文规定为犯罪）也不一定必罚。无罪不罚，当然是罪刑法定原则的应有之义，表明入罪事由须由刑法明文规定，因而入罪事由是封闭的体系。有罪不罚，也未必违反罪刑法定原则。如果确实存在出罪事由，不罚是合理的，也是合法的。例如，“何耘韬案”就涉及执行上级决定是否构成犯罪的问题。2005年7月，时任廉江市国土局副局长的何耘韬，在开发区金都公司未缴足土地出让金的情况下被要求签发土地证。何耘韬称在此前曾多次以口头意见的形式向市政府领导反映此举违反规定。但出于招商引资等考虑，市政府修改会议纪要，允许暂收40%土地出让金办证。何耘韬自称被迫执行上级命令签发土地证。2010年7月6日廉江市人民检察院以玩忽职守罪向廉江市人民法院起诉，2011年4月14日何耘韬被逮捕，次日该案一审宣判，以玩忽职守罪判处何耘韬有期徒刑6个月。何耘韬提起上诉。2011年5月24日，湛江市中级人民法院认为，原审判决所依据部分事实不清，裁定撤销原判发回重审。2011年5月25日，廉江市人民法院另组合议庭重新审理该案，并决定对何耘韬采取取保候审强制措施。2011年5月27日，廉江市人民检察院以“案件事实、证据有变化”为由申请撤诉，廉江市人民法院准许撤诉，并取消对何耘韬的取保候审。在本案中，违法办理土地证的事实是客观存在的，何耘韬的行为是否构成犯罪，关键在于如何看待执行上级决定的问题。我国《公务员法》第54条规定：“公务员执行公务时，认为上级的决定或者命令有错误的，可以向上级提出改正或者撤销该决定或者命令的意见；上级不改变该决定或者命令，或者要求立即执行的，公务员应当执行该决定或者命令，执行的后果由上级负责，公务员不承担责任；但是，公务员执行明显违法的决定或者命令的，应当依法承担相应的责任。”在本案中，何耘韬明知是违法的上级决定仍然执行，自应负其相应的责任。但就此是否构成犯罪，我认为是值得研究的。就出罪事由而言，在“何耘韬案”中，以执行上级决定作为违法阻却事由来考虑是有一定障碍的。也就是说，何耘韬的行为的违法性难以排除。但当这种上级决定是以组织决定的形式出现的时候，个人实际上是根本不可能与之抗衡的。因此，要求何耘韬与组织决定对抗亦即不签发违法的土地证，缺乏期待可能性。从这个意义上来说，以期待不可能作为何耘韬的出罪事由也许更为恰当。当然，发布具有违法性组织决定的责任人员如何承担相应的法律责任，尤其是应否承担刑事责任，又是另外一个值得研究的问题。在“何耘韬案”中，存在出罪事由应当予以出罪。而我国司法机关对于出罪事由的理论并没有很好地掌握，在这种情况下，往往是入罪容易出罪难。只有建立起一个具有开放性、多元化和阶层性的出罪事由体系，才能实现刑法的人权保障机能。

出罪事由体系的建构，首先是一个法律问题，即立法问题与司法问题。方鹏在本书中对我国刑法中关于出罪事由的规定和司法解释中关于出罪事由的规定，都作了系统的梳理，这是值得肯定的。本书围绕着我国刑法第 13 条关于犯罪概念的“但书”规定，展开了较为充分的讨论，这是特别引人入胜的。“但书”规定不是我国刑法的独创，而是从《苏俄刑法典》中引进的，这点是必须首先澄清的。对于“但书”规定，我国刑法学界赞颂者众而质疑者寡。对于“但书”规定的肯定主要是把其规定当做一种出罪事由来定位的。例如，我国学者对“但书”的适用范围做了研究，根据能否适用“但书”规定，把犯罪分为三种：一是绝对不能适用“但书”的犯罪，这些犯罪以情节作为犯罪成立要件，因而没有必要适用“但书”规定出罪。二是一般不能适用“但书”的犯罪，这些犯罪要么是性质严重没有量的限制而不可能适用“但书”，要么性质较轻具有定量限制而没有必要适用“但书”。这些犯罪中，只有少数情况下可以适用“但书”。三是可以适用“但书”的犯罪，这些犯罪是指性质较轻而分则条文又没有定量因素限制的犯罪。[①] 但我认为，不能把“但书”规定作为一般性的出罪事由，它只是一种对刑法分则罪名设置具有指导性的刑法总则规范，而不是法定的出罪事由。在我国目前的司法解释和司法实践中，确实存在以“但书”规定作为一般性的出罪事由的现实，如2003年1月17日最高人民法院《关于行为人不明知是不满十四周岁的幼女，双方自愿发生性关系是否构成强奸罪问题的批复》规定：“行为人确实不知对方是不满十四周岁的幼女，双方自愿发生性关系，未造成严重后果，情节显著轻微的，不认为是犯罪。”在此，司法解释虽然未引刑法的“但书”规定，但其内容就是以“但书”规定作为出罪的法律根据。那么，在这种不知对方是不满14周岁的幼女，双方自愿发生性关系的情况下，之所以无罪，应当引用刑法的“但书”规定吗？我认为，显然不是。在这种情况下无罪，是因为缺乏“明知”这一主观要素，因而构成要件不具备，并不是因为犯罪情节显著轻微。此外，在司法实践中也存在极为个别引用“但书”规定作为出罪事由的判例，如“蒲连升、王明成安乐死故意杀人案”。对此，在本书中方鹏也作了专门探讨。关于“蒲连升、王明成案”，法院判决认为：“被告人王明成在其母夏素

① 张永红：《我国刑法第13条但书研究》，法律出版社2005年版，第52页以下。

文病危濒死的情况下，再三要求主管医生蒲连升为其母注射药物，让其母无痛苦地死去，虽属故意剥夺其母生命权的行为，但情节显著轻微，危害不大，不构成犯罪。被告人蒲连升在王明成的再三请求下，亲自开处方并指使他人给垂危病人夏素文注射促进死亡的药物，其行为亦属故意剥夺公民的生命权利，但其用药量属正常范围，不是造成夏素文死亡的直接原因，情节显著轻微，危害不大，不构成犯罪。”以上裁判理由被我国学者所津津乐道，因为该判决直接援引了刑法的“但书”规定作为无罪法律依据。但我认为，这一判决的解释是有问题的。本案被告人蒲连升、王明成实施的是一种安乐死的行为，安乐死在我国当前尚未获得合法化，但是否可以成为违法阻却事由与尚未合法化之间并不矛盾。本来应当通过该案确立安乐死作为违法阻却事由的法律地位，但上述判决并没有从这个方面考虑，而是笼统地以“但书”规定作为无罪的法律根据，这是令人惋惜的。基于出罪事由的多元化的思考，不同的出罪事由应当具有不同的根据，而且出罪并不需要法律根据，只有入罪才需要具有法律根据。在这一点上入罪与出罪是完全不同的，但我们目前把“但书”规定当做出罪事由的唯一管道，这样一种做法与认识，究其深层次的思想原因，还是在出罪上依赖于有法律规定，这种思想本身就是值得商榷的。而且，这种做法也妨碍了多元化出罪事由体系的形成，因而我以为并不可取。

出罪事由体系的建构，不仅是一个法律问题，而且是一个理论问题，尤其是它与犯罪论体系之间具有密切关系。对此，方鹏在本书中也进行了较为深入的探讨。方鹏在本书中提倡阶层性的出罪事由体系，对此我深表赞同。这里涉及四要件与三阶层这两种犯罪论体系与出罪事由之间的优劣关系。四要件是平面的，各个构成要件之间并不存在阶层性。因而，在四要件的犯罪论体系中，并不存在阶层性的出罪事由体系。例如，在刑法中最为重要的出罪事由——正当防卫、紧急避险，也没有纳入四要件的犯罪论体系之中。在这个意义上我们可以说，四要件是没有出罪事由的犯罪构成，出罪事由在四要件的犯罪论体系中并不存在应有的地位，这也正是四要件的犯罪论体系的根本缺陷之所在。而三阶层的犯罪论体系在各要件之间存在位阶关系，这就为出罪事由的阶层性提供了逻辑根据。在三阶层的犯罪论体系中，不仅违法阻却事由自成一体，而且存在可罚的违法性、责任阻却事由等各种不同的出罪事由，由此为定罪过程的出罪提供了法律空间。在本书中，方鹏提出建立正当化的出罪事由—可宽恕的出罪事由—不可罚的出罪事由的体系，我认为是具有合理性的，充分揭示了各种出罪事由之间的阶层关系。

在我国刑法理论中，研究入罪问题较多，研究出罪问题较少。但刑法理论是由入罪理论与出罪理论这两个方面构成的，两者缺一不可。方鹏对出罪事由的体系和理论的深入研究，对于推动我国刑法中出罪理论的发展，是具有重要意义的。方鹏是2006年从北京大学法学院博士毕业的，毕业以后进入中国政法大学从事教学科研工作，与此同时对博士论文进行了精心修订，终于以今天这样一种面目问世。经过修改，本书与博士论文相比，不仅在篇幅上有大幅增加，而且水平也大有提升。可以说，本书是我国在出罪事由研究领域的一部力作，特此向读者推荐。最后，我还要期望方鹏在学术上不懈努力，将来会有更高水准的学术著作问世。

是为序。

陈兴良

谨识于北京锦秋知春寓所

2011年7月13日

绪 论

入罪和出罪，是我国刑事司法实务中经常使用的术语。入罪判断和出罪判断，是认定犯罪不可或缺的两种判断模式。入罪判断是将行为与法定的构成要件对比，判断其是否符合构成要件的形式规定；而出罪判断则是从实质角度出发，查找形式上符合构成要件的行为是否具有不构成犯罪、不科处刑罚的理由。由此可见，入罪判断和出罪判断的特征和依据是截然不同的。入罪判断是倾向于将行为纳入犯罪圈的判断，其判断依据是：刑法明文规定的构成要件。判断逻辑是：符合构成要件则纳入犯罪圈，否则即排除。而出罪判断是倾向于将行为排出犯罪圈的判断，其判断依据并不限于刑法的明文规定，而是常常超越刑法规范。其判断逻辑是：有充分理由则将行为排出犯罪圈，否则即让犯罪成立的假定继续下去。也就是说，入罪恪守罪刑法定原则，是形式判断，而出罪则无须法定，是实质判断。

我国刑法研究的过去和当前，极其重视入罪的研究，相形之下，出罪研究却遭到忽视和冷遇。正当防卫、紧急避险等正当化事由在我国传统四要件犯罪论体系中的尴尬地位就是忽视出罪的表现之一。但出罪与入罪一样，都是犯罪认定不可或缺的组成部分。仅有入罪没有出罪，犯罪认定就不会完整，犯罪论体系也是残缺的，带来入罪容易出罪难的后果就不足为奇了。

值得欣慰的是，近年来，我国众多学者以“正当化事由”或“正当化行为”为题，对出罪的部分内容进行了研究，如陈兴良教授的《正当化事由研究》，王政勋教授的《正当行为论》、田宏杰教授的《刑法中的正当化行为》等，取得了丰硕的成果。正当化事由是出罪判断所依据的事由之一，对其进行研究有助于刑事司法的出罪判断。这些研究多数是对正当化事由的种类、具体的正当化事由进行微观研究。为了更加深化出罪研究，我们有必要站在整体角度上，对整体出罪事由进行宏观的、系统的研究，梳理出罪事由的规定和类别，建构完善的出罪事由体系，考察各类出罪的理论依据。以使出罪与入罪一样，都有完善的结构体系和理论基础，从而能够更加全面地把握犯罪认定的整个过程。本书的研究目的正是建基于此。

本书围绕"出罪事由"（亦即出罪判断的依据和理由）这个关键词，从概念界定、规范依据、实证考察、比较研究、体系建构、理论阐述等方面对出罪问题进行研究和考察。基本上，本书因循着具体事例——体系建构——理论探讨思路，采用了由特性到共性、由具体到抽象、由具体事由到理论建构的递进式分析模式。由于本书的研究目的是从宏观上建构出罪事由的框架体系和理论基础，因而贯穿全文的基本理念是：建构理论体系的重要性更甚于研究具体事例本身，本书没有对具体的出罪事由类别，如被害人承诺、义务冲突等事由的构成要件和司法适用进行详细论述，而只是展示了其名称和类别，着重对其体系定位和理论原理进行阐述。

发现出罪问题和出罪事由、并对其进行整体归纳和整理，这是本书的一个创新之处。除此之外，本书还有以下创新之处：

其一，对于出罪及出罪事由进行完整的界定和考察。本书认为，出罪事由不仅包括正当化事由，还应包括可宽恕的事由、不可罚的事由。亦即，在出罪问题上，不应只考虑到行为的"当与不当"，还应考虑到行为人是否"情有可原"，案件"当罚与不当罚"。出罪与入罪是"罪与非罪"的问题，因此，应当立足于犯罪认定、刑罚科罚的整体，界定出罪、出罪事由的含义，确定出罪事由的范围。对于出罪事由的搜集，不仅应从刑法规范中查找，还应从刑法实践的判例和案件中寻找，从域外刑法的规定、理论、判例中吸纳。

其二，构建了正当化的出罪事由—可宽恕的出罪事由—不可罚的出罪事由的结构体系。三类出罪事由分别以社会相当性理论、期待不可能理论、不可罚理论为理论根据以及底线标准，分别体现了刑法正义、刑法人性、刑罚经济的价值底蕴，并认为所有的出罪事由都可纵向划分为法定的事由、超法规的定型事由、超法规的非定型事由三级层次，应当顺次适用。

其三，从出罪的视角对我国刑法第 13 条以及“但书”规定进行了研究。认为犯罪的实质概念（社会危害性）以及“但书”规定虽不能作为具体的出罪事由，却可以作为正当化出罪事由、不可罚出罪事由的理论基础以及出罪判断的法条形式依据。

其四，分析了出罪事由对于犯罪论体系的影响。认为完整的犯罪论体系必须将出罪事由包括在内，并对出罪事由在犯罪论体系中的定位进行了分析，考察了对出罪事由定位不同而引起的犯罪论体系的结构特征的不同，倡导“入罪—出罪”的犯罪论体系分析模式。

第一章 出罪事由的概念之界定

出罪是刑法和司法实践中经常使用的词汇，其具体的含义，由于研究场合的不同，而有所不同。有人从刑事司法层面使用“出罪”一词，意为将刑事被告人的行为认定为无罪。有人从刑事立法层面使用“出罪”一词，意为将原来规定为犯罪的行为不再规定为犯罪。有人从犯罪构成理论层面使用“出罪”一词，意为犯罪构成理论中涉及无罪判断的构成要素或理论。尽管出罪在不同研究场合的具体含义不同，但大体上来说，出罪就是使行为或行为人无罪，亦即使初步符合犯罪构成条件、进入犯罪圈的行为倾向于无罪的认定过程。

我国刑法研究及理论的重点是判断一个行为是否应当被认定为犯罪，是否能够构成犯罪，也就是说，传统刑法研究的重点是入罪，对于出罪问题的研究常常被忽视和冷落。然而，犯罪认定是由入罪认定和出罪认定两部分组成的整体，作为入罪认定相对面的出罪认定，应当得到与入罪认定一样的重视和研究。本书以此为意旨，对于出罪认定所依据的事实和理由，即出罪事由进行归纳和分类，并对出罪事由背后的刑法理论、出罪认定的理念和刑法思维逻辑进行探讨和研究。有罪和无罪的认定是刑事法研究的基本内容，对于出罪事由及理论的研究，对于刑事法学的研究内容的完整具有重大意义。

一、“出罪”的词源追溯和三种现代含义

作为论述和研究的前提，需要为本书指称的“出罪事由”

一词下一个确切的定义，这首先需要从“出罪”一词的词源说起。

（一）“出罪”一词在中国古代刑法中的两种含义

“出罪”、“入罪”是中国刑法中特有的法律术语或词汇。秦律中即有“出入人罪”的规定，汉代《律说》解释称，“出罪为故纵，入罪为故不直”①。《唐律·断狱》第19条（总第487条）明文规定了“官司出入人罪”的罪名，“诸官司入人罪者，谓故增减情状足以动事者，若闻知有恩赦而故论决，及示导令失实辞之类。若入全罪以全罪论，虽入罪，但本应收赎及加杖者，止从收赎、加杖之法。从轻入重以所剩论；刑名易者：从笞入杖、从徒入流亦以所剩论，从徒入流者，三流同比徒一年为剩；即从近流而入远流者，同比徒半年为剩；若入加役流者，各计加役年为剩。从笞杖入徒流、从徒流入死罪亦以全罪论。其出罪者，各如之。即断罪失于入者，各减三等；失于出者，各减五等。若未决放及放而还获若囚自死，各听减一等。即别使推事，通状失情者，各又减二等；所司已承误断讫，即从失出入法。虽有出入，于决罚不异者，勿论。”《唐律疏议》卷三十“疏”解释称，“‘官司入人罪者’，谓或虚立证据，或妄构异端，舍法用情，锻炼成罪。”“其出罪者，谓增减情状之徒，足以动事之类。或从重出轻，依所减之罪科断，从死出至徒、流，从徒、流出至笞、杖，各同出全罪之法，故云‘出罪者，各如之’。”②《宋刑统》

① 《汉书》卷十七“景武昭宣元成功臣表”，新畤侯赵弟：“四月丁巳封，七年，太始三年，坐为太常鞠狱不实，入钱百万赎死，而完为城旦。”如淳曰：“鞠者以其辞决罪也。”晋灼曰：“律说出罪为故纵，入罪为故不直。”（东汉）班固著，（唐）颜师古注：《汉书》（简体字本），中华书局1999年版，第549页。

② （唐）长孙无忌等撰，刘俊文点校：《唐律疏议》，中华书局1983年版，第562～566页。

卷30“断狱律”中也有几近相同的官司出入人罪的规定，“诸官司入人罪者（谓故增减情状足以动事者，若闻知有恩赦而故论决，及示道令失实辞之类），若入全罪，以全罪论；（虽入罪，但本应收赎及加杖者，止从收赎、加杖之法）从轻入重，以所剩论。刑名易者，从笞入杖，从徒入流，亦以所剩论。……”① 可见，官司出入人罪可分为出罪和入罪两类。其中的“入罪”，指的是审判人员将无罪之人判处有罪、轻罪之人判处重罪。而其中的“出罪”，指的是将有罪之人判处无罪、重罪之人判处轻罪，相当于今天的徇私枉法罪中偏袒被告人的行为。但是，官司出入人罪与徇私枉法罪也有不同之处，审判人员故意和过失均可构成该罪，其中属于因故意的为“故出入人罪”，因过失而造成的为“失出入人罪”。官司出入人罪中的出罪，是“出罪”一词的第一种含义，指审判人员故意或过失误放、轻判有罪、重罪之人，是一个犯罪罪名。

“出罪”的第二种含义，指的是审判人员将刑事被告人判处无罪的裁判过程。例如，《唐律·名例》第50条“断罪无正条”规定，“诸断罪而无正条，其应出罪者，则举重以明轻；其应入罪者，则举轻以明重。”《唐律疏议》的“疏”解释称，“议曰：断罪无正条者，一部律内，犯无罪名。‘其应出罪者’，依贼盗律：‘夜无故入人家，主人登时杀者，勿论。’假有折伤，灼然不坐。又条：‘盗缌麻以上财物，节级减凡盗之罪。’若犯诈欺及坐赃之类，在律虽无减文，盗罪尚得减科，余犯明从减法。此并‘举重明轻’之类。”“议曰：案贼盗律：‘谋杀期亲尊长，皆斩。’无已杀、已伤之文，如有杀、伤者，举始谋是轻，尚得死罪；杀及谋而已伤是重，明从皆斩之坐。又例云：‘殴告大功尊长、小功尊属，不得以荫论。’若有殴告期亲尊长，举大功是

① 薛梅聊点校：《宋刑统》，法律出版社1999年版，第552~555页。

轻，期亲是重，亦不得用荫。是‘举轻明重’之类。”[①] 亦即，入罪则举轻以明重，出罪则举重以明轻，指的是在某行为没有法律规定时，如果比该行为更轻的行为被规定为犯罪，则该行为应当被认定为犯罪，如果比该行为更重的行为不是犯罪，则该行为应当不被认定为犯罪。这句话体现的是刑法中的类比思维方法，其中的“出罪”一词，指的是朝向无罪进行判决的意思。与前述官司出入人罪中的“出罪”相比，出罪则举重以明轻中的“出罪”是个中性词汇，体现的是一种司法审判思维和结果。

在英美刑法之中，也存在着类似入罪和出罪的表达词汇，即 inculpate 和 exculpate。例如，乔治·P. 弗莱彻在《刑法的基本概念》一书中，在讲述犯罪和辩护的对比时说，相形于大陆法系区分违法行为的实施和归责，普通法传统更倾向于将问题区分为犯罪构成和辩护这两个种类，区别犯罪构成和辩护的背后体现出的基本思想是，有一些说法主张使被告人入罪（inculpate）的，而另一些说法是使他们出罪（exculpate）的。犯罪构成使人入罪，辩护使人出罪。[②] 这里的“出罪”（exculpate）一词，和前述出罪则举重以明轻中的“出罪”，具有异曲同工之妙。

（二）“出罪”一词在现代刑法中的四种含义

在当前我国刑法学界，“出罪”一词仍为学者们所广为使用。就使用情况而言，“出罪”一词大体上存在四种含义：第一种出罪是法制史或刑法史研究中所称的出罪，其含义与前述《唐律》、《宋刑统》中规定为犯罪的出罪含义相同，即审判人员故意或过失误放有罪、轻判重罪之人。第二种出罪的含义承袭了

① （唐）长孙无忌等撰，刘俊文点校：《唐律疏议》，中华书局 1983 年版，第 134～136 页。

② ［美］乔治·P. 弗莱彻：《刑法的基本概念》，蔡爱惠等译，中国政法大学出版社 2004 年版，第 119 页。

《唐律》中"出罪则举重以明轻"中出罪的含义，指称审判者依法以及依据自由裁量权将被告人判处无罪的诉讼过程，例如，陈兴良教授认为，"罪刑法定原则只是限制法官对法无明文规定的行为入罪，但并不限制法官对法有明文规定的行为出罪"。[①] 而张明楷教授则认为，"刑法第 3 条前段既不是对罪刑法定原则的规定（不是所谓积极的罪刑法定原则），也不是对必罚主义的肯定，而是基于我国刑法分则的特点，禁止司法机关随意出罪、防止司法人员滥用自由裁量权。"[②] 梁根林教授主张，"在刑事立法尚未明文允许实施安乐死、安乐死在形式上仍然该当故意杀人罪构成要件的情况下，通过司法审查对安乐死进行个别化的非正式的事实上的出罪处理，这或许是我国当下唯一可行的安乐死出罪处理路径。"[③] 这里的"出罪"行为当然是合法、合理的审理行为，被出罪的行为原本已经初步符合了成立犯罪的基本条件，如安乐死已经符合了故意杀人罪的构成要件，被纳入了犯罪评价的范围之内，但由于特殊原因而在实质上不宜作为犯罪进行认定，因此需要"出罪"——使其出犯罪认定圈中脱离出来。这是在新的刑法语境和诉讼环境中对犯罪认定和司法裁判过程的描述。第三种出罪的含义指的是立法者通过刑法的修订将原本规定为犯罪的行为不再规定为犯罪，又称"除罪化"、"非罪化"、"非犯罪化"、"去罪化"。例如，有学者针对侮辱罪、诽谤罪成为警察或官员压制公民的工具这一情况，建议"将侮辱诽谤这一罪名

---

① 陈兴良：《入罪与出罪：罪刑法定司法化的双重考察》，载《法学》2002 年第 12 期。

② 张明楷：《责任主义与量刑原理——以点的理论为中心》、《司法上的犯罪化与非犯罪化》，载《法学家》2008 年第 4 期。

③ 梁根林：《刑事政策视野中的安乐死出罪机制》，载《政法论坛》2003 年第 4 期。

从刑法中剔除，这类事件应该以民事纠纷论处，适用《侵权责任法》的范畴而不是《刑法》”，亦即将诽谤罪出罪（除罪化）。[①] 第四种出罪的含义指的是“将原本要认定为犯罪的行为排出出去，我们称之为出罪功能”，即刑法通过特定规定或机能将特定情形从犯罪中予以排出的功能。[②] 上述四种出罪的含义，第一种是法制史、刑法史上的用法，即官司出入人罪的“出罪”罪名，后三种分别指称的是司法出罪（第二种含义）、立法出罪（第三种含义）、刑法的出罪功能（第四种含义）。在使用后三种出罪含义中的任何一种时，“出罪”一词都不再是一个贬义词汇。而是体现了一种司法判案的逻辑：对符合犯罪构成表面特征的行为作朝向无罪的认定，或者体现的是一种立法变动的思维：将原来规定为犯罪的行为不再规定犯罪，而使犯罪圈的缩小。可见，在现代刑法的语境中，“出罪”一词具有中性的含义，是对司法过程、立法变动、刑法功能的客观描述。

二、本书对于“出罪”及“出罪事由”的界定

（一）是立法出罪、司法出罪，还是刑法的出罪功能

上述考察归纳了“出罪”一词的四种现代含义，本书并不专门讨论法制史上的官司出入人罪，也不讨论立法出罪。本书将“出罪”定位于司法出罪，对司法出罪的机制、依据和理论进行研究，并对刑法的出罪功能进行探讨。

---

① 周光权：《应对“诽谤官员罪”出台司法解释》，载《南方都市报》2010年3月8日。

② 参见储槐植、张永红：《善待社会危害性观念——从我国刑法第13条但书说起》，载《法学研究》2002年第3期；张小虎：《人身危险性与客观社会危害显著轻微的非罪思辨——我国〈刑法〉第13条之出罪功能》，载《中外法学》2000年第4期。

首先，本书所称的“出罪”不带有立法出罪的含义。立法出罪（除罪、去罪化、非犯罪化）指的是通过刑法修订的方式，将原本为刑法规定为犯罪的行为，从犯罪范围中剔除出去，将原先规定为犯罪的行为不再规定为犯罪。[①] 例如，投机倒把行为原被1979年刑法规定为投机倒把罪，1997年刑法修订时将其不再规定为犯罪。立法出罪属于刑事立法所要讨论的问题。将哪一种犯罪行为不再规定为犯罪，一方面与社会政治环境的变迁有关，而另一方面更多的则涉及立法者的立法倾向、偏好和选择，对其研究远远超越规范刑法的范畴而进入国家政治和社会控制的领域，这不是本书研究的重点。[②]

同时，我国当前也只将部分重大危害社会的行为规定为犯罪由刑罚惩治，而将一般危害行为以及未达到量的标准的危害行为规定为行政违法由行政措施予以制裁，刑法划定的犯罪圈较为狭隘并且具有量的特征。相形之下，德日、英美等国外刑法划定的犯罪圈本来就较为广泛，其对犯罪的规定并无量的要求，规定为犯罪的行为的类型整体上也更为宽泛，不仅包括普通的重罪、轻罪，还包括相当于治安违法和交通违法的违警罪，事无巨细都涉及刑法。故此，国外刑法存在紧缩过大的犯罪圈的需求，而我国当前整体上并不具有缩小犯罪圈的背景和基础。我国当前刑事立法的整体趋势是入罪而不是出罪，这从1997年新刑法修订之后的八次修正案中可见一斑。这八次修正案的主要内容都是增设新罪名，扩张犯罪行为、犯罪对象、处罚主体，将原来没有规定为犯罪，或者本由行政法处罚的行为规定为犯罪，而无一涉及立法

---

① 梁根林：《刑事法网：扩张与限缩》，法律出版社2005年版，第217页。

② ［日］西原春夫：《刑法的根基与哲学》，顾肖荣译，法律出版社2003年版，第20~30页。

出罪。[①] 尤其是《刑法修正案（八）》，将原由行政法处罚的醉酒驾车、追逐竞驶规定为危险驾驶罪，更体现了这种入罪趋势。[②] 当然，尽管中国当前刑事立法的整体趋势是入罪，但这种整体趋势并不妨碍与此同时将一些原来规定为犯罪的行为立法出罪以及有关于此的出罪讨论，如前文所述对于安乐死、诽谤罪以及聚众淫乱罪出罪的讨论。但无论是入罪的讨论，还是出罪的讨论，都是刑事立法学中的范畴，是刑法变动的议题，已超越规范刑法本身。故而立法出罪的问题，不是笔者所称出罪事由中出罪的含义。

其次，本书所讨论的“出罪”是以司法出罪为核心、围绕司法出罪展开的。所谓司法出罪，指的是在现有刑法规定、现有犯罪构成理论、现有犯罪认定制度的基础上，裁判者根据既有的规范规定、刑法理论，将已经进入犯罪评定圈的行为从犯罪圈中排出、不再认定为犯罪的过程。司法出罪虽不像司法入罪那样需要严格遵循法定原则，必须要有刑法（典）的明文规定才能出罪，但司法出罪仍然需要具有确实可靠的理据，否则同样会带来裁判者随心所欲地将人出罪，使得几百年来刑事法学者苦心孤诣

① 就八次刑法修正案的内容来看，恐怖主义犯罪、妨害传染病防治犯罪、危害环境犯罪、经济犯罪等新型犯罪是修正案扩张犯罪圈所涉及的主要内容。

② 就将后两类行为纳入犯罪圈的原因来看，最主要的理由在于原行政处罚的力度不够，不足以震慑和制裁违法行为人，于是求助于刑罚这种在我国法文化中极其严厉的措施，以求减少或扼制这些行为继续泛滥和不断增长趋势。当然，将一些治安违法行为和行政违法行为规定为犯罪，这无疑会涉及权力（特别是行政权和司法权）的重新分配。在我国当前行政处罚程序存在严重问题的情况下，以更为公开、公正、救济途径更多的刑事诉讼程序替代存在问题的行政处罚程序，削减对于行政权处罚权特别是警察权的扩张和滥用的担忧，并非全然是“坏事”。

经营起来的犯罪认定大厦功亏一篑。裁判者据以出罪的理据即是出罪事由。因此，对于司法出罪的讨论首先是与出罪事由关联在一起的。简言之，只有具备出罪事由，裁判者才能将行为人的行为判决无罪。

出罪事由的一个来源，是刑事法规范（包括刑法、立法解释、司法解释等）的规定。例如，最高人民法院、最高人民检察院、公安部《关于当前办理强奸案件中具体应用法律的若干问题的解答》第3条第2项规定："第一次性行为违背妇女的意志，但事后并未告发，后来女方又多次自愿与该男子发生性行为的，一般不宜以强奸罪论处。"由此，对于符合此司法解释规定的"先强奸后通奸"情形，首先应当承认其符合强奸罪构成要件，然后可以依照司法解释的规定出罪而不认定为强奸罪。出罪事由的另一个来源，是学界通行实务界通用的学说理论，主要以超法规出罪事由为内容。例如，对于行为人经被害人请求而伤害其身体造成轻伤的行为，虽符合刑法故意伤害罪的构成要件且无明文规定的出罪条款可以适用，但依被害人承诺的学说理论，可以认定行为人不构成故意伤害罪。出罪事由的第三个来源，是刑法和司法制度所赋予裁判者的自由裁量权。当代成文刑法的最根本理念是限制裁判者的裁量权，最主要的是限制裁判者的入罪裁量权，以防止对公民权利的恣意践踏；而对于出罪裁量权的限制，并不是刑事法理念的初衷，只是刑事法治的衍生含义。同时，限制裁判者较大空间裁量权以防止滥用，与恰当地赋予裁判者较小空间的自由裁量权并不冲突。不允许裁判者有任何裁判权的机械法条主义，早在法国资产阶级革命时代就已被证明为不切实际。由此，在出罪方面赋予裁判者较小空间的自由裁量权，是恰当并且必要的。当然，此种出罪事由的来源首先涉及裁判者出罪自由裁量权的合法权力依据，然后涉及对该裁量权的理解和具体的司法适用。例如，刑法第13条后半段规定：情节显著轻微危害不大的，不认为是犯罪。此条就应当理解为刑法对裁判者出罪自由裁量权的授权性规定，而对此条的具体适用有待细致考察。

最后，司法出罪必然要与刑法的出罪功能或出罪机制紧密关联在一起。刑事司法活动需要依照刑法规定和刑事司法体制进行，认定行为是否构成犯罪、行为人是否应受刑罚处罚，需要依据刑法固有的理论体系，尤其是犯罪论体系（犯罪构成理论），作为刑事司法活动组成部分的出罪同样如此。对于司法出罪以及出罪事由进行研究，不仅需要弄清具体出罪事由的规定、解释、适用，还需弄清其在犯罪论体系中的定位，出罪效果及影响，行为出罪之后的法律后果以及出罪事由背后所蕴涵的理论基础，而这些问题都与刑法的出罪功能或出罪机制有关。需要将出罪事由置于整体刑法理论体系的背景之下进行研究，刑事司法过程可以分为入罪和出罪两个组成部分，而相应的，刑法理论体系也存在出罪和入罪两项功能或机制。以往的刑法研究，基于对人权保障这项刑法基础价值的关注，对于入罪机制及其限制（罪刑法定原则）研究甚为深入。而相形之下，对于刑法的出罪机制和功能则研究较少。但毕竟出罪与入罪一样，都是刑法不可或缺的组成部分，都需要进行关注和研究，本书研究出罪问题和出罪事由的目的也正在于此。本书对于出罪事由和出罪理论进行发现、归纳、论证，对出罪事由在犯罪论体系中定位及体系建构的影响进行分析，终极目标都是服务于刑事司法中的犯罪认定和刑罚科罚。只是，入罪需严格遵循罪刑法定原则和实定法，而出罪受实定法规范的限制不是那么严格。但出罪也需进行限制，否则也会有损于刑事法治。出罪应当受限于何处，这是本书所要研究的关键问题。出罪建立在实定法基础之上（如法定出罪事由的适用），而又超越实定法（如超法规出罪事由的适用），而最终统一于刑法的出罪功能层面。因而，本书所言出罪事由中出罪是以司法出罪为基础，而以刑法的出罪功能为理论架构。在内容上，本书研究现行的刑法规定、立法解释和司法解释、权威司法指导意见以及具有影响力的司法判例和案例，以从中发掘出罪事由的规定，并拟对其进行归纳和分类，建构完整的出罪事由体系，论述其理论依据、标准底线和价值底蕴，指导司法出罪之用。此外，也对这些出罪事由在犯罪论体系中的定位进行探讨，从犯罪构成的角度分析出罪的理由和后果，从而在整体上对刑法的出罪功能和机制进行研究。

由此，笔者将本书出罪事由中的“出罪”一词的含义界定为：裁判者依据刑法、司法解释中的明文规定，或者依据刑法理论，通过刑法的犯罪判断机制，将进入犯罪评价体系、初步具备犯罪概貌特征的行为排出犯罪圈之外。

（二）本书对出罪事由的定义

根据上文对“出罪”含义的界定，在此为“出罪事由”一词下一个定义，这就是：在认定犯罪时，将进入犯罪评定圈的行为排出出去、使其不被判决为有罪所依据的事实和理由。案件中具备出罪事由，则行为或行为人不会被判决构成犯罪。出罪事由一方面来源于刑法、立法解释和司法解释的明文规定，来源于权威的司法指导意见和判例理由，另一方面来源于刑法学理通说、社会伦理标准，甚至出于刑事政策的考虑。

对此定义进行理解时，应当注意以下几点：

其一，出罪事由可以区分为狭义上的出罪事由和广义上的出罪事由，本书采纳的概念是广义上的出罪事由。狭义上的出罪事由指的是，行为或行为人本应被判处有罪，即理论上、事实上系有罪行为，正如储槐植教授所言，是“原本要认定为犯罪的行为”，[①] 只是因出于法律规定或特殊考虑才将行为或行为人认定

① 储槐植、张永红：《善待社会危害性观念——从我国刑法第13条但书说起》，载《法学研究》2002年第3期。

为法律上的无罪。这种将本来有罪的行为认定为法律上无罪所依据的事由就是狭义的出罪事由。例如，少男（已满 14 周岁不满 16 周岁）经幼女同意偶尔与其发生性关系（“两小无猜”），本来已经完全符合奸淫幼女型强奸罪的构成要件，构成强奸罪，但基于司法解释的明文规定，因行为人未成年而不认为其构成犯罪。此处的未成年就是狭义上的出罪事由。① 而广义上的出罪事由除了包括上述狭义上的出罪事由之外，还包括将形式上符合了犯罪的概貌特征而因价值判断的原因使行为无罪所依据的理由。如因路遇歹徒持刀抢劫夺过其刀将其杀死的行为，属于本来无罪的情形，但因符合了犯罪的概貌特征（造成了侵害）进入了犯罪评定圈之内，是以正当防卫的理由而认定行为无罪，此处正当防卫就是广义的出罪事由。鉴于司法实践惯常将出罪与入罪相并称，并且将正当防卫等正当化事由也作为出罪判断所依据的事由之一，因而，本书在此也对出罪事由作广义上的理解，即不仅包括将本来有罪的行为认定为无罪所依据的事由，也包括将本来无罪但进入犯罪评定圈的行为认定为无罪所依据的事由。②

其二，出罪事由所要排出的行为是进入犯罪评定圈的行为。对于此处的进入“犯罪评定圈”，应当结合犯罪论体系进行理解。犯罪论体系，无论是中国刑法传统的四要件体系，还是德日刑法的三阶层体系，都是指导犯罪认定的基本理论框架和逻辑体系。司法界及学界所言的“犯罪评定圈”、“入罪”与“出罪”等概念，虽与犯罪构成有所区别并不完全匹配，但仍是以犯罪论

① 《最高人民法院关于审理未成年人刑事案件具体应用法律若干问题的解释》第 6 条：“已满十四周岁不满十六周岁的人偶尔与幼女发生性行为，情节轻微、未造成严重后果的，不认为是犯罪。”

② 关于两种出罪含义的理解，也可参见夏勇：《试论“出罪”》，载《法商研究》2007 年第 6 期。

体系为基础的。中国刑法传统的四要件犯罪构成理论，认为行为符合四个要件则原则上构成犯罪。因而，可以认为行为形式上符合四个要件则“进入犯罪评定圈”，一般都应以犯罪论处。但是，符合四个犯罪构成要件的行为并非全部都构成犯罪，如正当防卫、盗窃近亲属财物、军人战时特殊立功，都是符合四个犯罪构成要件的行为，但基于刑法或司法解释的明文规定，而使其不能构成犯罪。在这里，犯罪构成划定的范围就是“犯罪评定圈”，正当防卫、近亲属关系、战时立功就是出罪事由，被出罪事由排出的就是符合四个犯罪构成要件的行为。在德日刑法的三阶层体系（构成要件该当、违法、有责）之下，如以新古典三阶层体系来说明“犯罪评定圈”，可认为行为构成要件该当（符合构成要件客观要素、构成要件故意或过失），即是进入“犯罪评定圈”。而之后的违法、有责的判断，基本上都是犯罪成立消极要素的内容，可认为是出罪事由。与之相似，行为具备了英美法系作为犯罪本体要件的犯行和犯意，也可认为“进入犯罪评定圈”，而其后的“辩护事由”则属出罪事由。当然，出罪问题并不完全属于犯罪论体系内部的问题。前述例子中的正当防卫是在四要件犯罪构成理论之外的问题。[①] 而诸如德国刑法中可罚性问题，也是超越德日刑法三阶层犯罪论体系的。将前述四要件体系和三阶层体系统一起来界定作为出罪前提的“进入犯罪评定圈”，可以认为，行为具备刑法规定的犯罪成立的基本的、形式上的轮廓特征，亦即具备了四个犯罪构成要件或者具有（新古典暨目的论三阶层体系）构成要件该当性，就是“进入犯罪评

---

① 正当防卫也很难在四要件说理论下获得完美解释，如果认为齐备四要件必定成立犯罪，则正当防卫是例外；如果认为符合四要件的判断是形式违法性的判断，则说明形式违法性之后还须有实质违法性的判断才能构成犯罪，这又与齐备四要件则必定成立犯罪的四要件说基本观点矛盾。

定圈”。将已经“进入犯罪评定圈”的行为认定为无罪，只能依据出罪事由。

当然，对于出罪事由所要排出的行为对象，即进入犯罪评定圈的行为理解，也应当着眼于犯罪认定的具体过程。刑法明文规定各种具体犯罪成立必需条件，设定了一个框架性的犯罪评定圈，通过裁判者的评定过程，行为若在形式上符合这些必需条件，就会进入犯罪评定圈，此为入罪判定过程。在入罪判定之后，如果行为实质上不应认为是犯罪行为，或者刑法规范规定了具备某些事由的情况不作犯罪处理，裁判者就会依据这些事由将已进入犯罪评定圈的行为排出，此为出罪判定过程。在出罪判定时依据的事由就是出罪事由。包括到犯罪评定圈中来的行为是在刑法上具有重大的意义的行为，它被裁判者认为符合了犯罪大体轮廓，在形式上符合了成立犯罪的大概条件，但并不等于成立犯罪。

其三，出罪事由是使行为不被判决为有罪的事由，其本身可以是行为，也可以是事实、状态或理由。行为指的是人所实施的有意识支配的身体的举动。例如，作为出罪事由的正当防卫即是一种行为，其构成即特别强调行为人具有防卫意图，欠缺防卫意图的偶然防卫不是正当防卫。当然，这里作为出罪事由的“行为”，与作为犯罪客观构成要件的“危害行为”，可能是对同一行为不同视角的定性，二者所指行为是同一的。例如，正当防卫，即是从出罪事由角度，对故意杀人、伤害等“危害行为”，所作的评定。但多数作为出罪事由的行为，不能认定为刑法上危害行为，而往往是危害行为之后的行为。例如，前文所述“先强奸后通奸”情形，在危害行为即强奸之后实施的通奸行为，就是如此。当然，作为出罪事由的行为也可以是不作为行为。例如，刑法第 241 条第 6 款规定，收买被拐卖的妇女，按照被买妇女的意愿，不阻碍其返回原居住地的，可以不追究刑事责任，其中的出罪事由“不阻碍其返回原居住地”，即是一种不作为行为（不属“危害行为”）。除行为以外，更多的出罪事由纯属客观的事实、状态，不涉及人的意识支配。例如，将近亲盗窃行为排出犯罪评定圈的事由——行为人与被害人之间的近亲属关系，纯粹是属于一种客观事实，而与人的行为无涉。[①] 一般的轻罪的犯罪未遂不处罚（指不认定为犯罪受刑罚处罚），这里作为出罪事由的“犯罪未遂”则完全系对行为状态的描述。而裁判者在评定案件时的“理由”，有时也能成为一种出罪事由，如刑法第13条的“情节显著轻微危害不大”，其本身虽是对犯罪状态的描述，但更多的带有裁判者价值判断的“理由”成分。

其四，出罪事由的刑法效果是使行为不被判决为有罪。这里的不被判决为有罪指的是法律上的无罪，即作无罪宣判，而无论行为本身是本来无罪（如因正当防卫而无罪）还是事实上有罪（如前述少男与幼女发生性关系的行为）。不被判决为有罪，并不意味着行为不受任何其他处罚，行为无罪可能会受到行政处罚或民事处罚；也不意味着行为不受法律和社会伦理谴责，可能这些行为在其他法律（行政法、民法）视野下是违法行为，或者是伦理上恶的行为，出罪仅仅导致刑法视野下的无罪判决。当然，出罪事由中的“出罪”二字语义双关，其一方面所指为“排出到犯罪之外”，即将行为从犯罪圈中被排出而无罪，是出罪事由的去向；另一方面所指为“从犯罪评定圈中出来”，即将行为从进入犯罪评定圈“初步构成犯罪的行为”中剔除出来，是出罪事由的来向。如果要深究前后这两个“罪”字的含义，会发现它们不同，前者（“排出到犯罪之外”）指在法律上构成

---

① 值得注意的是：作为盗窃行为对象的近亲属财物，系属盗窃罪的对象，即“他人占有的财物”。近亲盗窃不认定为犯罪，其理由并非是该行为不符合盗窃罪的对象要求。

犯罪，后者（“初步构成犯罪的行为”）指犯罪评定圈。由此，出罪事由的称谓在形式上可能是存在着悖论的，行为最终没有构成犯罪，何言入罪、出罪？造成这种形式悖论的原因，主要在于我国单一阶层的犯罪论体系，即将犯罪的判定单层次一步完成，由此造成了“犯罪”一词的多义性。例如，刑法第 13 条规定，一切危害……都是犯罪，但是情节显著轻微危害不大的，不认为是犯罪；刑法第 17 条第 1 款规定，已满 16 周岁的人犯罪，应当负刑事责任；以及据此补全的第 17 条第 4 款的规定，即不满 16 周岁的人犯罪，不予刑事处罚。“情节显著轻微危害不大的犯罪不认为是犯罪”、“不满 16 周岁的人犯罪不是犯罪”，这些话语中的前后两个“犯罪”的意思并不相同。前一个“犯罪”指的是客观上造成了损害后果的行为，相当于德日刑法中构成要件该当行为；后一个“犯罪”指的是刑法上的有罪结论，即相当于德日刑法中构成要件该当、违法、有责甚至还要求具有可罚性的行为。出罪事由的称谓，虽然在形式上存在着悖论，但却真实而生动地描绘了判定犯罪的思维过程，这就是：首先考察行为在形式上是否可以进入犯罪评定圈，如果进入了犯罪评定圈，则认为是前一层含义上的“犯罪”，亦即符合了犯罪的基本轮廓。然后进一步考察有无合理事由可以不判决行为人有罪，如果不存在这种事由，则行为即被认定有罪，即构成了后一层含义上的“犯罪”。“出罪事由”一词真实地反映了先入罪后出罪的司法认定思维过程。在这个过程中，入罪依凭的是刑法规定的构成要件，出罪依凭的是本书所述的出罪事由。鉴于“出罪”一词在刑法和司法实践中已约定俗成，使用“出罪事由”一词也不会造成理解上的任何歧义。

三、出罪事由与相关概念的比较

（一）出罪事由与无罪行为

出罪事由的功用是使行为不被认定为犯罪，被出罪之后的行为当然是法律上的无罪行为。出罪事由是行为无罪的理由，无罪是行为出罪之后的结果。但是，因出罪事由而被认定为无罪的行为，只是无罪行为中的一种。无罪行为的范畴更为广泛，包括因出罪事由而无罪的行为，也包括因不符合构成要件而无罪的行为，还包括证据法上的原因，如证据不确实充分而认定无罪的行为以及诉讼的原因，如超过追诉时效而无罪的行为。

首先，因出罪事由而无罪的行为与因不符合构成要件而无罪的行为的区别。本书言及的出罪事由使行为无罪，是使进入犯罪评定圈的行为无罪，而因不符合构成要件而无罪的行为是并没有进入犯罪评定圈。一个是圈内行为，一个是圈外行为，二者的性质是不同的。值得注意的是，刑法中规定有诸多的否定性的构成要件要素，即对构成要件要素的反面规定，如刑法第 367 条第 2 款、第 3 款规定，有关人体生理、医学知识的科学著作不是淫秽物品，包含有色情内容的有艺术价值的文学、艺术作品不视为淫秽物品。行为人如果实施传播带有色情内容但具有艺术价值的文学作品的行为，该行为不构成犯罪的原因是，带有色情内容但具有艺术价值的文学作品不属淫秽物品，该行为的对象不属于传播淫秽物品罪的对象要素，是因不符合构成要件而无罪。这样的行为从来就没有进入犯罪评定圈之内，也不存在“出罪”的问题，因而，具有艺术价值不是传播淫秽物品的出罪事由。

区分因出罪事由而无罪的行为与因不符合构成要件而无罪的行为的意义在于，首先可以将显而易见的无罪行为阻挡在刑事司法讨论的范围之外。例如，一般的正常的行为（如吃饭、穿衣、睡觉、商品交易等），不具有任何的危害性，非常易于被辨识为无罪，对于刑法来说没有任何考量的必要，不应当进入刑事诉讼的视野当中。而对于欠债不还（拒不支付劳动报酬除外）、在相似商品上使用相似商标等行为，不属刑法规定的犯罪的行为类型，只能经由其他法律解决。而对于吸毒、卖淫嫖娼也是如此，传统地认为是行政违法行为的类型，而不是犯罪行为的类型，无须作出是否构成犯罪的判断。刑法构成要件中规定的都是客观上对法益有重大侵害的行为，构成要件对于犯罪行为有类型化的定型作用，其构筑了罪刑法定原则的第一道防线，将刑法认定为重大的危害行为和非重大的行为阻隔开来。① 当然，这并不意味着，因不符合构成要件而无罪的行为的性质要比因出罪事由而无罪的行为性质轻微和正当。例如，中外合资企业管理人员实施经营同类营业的行为，因欠缺特定身份而不构成非法为亲友牟利罪，其行为虽然不能构成犯罪，但其行为客观上的恶害，与国有全资公司管理人员实施经营同类营业行为并无差别。② 构成要件标示的更多的是立法规定和行为定型的意义以及表达罪刑法定原则的作用，而并不带有截然区分善恶或恶性大小的作用。区分因出罪事由而无罪的行为与因不符合构成要件而无罪的行为的另一层意义在于，不符合构成要件而无罪的行为，可以通过与刑法规定的构成要件的对比而简单地判定出来的，它是一种形式。因出罪事由而无罪的行为不能这样简单地判断，需要进行更为复杂的价值判断和超法规思考，是一种实质判断，两者的判断标准并不相同。对于实质判断的依据亦即出罪事由，其标准和理论更为复

① ［日］小野清一郎：《犯罪构成要件理论》，王泰译，中国人民公安大学出版社2004年版，第11页。

② 《重庆嘉陵——本田公司杨文康非法经营同类营业案》，载最高人民法院刑一庭、刑二庭编：《刑事审判参考》（第4卷）（下），法律出版社2002年版，第14页。

杂，这也正是本书立意之所在。

当然，如何理解这里的“构成要件”，是将其理解成中国刑法传统的“犯罪构成”（亦即包括犯罪客体、客观方面、犯罪主体、主观方面四个要件），还是理解为德日刑法三阶层体系的第一阶层构成要件该当性的“构成要件”？从前述对于“出罪事由”及“犯罪评定圈”的界定来看，还是理解为构成要件该当性的“构成要件”为宜。也就是说，应当将责任年龄等要素作为犯罪成立的消极要素进行理解。对于诸如10岁小孩持刀杀人这样的行为，应认定为符合了构成要件已经进入了犯罪评定圈，只是因具备未达责任年龄此项出罪事由而不认定其构成犯罪。而对于10岁小孩将拦路持刀抢劫的歹徒杀死这样的情形，应理解为因具备正当防卫此项出罪事由而不构成犯罪。如此，才能将因出罪而无罪的行为与没有造成重大侵害的无罪行为区分开来。当然，前述两个事例也说明，即使同样是因出罪事由而无罪，不同的出罪事由也会导致行为出罪效果的不同。

其次，因出罪事由而无罪的行为与因证据原因或诉讼原因而无罪的行为的区别是明显的，这就是，前者涉及的是犯罪的实体认定问题，后者涉及的是纯粹的诉讼程序问题，偏重于制度规范的强制性和制度背后的价值问题。鉴于本书的研究限于实体法层面，故而本书所称的出罪事由只包括与犯罪成立有关的实体问题，而不包括纯粹诉讼程序问题。

（二）出罪事由与正当化事由、违法阻却事由、责任阻却事由、辩护事由

出罪事由的概念与正当化事由（或正当化行为）、违法阻却事由、责任阻却事由、辩护事由有所不同，既有区别也有联系。

首先，正当化事由是指因行为性质正当而不构成犯罪的行为。这里的行为性质正当，指的是被法律或伦理评定为正当，正当化行为正如其名，不仅不违反法律，而且为法律所褒扬赞许，

并被伦理规范标示为善，其显例为正当防卫、紧急避险。[①]“正当”一词明显昭示了行为在法律以及伦理两个层面上的积极意义，以此来界定正当化行为，其范围较为狭小。为此，有论者扩充了正当化行为的定义，认为其是指客观上造成了损害结果，符合某一具体犯罪的客观构成要件，但因其主观要素的正当而不具有法益侵害性，从而为法秩序整体精神所宽容、阻却犯罪成立的行为。具体包括正当防卫、紧急避险、被害人承诺、安乐死、自救行为、义务冲突、法令行为、正当业务行为、自损行为等。[②]这种正当化事由的定义是比照德日刑法违法阻却事由的定义改造的，其列举的具体事由也与德日刑法违法阻却事由的范围基本一致。如此，正当化事由的作用也能使进入犯罪评定圈的行为出罪，是出罪事由中的一个组成部分。正当化事由都是出罪事由，但出罪事由的范围更为广泛，还包括其他一些事由。因出罪事由而无罪的行为并非全部正当，这是二者比较的一个基本结论。例如，近亲盗窃行为可因出罪事由而无罪，但该行为在法律上显属违法，在伦理上也应受谴责，而并不“正当”。并且，出罪事由不限于行为，还包括不关涉行为人意识的客观事实、状态和理由。

其次，违法阻却事由、责任阻却事由是德日刑法中的概念，只有在德日刑法三阶层犯罪论体系之下才得以准确理解。大体上，在德日刑法中，该当构成要件的行为不构成犯罪的情况可分为三种：违法阻却事由、责任阻却事由、诉讼阻却事由，德国刑

---

① 在德国刑法中，紧急避险被区分为阻却违法的紧急避险和阻却责任的紧急避险两类。

② 田宏杰：《刑法中的正当化行为》，中国检察出版社 2004 年版，第 66 页。此定义为将正当化行为解释为不符合主观要件留下了余地，笔者认为有失妥当。

法中还特别强调客观不可罚事由。除诉讼阻却事由涉及刑事诉讼及追诉权以外，其他三种事由涉及的是刑事实体法。违法阻却事由是行为在形式上该当构成要件但不具有实质违法性的情况，我国学者称其为正当化行为。本书所述的出罪事由包括了违法阻却事由、责任阻却事由、客观不可罚事由，在构造上大体相当于三者之和。但在具体内容上，本书对我国刑法规范和实践中常见的出罪事由进行归纳整理。有些出罪事由是德日刑法所不具有的，具有“中国特色”，如刑法第 13 条的“但书”规定。在中国刑法中，由于犯罪构成的平面构造，导致犯罪认定仅有罪与非罪两种结果，从而各种出罪事由只会统一于无罪这个结果，彼此之间难以有性质上的差异，不能作出违法阻却事由、责任阻却事由、客观不可罚事由不同阶层的区分。本书在对各种出罪事由进行归纳之后，在追寻其理论根基时会借助德日刑法的理论，力图形成“具体事由——理论标准”的论述层次。毕竟，无论是出于法律后果的考虑还是刑事政策的需要，在行为因出罪事由而无罪之后仍然需要对其进行区分。

最后，辩护事由是英美刑法中的概念。英美刑法中的辩护事由是基于刑事诉讼的辩护需要而出现的，其范围相当广泛，既包括实体方面的事由，也包括证据法和程序法方面的事由，还包括辩护策略和措施。例如，对控方指控的犯罪构成要素的反驳，如对犯罪行为和犯意存在与否的反驳，不在场证明，等等。本书所述的出罪事由主要是围绕实体法展开的，定位于规范刑法研究，故而只包括了辩护事由中的部分内容。当然，辩护事由中既涉及程序又涉及实体的内容，如“警察圈套”，也应成为出罪事由讨论的对象。研究辩护事由的理念、分类和规则，也可为出罪事由的研究提供借鉴。

四、研究出罪事由及其体系、理论的意义

出罪事由是将行为从犯罪评定圈中予以排出所依据的事由。整体犯罪认定过程是由入罪判断和出罪判断两个判断过程组成的，出罪判断是入罪判断之后必不可少的犯罪认定阶段。入罪判断依据的是刑法对于犯罪的明文规定（罪刑法定原则），而出罪判断依据的则是出罪事由。对出罪事由进行研究，是解决出罪判断问题的关键，对于刑法实践和理论都具有重大意义。

（一）使得犯罪成立问题的研究更加全面

研究出罪事由的意义首先在于，从出罪这个消极方面考察犯罪成立的问题，填补了出罪研究的空白，使得对犯罪成立问题的研究更为全面。完整的犯罪成立，应当包括积极和消极两个方面。入罪判断以及犯罪构成要件，是犯罪成立的积极方面；出罪判断以及出罪事由，是犯罪成立的消极方面。中国刑法的研究，以往只注重犯罪积极方面，即犯罪构成要件的研究，而忽略了犯罪消极方面，即出罪事由的研究。事实上，根据正反相对、二元背反的哲学原理，事分黑白，物有阴阳，万事万物的构成都可分为相生相克、相对相反的两部分。阴阳相对的二元哲学框架，在自然科学中得到了完美的运用，在社会科学中，也可从正反两个方面论述问题以求得接近事物本质。在我国刑法学理论研究中，学者们提出的刑法机能的二元论（惩罚犯罪与保障人权）、刑罚目的的二元论（报应与预防），从思维模式上也是切合这种阴阳相对的二元哲学的。① 但在犯罪认定领域，二元相对的思维方式被忽略，刑法及刑法理论通常只探讨促进犯罪成立的积极因素，而不考虑排出犯罪成立的消极因素，这种思维并不全面。构成要件理论试图通过刑法的明文规定，在罪与非罪之间划出一条界

---

① 陈兴良：《刑法哲学》，中国政法大学出版社 1997 年版，第 19 页。

限。这种努力当然值得嘉许，但明文规定就意味着形式规定，通过形式规定的方法虽可划出大概的界限，但不能使界限截然清晰。仅从形式的成立标准出发的刑法规范体系不能囊括价值评价的内涵，必然存在符合形式但不符合实质的情形。而从精细保障人权的角度来看，对于犯罪成立条件，仅有正面的、积极的、形式的规定是不够的，还必须从反面的、消极的方面，从实质上否定犯罪的事由进行探讨。由此，对于出罪事由的探讨就有了存在意义。出罪是从反面的角度说明犯罪的成立问题，行为或行为人具备了出罪事由也就说明了行为不构成犯罪。它与犯罪成立的积极要素，即犯罪构成要素一起组成了犯罪成立的正反两个方面。从构成犯罪的方面说明犯罪成立，与从排出犯罪的方面说明犯罪不成立，这一正一反的思辨方法使得对犯罪成立的认识更为完整。正如胡塞克所言："有时，重视一种理论所排斥的东西比重视该理论所包括的东西更有意义。"①

这种正反相合使得犯罪认定问题更为全面的认识，是基于正反相对的逻辑，但这一正一反不是并列顺序，而是先后顺序，出罪是在入罪之后进行的认定。出罪不仅是从反面或消极方面说明犯罪的成立问题，而且，出罪判定是犯罪成立认定不可或缺的过程。从这层意义上讲，犯罪就是符合了入罪认定的标准而又不具备出罪事由的行为。

（二）有利于扩展阻却犯罪成立事由的范围

德日刑法中的违法阻却事由、责任阻却事由、客观的不可罚事由、诉讼阻却事由，英美刑法中的辩护事由，都是阻却犯罪成立的事由。以往，中国刑法只注重犯罪成立条件（构成要件）的研究，对于阻却犯罪成立的事由的研究并不重视。现今，这种

① ［美］胡塞克：《刑法哲学》，谢望原译，中国人民公安大学出版2003 年版，第 290 页。

只重构成不重排出，只重积极不重消极，只重入罪不重出罪的情况有所好转。有学者开始着手对阻却犯罪成立的事由进行研究，如陈兴良教授的《正当化事由研究》，王政勋教授的《正当行为论》，田宏杰教授的《刑法中的正当化行为》，等等。但这些研究的对象都是正当化事由或正当化行为，亦即德日刑法中的违法阻却事由。笔者认为，正当化事由只是阻却犯罪成立的事由中的一类，只对其进行研究是不足够的。首先，正如其名，正当化事由在性质上是“正当的”，这就是说，不仅相对于刑法上的犯罪行为而言其是无罪的，并且相对于伦理上的不当评价而言其是积极正当的。但是，在刑法层面，关注的行为性质不是“正当”与“不当”，而是有罪和无罪，不当的行为也可能是无罪的。还有其他阻却犯罪成立的事由，如责任阻却事由、客观的不可罚事由等都需要深入研究。其次，随着时代的发展、刑法研究的深入，刑事司法实务也需要理论研究者对阻却犯罪成立的事由进行全面、细致的探讨。例如，“蒲连升安乐死案”等具体案例引起了学界关于安乐死司法出罪的思考，而近年来违法性认识错误、期待可能性等问题的讨论，使得中国刑法学界将视野扩展到了阻却犯罪成立的事由上。当前，亟待有相关研究能将这些零碎的事由研究统一起来，从理论上加以深入研究，并能用于指导实践，本书对于出罪事由的研究目的即在于此。出罪事由大体上囊括了刑法规范和司法实务中涉及的绝大部分阻却犯罪成立的事由（实体上的事由），既包括正当化事由、可得宽恕的事由，也包括出于刑事政策考虑的客观不可罚事由。既包括成文的事由，也包括不成文、超法规的事由，还包括刑事司法中的出罪理由。如此，对于出罪事由的归纳和研究，就扩展了阻却犯罪成立的消极事由的范围，使犯罪成立判定过程的研究更为完整，有利于刑法理论的全面性。

(三) 深入追问犯罪认定中的价值判断问题

出罪事由的生存环境是“入罪—出罪”的犯罪认定思维模式，亦即先判定行为人的行为是否在形式上符合刑法规定的犯罪成立条件和标准，如果符合，则接着判断行为或行为人是否具有特别事由可以出罪。其中的入罪判断是形式判断，要求严格遵从罪刑法定原则的要求，其中的重难点是对刑法字句的解释和适用。而出罪判断则没有严格遵从实定法规定的要求，有些出罪事由是刑法明文规定的，如正当防卫、紧急避险，有些来源于立法解释和司法解释，而还有一些出罪事由并没有相关条文可以依照。裁判者在出罪时具有较大的自由裁量权，通过“但书”规定的“情节显著轻微危害不大”而使行为出罪。可见，入罪必须恪守罪刑法定原则，而出罪并不必须依据法定事由。究其原因，在于入罪判断属于形式判断，而出罪判断则是属于价值判断。形式判断只需对比具体案情事实与刑法规范规定的犯罪构成要件，判断二者是否在形式上相符合。而价值判断则需超越刑法规范，需要根据正义标准作出好坏善恶的区分。犯罪行为的实质是有害于社会的恶的行为，它终究属于价值判断的问题。犯罪构成要件即是立法者根据这种价值观对犯罪行为的形式作出的规范规定，但形式的规定并不一定必然符合实质，从而，需要通过实质判断（价值判断）的方法，再一次对符合形式判断的行为进行过滤，出罪判断和出罪事由的作用即是如此。出罪事由尽管也存在定型的形式化问题，但究其根本，仍然摆脱不了对于违法性实质、责任实质乃至可罚性实质的探讨，这些都涉及价值判断的问题，如对超法规出罪事由涉及的理论标准尤其如此。从而，探析出罪事由的理论标准和依据，探讨出罪事由导致行为无罪的原因，更能揭示犯罪的价值判断内容和本质特征。

(四) 彰显刑法的人权保障机能

研究出罪事由，并使出罪判断成为犯罪成立判断的必经阶段，在刑事诉讼层面的直接结果是为被告方提供更多的辩护理由。以往的研究只注重对犯罪成立积极条件，即构成要件的研究，反映到刑事辩护上，被告方的辩护理由只能针对检控方指控的罪名的构成要件要素进行反驳，而没有专属的辩护理由，这样的辩护途径是狭隘和无力的。正如有学者指出的："在中国刑法中，由于四大要件一旦拼凑成功，就可以得出个人有罪的结论。所有的刑法学著作都众口一词地说：行为符合四个构成要件，就能够得出有罪的结论；而没有任何一本书讲：行为人可以借助于四个构成要件中的某些要件进行辩护！这样一来，犯罪构成就只能反映定罪结论（犯罪规格）；突出刑法的社会保卫观念，由此在保障人权方面必然存在制度性不足，所以犯罪构成理论总体上是对控方有利的，这使得刑事案件控诉容易而辩护困难。尤其在出现诱惑侦查、免责但并不阻却违法性的紧急避险等情况时，个人要进行无罪辩解，基本上没有可能。"① 而出罪事由，就刑事诉讼过程中的控辩机制而言，就是辩护理由。在犯罪论体系中重视出罪事由，也就为犯罪嫌疑人指明了有效辩护的途径，从而能够更为精细地保障被告人人权。

同时，研究出罪事由，将会使司法者在观念上将出罪事由和出罪判断作为一个必经判断过程，会使犯罪的认定增加一层过滤机制，进一步限缩犯罪认定，体现出更为细致的人权保障功能。出罪事由特别是超法规的出罪事由及理论，更多地考虑伦理的正当性和刑罚的谦抑性，能够起到软化法条机械性、冷酷性的作用。很多出罪事由，如欠缺期待可能性，具有行为人个别化的特征，依据这些事由作出出罪判断，能够更多地融入和吸纳人性、人情、人文的关怀，体现刑法的人性基础。重视出罪事由对于犯

① 周光权：《犯罪构成理论：关系混淆及其克服》，载《政法论坛》2003 年第 6 期。

罪的排出作用，将会使犯罪认定由严格的、机械的法条主义走向温情的灵活的人性关怀。

此外，出罪事由的提出，对于分配诉讼过程中控辩双方的举证责任，权衡控辩双方的力量，实现诉讼正义也相当有益。铃木茂嗣教授认为，对于构成要件事实，检察官一开始就必须将其加以特定并向裁判所提出，然后在法庭上围绕其进行证明活动。与此相对，对于作为犯罪阻却事由（出罪事由）的事实，只要它们没有形成诉讼中的争点就没有必要加以考虑。也就是说，只有被告人提出了显示这些事由可能存在的某种资料，或者诉讼中客观地出现了某种使人能够推测或许存在着构成这些事由的事实状况，裁判所才有必要将阻却事由的存在与否作为争点而纳入审判的对象。总之，阻却事由一旦争点化，也应理解为最终必须由检察官承担证明其不存在的举证责任。① 这也就是说，对于支持犯罪构成要件的事实，应该由控诉方承担证明责任；而对于支持出罪事由的事实，则辩护方有责任提出表面证据，使之成为争点，具有形式意义上的举证责任，而控诉方对于支持出罪事由不成立的事由具有实质意义上的举证责任。如此，既坚持了控诉方承担有罪的行为的举证责任的原则，又中和了谁主张谁举证的原则，实现了刑事诉讼的“攻守平衡”（Offense - Defense Balance），亦即程序正义。

还有，出罪事由还对无罪行为的性质具有刑事政策上的区分功用，首先，它将因不符合构成要件而无罪的行为与因具备出罪事由而无罪的行为区分开来，将前者归为“刑法上不重要的行为”，而将后者归为“刑法上重要的行为”，从而实现刑法的

① 杜宇：《犯罪结构的另一种叙事——消极性构成要件理论研究》，载陈兴良主编：《刑事法评论》（第13卷），中国政法大学出版社2003年版。

“诉求功能”（Appelfunktion），将“把打死一只苍蝇的行为与正当防卫杀人的行为”区分开来。[①] 其次，还可根据不同的出罪理由，对因出罪事由而无罪的行为进行进一步区分，如将正当化行为与“但书”出罪的行为区分开来，从而从刑事政策上体现刑法对不同性质行为的不同态度。

① 陈志龙：《许可性构成要件错误——兼论负面构成要件要素理论》，载《台湾“国立大学”法学论丛》第20卷第1期。

第二章 中国刑法规范中的出罪事由之归纳

出罪事由是在认定犯罪时，将进入犯罪评定圈的行为排出出去、使其不被判决为有罪所依据的事实和理由。从来源上看，出罪事由不仅可以通过刑法的明文规定而确定，而且也可以存身于纷繁众多的立法解释和司法解释之中。下文拟从刑法、立法解释和司法解释等刑法规范中寻找出罪事由，对具体的出罪事由进行归纳和整理。

一、我国刑法中的出罪事由规定

（一）对刑法中“不”字规范的检索

刑法是规定犯罪和刑罚的法律规范，对这个定义进行咬文嚼字的理解，可以得知：刑法一般只规定什么“是”犯罪，而不规定什么“不是”犯罪。在政治国家与市民社会发生分野之后，法律成为限制公权保障自由的手段。对公民而言，“法无明文禁止即为自由”；对国家权力而言，“法无明文授权即为禁止”。这是法治的基本精神，也是罪刑法定原则的基本内涵。由此，刑法的基本功能是明确规定哪些行为是犯罪（明确性原则），划定立法层面上的犯罪圈，除此之外，在犯罪圈之外的行为都不是犯罪。这就决定了刑法条文的基本形式应当是“……的，是……罪”（实际法条表述为“……的，处……”）这样的“是”字规范，典型的例子，如刑法第 385 条第 1 款对于受贿罪的规定：“国家工作人员利用职务上的便利，索取他人财物的，或者非法收受他人财物，为他人谋取利益的，是受贿罪。”还有刑法第13条规定的犯罪总体概念的“但书”之前“一切……危害社会的行为，依照法律应当受刑罚处罚的，都是犯罪”。①

但是，在我国刑法中，除了前述以“……的，是……罪”为形式的“是”字规范外，还存在着为数众多以“……的，不……”为形式的“不”字规范。这些“不”字规范的结论是“不认为是犯罪”、“不负刑事责任”、“不予追究刑事责任”、“不以犯罪论处”、“不予处理”等，亦即不认为构成犯罪、不受刑事处罚。可见，这些“不”字规范中存在着阻却犯罪成立的出罪事由。

以“不”字为关键字检索刑法条文，排除无关的内容，大体上可以得到以下刑法条文：（1）刑法第7条规定，中国公民在中国领域外犯刑法规定之罪的，最高刑为3年以下有期徒刑的，可以不予追究。（2）刑法第8条规定，外国人在中国领域外对中国国家或者公民犯罪，按刑法规定最低刑为3年以上有期徒刑的，可以适用本法，但是按照犯罪地的法律不受处罚的除外。也就是说，外国人在中国领域外对中国犯罪，最低刑为3年以下有期徒刑的，或者按照犯罪地的法律不受处罚的，不能适用中国刑法。（3）刑法第12条规定，刑法实施前的行为，当时的法律不认为犯罪；或者当时法律认为是犯罪，现行法律不认为是犯罪的，不认为是犯罪。（4）刑法第13条规定，情节显著轻微危害不大的危害社会行为，不认为是犯罪。（5）刑法第16条规定，行为在客观上虽然造成了损害结果，但不是出于故意或者过失，而是由于不能抗拒或者不能预见的原因所引起的，不是犯罪。（6）刑法第17条规定，已满16周岁的人犯罪，应当负刑

① 张明楷：《刑法分则的解释原理》（上），中国人民大学出版社2011年版，第168页。

事责任。已满14周岁不满16周岁的人，犯故意杀人、故意伤害致人重伤或者死亡、强奸、抢劫、贩卖毒品、放火、爆炸、投毒罪的，应当负刑事责任。也就是说，不满14周岁的未成年人以及已满14周岁不满16周岁的未成年人，对实施法定八种行为以外的行为，不应当负刑事责任。（7）刑法第18条规定，精神病人在不能辨认或者不能控制自己行为的时候造成危害结果，经法定程序鉴定确认的，不负刑事责任。（8）刑法第20条规定，正当防卫不负刑事责任。（9）刑法第21条规定，紧急避险不负刑事责任。（10）刑法第87条规定，超过追诉时效的犯罪，不再追诉。（11）刑法第201条第4款规定，纳税人逃税的，经税务机关依法下达追缴通知后，补缴应纳税款，缴纳滞纳金，已受行政处罚的，不予追究刑事责任。（12）刑法第241条第6款，收买被拐卖的妇女、儿童，按照被买妇女的意愿，不阻碍其返回原居住地的，对被买儿童没有虐待行为，不阻碍对其进行解救的，可以不追究刑事责任。（13）刑法第243条第3款，不是有意诬陷，而是错告，或者检举失实的，不适用诬告陷害罪规定。（14）刑法第306条第2款规定，辩护人、诉讼代理人提供、出示、引用的证人证言或者其他证据失实，不是有意伪造的，不属于伪造证据。（15）刑法第367条第2款、第3款规定，有关人体生理、医学知识的科学著作不是淫秽物品，包含有色情内容的有艺术价值的文学、艺术作品不视为淫秽物品。（16）刑法第389条第3款规定，因被勒索给予国家工作人员以财物，没有获得不正当利益的，不是行贿。（17）刑法第449条规定，在战时，对被判处3年以下有期徒刑没有现实危险宣告缓刑的犯罪军人，允许其戴罪立功，确有立功表现时，可以撤销原判刑罚，不以犯罪论处。（18）此外，根据刑法的基本原理和刑事诉讼法的规定，刑法第246条规定的侮辱罪、诽谤罪（严重危害社会秩序和国家利益的除外）、第257条规定的暴力干涉他人婚姻自由罪（致使被害人死亡的除外），第260条规定的虐待罪（致使被害人重伤、死亡的除外），第270条规定的侵占罪，属于“告诉才处理”的犯罪，如果被害人和相关人员未告诉的，则刑法不予处理。

（二）对“不”字规范的分析及出罪事由的得出

出罪事由是将已进入犯罪评定圈的行为出罪而认定为不构成犯罪，即将“本应有罪”的行为认定为无罪。前述“不”字规范，并非全部符合此种界定，需要具体分析。以下先根据措辞的不同将这些条文予以分类。

其一，“不是犯罪”显然是对行为犯罪性的完全否认，这样的情形包括上述（5）不可抗力或意外事件。

其二，“不认为是犯罪”、“不以犯罪论处”说明虽然裁判结果上不认定犯罪，但并未完全否认行为的危害性，这样的情形包括上述（4）情节显著轻微危害不大的行为和（17）犯轻罪（3年以下）的军人战时戴罪立功。

其三，在我国刑法中，凡是犯罪，行为人都应承担刑事责任，国家也应予以追诉，没有例外；则反推之，“不予刑事处罚”、“不负刑事责任”、“不追究刑事责任”的情形只有在行为不成立犯罪的情况下才能出现，因此，这些措辞表明所涉条款也应属于无罪条款。这些条款包括上述（6）未成年人（不满14周岁，14～16周岁实施8种行为以外的行为）的危害行为；（7）精神病人的危害行为；（8）正当防卫；（9）紧急避险；（12）收买被拐卖的妇女、儿童者不阻碍返回、解救，没有虐待的；（11）纳税人逃税经通知后补缴税款、缴纳滞纳金、已受行政处罚的。

其四，“不予追究”、“不再追诉”、“刑法不予处理”，导致了刑法无法管辖或刑事诉讼程序的终止，最终也是导致无罪。这些条款包括（1）中国公民域外犯轻罪（3年以下）；（2）外国人域外对中国人犯3年以下之罪或犯罪地不认为是犯罪的。

(10) 超过追诉时效的行为；(18) 亲告罪不亲告的。此外还应包括 (3) 这种按从旧兼从轻原则认定无罪的情况。

其五，“不是……罪”、“不是……行为”、“不是……物品”，提示该规定所示情况或不属危害行为、或不属行为对象、或无罪过，其结果也是导致行为无罪。包括上述 (13) 错告或检举失实，不是有意诬告；(14) 使用证据失实不是有意伪造；(15) 生理、医学、文学、艺术作品不属淫秽物品；(16) 因被勒索而给予财物没有获得不正当利益不是行贿。①

对于上述第一类、第五类事由，属于否定的构成要件要素。根据前章对出罪事由的定义，出罪事由是将进入犯罪评定圈的行为从犯罪中予以排出，其与否定的构成要件要素是不同的。两者虽都是导致行为被宣判无罪，但否定构成要件要素的同罪原理是在构成要件内部的对构成要素进行否定，即认为案情不符合具体罪名构成要件的危害行为、行为对象、罪过（构成要件的故意、过失）等要素的规定，从而认为不符合构成要件而无罪。而出罪事由的出罪原理是在构成要件外部进行否定，即认为行为是符合构成要件的，但由于出现特定事由而认为构成犯罪。故而，上述第一类、第五类“不”字规范，属于否定的构成要件要素，而不属于出罪事由。对于上述第三类事由的 (6)、(7) 项，即

① 结合本条措辞以及行贿罪的构成要件，对于本条的含义，应当理解所示情形为“不是行贿行为”，而不宜理解为“是行贿行为但不认为构成行贿罪”。理由是，行贿罪中的“谋取不正当利益”是主观目的要素，行为人为了谋取不正当利益而给予国家工作人员以财物的，即构成行贿罪。无论客观上其是否获取了不正当利益，也无论其“给予”是主动给予还是被动要求的。亦即，刑法第 389 条第 3 款中的“被勒索”三字说明，行为人是为了获取正当利益而被国家工作人员“勒索”，由此，该条应当解释为：(行为人是为了获取正当利益) 被勒索给予国家工作人员以财物，没有获得不正当利益的，不是行贿。

未成年人和精神病人的危害行为，其中所涉及的刑事责任年龄和刑事责任能力要素，在中国刑法传统四要件体系中属犯罪构成的组成部分，对此二项要素的否定应属对构成要件要素的否定。但在德日三阶层的犯罪论体系之下，刑事责任年龄和刑事责任能力属于责任（第三阶层）要素，因不具此要素而认定为无罪的行为已经该当构成要件（第一阶层）。因此，在四要件体系之下，前述两项事由不属出罪事由，而在三阶层体系之下，其属出罪事由，这种界定的不同是由于对“构成要件”的理解不同而造成的。笔者在前文界定犯罪评定圈时，是以新古典暨目的论三阶层体系的构成要件（类似于四要件体系的客观要件）为参照的，从而也就认为这两项事由属出罪事由。司法实践在认定未成年人和精神病人的危害行为时，也是赞同行为在客观上具有危害性，符合犯罪行为的外形，只是认为因行为人特殊而不承担刑事责任而已。对于上述第四类“不”字规范，涉及刑法效力、管辖权、追诉效力的问题，系纯粹的诉讼要素，由于本书只在实体法层面讨论出罪事由，故而不是本书讨论的重点。但是，对于其中的亲告罪不亲告的情形，应另当别论。刑法规定亲告罪，其原因不单单在于节省司法资源、刑事追诉主体变化等诉讼方面的原因，还涉及对犯罪本质的理解和对各种权益的权衡等实体方面的原因。亲告罪涉及的通常都是较轻的犯罪以及发生在近亲属之间的犯罪，对行为人的追究往往会影响到被害人的亲情和名誉，故为尊重被害人意愿，由刑法规定对犯有这些罪的行为人是否追究刑事责任取决于被害人的告诉。正如加罗法洛所言，犯罪的本质是侵害集体情感。[①] 如果近亲属或人们之间轻微的损害得到了受害一方的容忍，那么损害行为侵害情感的一面就无法体现出来，由此

① ［意］加罗法洛：《犯罪学》，耿伟、王新译，中国大百科全书出版社 1996 年版，第 24 页。

也将丧失犯罪的本质基础。因此，亲告之规定不仅是一种追诉犯罪的追诉条件，也涉及犯罪成立的实体成分，可以列入出罪事由之中。从而，笔者认为，前述“不”字规范中的第二、三类，是典型的出罪事由，第四类中的亲告罪不亲告也可认为是出罪事由。

（三）对刑法中“免”字规范的检索及出罪事由的得出

在我国刑法中，除了前述“不”字规范以外，还有与之相似的“免”字规范，即以“免除处罚”、“免予刑事责任”为结论的法条规定。主要有：（1）刑法第10条规定，凡在中华人民共和国领域外犯罪，依照本法应当负刑事责任的，虽然经过外国审判，仍然可以依照本法追究，但是在外国已经受过刑罚处罚的，可以免除或者减轻处罚。（2）刑法第19条规定，又聋又哑的人或者盲人犯罪，可以从轻、减轻或者免除处罚。（3）刑法第20条第2款规定，正当防卫明显超过必要限度造成重大损害的，应当负刑事责任，但是应当减轻或者免除处罚。（4）刑法第21条第2款规定，紧急避险超过必要限度造成不应有的损害的，应当负刑事责任，但是应当减轻或者免除处罚。（5）刑法第22条第2款规定，对于预备犯，可以比照既遂犯从轻、减轻处罚或者免除处罚。（6）刑法第24条第2款规定，对于中止犯，没有造成损害的，应当免除处罚；造成损害的，应当减轻处罚。（7）刑法第27条第2款规定，对于从犯，应当从轻、减轻处罚或者免除处罚。（8）刑法第28条规定，对于被胁迫参加犯罪的，应当按照他的犯罪情节减轻处罚或者免除处罚。（9）刑法第37条规定，对于犯罪情节轻微不需要判处刑罚的，可以免予刑事处罚，但是可以根据案件的不同情况，予以训诫或者责令具结悔过、赔礼道歉、赔偿损失，或者由主管部门予以行政处罚或者行政处分。（10）刑法第67条第1款后半句规定，对于自首，犯罪较轻的，可以免除处罚。（11）刑法第68条第1款后半句规定，有重大立功表现的，可以减轻或者免除处罚。(12) 刑法第164条（对非国家工作人员行贿罪）第4款规定，行贿人在被追诉前主动交待行贿行为的，可以减轻处罚或者免除处罚。(13) 刑法第276条（拒不支付劳动报酬罪）第3款规定，有前两款行为，尚未造成严重后果，在提起公诉前支付劳动者的劳动报酬，并依法承担相应赔偿责任的，可以减轻或者免除处罚。(14) 刑法第351条（非法种植毒品原植物罪）第3款规定，非法种植罂粟或者其他毒品原植物，在收获前自动铲除的，可以免除处罚。(15) 刑法第383条（贪污罪、受贿罪）第1款第3项规定，个人贪污数额在五千元以上不满一万元，犯罪后有悔改表现、积极退赃的，可以减轻处罚或者免予刑事处罚，由其所在单位或者上级主管机关给予行政处分。(16) 刑法第390条（行贿罪）第2款规定，行贿人在被追诉前主动交待行贿行为的，可以减轻处罚或者免除处罚。(17) 刑法第392条（介绍贿赂罪）第2款规定，介绍贿赂人在被追诉前主动交待介绍贿赂行为的，可以减轻处罚或者免除处罚。

前述“不”字规范的结论，是规定或提示规定的情形不认为构成犯罪。而“免”字规范则有所不同，“免除处罚”的前提是承认行为已经构成了犯罪，已经构成了犯罪只是免除刑罚而已。因此，诸多刑法教科书均将“免除处罚”、“免予刑事处罚”的情节归为量刑情节，与从重、减轻、从轻处罚情节相并列。亦即，认为“免除处罚”、“免予刑事处罚”是刑事责任承担的方式之一（免刑事由），其并不关涉犯罪成立的问题。笔者认为，在理论层面，当然可以区分“构成犯罪但免除处罚”（定罪免刑）与“不认为构成犯罪”，确实存在宣判行为人有罪但不科处刑罚的空间，这种判决结果与宣判无罪的判决结果有所不同。但是，在司法实务中，为了避免审前羁押或其他诉讼程序上的问题，出现宣判有罪但不科处刑罚的情况较少，绝大多数情况下，

"免除处罚"、"免予刑事处罚"的案件在检察院审查时即以情节显著轻微为由而酌定不起诉，或者在法院以刑法第13条"但书"为由而宣判不构成犯罪。从理论上讲，犯罪与刑罚之间存在互为因果的关系，无罪即无刑，有罪即有刑，构成犯罪必然导致刑罚后果；同样，有刑则有罪，无刑则无罪，应当科以刑罚的行为才能判处构成犯罪，不应科以刑罚的行为不宜判处构成犯罪。这是由刑罚的最终性和必要性决定的，所谓犯罪，即是应当科处刑罚的行为，此即从刑罚角度对犯罪进行的界定，也是我国刑法通说一致赞同的犯罪概念的基本特征之一。由此，那种有意将"刑事责任"（这里的"刑事责任"指犯罪后果）与"刑罚"隔离开来，认为"刑罚"不是"刑事责任"（犯罪后果）的观点，可能有待商榷。[①] 至少，在司法实践中，根据"免除处罚"、"免予刑事处罚"等"免"字规范判决行为人无罪，这是一种审判常态，免刑事由也可以成为出罪的理由。"免"字规范起到的效果与"不"字规范是相似的，即都是将已进入犯罪评定圈的行为出罪而认定为不构成犯罪。故而，"免"字规范所规定的事由也可归入出罪事由之中。

（四）对刑法中规定的出罪事由的归纳和小结

根据前述"不"字规范和"免"字规范的分析，我们得到了我国刑法中规定的出罪事由，这就是：（1）情节显著轻微危害不大的行为；（2）犯轻罪（3年以下）的军人战时戴罪立功；（3）未达刑事责任年龄（不满14周岁，已满14周岁不满16周岁实施8种行为以外的行为）；（4）精神病人；（5）正当防卫；（6）紧急避险；（7）收买被拐卖的妇女、儿童者不阻碍返回、解救，没有虐待的；（8）纳税人逃税经通知后补缴税款、缴纳

① 高铭暄、马克昌主编：《刑法学》，北京大学出版社、高等教育出版社2005年版，第222页。

滞纳金、已受行政处罚的；（9）亲告罪不亲告。对于前述这9项出罪事由，符合条件即需出罪，裁判者的自由裁量余地较小。此外，还有：（10）已经过外国审判；（11）聋哑或盲人；（12）防卫过当；（13）避险过当；（14）预备犯；（15）没有造成损害的中止犯；（16）从犯；（17）胁从犯；（18）犯罪情节轻微不需要判处刑罚；（19）犯罪较轻的自首；（20）重大立功；（21）实施行贿、对非国家工作人员行贿，对外国公职人员、国际公共组织官员行贿行为，行贿人在被追诉前主动交待行贿行为；（22）拒不支付劳动报酬在提起公诉前悔改；（23）非法种植毒品原植物在收获前自动铲除；（24）贪污、受贿数额达到起刑点后悔改退赃；（25）介绍贿赂人在被追诉前主动交待介绍贿赂行为。后面这16项出罪事由，符合条件并非一定会出罪，裁判者的自由裁量余地较大，不仅体现为"可以"情节的适用，而且体现为减轻还是免除刑责的后果选择，甚至，理论上还有无罪宣判和有罪宣判的选择余地。

我国刑法对于出罪事由的规定较少，实际上，不只是我国刑法，德日刑法典明文规定的出罪事由也比较少。其原因正如本节文首所言，刑法典是规定犯罪和刑罚的规范，从正面规定构成犯罪需要具备哪些条件是其主要内容，只有在特别必要的情况下才会从反面规定哪些情形不构成犯罪，如正当防卫、紧急避险这些情况是最为常见的出罪事由，也最易被误作为犯罪处理，所以特别予以规定。此外，这也与出罪事由的本身性质有关，定型的普适性的出罪事由较为少见，多数的出罪事由是零碎分散的，它们更多地来自司法实践而不是刑法法条。

二、司法解释对有罪情形"不认为是犯罪"的规定

刑法在适用中需要进行解释，这就是刑法解释。在我国，根据主体的不同可将有权解释分为立法解释（全国人大常委会的

解释）和司法解释（最高人民法院、最高人民检察院的解释）。当前，全国人大常委会发布的立法解释共有12件（其中9件以“解释”命名，3件以“决定”命名），其中基本没有对出罪事由作出特别规定。而由最高人民法院、最高人民检察院发布的至今有效的司法解释数以百计，其条文总数甚至要多于刑法条文。在司法实践中，尤其是涉及定罪量刑标准、罪数认定等方面，司法解释的作用甚至超过刑法本身，成为事实上的定案援引条文，被称为“小刑法”。我国司法解释对于罪与非罪的认定问题也有大量规定，其中就有出罪事由的相关规定。① 以下列举具有代表性的几项：

（一）盗窃、诈骗、抢劫近亲属财物一般可不按犯罪处理：近亲属关系

司法解释一：最高人民法院1997年11月4日颁布的《关于审理盗窃案件具体应用法律若干问题的解释》第一条第四项规定，偷拿自己家的财物或者近亲属的财物，一般可不按犯罪处理；对确有追究刑事责任必要的，处罚时也应与在社会上作案的有所区别。

司法解释二：最高人民法院于2006年1月11日颁布的《关于审理未成年人刑事案件具体应用法律若干问题的解释》第九条第三款规定，已满十六周岁不满十八周岁的人盗窃自己家庭或

---

① 并非所有涉及无罪的规定都是出罪事由，如最高人民法院、最高人民检察院《关于办理赌博刑事案件具体应用法律若干问题的解释》第9条规定，不以营利为目的，进行带有少量财物输赢的娱乐活动以及提供棋牌室等娱乐场所只收取正常的场所和服务费用的经营行为等，不以赌博论处。此规定情形就不属出罪事由，而属提示性规定。因为赌博罪的构成要件在主观方面要求有营利目的，不以营利为目的的娱乐式赌博不符合目的要件，是不符合构成要件的行为，司法解释作此规定是为了提示司法机关注意该目的。

者近亲属财物，或者盗窃其他亲属财物但其他亲属要求不予追究的，可不按犯罪处理。

这两条司法解释规定了法院办理盗窃近亲属财物案件的处理方法，其共同点是，规定的都涉及盗窃近亲属财物。不同点一是，前者未规定适用主体范围，即对一切具备刑事责任能力的人均可适用，而后者适用对象仅为已满16周岁不满18周岁的未成年人；二是，前者盗窃对象为“近亲属的财物”，后者扩展到“其他亲属财物，要求不予追究”。本部分先对其中涉及的盗窃近亲属财物予以论述，下文再专门讨论未成年人问题。

从文字措辞上来看，前述两条司法解释的含义是盗窃自己家或近亲属财物原则上不判决有罪，特殊情况下确有必要才判决有罪。根据刑法规定，盗窃罪的对象是“公私财物”即他人占有的财物，包括财产共有人占有的财物。根据民法和婚姻家庭法的相关规定，家庭财产的权属及占有状况比较复杂，包括家庭共有财产、夫妻共有财产、夫妻个人财产、成年子女个人财产、未成年子女个人财产以及其他家庭成员各自所有的财产等，其中家庭共有财产归共同创造、共同取得的家庭成员所共同共有（所有），没有为家庭财产作出贡献的未成年子女一般不是家庭财产的共有人。当然，在占有方面，家庭财产可认为归共同生活的家庭成员共同占有，或者部分家庭成员占有部分家庭成员系辅助占有者。在刑法理论上，财产共有人中的一人或部分未经其他共有人同意私自将共有财产据为己有的，可以构成盗窃罪。[①] 对于家庭成员偷拿自己家的财物的情形，无论该家庭成员系财产共有人（如配偶之间）或辅助占有者（如对家庭财产无贡献的子女偷拿父母的财产）还是无占有关系者

① ［日］西田典之：《日本刑法各论》，刘明祥、王昭武译，中国人民大学出版社2007年版，第115页。

（如不与父母共同生活的成年子女偷拿父母的财产），如果适用前述原理，均可构成盗窃罪，偷拿其他近亲属的财物同样如此。也就是说，偷拿自己家或近亲属财物的行为是符合盗窃罪的构成要件的，并且，我国刑法规定盗窃罪属于公诉罪，理论上无须自诉。而前述司法解释将此情形原则上不认为是犯罪，是将进入到犯罪评定圈内理论上构成犯罪的行为排出。其排出的理由是行为人与被害人之间的近亲属关系（亲亲相犯财产罪），这种近亲属关系就是盗窃罪的出罪事由。

该出罪事由在司法实践中运用也较为广泛。例如，在“文某盗窃案”中：被告人文某（1982 年 5 月生，不满 18 周岁）因早恋被母亲王某赶出家门不给生活费，遂趁其母王某外出，伙同女友于 1999 年 7 月至 8 月间先后三次将其家中的电视机、空调机、洗衣机、电冰箱（共价值 1.4 万余元）盗走销赃。

江西省南昌市某区人民检察院以被告人文某犯盗窃罪，向区人民法院提起公诉。区人民法院认为，法定代理人王某是被告人文某的唯一法定监护人，在文某成年以前有抚育义务。文某过早谈恋爱固然不对，但王某把他赶出家门，不给生活费，属管教方法不当，有悖我国婚姻法和未成年人保护法的规定，没有正确履行监护人的职责。被告人文某尚未成年，是家庭财产的共有人，偷拿自己家中物品变卖，不属非法占有。公诉机关指控被告人文某犯盗窃罪不能成立，并依照我国刑法第 13 条、最高人民法院《关于审理盗窃案件具体应用法律若干问题的解释》第 1 条第 4 项、刑事诉讼法第 162 条第 2 项的规定，于 2000 年 3 月 13 日判决被告人文某无罪。①

此案件的判决结论显然是正确的，但其判决理由却未为恰当。南昌市某区人民法院判决文某无罪的理由有两点：其一为被

① 朱平：《无罪判例名案精析》，群众出版社 2004 年版，第 338 页。

害人有过错，其二为盗窃对象为共有财产。但其援引法条内容却是另外两条：其一为刑法第 13 条“但书”“犯罪但情节显著轻微危害不大不是犯罪”，其二为上述盗窃罪司法解释“盗窃自己家的财物不按犯罪处理”。显然，援引法条与判决理由牛头不对马嘴：判决理由将文某的行为性质界定为盗窃共有财产，不属非法占有，自然其行为也不构成盗窃行为；而援引法条之含义却是认可文某的行为是非法盗窃行为，只是因情节显著轻微危害不大或者属于“盗窃”自己家的财物才不按犯罪处理。前后显然自相矛盾。

笔者认为，本案只能以盗窃自己家的财物为理由判决文某无罪，而不能依据其他事实及理由判决无罪。首先，应当认定文某的行为性质属于非法占有的盗窃行为。我国民法只规定对家庭财产作出贡献的人才是财产共有人，没有任何条文规定所有生活在一起的家庭成员都是财产共有人。并且还特别强调未成年人个人劳动所得归个人所有，由监护人代为管理，说明父母与子女之间的关系并不是财产共有关系。若为共有关系，则未经作为共有人之一的子女的同意父母也不得擅自处分财产，显属荒谬。民法虽为维护家庭和睦计一般不深究家庭财产之权属，但若要深究，财产所有权属于对家庭财产增长作出贡献的家庭成员，这仍是明确的。因此，文某盗窃对象系其母王某所有财产，是非法占有“他人”财产，行为属于盗窃，这是一个事实前提。其次，被害人王某虽有过错，但在我国刑法中，被害人有过错并不是行为人无罪的理由，而是减轻处罚的理由。再次，文某窃取的财产数额价值达 1.4 万余元，数额较大，不符合刑法第 13 条“但书”规定的“情节显著轻微危害不大”。最后，笔者认为，本案文某无罪的理由可能有两点，一是未成年（17 岁），二是盗窃自己家的财物。但由于本案审理和判决时间为 2000 年 3 月，《关于审理未成年人刑事案件具体应用法律若干问题的解释》（2006 年 1 月

11日）还未颁布，其中关于“已满十六周岁不满十八周岁的人盗窃自己家庭或者近亲属财物，或者盗窃其他亲属财物但其他亲属要求不予追究的，可不按犯罪处理”之规定自然不能适用。而根据《关于审理盗窃案件具体应用法律若干问题的解释》第6条第2项第1句，已满16周岁未满18周岁作案的，虽已达到“数额较大”起点，但情节轻微，可不作犯罪处理。文某虽未成年但盗窃数额已远远超过“数额较大”起点，所以也不适用这条。故此，文某无罪的理由只能是盗窃自己家的财物。

对司法解释一在进行解读时需要特别注意的是，本条司法解释并未规定行为人的年龄，也未规定盗窃数额的大小，本条解释的关键词只是“近亲属关系”，而非其他，也就是说，无论盗窃数额大小也无论行为人年龄，只要存在近亲属关系，就可认定为出罪事由。刑事诉讼法第82条对此有明确规定，这里的近亲属是指夫、妻、父、母、子、女、同胞兄弟姐妹。司法实践中亦有因被告人与被害人属亲属而不属近亲属而被判有罪的案例。是否应当将“近亲属关系”扩展到其他犯罪成为它们的出罪事由，是否将“近亲属关系”扩大为“亲属关系”，这有待进一步考察。例如，“张生偷拿舅母家财产案”：

被告人张生（化名，17岁），2003年10月至11月，张生从其母亲处偷偷拿走舅母韩某的钥匙，4次潜入舅母家中，将衣柜里的11件金首饰盗出贱卖，共得钱3660元，还窃得现金90元，韩某报案后张生被抓获。一审法院认为，张生先后4次潜入其舅母家，秘密窃取财物，数额较大，其行为已构成盗窃罪。张生虽然系盗窃亲属的财物，但因其系多次盗窃，且从销赃的价格来推断，显然已达到数额较大确有追究刑事责任的必要。法院鉴于张生盗窃时未满18岁，且系盗窃亲属财物，依法应从轻处罚。故判处其有期徒刑8个月，并处罚金1000元。①

此外，对于近亲属之间的侵害行为不认为是犯罪，是否可以扩大到其他罪名，亦即近亲属关系能否是其他犯罪的出罪事由，这也是需要考察的问题。

司法解释三：最高人民法院、最高人民检察院2011年3月1日颁布的《关于办理诈骗刑事案件具体应用法律若干问题的解释》第四条规定，诈骗近亲属的财物，近亲属谅解的，一般可不按犯罪处理。诈骗近亲属的财物，确有追究刑事责任必要的，具体处理也应酌情从宽。

司法解释四：最高人民法院2005年6月8日颁布的《关于审理抢劫、抢夺刑事案件适用法律若干问题的意见》第七条第三款规定，为个人使用，以暴力、胁迫等手段取得家庭成员或近亲属财产的，一般不以抢劫罪定罪处罚，构成其他犯罪的，依照刑法的相关规定处理；教唆或者伙同他人采取暴力、胁迫等手段劫取家庭成员或近亲属财产的，可以抢劫罪定罪处罚。

以上两项司法解释说明，诈骗、抢劫近亲属的财物的，一般也不按犯罪处理，但也存在追究刑事责任的可能性。显然，这不是以行为不符合构成要件要素（行为对象）而认为行为无罪，而是认为行为符合构成要件，而以近亲属关系为由出罪。其中，抢劫罪的规定认为近亲属系单独正犯时不以抢劫罪定罪，而系教唆犯或共同正犯时可以抢劫罪定罪，此规定原理为何？以上四项规定针对的均为财产犯罪（盗窃罪、诈骗罪、抢劫罪），近亲属关系能否扩展为全部财产犯罪的出罪事由，如抢夺罪、侵占罪、敲诈勒索罪？甚至人身犯罪或其他犯罪，如故意伤害罪、非法拘禁罪？这都值得思考。

---

① 文刚、张少莉：《外甥窃舅母财物是否近亲是罪与非罪的关键》，载《海南日报》2005年8月9日。

（二）少男（14～16岁）与幼女发生性关系情节轻微不认为是犯罪：未成年

司法解释五： 最高人民法院于2006年1月11日颁布的《关于审理未成年人刑事案件具体应用法律若干问题的解释》第六条规定，已满十四周岁不满十六周岁的人偶尔与幼女发生性行为，情节轻微、未造成严重后果的，不认为是犯罪。（此解释公布之日起，最高人民法院于1995年颁布的原《关于办理未成年人刑事案件适用法律的若干问题的解释》不再执行。原解释对于此情形的规定为：对于未成年人之间偶尔发生的、非恶意的性行为，可以不认为是犯罪。）

司法解释六： 最高人民法院于2000年2月13日颁布的《关于审理强奸案件有关问题的解释》规定：对于已满14周岁不满16周岁的人，与幼女发生性关系构成犯罪的，依照刑法第十七条、第二百三十六条第二款的规定，以强奸罪定罪处罚；对于与幼女发生性关系，情节轻微、尚未造成严重后果的，不认为是犯罪。

根据刑法关于奸淫幼女型的强奸罪的规定，行为人在明知或应当知道对方为幼女的情况下，与之发生性关系，无论幼女是否同意，均构成（奸淫幼女型的）强奸罪。[①] 并且，刑法已明确规定已满14周岁不满16周岁的人应对强奸罪承担刑事责任。因此，已满14周岁不满16周岁的少男与幼女发生性关系的行为完全符合强奸罪的构成要件。由此，司法解释规定“不认为是犯罪”的情形，属于出罪事由。

问题在于：前述两项司法解释设定的出罪事由具体内容（出罪理由）为何？是因行为人未成年而认定其无罪，还是因行为情节轻微而认定其无罪？司法解释五对于奸淫幼女行为的出罪

① 最高人民法院《关于行为人不明知是不满十四周岁的幼女双方自愿发生性关系是否构成强奸罪问题的批复》（法释［2003］4号）。

条件，除了规定“已满 14 周岁不满 16 周岁”这个年龄要素之外，还需具备“偶尔”、“情节轻微”、“未造成严重后果”这三个要素。在司法解释六中也是如此，在年龄要素之外另行规定了“情节轻微”、“尚未造成严重后果”等要素。这些要素的内容，可理解为：少男与幼女发生性关系不是出于欺骗、引诱等恶习和恶意，双方年龄差距较小，被害人无受害感及得到其家人谅解，未造成幼女身体伤害等后果。事实上，这两项解释中“情节轻微”、“未造成严重后果”的规定暗含着经幼女同意的条件，也就是说，是专门针对未成年的少男经幼女同意或自愿而与之发生性关系的情况，即少男与幼女谈恋爱或熟识自愿发生性关系“两小无猜”的情形。[①] 而不能包括有论者所担心的“少男强奸骗奸幼女只要情节轻微就不构成犯罪”的情况。[②] 已满 14 周岁不满 16 周岁的少男未经幼女同意而强行与之发生性关系，不属“情节轻微”、“未造成严重后果”，而应以强奸罪论处。当然，其中经幼女同意也不符合刑法被害人承诺的违法阻却条件，因未成年的幼女是否具有性意识和性处分能力，其承诺并无法律效力。因此，司法解释将此情形出罪的理由，虽考虑了无承诺能力人的承诺因素，但其关键并不在此。

试想：已满 16 周岁的成年男子，经幼女同意与之发生性关系，是否可构成强奸罪、应当追究刑事责任呢？答案是：当然应当追究强奸罪的刑事责任，否则，刑法关于奸淫幼女型强奸罪的

① 赵秉志、周国良：《未成年人刑事案件最新司法解释第六条解读》，载《法制日报》2006 年 2 月 16 日。

② 褚玉龙、梁亚：《司法解释无权修改法律》，载《法制日报》2006 年 3 月 9 日，行文上也必须明示“自愿”二字。笔者认为，该文的推理过程有抛弃刑法条文而单独论述司法解释的断章取义之嫌，但结论提意明示“自愿”二字是可取的。

规定将会形同虚设。同样是经幼女同意与之发生性关系，已满16周岁的成年男子可构成犯罪，而已满14周岁不满16周岁的未成年少男则不认为是犯罪。可见，前述两项解释出罪的理由是未成年。此外，从司法解释五的标题也可知，此项出罪情形适用的对象是未成年人。根据刑法规定，已满14周岁不满16周岁属于限制刑事责任年龄，对于这个年龄阶段（不满18周岁）人的犯罪，应当从轻或减除处罚（第17条第3款）。未成年人犯罪仍需定罪但应当从宽处罚，未成年只是从宽量刑事由，而不是出罪事由。但前述两项司法解释的规定，使得未成年（已满14周岁不满16周岁）不仅属于从宽量刑事由，也成了出罪事由。

将未成年作为出罪事由，除了前述《关于审理未成年人刑事案件具体应用法律若干问题的解释》第6条对“两小无猜”做出规定以外，该解释第7、9、17条还对其他情况做出了规定。

司法解释七：最高人民法院《关于审理未成年人刑事案件具体应用法律若干问题的解释》第七条第一款规定，已满十四周岁不满十六周岁的人使用轻微暴力或者威胁，强行索要其他未成年人随身携带的生活、学习用品或者钱财数量不大，且未造成被害人轻微伤以上或者不敢正常到校学习、生活等危害后果的，不认为是犯罪。

第九条规定，已满十六周岁不满十八周岁的人实施盗窃行为未超过三次，盗窃数额虽已达到“数额较大”标准，但案发后能如实供述全部盗窃事实并积极退赃，且具有下列情形之一的，可以认定为“情节显著轻微危害不大”，不认为是犯罪：（一）系又聋又哑的人或者盲人；（二）在共同盗窃中起次要或者辅助作用，或者被胁迫；（三）具有其他轻微情节的。已满十六周岁不满十八周岁的人盗窃未遂或者中止的，可不认为是犯罪。已满十六周岁不满十八周岁的人盗窃自己家庭或者近亲属财物，或者盗窃其他亲属财物但其他亲属要求不予追究的，可不按犯罪处理。

第十七条规定，未成年罪犯根据其所犯罪行，可能被判处拘役、三年以下有期徒刑，如果悔罪表现好，并具有下列情形之一的，应当依照刑法第三十七条的规定免予刑事处罚：（一）系又聋又哑的人或者盲人；（二）防卫过当或者避险过当；（三）犯罪预备、中止或者未遂；（四）共同犯罪中从犯、胁从犯；（五）犯罪后自首或者有立功表现；（六）其他犯罪情节轻微不需要判处刑罚的。

这些规定涉及轻微抢劫、盗窃未遂、中止、盗窃自己家庭或者近亲属财物、犯轻罪等情形。

（三）盗窃、诈骗、恶意透支型的信用卡诈骗达到数额起点但情节轻微而不作为犯罪处理：数额犯情节轻微

在我国，盗窃罪等财产犯罪是典型的数额犯。根据《刑法修正案（八）》暨修正后的刑法第264条规定，盗窃公私财物，数额较大的，或者多次盗窃、入户盗窃、携带凶器盗窃、扒窃的，构成盗窃罪。“数额较大”是刑法规定的盗窃财物行为构成犯罪的条件之一，其中的成罪条件并无“情节严重”的措辞。也就是说，盗窃只要达到“数额较大”的起点，无论“情节”如何，原则上就已符合了盗窃罪构成要件的形式，这是出于刑法的明文规定。尽管我国刑事立法和解释存在“立法定性、司法定量”的传统，但司法解释也只能确定具体数额的起点，原则上无权更改刑法规定的成罪条件。但是，以下司法解释却对此作出了变通规定：

司法解释八：最高人民法院于1997年11月4日颁布的《关于审理盗窃案件具体应用法律若干问题的解释》第六条第二项规定，盗窃公私财物虽已达到“数额较大”的起点，但情节轻微，并具有下列情形之一的，可不作为犯罪处理：1. 已满十六周岁不满十八周岁的未成年人作案的；2. 全部退赃、退赔的；3. 主动投案的；4. 被胁迫参加盗窃活动，没有分赃或者获赃较

少的；5. 其他情节轻微、危害不大的。[①]

该项司法解释所列举的“情节轻微”显然是将已进入盗窃罪评定圈的行为排出犯罪，因此属于盗窃罪的出罪事由。分析上述5种出罪事由，第1项的内容属于未成年，这在前文已作了论述。第2项的内容是悔罪。第3项是自首（此处措辞为主动投案，仅是在字面上与自首有异）。第4项是胁从犯且未分赃或分赃较少，这些情节在刑法中一般都只作为量刑予以考虑，而在此却成了涉及定罪的出罪事由。第5项内容是对上述列举的补充，应当看到的是，其措辞为“情节轻微、危害不大”，而不是刑法第13条“但书”所称的“情节显著轻微危害不大”，因此，此解释不是对“但书”的细化，而是超越“但书”规定的。

值得注意的是，前述司法解释的该项条款（第6条第2项）规定的出罪事由，对应的是同一司法解释前一项（第6条第1项）规定的“入罪事由”：盗窃公私财物接近“数额较大”的起点，具有下列情形之一的，可以追究刑事责任：1. 以破坏性手段盗窃造成公私财产损失的；2. 盗窃残疾人、孤寡老人或者丧失劳动能力人的财物的；3. 造成严重后果或者具有其他恶劣情节的。笔者认为，第6条第1项将没有达到“数额较大”标准的盗窃行为规定为犯罪，违背了刑法明文规定的盗窃罪的成罪条件，是将未被刑法规定为犯罪的行为解释为犯罪，违反罪刑法定原则。此项“入罪事由”（第6条第1项）的规定不仅是越权的，而且是无效的。司法解释不能将不符合刑法犯罪形式规定的行为解释为有罪（不能入罪），但可以将符合刑法犯罪形式规定的行为解释为无罪（但可出罪），这就是入罪与出罪的不同。因

① 比照相关司法解释的规定，接近“数额较大”是指虽然没有达到“数额较大”的标准但达到该数额的80%以上的。那么，已达到“数额较大”的起点一般指超过起点标准的20%以内。

此，前述解释第 6 条第 1 项的“入罪事由”规定越权无效，但第 6 条第 2 项的出罪事由规定却是合法有效的。

司法解释对于诈骗罪，也作出了类似的出罪事由的规定。根据刑法第 266 条的规定，诈骗公私财物，数额较大，构成诈骗罪。从而，诈骗行为达到“数额较大”，即在形式上符合了诈骗罪的构成要件。但相关司法解释也规定了除外情况：

司法解释九：最高人民法院、最高人民检察院 2011 年 3 月 1 日颁布的《关于办理诈骗刑事案件具体应用法律若干问题的解释》第三条规定，诈骗公私财物虽已达到本解释第一条规定的“数额较大”的标准，但具有下列情形之一，且行为人认罪、悔罪的，可以根据刑法第三十七条、刑事诉讼法第一百四十二条的规定不起诉或者免予刑事处罚：（一）具有法定从宽处罚情节的；（二）一审宣判前全部退赃、退赔的；（三）没有参与分赃或者获赃较少且不是主犯的；（四）被害人谅解的；（五）其他情节轻微、危害不大的。

这也是诈骗罪的出罪事由规定，其内容涉及法定从宽处罚情节（未成年、自首、立功等）、退赃退赔、从犯且未分赃或分赃较少、被害人谅解等，也有补充性的“情节轻微、危害不大”规定。值得注意的是，在前述诈骗罪解释中，再也没有与盗窃罪解释那样存在接近“数额较大”起点也可构成犯罪的“入罪事由”规定，其解释第 2 条特别强调构成诈骗罪首先应当“达到本解释第一条规定的数额标准”。相似的规定，还有：

司法解释十：最高人民法院、最高人民检察院 2009 年 10 月 12 日颁布的《关于办理妨害信用卡管理刑事案件具体应用法律若干问题的解释》第六条第五款规定，恶意透支应当追究刑事责任，但在公安机关立案后人民法院判决宣告前已偿还全部透支款息的，可以从轻处罚，情节轻微的，可以免除处罚。恶意透支数额较大，在公安机关立案前已偿还全部透支款息，情节显著轻微的，可以依法不追究刑事责任。

（四）强奸因后续通奸而不宜以犯罪论处：事后法律关系变更

司法解释十一：最高人民法院、最高人民检察院、公安部于1984年4月26日颁布的《关于当前办理强奸案件中具体应用法律的若干问题的解答》第3条第2项规定，第一次性行为违背妇女意志，但事后并未告发，后来女方又多次自愿与该男子发生性行为的，一般不宜以强奸罪论处。

此解释虽系1984年颁布实行，其间经历1997年的刑法修订，但该解释至今未被宣布无效，系有效的司法解释。此解释的第3条第2项的主要内容是区分强奸与通奸，而该项中第2句，即文头司法解释的内容最为耐人寻味。根据刑法规定基本原理，在这种情况下，行为人的第一次强奸行为是符合强奸罪的构成要件的，事后发生的被害人意志的改变，无论是真正原谅了犯罪人还是出于其他考虑，都只能影响该罪量刑，而不能影响犯罪成立。因此，此司法解释作出的强奸因后续通奸行为而无罪的规定属于强奸罪的出罪事由。

对于此出罪事由的原理，有论者称其为“事后承诺”，认为可阻却之前犯罪的成立。[①] 有论者称其为“定罪性的罪后情节”，但却认为罪后情节只能将情节轻微危害不大的犯罪排除出刑法，而强奸罪系较为严重的犯罪，“强奸后通奸”作为罪后情节影响定性，在刑法法理上是很难成立的。[②] 还有论者认为，此规定实际是因被害人的不亲告而阻却刑事追诉，如果规定强奸罪为亲告

---

① 马家福、杜宇：《事后承诺与阻却犯罪成立》，载《中国刑事法杂志》2004年第4期。

② 林竹静：《罪后情节问题探讨》，载《中国刑事法杂志》2004年第3期。

罪，就可以解决这一刑事政策与犯罪理论的矛盾。[①] 笔者不赞同关于亲告罪的解说，亲告罪只适用于轻微犯罪尤其是近亲属间的轻微犯罪，强奸罪是极其严重侵害人身权利的犯罪，将其规定为亲告罪，既有违各国刑事立法的通例，也可能造成放纵性犯罪以及罪犯在实施犯罪后胁迫被害人的恶果，因此是不足为取的。将其称为“定罪性的罪后情节”，是从形式和法律后果上对其称谓，并不能揭示其能够出罪的理由。而以“事后承诺”来解释其出罪原因，首先就必须改变被害人有效承诺的条件，将被害人的承诺时间由事前和事中扩展到事后，这涉及承诺是否可以追认的问题，有违刑法通识。

在本书中，笔者将其称为出罪事由，也仅是从形式和法律效果上的称呼，至于规定此种出罪事由的理由为何，需要进一步探讨。在总体上，从刑罚的可罚性特别是处罚必要性角度进行解说是恰当的。这种出罪事由是属于法律关系变更而导致事前行为不可罚，行为人在实施强奸行为时虽构成犯罪，但在刑法对其进行追诉时行为人与被害人之间的关系却已演变成为自愿的两性关系。如果再对行为人之前的行为进行追诉，则将会破坏追诉之时已经形成的稳定关系。刑法追求正义，刑罚权是公权力，但刑罚权的动用也应讲求社会效益和功利，因为刑罚的本质是针对犯罪人作出的另一种损害。性自由属于个人法益的范畴，为强奸罪所直接侵害的只是个人法益。如果由于后续事实状态的改变而使之前的侵害行为不再视为侵害，则动用刑罚权即是多余和不必要的，因为此时刑罚只能带来损害——不仅是对指控犯罪人的损害，而且也是对所谓受害人的损害。从刑罚维护社会秩序的目的以及其经济性上讲，就不宜再固执于机械框条，而应认为行为不

① 安翱：《论亲告罪的范围》，载《国家检察官学院学报》2003 年第 1 期。

再具有可罚性，刑法不可追诉。类似的情况，如行为人之前盗窃了被害人的财物，之后因与被害人结婚而造成财产混同，则对之前的盗窃行为不宜再追究刑事责任。行为人之前收买了被拐卖的儿童进行扶养，之后又办理了合法的收养手续，则对之前的收买行为不宜再追究刑事责任，等等。

（五）为生活所迫重婚、出卖亲生子女的行为认为不构成犯罪：陷于危困境况

司法解释十二：最高人民检察院于1986年3月24日颁布的《关于〈人民检察院直接受理的法纪检察案件立案标准的规定（试行）〉中一些问题的说明》第9条规定：由于以下几种情况而重婚的，可以认为不构成重婚罪：1. 对主动解除或经劝说、批评教育后解除非法婚姻关系的；2. 因自然灾害、被拐卖或者其他客观原因而流落外地，为生活所迫而与他人结婚的；3. 因强迫、包办婚姻或因遭受虐待，与原配偶没有感情，无法继续维持夫妻生活而外逃，由于生活无着，又与他人结婚的；4. 因配偶长期外出下落不明，造成家庭生活严重困难，又与他人结婚的。

此项司法解释对重婚罪罪与非罪的认定问题进行了解释。依照我国刑法规定，重婚罪，是指已有合法配偶（法律婚）而又与他人结婚（法律婚或事实婚），或者明知他人有配偶而与之结婚的情形。对于重婚者而言，明知自己有配偶再结婚就构成重婚罪。故而司法解释十二中的四种情形都符合重婚罪的构成要件，但解释却认为“可以认为不构成重婚罪”，因此这四种情形属于重婚罪的出罪事由。按事由的具体内容和出罪理由作简单归类，其中第一种事由可认为是悔改情节；后三种事由可认为是行为人为生活所迫，即生存基础和生活环境受到严重威胁的境况。危困之时无法律，法律不强人所难，法律不能命令人们实施不可能实

施的行为，也不能禁止人们实施不可避免的行为。[①] 在行为人生存基础和生活环境受到严重威胁的情况下，还强求其舍身维护法律秩序，就有些强人所难，故而司法解释规定此情形下不以犯罪论处。这种出罪的理由存在利益权衡的考虑：重婚罪所保护的一夫一妻制的婚姻关系，纯粹为法律秩序法益，相形于人的生存利益法益，要显得轻微，故而在二者产生冲突时，应当选择保护更为重大、更为重要的生存利益。当然，这种情形虽有避险成分，但由于重婚并非解决生活困境的唯一途径，并非是在"迫不得已"条件下实施的无奈之举，故而不能认定为我国刑法中的（合法）紧急避险。

关于危困境况下对于符合刑法规定的危害行为不以犯罪论处的情况，还有父母出卖亲生子女（拐卖儿童罪）的规定。

司法解释十三：最高人民法院于1999年10月27日颁布的《全国法院维护农村稳定刑事审判工作座谈会纪要》第二段第六条"关于拐卖妇女、儿童犯罪案件"中规定，对于买卖至亲的案件，要区别对待：以贩卖牟利为目的的"收养"子女的，应以拐卖儿童罪处理；对那些迫于生活困难、受重男轻女思想影响而出卖亲生子女或收养子女的，可不作为犯罪处理；对于出卖子女确属情节恶劣的，可按遗弃罪处罚；对于那些确属介绍婚姻，且被介绍的男女双方相互了解对方的基本情况，或者确属介绍收养，并经被收养人父母同意的，尽管介绍的人数较多，从中收取财物较多，也不应作犯罪处理。

上述司法解释十三针对的是拐卖儿童罪的犯罪认定，将迫于生活困难、受重男轻女思想影响而出卖亲生子女或收养子女不作犯罪处理。问题在于，前述司法解释十三，将涉案情形不认为是犯罪的原理，是认为行为人没有"出卖"目的——亦即在构成

① 张明楷：《刑法格言的展开》，法律出版社1999年版，第218页。

要件内将涉案情形予以排除，还是在构成要件之外排出——亦即认为行为符合构成要件规定只是行为情境特殊而不认为构成犯罪？笔者认为，应当认为将此情形不作犯罪处理的理由是后者。根据刑法第240条第2款的规定，以出卖为目的，有拐骗、绑架、收买、贩卖、接送、中转妇女、儿童的行为之一的，为拐卖妇女、儿童的行为。拐卖儿童罪确属法定的目的犯，行为人主观上必须具有“出卖”目的，才能构成本罪。“出卖”目的的内容指的是换取金钱，而不论获利与否。从该司法解释的措辞来看，已在文中明示了“出卖”二字，说明该解释的本意是认为出卖亲生子女或收养子女的实施者已有“出卖”目的，行为在形式上符合拐卖儿童罪的构成要件，只是出现了“迫于生活困难、受重男轻女思想影响”的特殊事由，所以“可不作为犯罪处理”。也就是说，按照该司法解释，即使行为人具有出卖目的，但系迫于生活困难，也可不作为犯罪处理。该规定系在构成要件之外排出犯罪，迫于生活困难即为拐卖儿童罪的出罪事由。

但是，最高人民法院、最高人民检察院、公安部、民政部、司法部、全国妇女联合会于2000年3月20日颁布了《关于打击拐卖妇女儿童犯罪有关问题的通知》，其中第4条规定，出卖亲生子女的，由公安机关依法没收非法所得，并处以罚款；以营利为目的，出卖不满14周岁子女，情节恶劣的，借收养名义拐卖儿童的，以及出卖捡拾的儿童的，均应以拐卖儿童罪追究刑事责任。出卖14周岁以上女性亲属或者其他不满14周岁亲属的，以拐卖妇女、儿童罪追究刑事责任。也就是说，将出卖亲生子女的行为分为两类：以营利为目的，均构成拐卖儿童罪；不以营利为目的，不构成该罪。这是从目的要素的角度对拐卖儿童罪进行解释，将刑法规定的“出卖”目的解释为“营利”。下述司法解释进一步重申了此规定：

司法解释十四：最高人民法院、最高人民检察院、公安部、司法部于2010年3月15日颁布的《关于依法惩治拐卖妇女儿童犯罪的意见》第17条规定，不是出于非法获利目的，而是迫于生活困难，或者受重男轻女思想影响，私自将没有独立生活能力的子女送给他人抚养，包括收取少量“营养费”、“感谢费”的，属于民间送养行为，不能以拐卖妇女、儿童罪论处。对私自送养导致子女身心健康受到严重损害，或者具有其他恶劣情节，符合遗弃罪特征的，可以遗弃罪论处；情节显著轻微危害不大的，可由公安机关依法予以行政处罚。

其中，将迫于生活困难、受重男轻女思想影响而送养亲生子女的行为解释为“不是出于非法获利目的”，从而认为该行为不具有刑法规定的出卖目的，而认为行为人不构成拐卖儿童罪。此项司法解释虽在形式上貌似重复了前述《全国法院维护农村稳定刑事审判工作座谈会纪要》的规定，但针对的并非是同种情形。并且，司法解释十四通过将“出卖”目的解释为“非法获利”，通过否定构成要件要素而出罪，故而该规定不能认定为出罪事由。问题在于：如果行为人迫于生活困难，为获利而出卖亲生子女，并获取较多钱财的，即按照前述司法解释十三不作犯罪处理的行为，按照司法解释十三可否认定构成拐卖儿童罪呢？回答是肯定的，前述司法解释十三，即《关于依法惩治拐卖妇女儿童犯罪的意见》，已在同条（第17条）第一段明文将此情形规定为“非法获利的目的”。由此，可认为前述司法解释十三关于出罪事由的规定已不再有效。但是，司法解释十三对于司法审判仍有参考作用，“迫于生活困难而出卖亲生子女或收养子女的”行为，应认定为行为人在陷于危困境况下实施的危害行为，可鉴认定为情节轻微。

（六）盗窃、诈骗未遂情节不严重一般不定罪处罚：犯罪未遂

司法解释十五：最高人民法院1997年11月4日颁布的《关

于审理盗窃案件具体应用法律若干问题的解释》第一条第二项规定，盗窃未遂，情节严重，如以数额巨大的财物或者国家珍贵文物等为盗窃目标的，应当定罪处罚。

根据刑法第23条的规定，犯罪未遂，是指已经着手实行犯罪，由于犯罪分子意志以外的原因而未得逞的形态。我国刑法对于未遂犯的处罚原则是必罚原则，对于未遂犯，可以比照既遂犯从轻或者减轻处罚。亦即，对于犯罪未遂，无论是何种犯罪，原则上均应予以刑罚处罚。但是，司法解释十五规定盗窃未遂“情节严重”才应当定罪处罚，对其进行反义解释，亦即，对于情节轻微的盗窃未遂以及一般的盗窃未遂，原则上不予以“定罪处罚”。此项解释对刑法规定的未遂必罚原则进行了变通，改变为了未遂可罚甚至不罚原则，当然，未遂原则上不罚针对的只是盗窃罪。盗窃未遂也是符合盗窃罪的修正构成要件的情形，应当构成盗窃罪（未遂），司法解释十五将其从犯罪评定圈中排出，此项规定系出罪事由。该出罪事由的具体内容即为犯罪未遂，本来犯罪未遂只是一项量刑从宽情节，但从“定罪量刑”的措辞来看，在司法解释中也成了定罪情节。在司法实践中，对于一般情节不严重的盗窃未遂，如属单次行为，一般不予以定罪处罚；而对于盗窃既有既遂又有未遂的，则一并处罚（一般择一重处）。

除盗窃未遂以外，司法解释也对诈骗未遂的定罪处罚进行了规定。

司法解释十六：最高人民法院、最高人民检察院2011年3月1日颁布的《关于办理诈骗刑事案件具体应用法律若干问题的解释》第五条第一款规定，诈骗未遂，以数额巨大的财物为诈骗目标的，或者具有其他严重情节的，应当定罪处罚。

该司法解释的规定与前述司法解释十五关于盗窃未遂的规定如出一辙，也都是从正面规定诈骗未遂具有“严重情节”应当定罪处罚，也可反义解释为情节轻微的诈骗未遂以及一般的诈骗未遂原则上不定罪处罚。

（七）因“双套引诱”而实施毒品犯罪的可免予刑事处罚：“警察圈套”

司法解释十七：最高人民法院于2008年12月1日颁布的《全国部分法院审理毒品犯罪案件工作座谈会纪要》第6条第3款规定，行为人本没有实施毒品犯罪的主观意图，而是在秘密力量诱惑和促成下形成犯意，进而实施毒品犯罪的，属于“犯意引诱”。对因“犯意引诱”实施毒品犯罪的被告人，根据罪刑相适应原则，应当依法从轻处罚，无论涉案毒品数量多大，都不应判处死刑立即执行。行为人在秘密力量既为其安排上线，又提供下线的双重引诱，即“双套引诱”下实施毒品犯罪的，处刑时可予以更大幅度的从宽处罚或者依法免予刑事处罚。

前述司法解释第6条首句规定“运用秘密力量侦破毒品案件，是依法打击毒品犯罪的有效手段”，这说明在我国侦办毒品犯罪时，允许采用“秘密力量诱惑”（“警察圈套”）手段，并且，因秘密力量而诱惑和促成的行为人实施的毒品犯罪，原则上都定罪处罚。只不过，在量刑时区分“犯意引诱”和“数量引诱”，“犯意引诱”比“数量引诱”从轻的力度、幅度更大一些。在司法解释十七后半句中，特别强调“双套引诱”而实施毒品犯罪的，可更大幅度地从宽处罚或者依法免予刑事处罚。笔者认为，当行为人被免予刑事处罚时，在司法实践中就有对其不起诉或判决无罪的可能。根据刑法第347条第1款的规定，走私、贩卖、运输、制造毒品，无论数量多少，都应当追究刑事责任，予以刑事处罚。如果行为人因“双套引诱”而实施走私、贩卖、运输、制造毒品犯罪，依照刑法规定已经构成犯罪，但司法解释十七却有可能不予以处罚，故而司法解释十七规定的“双套引诱”可认为是一种出罪事由。司法解释对“双套引诱”出罪的理由，不仅在于刑事侦查程序方面，更重要的还在于犯罪实体方面：行为人的犯意是在侦查机关的引诱下形成，按教唆犯的构成原理，行为人是实行者是正犯，而侦查机关是造意者是教唆犯，按照中国刑法“造意为首”的传统，更应对侦查机关追究刑事责任才对。此外，侦查机关只有制止、侦查、抓捕已经实施的正在实施的犯罪的职责，而无故意制造犯罪的权限。秘密力量诱惑特别是犯意引诱，在客观上制造、增加了犯罪，也极易导致侦查权的滥用。例如，以下“荆爱国运输毒品案”以及“甘肃贩毒连环冤案”即是如此。①

2001 年 8 月 11 日，甘肃省临洮县公安局缉毒队在司机荆爱国驾驶的出租车上发现 3669 克“海洛因”，荆爱国被拘留。2001 年 11 月 20 日，甘肃省定西地区中级人民法院判决荆爱国犯运输毒品罪，判处死刑，剥夺政治权利终身。被告人上诉，2002 年 3 月 18 日，甘肃省高级人民法院裁定发回重审。后来查明，此案系临洮县公安局警察张文卓、边伟宏为完成缉毒任务而与无业游民马进孝合作，引诱荆爱国，制造的错案。事后查明，荆爱国运输的“海洛因”除表皮、外角部含有极少量海洛因成分外，内部均未检出海洛因成分，是马进孝与缉毒队合谋制作的道具。2003 年 1 月 4 日，荆爱国被宣判无罪释放，共被关押 17 个月。另外，马进孝以同样的手法，与兰州市公安局西固区分局禁毒大队副大队长赵明瑞合作，将彭清（化名）陷害，2001 年 12 月 19 日，兰州市中级人民法院以贩毒罪一审判处彭清死刑缓期 2 年执行。与临夏州公安局缉毒支队队长丁永年合作，将杨树喜陷害，2002 年 1 月 28 日，临夏州中院以“运输毒品罪”一审判处杨树喜死刑。与兰州市公安局禁毒支队合作，将袁旺（化

① 参见《荆爱国运输毒品无罪案》，载最高人民法院刑事审判一至五庭主编：《刑事审判参考》2009 年第 2 集（总第 67 集），法律出版社 2009 年版。

名）陷害。事后查明，上述人员运输的以公斤计的“海洛因”均不含毒品，是马进孝制作的道具。上述四案合称“甘肃贩毒连环冤案”，后被告人均被改判无罪或释放。[①] 2004 年 3 月，最高人民检察院公诉厅，通报了 7 起在原审中已判为死刑或死缓，而经被告人上诉或申诉后被改判为无罪的典型案件，其中将“荆爱国运输毒品案”定性为侦查人员为破案而设置圈套、蓄意制造的“假案”。

可见，允许对因犯意引诱而引发的毒品犯罪案件中的行为定罪，可能会导致极其严重的后果。前述司法解释十七只规定“双套引诱”可能出罪，而将“犯意引诱”作为量刑从宽情节，存在一定问题。这与美国刑法将“警察圈套”作为有效的辩护事由的做法有所不同，因此，有学者呼吁将全部“犯意引诱”的情形，无论是“双套引诱”还是“单套引诱”，无论是引诱毒品犯罪还是其他犯罪，均作为出罪事由。

（八）对司法解释规定的出罪事由的归纳和小结

以上列举即是我国现行司法解释中的一些典型出罪事由规定，它们是：（1）近亲属关系是盗窃、诈骗、抢劫罪的出罪事由；（2）未成年（已满 14 周岁不满 16 周岁）是被害人自愿的奸淫幼女型强奸罪的出罪事由；（3）情节轻微是盗窃、诈骗罪等数额犯的出罪事由；（4）后续通奸状态是之前强奸罪的出罪事由；（5）生活所迫是重婚罪、出卖亲生子女型的拐卖儿童罪的出罪事由；（6）犯罪未遂情节不严重是盗窃、诈骗罪的出罪事由；（7）“双套引诱”是毒品犯罪的出罪事由。除了这些明文规定以外，还可推导出很多隐含性规则，如司法解释规定盗窃未遂情节不严重一般不处罚，以此推之，则盗窃预备和中止一般也

① 参见《甘肃缉毒警官导演贩毒案，三名无辜者被追回生命》，载《南方周末》2004 年 11 月 4 日。

应不处罚。

1. 司法解释规定的出罪事由的特点

可以看出，中国刑事司法解释规定的出罪事由的共同点有三：其一，出罪事由仅仅针对特定犯罪，一般是在对特定罪名（如盗窃罪、诈骗罪、强奸罪等）中的特定情形，在认定罪与非罪的解释中出现。司法解释没有专门规定可适用于多数罪名“放之四海而皆准”的出罪事由，如没有规定“如果行为人未成年，无论所犯何罪，只要情节轻微，均不构成犯罪”。其二，出罪事由的条件规定得较为细致具体，有时是多项事由的综合。例如，少男实施奸淫幼女型的强奸行为，其出罪需符合四个条件：未成年（已满14周岁不满16周岁）、被害人同意、偶尔、情节轻微未造成严重后果；强奸因后续通奸而出罪也需具备三个要素：事后未告发、女方自愿、多次。如果对这些解释条文逐字适用，则不能不说这些出罪情形规定得较为严格。其三，出罪事由并非“绝对出罪”。具备上述出罪事由，其法律后果通常为“一般不作犯罪处罚”、“可不按犯罪处理”、“一般不宜以犯罪论处”，虽然原则上不构成犯罪，但仍为入罪留出了回旋余地。当然，这也与本书搜集出罪事由的方法有关：我们是在有关个罪的司法解释中寻找这些出罪事由的，如在有关盗窃罪的司法解释中寻找出罪事由，找到的也只能是针对盗窃罪的出罪事由，不可能找到适用于他罪或者更为广泛的犯罪的出罪事由。司法解释的基本态度是谨慎对待罪与非罪的界限，不笼统和轻易地将某情形一刀切似的规定为有罪或无罪；留有余地是为体现具体情况具体对待的司法态度。司法解释之所作出这些出罪事由规定，其直接原因一是为舒缓刑法法条规定僵硬呆板的局面，如将情节轻微规定为盗窃、诈骗罪等数额犯的出罪事由，是为了克服盗窃999元不构成犯罪（治安处罚）而盗窃1000元却构成犯罪，1元之差却处遇悬殊的情况（假设数额较大的起点为1000元）。二是为贯彻某些刑事政策，如对未成年人出罪的规定，是为了贯彻青少年犯罪“教育为主、惩罚为辅”的政策。[①] 将近亲属关系规定为盗窃、诈骗、抢劫罪的出罪事由以及将生活所迫规定为重婚罪的出罪事由，是为了使刑罚取得更好的社会效果，法不破情，等等。

2. 由司法解释规定出罪事由引发的两个问题

无论司法解释规定这些出罪事由是基于何种原因，从规范刑法和犯罪论体系的视角来看，这是以司法解释的形式将刑法明文规定进入犯罪评定圈的行为排出犯罪，由此也带来了两个重大问题：其一，司法解释是否有权将刑法规定为犯罪的行为出罪？其二，是否可以扩大这些出罪事由的适用范围？

对于第一个问题，有论者认为，《人民法院组织法》、《人民检察院组织法》、《全国人民代表大会常务委员会关于加强法律解释工作的决议》只赋予了司法解释机关（最高法、最高检）对审判和检察工作过程中就如何具体应用法律、法令的问题进行解释的权利，但司法解释不能违背法条原意，更不能和法律相悖。司法解释将已经进入犯罪评定圈构成犯罪的行为解释为不构成犯罪，有悖刑法规定的内容，其解释行为也是超越法律权限而无效的。并且，一旦这种作为“准法律”的解释颁布实施后，在司法实践中极易造成适用上放纵犯罪的情形，出现不堪设想的后果。

笔者认为，这种观点并不妥当：第一，这种理解是建立在僵化理解“司法解释不得超越法条原意”以及严格的法条主义的基础上的，其基本观念是认为司法权的范围应当严格局限于刑法法条字面含义内。显然，将“法条原意”理解为“刑法法条字面含义”是不确切的。的确，司法解释原则上应当紧靠刑法法条，对刑法法条规定不清楚或标准不明确的地方予以明确，但作

① 《中华人民共和国未成年人保护法》第 38 条以及最高人民法院《关于审理未成年人刑事案件具体应用法律若干问题的解释》的立法目的。

为司法解释所解释对象的法条不是脱离刑法整体而单独存在的法条，应当将其置于刑法基本原则和基本理念的环境中予以解释，如运用有利于被告人的类推原则对刑法条文的字面含义作限缩解释，就使得按刑法法条字面含义构成犯罪的行为不再构成犯罪，这种解释是违背法条字面含义的，却不是违背“法条原意”的。所以，对于法条原意的理解不能拘泥于字面含义，而应浸透刑法原则和理念的意味，在不违背这些原则的基础上对法条作出的出罪解释并无不妥。第二，司法解释规定的出罪事由并不超越司法解释权。在刑法中，立法权与司法权的分野并不在于定性与定量，而是在于框架和细节。出于法律概括性和稳定性的考虑，根据立法权制定的刑法只规定了犯罪大体框架和必要要件，法条是较为抽象的，成立犯罪的具体标准（如多数数额犯的数额和情节犯的情节）是委与司法解释的，由此，司法权在一定的限度内也获得了确定行为罪与非罪的定性权力，刑法法条规定的抽象和概括不可避免地要将一些不必要施以刑罚的行为包括进来，通过司法解释的微调功能将这些行为排出出去也在情理之中。上述司法解释规定的出罪事由涉及的都是轻微犯罪和近亲犯罪，其规定内容是将位于罪与非罪灰度边界附近的轻微行为出罪化，这种出罪化符合刑法谦抑和经济原则，也并未僭越立法权。第三，以司法自由裁量权的视野观之，隶属于司法权的审判者在审理案件的过程中享有一定程度的司法自由裁量权，可以根据具体案情的不同决定罪与非罪界限附近的轻微案件成立犯罪与否，司法解释规定的出罪事由也可以看做根据这种自由裁量权得到的判案经验的汇集，司法自由裁量权未超越司法权的权限范围，则司法解释规定出罪事由也就没有超越司法权的权限范围。最后，笔者认为，这还涉及犯罪成立的理解问题，正如本书第一章所言，我们应当抛弃行为具备全部犯罪构成要件必然成立犯罪的误解，行为除具备刑法规定的犯罪构成要件之外，还必须不具有出罪事由方才成立犯罪，犯罪构成要件系属刑法明文规定，要遵守罪刑法定原则；而出罪事由除刑法规定之外，尚有超法规的出罪事由，无须遵守法定原则，由此，司法解释另行规定出罪事由当然无须囿于刑法条文字面之内。这涉及入罪必须罪刑法定，出罪无须法定的问题。据此，笔者认为，以刑法法条的字面含义为界，司法解释可分为入罪解释和出罪解释两种，入罪解释（如最终导致犯罪圈扩张的扩张解释）才是超越司法权的无效解释，而出罪解释（如导致犯罪圈缩小的限缩解释、类推解释、论理解释）则是正当有效的。当然，即使是出罪解释，也不能有违刑法基本原则或者导致刑法基本犯罪构成要件的重大变动。①

对于第二个问题，即是否可以扩大上述出罪事由的适用范围的问题。上述列举司法解释所规定的出罪事由有：（1）近亲属关系；（2）未成年（14~16 岁经同意与幼女发生性关系，16~18 岁盗窃）；（3）悔罪等情节轻微情形；（4）后续行为导致先前法律关系变更；（5）生活所迫等陷入危困境况；（6）犯罪未遂；（7）犯意引诱（“警察圈套”）等情形，这些出罪情形按司法解释本应只分别适用盗窃罪、诈骗罪、强奸罪、重婚罪、拐卖儿童罪、毒品犯罪等具体罪名。这些出罪事由能否扩展适用到其他犯罪上去呢？例如，盗窃、诈骗近亲属财物的一般不作犯罪处理，那么侵占近亲属财物的可否认定为犯罪呢？笔者认为，对前述出罪事由进行扩展适用是可行的，但应当遵循刑法适用的规则。可以依

① 例如，苏力教授认为奸淫幼女罪的司法解释将原来的严格责任擅自改变成为过错责任，超越司法权范围。虽然其混淆了严格责任和推定过错责任的问题这个前提问题，但其认为司法权不可随意改变立法权确立的重大原则和构成要件的观点是正确的。参见苏力：《司法解释、公共政策和最高法院——从最高法院有关“奸淫幼女”的司法解释切入》，载《法学》2003 年第 8 期，原题为《一个不公正的司法解释》，以及围绕苏文的论争。

照举重以明轻的规则进行有利于被告人的类推，如侵占罪要比盗窃罪、诈骗罪更为轻微，既然盗窃、诈骗近亲属财物的一般不作犯罪处理，则侵占近亲属财物的行为更不应作为犯罪处理。盗窃接近数额较大起点的财物全部退赃退赔的可不认定为犯罪，诈骗、侵占接近数额较大起点的财物全部退赃退赔的也可不认定为犯罪；强奸后受害人多次自愿与行为人通奸的一般不以犯罪论处，则强制猥亵妇女后受害人自愿通奸的也不以犯罪论处。由此，前述出罪事由可以广泛适用于各种更为轻微的犯罪之中，而不限于司法解释规定的犯罪。但是，这些出罪事由并非可以适用到全部犯罪中，如更为严重的犯罪即不能适用。此外，对这些出罪事由进行类推解释和类比适用时，也应考察司法者规定其原理，探讨其解释本意，从目的解释的角度寻求扩展适用的依据。

三、对我国刑法规范中规定的出罪事由的初步分类

（一）形式分类：出罪事由的总则性规定和分则性规定

上文对我国刑法、司法解释中的出罪事由进行了实证考察，对其内容、出罪理由进行了初步解读。可以看出，刑法规范中规定的出罪事由既有适用全部犯罪的总则性规定，如情节显著轻微危害不大、未成年、正当防卫等，这些总则性规定主要存在于刑法总则中；也有仅适用具体罪名特定情况的分则性规定，如盗窃、诈骗、抢劫近亲属财物、强奸后又通奸等，这些分则性规定有的存在于刑法分则中，有的存在于针对具体罪名法律适用的司法解释中。出罪事由总则性规定的共同特点是：规定内容要么与犯罪成立条件（犯罪论体系）紧密相关，如未成年、正当防卫；要么与法定或酌定从宽事由有关，如犯罪未遂、悔罪情节等。而出罪事由分则性规定的特点是：出罪事由规定较为零散，有时规定得较为细致和综合，并非因一个要素而出罪，需同时符合多个要素才能出罪。在数量上，无论是出罪事由的总则性规定还是分

则性规定，法条规定都不多。

（二）法律效果分类：正当化出罪事由和不处罚出罪事由

仅凭直观感觉，就可以将前述出罪事由简单地区分为两类：第一类，像正当防卫、紧急避险这样的出罪事由，明显在伦理上是正当的事由。也就是说，不仅不应构成犯罪，而且还是在伦理上值得称颂的行为，我们可以称之为正当化出罪事由。第二类，像未成年人犯罪、盗窃近亲属财物、军人戴罪立功之类的出罪事由，明显属于违法行为。即使不构成犯罪，也是应从伦理上予以否定的行为。只是出于一些特殊情形的考虑，对其不动用刑法科以刑罚处罚。我们可以称之为不处罚出罪事由。

因正当化出罪事由而出罪的行为，如正当防卫、紧急避险等本来就不属于犯罪，是原本无罪的行为，只是在逻辑上被“错误地”置入了犯罪评定圈之内，而后通过出罪事由的判定被排出到犯罪评定圈之外来的。也就是说，使行为进入犯罪评定圈依凭的仅是形式上判断，而不是实质上的判断，实质无罪的行为完全有可能被误划入犯罪评定圈之内。这类出罪事由反映出的是犯罪判断中形式判断与实质的、价值的判断之间的冲突以及冲突的解决方法。亦即先形式判断，再以实质判断进行补充。通过正当的出罪事由将正当行为从犯罪评定圈内排出，这个过程仍然发生在犯罪认定的过程之中，以犯罪论体系为依托，因此，这类出罪事由属于犯罪认定过程中的出罪事由。

另一类出罪事由，即不处罚出罪事由，如盗窃近亲属财物，显然对行为的犯罪认定过程已经结束，行为本来应当被认定为有罪，只是出于其他考虑才对行为人不予以刑罚处罚，它是将本应有罪的行为或行为人认定为无罪。因此，这类出罪事由属于犯罪认定过程完结后的出罪事由。将本应有罪的人判决无罪，显然是出于一种刑事政策的考虑，可能超越犯罪体系和犯罪认定本身，而涉及刑罚的效用。

第三章　中国刑事司法案例中的出罪事由之考察

前文对中国刑法以及司法解释中的出罪事由进行了搜集和归纳，得出了刑法规范中的出罪事由法条明文规定，这并不是出罪事由的全部。从现实意义上讲，广义刑法的内容除了刑法、立法解释和司法解释等规范规定以外，还应包括刑事司法实践中的判例和案例。刑法规范的规定可谓是“死法”，判例和案例可谓是“活法”。在丰富多样的刑事司法判例和案例中，也存在着出罪事由的素材。由于出罪事由的功能是使行为或行为人被判处无罪，因此，在无罪判决案件之中，可以寻获出罪事由的身影。当然，无罪判决的理由是多样的，可能是不符合罪名的某一具体构成要件要素而判决无罪，也可能是因事实不清、证据不足而判决无罪。根据出罪事由的基本特征，如果对司法实践中有罪行为认定为无罪的案例进行考察，特别是对那些行为已经符合了构成要件，但却以“情节显著轻微危害不大”等理由而认定为无罪的案件进行考察，弄清其被判决无罪的真实理由并予以定型化，就有可能归纳出中国刑事司法中的出罪事由。以下试对几起典型的无罪案件进行考察。

一、安乐死案的司法出罪途径及认定之考察[①]

案例一：蒲连升、王明成故意杀人案

案情简介： 被告人蒲连升，系陕西省汉中市传染病医院住院部肝炎科医师，为病危病人夏素文的主管医生。被告人王明成，系被害人夏素文之子。1987年6月23日，患有"肝硬变腹水"晚期的夏素文被其子王明成送到蒲连升所在的汉中市传染病医院住院治疗。蒲连升按一般常规方法进行了治疗。6月27日，夏素文病情加重，痛苦烦躁，喊叫想死，当晚惊叫不安，经值班医生注射了10毫克安定后方能入睡，28日晨昏迷不醒。8时，王明成经询问该院院长得知其母已无法医治，就找到主管医生蒲连升，要求给其母施用某种药物，让其母无痛苦死亡，遭到蒲的拒绝。在王明成再三要求并表示愿意签字承担责任后，蒲连升给夏素文开了100毫克复方冬眠灵，并在处方上注明是家属要求，王明成签了名。当该院医护人员拒绝执行此处方时，蒲连升又指派实习学生蔡某等人给夏注射了75毫克复方冬眠灵。下班时，蒲连升又对值班医生李某说："如果夏素文12点还没有死亡，你就再给打一针复方冬眠灵。"当日下午1时至3时，王明成见其母未死，便两次去找李某，李某又给夏开了100毫克复方冬眠灵，由值班护士赵某注射。夏于6月29日凌晨5时死亡。经陕西省高级人民法院法医鉴定：夏素文的主要死因为肝性脑病。夏素文两次接受复方冬眠灵的总量为175毫克，用量在正常范围，

① 下文部分内容参见方鹏：《安乐死的实证分析》，载陈兴良主编：《刑事法判解》（2009年总第10卷），北京大学出版社2009年版。《中国社会科学文摘》2009年第5期转载。

并且患者在第二次用药后14小时死亡，临终表现又无血压骤降或呼吸中枢抑制。所以，冬眠灵仅加深了患者的昏迷程度，促进了死亡，并非其死亡的直接原因。

审理过程：公诉人认为，被告人蒲连升身为主管医生，故意对肝硬变病人夏素文使用慎用或忌用药物复方冬眠灵，并强令实习学生进行注射，指示接班医生继续使用该药，促进夏素文死亡。被告人王明成不顾医院领导人劝阻，坚决要求对其母夏素文注射药物促其速死，并在医生用药的处方上签字，表示对其母的死亡承担责任。被告人蒲连升、王明成的行为均已触犯我国刑法第132条的规定，构成故意杀人罪。辩护律师认为，被告人蒲连升、王明成的行为与死者夏素文的死亡之间没有直接的因果关系，不具备犯罪构成的四个要件，故二被告人的行为不构成犯罪，应当宣告无罪。陕西省汉中市人民法院经过公开审理认为，被告人王明成在其母夏素文病危濒死的情况下，再三要求主管医生蒲连升为其母注射药物，让其母无痛苦地死去，虽属故意剥夺其母生命权利的行为，但情节显著轻微，危害不大，不构成犯罪。被告人蒲连升在王明成的再三请求下，亲自开处方并指使他人给垂危病人夏素文注射促进死亡的药物，其行为亦属故意剥夺公民的生命权利，但其用药量属正常范围，不是造成夏素文死亡的直接原因，情节显著轻微，危害不大，不构成犯罪。依照《中华人民共和国刑法》第10条和《中华人民共和国刑事诉讼法》第11条的规定，于1991年4月6日判决，宣告被告人蒲连升、王明成无罪。宣判后，被告人蒲连升、王明成对宣告他们无罪表示基本满意，但对判决书中认定他们的行为属于故意剥夺他人的生命权利表示不服，提出上诉，要求二审法院改判。汉中市人民检察院认为，蒲、王两被告人在主观上有非法剥夺他人生命权利的故意，在客观上又实施了非法剥夺他人生命权利的行为，社会危害性较大，符合我国刑法规定的故意杀人罪的基本特征，已构成故意杀人罪。据此，该院以原判定性错误、适用法律不当为理由，向陕西省汉中地区中级人民法院提出抗诉，要求对蒲、王二被告人予以正确判处。陕西省汉中地区中级人民法院二审审理后认为，原审人民法院对本案认定的事实清楚，证据确实、充分，定性准确，审判程序合法，适用法律和判决结果是适当的，应予维持，抗诉和上诉的理由不能成立。该院于1992年3月25日依法裁定：驳回汉中市人民检察院的抗诉和蒲连升、王明成的上诉；维持汉中市人民法院对本案的判决。①

本案是我国首例公开审理的安乐死案件。刑法理论上所说的安乐死（euthanasia），是指在患者在承受剧烈的肉体上的痛苦、濒临死亡的场合，按照患者的嘱托，为缓和、除去其痛苦，而使患者安详地迎接死亡的措施。② 此案案发之后，引发了法学界以及社会各方面对安乐死的关注，也引起了学者们要求对安乐死立法除罪化的呼吁。由于本书涉及的是司法出罪事由及理论的问题，因此，对此立法除罪的论争，不置评议，而只是从司法层面分析本案。我国当前并无立法或司法解释将安乐死规定为无罪，安乐死行为原则上被认定为故意杀人。从司法上考察安乐死案件，就应考虑这样的问题：在当前中国刑法将安乐死规定为故意杀人罪的立法现实之下，在刑事司法上有无将安乐死的实施者认定为无罪的可能，通过何种途径认定为无罪？蒲连升、王明成故意杀人案的判决已对前述问题作出了明确的回答：即使是刑法已将安乐死规定为犯罪，在司法层面仍有判决无罪的可能性。问题

① 王永成、高斌：《蒲连升、王明成的行为不应认为是犯罪》，载《人民司法》1991年第5期。

② 参见［日］大谷实：《刑法总论》，黎宏译，法律出版社2003年版，第201页；［日］大塚仁：《刑法概说（总论）》，冯军译，中国人民大学出版社2003年版，第362页。

在于：司法机关是通过何种途径将本应有罪的故意杀人行为认定为无罪的？这就需要对判决过程和判决理由进行分析。

（一）“蒲连升、王明成故意杀人案”被判无罪的理由分析

审视一、二审法院对于本案的判决理由，从法律形式和法律适用层面上可以看到，蒲、王被判无罪的法条依据是刑法“但书”规定：情节显著轻微危害不大，不构成犯罪（即1979年刑法第10条、1997年刑法第13条“但书”）。适用此条的前提是将二人的行为认定为违法，一审判决认定蒲、王二人的行为属于“故意剥夺公民的生命权利”非法行为（由此也导致了蒲、王二人的上诉）。法院并未采信辩护律师所述的无因果关系的辩护理由，其判决要旨是：行为是非法的，也已符合了故意杀人罪的客观要件、主观要件等犯罪构成，而以“但书”规定出罪，认定二人不构成犯罪。

用我国刑法构成要件理论进行分析，以“但书”出罪涉及的是犯罪认定中的“罪量”因素，亦即客观危害和主观恶性的量的因素。一方面，这种罪量因素附丽于每个构成要件要素之上，如犯罪数额可以体现行为客体的量，目的、动机可以体现责任故意的量。另一方面，罪量又是一种综合评定，各种构成要件要素的结合可用于评估客观危害和主观恶性的量。安乐死是非法剥夺人的生命的行为，其危害结果的大小与一般杀人行为的结果是一样的。那么，是何种因素使蒲、王案的罪量因素较小，而认为其不构成犯罪呢？

首先，一项关联因素是因果关系的类型。蒲、王案一审判决书认定，蒲连升“用药量属正常范围，不是造成夏素文死亡的直接原因”。此论断是根据医疗鉴定结论作出的，汉中地区医疗事故鉴定委员会1987年3月31日的《鉴定结论》称，“夏素文的死因与病变本身和冬眠灵的作用两者兼有，其中冬眠灵则更快促进了病人的死亡”；陕西省高级人民法院法医《鉴定结论》也

称，“夏素文的主要死因为肝性脑病。夏素文两次接受复方冬眠灵的总量为175毫克，用量在正常范围，并且患者在第二次用药后14小时死亡，临终表现又无血压骤降或呼吸中枢抑制。所以，冬眠灵仅加深了患者的昏迷程度，促进了死亡，并非其死亡的直接原因”。也就是说，蒲连升的致死行为与夏素文的死亡结果之间是间接因果关系而非直接因果关系，一审法院根据这种间接因果关系，得出了危害不大的结论，并得到了二审法院和最高人民法院的首肯。

在我国的四构成要件犯罪构成理论中，因果关系是客观方面的构成要素，因果关系的有无决定着犯罪成立与否。蒲、王案判决书区分了直接因果和间接因果，按照前文《鉴定结论》，注射冬眠灵虽是致死的间接原因，但在夏素文当时的病况下也必然加速死亡，故而也是必然原因，即使按照我国以往的因果关系通说即必然因果关系说，间接因果也是刑法因果关系。也就是说，判决书并未否认危害行为与死亡结果之间因果关系的存在。认定蒲、王不构成犯罪的理由不是因果关系的不存在，而是因果关系类型导致的客观危害的减小。通常可以认为，作为间接原因的行为的危害性，要比作为直接原因的行为的危害性要小，由此，因果关系的类型决定了行为危害性的大小。值得注意的是，法院的此项认定虽与辩护律师的辩护理由所依据的事实相同，但得出的结论不同。辩护律师在因果关系判断问题上采用了直接因果关系说，即认为在多个条件共同作用造成结果的情况之下，只将直接造成结果的条件认定为原因，认为行为人据此原因而对结果承担刑事责任。据此认为，既然有法医鉴定证明致夏素文死亡的直接原因是其本身的疾病，冬眠灵不是致死的直接原因。则蒲连升的注射行为与夏素文死亡的结果之间即无刑法上的因果关系（直接因果关系）。故意杀人罪的构成，在客观要件上除了要求行为人实施了杀人行为、造成了他人死人的结果（既遂），还要求行为与结果之间具有因果关系，现蒲连升的行为与结果之间无刑法上的因果关系（直接因果关系），则其不符合故意杀人罪的客观要件，不能构成故意杀人罪，即以欠缺因果关系而否认构成要件的符合性，对此法院并不赞同。

安乐死也可根据致死原因的类型而区分为间接安乐死（因消除、缓和痛苦措施的副作用而缩短患者生命）和直接安乐死（直接采用致死手段致患者死亡）①。虽同属积极安乐死，即以作为方式缩短病人生命，但间接安乐死的危害行为与死亡结果之间为间接因果，而积极安乐死的危害行为与死亡结果之间为直接因果，间接安乐死要比直接安乐死的危害小。蒲、王案是一起典型的间接安乐死的案件（注射的是未过量的、非致死的冬眠灵），由此使蒲、王二人被判无罪。而对于直接安乐死的案件，如注射超剂量麻醉药或大剂量安眠药的案件，法院一般都会判决被告人有罪。间接因果关系的存在，是导致蒲、王案被判无罪的重要因素之一。

其次，另一项关联因素是行为目的。一审判决书突出说明了王明成剥夺其母生命是为了“让其母无痛苦地死去”，并一再强调“夏素文病危濒死”、“垂危病人夏素文”，除了说明病患的濒死状态这个客观条件外，还说明了行为人主观目的的善良性。夏素文的濒死和痛苦、王明成以往的孝行、向蒲连升的求情等客观事实，也确定无疑地证实了此善良目的。“志善而违于法者免，志恶而合于法者诛”，为了减轻病患的痛苦、为其利益着想的行为目的减轻了行为人的主观恶性。

---

① 在美国，有些积极安乐死（active euthanasia）的判例中，要求行为与死亡结果之间要有更紧密（closer）的关联，才能认定具有因果关系，以此区别谋杀罪（murder）和非故意致死罪（involuntary manslaughter），见People v. Kevorkian, Mich. Sup. Ct. 447 Mich. 446(1994)。

间接因果关系（间接安乐死）的存在、减缓病患痛苦的善良目的，从客观危害和主观恶性两个方面减小了行为危害和责任的量，在形式上符合了“但书”规定的“情节显著轻微，危害不大”而不构成犯罪，这就是蒲、王案被判无罪的原理（见表3－1）。

表3－1　蒲、王案被判无罪的原理

	质的因素	量的因素	
判决书理由	故意剥夺公民生命权利的行为	不是造成死亡的直接原因	让病患无痛苦地死去
犯罪构成分析	行为具有违法性	间接因果关系	减缓病患痛苦的善良目的
适用法条	危害社会的行为	客观危害轻微 危害不大	主观恶性较小 情节显著轻微
结论	不构成犯罪		

以德日刑法三阶段构成理论观之，蒲、王案的出罪原理是违法性不该当，还是责任免除呢？要回答此问题，首先需要确定我国刑法犯罪论体系中的罪量因素与德日刑法犯罪论体系三阶段构成要件的对应关系。如果以客观和主观区分的标准来区分违法性和责任，则蒲、王案中以间接因果来论证客观危害轻微，属于对违法性的量的判断。[①] 以目的的善良来论证主观恶性的轻微，属于对责任的量的判断。被判无罪的蒲、王案与其他被判有罪的安乐死案件的最大不同之处在于其属间接安乐死，似乎由此可以论

① 传统刑法理论虽然认为违法性只存在有无（质）的判断，责任才存在大小（量）的判断，但日本刑法中可罚的违法性理论却认为违法性也存在量的判断。这种理论将极其轻微的行为（如盗窃一张纸的行为）排除到刑法追究的违法性行为之外，具有一定的合理性。

断蒲、王案是因违法性量的轻微而出罪，亦即认可行为具有违法性，但因违法性轻微而不属可罚的违法性。但是，即使认同可罚的违法性理论，按照三阶段理论的判断过程，不具有可罚的违法性，也就没有必要再继续进行下一步有责性的判断。而蒲、王案判断显然还论证了目的善良这个责任要素，进行了责任大小的评价。由此，蒲、王案违法性的量的轻微并未达到阻却违法的程度，认定其无罪的最根本原因的还是责任的轻微。[①] 那么，又如何论证间接安乐死的责任的轻微呢？可以认为，在间接安乐死中，行为人对于病人死亡的罪过形态是间接故意而不是直接故意，这种故意形态决定了行为人可责性的减小。由此，作为客观因素的因果关系转化成了责任大小的征表。蒲、王案不是因为违法性不该当而出罪，而是因为责任免除而出罪，安乐死在特定情况下（如间接安乐死甚至消极安乐死）可以作为责任免除事由而存在。[②]

（二）安乐死能否成为一项定型化的出罪事由

前文以“蒲连升、王明成故意杀人案”为例，展示了当前我国刑法将安乐死案件司法出罪的途径和方法，这就是运用“但书”规定，肯定行为的违法性，但认定其“情节显著轻微危

---

① 事实上，蒲、王案中不存在病患者的明示嘱托要件，即便依据日本判例中的阻却违法性的安乐死规定，也不能成立违法阻却事由，但可认为其无期待可能性而作为超法规的排除责任事由。参见［日］大谷实：《刑法总论》，黎宏译，法律出版社2003年版，第269页。国内从期待可能性出发，认为安乐死可以为责任阻却事由的观点，参见梁根林：《事实上的非犯罪化与期待可能性——对安乐死出罪处理的路径及其法理解读》，载《中外法学》2003年第2期。

② 关于运用三阶段体系处理安乐死的方案，详见陈子平：《论安乐死与刑事责任》，载蔡墩铭主编：《现代刑事法与刑事责任》，1997年版，第455～478页。

害不大”，从而认为不构成犯罪。正如最高人民法院在 1991 年 2 月 28 日《最高人民法院给陕西省高院的批复》中对此案表明的立场那样，“你院请示的王明成、蒲连升故意杀人一案，经高法讨论认为：‘安乐死’的定性问题有待立法解决，就本案的具体情节，不提‘安乐死’问题，可以依照刑法第十条的规定，对王、蒲的行为不作犯罪处理。”笔者认为，对于蒲连升、王明成所涉及的安乐死案件而言，这种判决方式虽在形式上没有问题，但实体理由略显牵强。其一，安乐死的实质就是故意杀人，即侵害他人生命权，生命权是至为重大最为珍贵的法益，一旦故意杀人，就是情节极其严重。根本不存在所谓“情节显著轻微”的杀人行为，故意杀人不像盗窃、诈骗还有情节轻微与否之别。其二，安乐死即使系在病患或其家属的再三请求下、出于减轻病人痛苦的善意、在用药量范围内实施，即使可以认定杀人行为“情节显著轻微”，但造成他人死亡的重大后果，也不能符合“危害不大”，从而不能依照“情节显著轻微危害不大”这个复合条件认定无罪。笔者认为，法院以“但书”认定蒲连升无罪也是迫不得已。对于安乐死案件，不能不承认其在形式上符合故意杀人罪的构成要件，而其又不符合正当防卫、紧急避险这两项刑法明文规定的无罪情形。在现有刑法理论和犯罪论体系之下，在行为进入犯罪评定圈时，要得出无罪的结论，唯一的途径就只能是通过“但书”规定。但显然，如果依照“但书”认定无罪，又会使得“情节显著轻微危害不大”的标准被扩展到无限乃至成为一个没有任何标准的出罪形式借口——既然故意杀人都算得上是“情节显著轻微危害不大”了，还有什么情况不属“情节显著轻微危害不大”——出罪将会变得恣意。要解决这个问题，就有必要在司法实践中将安乐死定型化作为一种出罪事由。作为一种出罪事由的安乐死在刑法理论中经常被提及，很多刑法教材也将其与被害人承诺等并列，作为“正当化事由”或“排除犯罪事由”中的一种。[①] 这种出罪事由显然不是刑法明文规定的，而是一种超法规的出罪事由。

要使安乐死成为一项定型化的出罪事由，首先要求这种事由在司法实践中应当经常作为出罪理由而使用。前述“蒲连升、王明成案”只是一个个案，并且只是间接安乐死的个案，那么司法实务中还有其他安乐死案件特别是直接安乐死的案件被判无罪的情形吗?

案例二：黄龙娟毒杀傻儿案

1986年秋，上海35岁的女村民黄龙娟一年前被医生确诊为结肠癌的病情又进一步恶化了，她深知自己活在世上的日子不会太长了，最使她担心的是8岁的傻儿无人照看，还可能拖累丈夫。为此，她想将患脑膜炎后遗症的傻儿“带走”。傻儿被她毒杀了，她自己却没死成。当地检察院鉴于黄龙娟日益加重的病况，决定对她免于刑事起诉。[②]

上述黄龙娟毒杀傻儿案，外观上貌似直接安乐死案件，最终的结局是检察院免于刑事起诉，可谓也是法律不予刑事责任追究。但仔细考察，其中的被害对象仅患有脑膜炎后遗症，并非患有不治之症，病患也未作出明示嘱托，并不完全符合刑法理论罪

---

① 曲新久主编：《刑法学》，中国政法大学出版社2009年版，第138～139页。

② 参见熊国英、张赞宁：《安乐死：情与法的撞击》，http://paper.sznews.com/szwb/20051115/ca1986141.htm，2005年11月15日，载《深圳晚报》副刊专刊“纪实世界”B23版。

对于安乐死（阻却违法性的安乐死）的定义和条件。[①] 当前为我国刑法学界所接受暨刑法教科书采纳的安乐死（阻却违法性的安乐死）定义，是以日本名古屋高等裁判所1963年判例确立的阻却违法性的安乐死的六个要件为基础的。[②] 这六个要件是：（1）从现代医学的知识和技术来看，病者患有不治之症，而且其死亡迫在眼前；（2）病者极为痛苦，达到任何人都真的目不忍睹的程度；（3）只是以缓和病者的死亡痛苦为目的实施的；（4）在病者的意识还清楚、能够表明意思时，存在本人真挚的嘱托或者承诺；（5）原则上要由医生实施，在不能由医生实施时，要存在足以认为不能由医生实施的特别情况；（6）其方法

① 相类的案件，例如“慈母溺死13岁双胞胎脑瘫儿”案，参见刘冠南：《绝望溺毙两子　白领求死不成》，载《南方日报》2011年5月16日，网页 http://epaper.nfdaily.cn/html/2011-05/16/content_6960742.htm，2011年5月16日访问。

② 名古屋高判昭37·12·22高集15·9·674。被告人的亲父于昭和三十一年（1956年）10月间因患脑溢血病倒，其后虽有恢复，但于1959年再次复发，导致全身不遂卧床不起。随着病情的恶化，其食欲明显减退，身体极度虚弱，上下肢弯曲，稍稍移动，即产生剧烈疼痛，屡次发生抽搐，随时都有气绝的可能，并大声喊叫：“让我快些死吧！请杀死我吧！”等等。被告人听到父亲的喊叫，看到其绝望苦恼的情状，父子之情不堪忍受；而一直给其看病的医生也通知被告人，认为其父的生命延续恐怕只有7天，最多10天。为解除其父亲的痛苦，尽最后一次孝道，被告人于同月25日上午将有机磷杀虫剂E.P.N.放入牛奶内，让其父喝下，其父遂中毒身亡。这个案件，一审认定为尊亲属杀人罪，二审判决认为被告人的行为并不完全符合六个要件，改判为嘱托杀人罪。

在伦理上是妥当的，可以允许的。① 而前述“蒲连升、王明成案”中也无病患的明示承诺，也并不完全符合安乐死（阻却违法性的安乐死）的条件。也就是说，司法实践中所谓的“安乐死”与刑法教科书中的所说的安乐死（阻却违法性的安乐死）还是有所不同。要使安乐死成为一项定型化的出罪事由，还必须仔细界定可以出罪的安乐死的条件，将可以出罪的安乐死与不能出罪的安乐死（减轻责任甚至不减轻责任）案件区分开来。这就需要对司法实践和社会生活中所谓的“安乐死”案件进行考察。

（三）对中国司法实践中“安乐死”案件的实证考察

下列14起案件（包括上文两起案件）是笔者从媒体上收集的以安乐死命名的案件的基本情况，它们都已经由刑事诉讼程序审结或结案（见表3－2）。

① 后横滨地判平7·3·28判时1530·28在“东海大医院事件”得出了被允许的积极安乐死的四个要件：（1）患者被难以忍受的肉体痛苦所折磨；（2）患者不能避免死亡，其死期迫近；（3）为除去、缓和患者的肉体痛苦而用尽方法，不存在其他的代替手段；（4）存在患者明示的承诺缩短生命的意思表示。转引自［日］大塚仁：《刑法概说（总论）》，冯军译，中国人民大学出版社2003年版，第364页。这四个要件与前述名古屋高判的六个要件大同小异。

表 3-2　14 起安乐死案件情况简表①

行为时间	地点	被告人	关系	被害人病症	有无明示承诺	被告人身份	手段	刑罚
1986 秋	上海高桥	黄龙娟	儿子	脑膜炎后遗症（痴呆）	无	农民	一起服毒	免于起诉
1987.6.28	陕西汉中	蒲连升 王明成	患者 母亲	肝硬变腹水（肝癌晚期）	无	医生 印刷厂职工	注射冬眠灵	无罪
1988 秋	不详	李永胜	父亲	绝症	有	医生	注射毒针	8 年
1990.3.31	湖北十堰	张建华 张龙妹	女儿 患者	右上下肢截肢	无	城镇居民 护士	注射致命心脏病专用药	死缓 无期

① 上述案件的来源：王明成案，王永成、高斌：《蒲连升、王明成的行为不应认为是犯罪》，载《人民司法》1991 年第 5 期；王荣案，韩国平：《帮妻安乐死丈夫入牢狱》，载《信息参考报》1998 年 12 月 25 日；梁万山案，中华网新闻《不忍看着活受罪儿子为老母实施安乐死》，http://news.china.com/zh_cn/social/1007/20011017/10129041_1.html,2001 年 10 月 17 日；贾小花案，人民法院报网案件时讯"最新审判"，http://rmfyb.chinacourt.org/public/detail.php? id =78979，2005 年 1 月 31 日；宋见良案，搜狐网新闻《愚丈夫暴力为妻实施安乐死被判无期徒刑》，http://news.sohu.com/20040914/n222029370.shtml,2004 年 9 月 14 日，转载自《法制日报》；叶文开案，香港文汇报网新闻《儿子助父安乐死被判刑》，http://news.wenweipo.com/2005/04/06/IN0504060121.htm，2005 年 4 月 6 日；何士俊案，中国法院网新闻《母亲联手乡医为患儿实施安乐死 2 人领刑》，http://www.chinacourt.org/public/detail.php? id = 170592，2005 年 7 月 25 日；王廷和案，新浪网新闻《不堪爱女受罪老父下杀手》，http://news.sina.com.cn/c/2006-04-28/09498811225s.shtml，2006 年 4 月 28 日，转载自《西安日报》；黄龙娟案、李永胜案、张建华案、陈莉案、刘沙波案、冷月娟案，载熊国英、张赞宁：《安乐死：情与法的撞击》，http://paper.sznews.com/szwb/20051115/ca1986141.htm，2005 年 11 月 15 日，载《深圳晚报》副刊专刊"纪实世界"B23 版。

（续表）

行为时间	地点	被告人	关系	被害人病症	有无明示承诺	被告人身份	手段	刑罚
1994.1.3	江苏阜宁	陈莉	丈夫	肝癌晚期	有	农民	用洗衣板压在喉部	3年
1994.9	河南宁陵	刘沙波	妻子	肝癌晚期	有	农民	农药	3年
1997.4.29	河南封丘	冷月娟	丈夫	肺癌晚期	有	城镇居民	农药	5年
1999	哈尔滨	王荣	妻子	瘫痪	有	城镇居民	过量安眠药	4年
2001.6	上海闵行	梁万山	母亲	偏瘫	无	电工	触电	5年
2004.6.11	山东肥城	贾小花	婆婆	长年患病	有	农民	勒死	判3缓5
2004.10.21	云南陆良	宋见良	妻子	久病	无	农民	掐死	无期
2004.11.19	广西金秀	叶文开	父亲	骨折瘫痪	有	农民	掐死	2年半
2005.2.2	河南固始	何士俊（管风洲） 张连芳	儿子 无关	癫痫病	无	农民 医生	大剂量注射麻醉药	4年 4年
2006.1.13	辽宁盘锦	王廷和	女儿	下肢瘫痪	有	石油工人	掐死	判3缓3

显然，前述14起安乐死案件没有一起完全符合前文关于安乐死（阻却违法性的安乐死）的六个要件，大部分案件甚至连最基本前提条件——病患濒临死亡——都不符合。除了前文所述的“蒲连升、王明成故意杀人案”和“黄龙娟毒杀傻儿案”两起案件，被告人分别被判无罪或免于起诉以外，其他12起案件均被判处故意杀人罪。这说明，司法实践中所说的“安乐死”案件并非所有都可出罪；同时这也说明，司法实践所界定的“安乐死”与刑法教科书所界定的“安乐死”也存在差距。社会生活和司法实践是如何界定安乐死的呢？以下拟对比教科书中安乐死（阻却违法性的安乐死）的成立要件进行实证考察。

1. 对病患者所患疾病的考察

病患者患有不可忍受的不治之症且濒临死亡，这是实施安乐死的前提条件和最基本条件。所谓不治之症，指的是经医疗机构诊断，确诊为现有医学技术不可救治的、危及病患者生命的严重疾病，如某些癌症的晚期。上述 14 起安乐死案件中，只有 5 起案件病患者身患不治之症，主要是肝癌晚期，并已临近死亡。其他 9 起案件病患者都属于可以救治或者并不危及生命的病痛，但都属极其严重的疾病。其中有 5 起为病患者瘫痪和截肢，两起为痴呆和癫痫，另有两起仅是长年患有重病（卧床不起）（见图 3－1）。

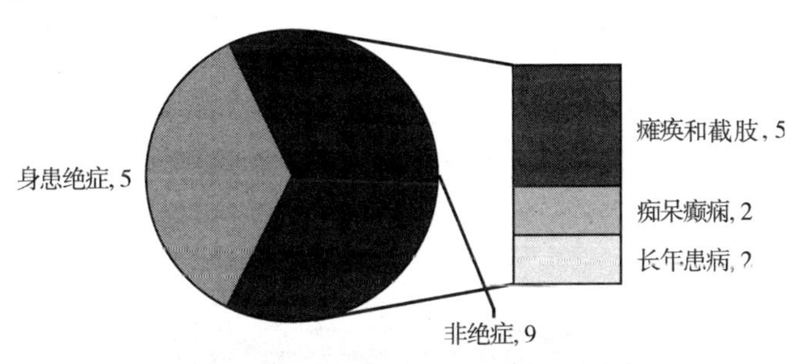

图 3－1　对病患者所患疾病的分析

病患者所患病症是否为绝症这个要件，影响着行为目的的内容。实施安乐死的唯一目的是减缓患者本人的痛苦，而不是为了他人的利益或其他目的。在病患者患有绝症并且极其痛苦的案件中，为减轻其病痛而为之实施安乐死的目的是较为明确、纯粹的。但在病患者未患绝症的案件中，尽管有些伴有病患者本人的请求，但安乐死的目的并不纯粹。无生命之虞的重症，如瘫痪或卧床不起，会造成病患者行动不便，但很难说会带来不可忍受的身体痛苦。但往往病患者本人会认为自己的病症给护理他的家庭成员带来了不便或者经济负担，自己成了家庭的负担和累赘，因而在精神上感到痛苦和无奈，自求一死以减轻他人负担，是以利他主义为目的的。而安乐死的实施者（即被告人）在顺应病患者的要求之机，或多或少地夹杂着减轻自己护理、经济、生活负担的利己主义成分。严格地说，这与安乐死为减轻病患者病痛的纯粹目的是不太符合的。

2. 对病患者明示嘱托要件以及被告人—被害人关系的考察

如果安乐死是在病患的明示嘱托和要求下实施的，则安乐死实施者的行为可被视为帮助他人自杀或受被害人承诺的行为而减轻责任或者免除责任。[①] 由此，病患者的明示嘱托也是至关重要的要件之一。上述14起案件中，8起案件被害人有明示嘱托，6起被害人没有明示嘱托。可见，多数安乐死案件还是在有明示嘱托的情况下实施的（见图3－2）。

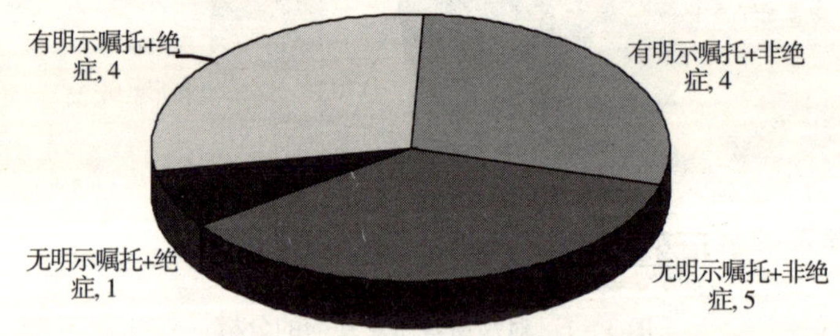

图3－2　对病患有无明示嘱托的分析

在没有被害人承诺（明示嘱托）情况下，可否认定存在推定承诺呢（这里不考虑受承诺的内容）？推定承诺一般需在事项

---

① 根据作为违法性阻却事由的被害人承诺的构成条件，承诺事项不能违反法律的禁止性规定。对于受承诺而帮助他人自杀的行为，由于被害人承诺放弃的是生命权利，属于法律禁止承诺的事项，承诺无效。这种承诺或推定承诺虽不能阻却违法性，却能减轻责任或免除责任。

紧迫、被害人无法作出承诺的情况下才能成立，如被害人意识不清醒没有承诺能力的情形。在6起被害人没有明示嘱托的案件中，有1起（王明成案）被害人因绝症而陷于昏迷，其在意识清醒时曾叫喊求死，应当可以认定成立推定承诺。另有1起案件（梁万山案）中被害人因脑溢血偏瘫而神志不清，但清醒时并未表达求死的意愿，是被告人自作主张“尽孝心”而实施安乐死，认定成立推定承诺较为勉强但也能说得过去。有3起案件（黄龙娟案、何士俊案、张建华案）被害人未成年人，且其中有两起被害人患有痴呆或精神病。对于在法律上认为无意识表达能力的未成年人或精神病人，父母是否可以代替其作出结束生命的承诺，这是一个值得研究的问题。[①] 另有1起（宋见良案）被害人意识清醒，不存在成立推定承诺的前提。

在14起案件中，一个值得注意的现象是被告人与被害人之间的关系。所有的关系均为近亲属关系，被害人为被告人的配偶（夫或妻）的有5起，为其长辈亲属（父母、婆婆）的有5起，为其晚辈亲属（儿女）的有4起（见图3－3）。

① 在荷兰，法律规定安乐死可由父母代为承诺。

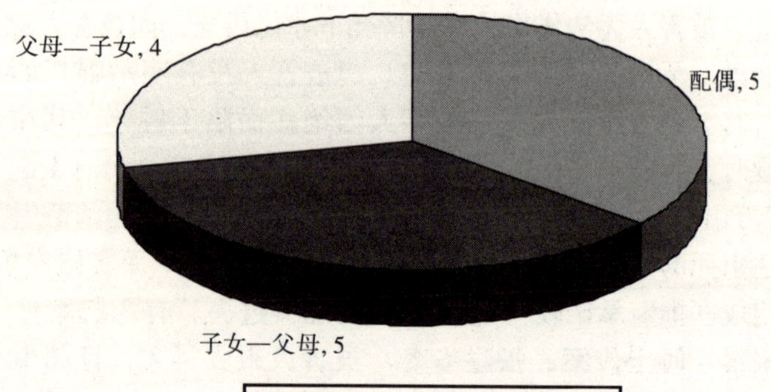

图 3 –3　对被告人—被害人关系的分析

这种亲缘关系的存在为印证行为目的的正当性提供了客观的依据。依照常理，基于恶意而对直系血亲痛下杀手的可能性较小，如果被害人确有病痛，则被告人的行为可被认定是为了减轻病患者的痛苦。同时，亲缘关系的存在也为推定承诺的成立提供了依据。

3. 对致死手段和医务人员参与问题的考察

安乐死是为了减轻病患者的痛苦，故其致死手段也应尽量迅速快捷，将痛苦减少到最低程度。给病患者服食或注射剧毒物质等，在有条件的情况下由医生实行，都能减少致死手段的痛苦。[①] 上述 14 起案件中，主要的致死手段有三类：注射毒剂或针剂（4 起），服毒服安眠药或农药（4 起），电死掐死勒死压死（6 起）（见图 3 –4）。

---

① 大塚仁认为，具备安乐死的其他五个条件，但由于紧急的需要而没有通过医生之手就对伤病者进行安乐死的行为，不能阻却违法性。参见［日］大塚仁：《刑法概说（总论）》，冯军译，中国人民大学出版社 2003 年版，第 404 页。

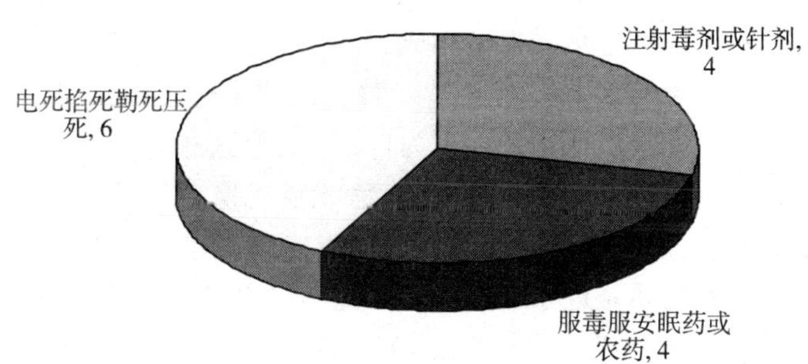

图 3-4　对致死手段的分析

第一类致死手段痛苦性较小，但由于我国的毒物和特种药品用药管理体制较为严格，使得平民百姓取得这些毒物和针剂相对来说较为困难。第二类致死手段，使用安眠药、农药等物质较为容易，多可"就近取材"。第三类致死手段，即电死掐死勒死压死，比较野蛮残忍，不会令患者安详、无痛苦地死去，但较为直接，多在无法取得前两种手段所需物质时采用，也与案件发生的场景（行为人是临时起意）和被告人的文化背景有关。

在4起以注射针剂为手段的案件（王明成案、李永胜案、张建华案、何士俊案）中，都有医务人员（医生、护士）的参与。一般医务人员在安乐死案件中具有两项作用：病情的诊断者和安乐死的实施者。但4起案件中仅有王明成案中的医生蒲连升是病情诊治者，其余3起案件中，医务人员仅为毒剂或针剂的提供者和注射者。这些医务人员之后都受到了起诉或刑事追究。

由以上考察可知，我国司法实践中的安乐死案件并不符合前述正当的安乐死的六个要件，这体现在：（1）作为安乐死对象的病患者所患疾病范围更为广泛，不仅包括不治之症，还包括瘫痪、严重精神病等极严重的疾病；（2）在没有病患者的明示嘱托的条件下，推定承诺也可构成，甚至没有承诺的情况下，父母可以为未成年的子女实施；（3）对于致死手段没有限制。由此，司法实践中的安乐死含义要更为广泛。[①] 但这些案件显然存在共同点，这就是：（1）行为目的都是减轻病患者的病痛，至少名义上如此；（2）行为对象是患有严重疾病的病患者；（3）行为人与病患者之间是近亲属关系。由此可以得出社会生活和司法实践中安乐死的定义：对于身患严重疾病的病患者，为减轻其病痛，而由近亲属实施的故意致死行为。笔者认为，我国司法实践及社会生活中通常所说的“安乐死”，与刑法理论中所说的安乐死（阻却违法性的安乐死）并不相同，很大一部分实际上是日本刑法所说的“尊严死”。[②]

（四）中国当前司法实务可以出罪的安乐死案的情形小结

分析上述14起安乐死案件的判决结果，可知我国司法实践对于“安乐死”案件并非全部判决无罪，而是大部分都判决有罪，即故意杀人罪。可见，如以前述我国社会生活和司法实践中的安乐死定义来界定安乐死的话，这种“安乐死”（尊严死）不能直接地、经常地作为一项出罪事由使用。

当然，由判决结论也可知，我国司法实践对于前述所谓“安乐死”案件的处刑显然要比一般的故意杀人罪案轻缓。我国刑法对故意杀人罪规定了两档法定刑：优先适用死刑、无期徒刑

---

① 前述援引的日本判例确定的安乐死的六个要件是对正当（违法阻却）的安乐死的界定，本书讨论的案件绝大多数均被认定有罪，当然不会严格符合前述六个条件。即便有案件完全符合这六个条件，按照我国当前立法情况，如属积极安乐死，也极有可能被认定为犯罪。

② 受嘱托杀害的案件，如欠缺不治之症、难以忍受的痛苦、缓和病痛的目的这个要件，就不属安乐死，而属“尊严死”。参见［日］大塚仁：《犯罪论的基本问题》，冯军译，中国政法大学出版社1993年版，第207页。我国社会生活和司法实践似乎没有这种区分。

或10年以上有期徒刑；情节较轻的，处3至10年有期徒刑；此外，还可适用特定减轻处罚的规定（刑法第63条），在法定刑以下判处刑罚。上述12起判决有罪的安乐死案件，大部分（9起）均在第二档法定刑（3~10年）内处刑，并且还有两起适用了缓刑；只有少数案件（两起）适用第一档法定刑（10年以上）。在判处有期徒刑（包括缓刑）的10起案件中，平均判处刑期为4.05年。可见，司法实务虽原则上将安乐死认定为犯罪，但也认为其“情节较轻”或“情节轻微”。由此，我国司法实践中的“安乐死”（尊严死）虽不是经常作为出罪事由，但一般都可作为责任减轻事由（见图3－5）。

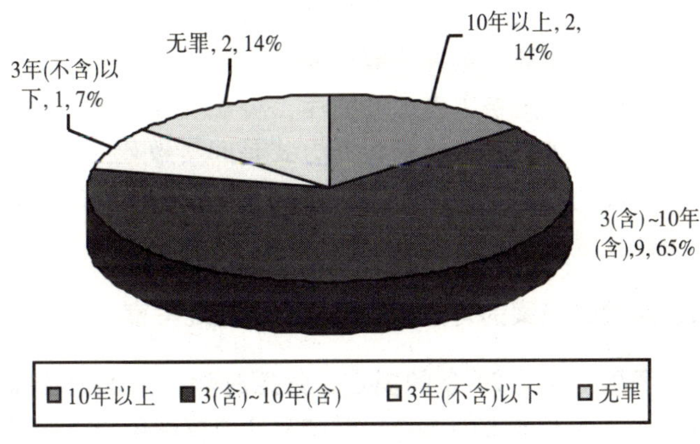

图3－5　对判决结果的分析

回到出罪事由的问题上，既然“安乐死”（尊严死）并非全部能够出罪，那么符合何种条件才可以出罪呢？这需要重新审视两起最终未被判有罪的安乐死案件。对于“黄龙娟案”，犯罪嫌疑人被免于起诉是因其本人已被确认为结肠癌且病情日益加重（后于案发两年后去世），不适合审判和判刑，属于特案特办，不具有普适性。也就是说，只有“蒲连升、王明成故意杀人案”

这一起案件是案情本身属安乐死案件而出罪。比较蒲连升、王明成与其他被判有罪的安乐死案件的区别，就可得知可以出罪的安乐死的构成条件。首先，“蒲连升、王明成案”中的被害人已身患绝症，无治愈可能且病患极其痛苦，这与其他案件有所不同。但值得注意的是，在前述14起案件中共有5起案件病患者身患不治之症，也仅有“蒲连升、王明成案”被判无罪，其他4起被告人仍然被判有罪（虽被判处较轻刑罚）。“蒲连升、王明成案”与其他4起案件（李永胜、陈莉、刘沙波、冷月娟案）的区别之处在于，其他4起案件均为直接致死的直接安乐死案，而“蒲连升、王明成案”为间接致死的间接安乐死案。由此可知，在中国当前的司法实务中，只有间接安乐死案的情形才能作为出罪事由，直接安乐死的案件一般是刑罚减轻事由。而间接安乐死的案件，一般只考虑被害者患有绝症、病者极为痛苦、目的为缓和病者的死亡痛苦，并且要求致死方式是间接致死（通过消除、缓和痛苦措施的副作用而缩短患者生命），对于病者有无明示承诺并不关注。

二、避险过当案的司法出罪途径及认定之考察

根据我国刑法第21条的规定，紧急避险指为了使国家、公共利益、本人或者他人的人身、财产和其他权利免受正在发生的危险，不得已采取的紧急避险行为，造成损害的行为。紧急避险必须满足限度条件，一般认为所保护的利益必须大于所损害的利益，否则超过必要限度造成不应有的损害的，属于避险过当，应当负刑事责任，但应当减轻或者免除处罚。但是，在我国社会生活中，经常出现避险过当的案件，特别是“以命换命”的避险案件。

案例三：李某为躲避杀害而与他人易床而睡案

案情简介：被告李某（女，21岁），系某县委干部，一天下乡途中被一男青年拦住，抢其自行车，李某趁男青年不注意时，用汽筒将其打晕，骑车猛跑，最后因天黑投宿于一位老大娘家，李某将其遭遇告诉了老大娘，并说准备去公安局报案，老大娘很同情她，就留她与其女儿同宿。深夜，老大娘的儿子回家看到自行车后，就向其母打听这辆自行车情况，并将其抢车情况告诉了其母。老大娘反而转过来同情其子并告诉了李某睡的位置。李某因白天受惊吓，深夜不能入睡，将他们母子谈话听得清清楚楚。在万不得已的情况下，将男青年之妹与自己换了位置。男青年半夜用铡刀误将其妹当做李某杀死。李某的行为是否构成犯罪？①

本案中李某明知男青年会砍杀自己原来睡的床上的人，而将男青年之妹与自己对换位置，致使男青年将其妹杀死，相当于将被害人放到将要落下的铡刀之下，其行为具有加害性质。尽管男青年是杀害行为的直接实施者（直接正犯），其应对其妹之死承担故意杀人罪的责任（同类对象认识错误），但这并不排斥李某对被害人死亡的结果同时承担责任。对于李某的行为而言，如认为对于死亡结果只有辅助作用实施的不是正犯行为，则应认定其实施了片面的帮助行为；如认为其对男青年之妹的死亡具有关键作用，可认为是利用他人的错误认识而对被害人进行加害，应认定其实施了间接正犯行为（与男青年一起都成立正犯，二人系同时犯）。笔者认为，结合本案情况来看，将李某认定为间接正犯为好。在主观方面，李某明知男青年要对其原睡之床上的人实

① 陈兴良、曲新久：《案例刑法教程》（上卷），中国政法大学出版社1994年版，第351～357页。

施杀害，明知将男青年之妹与自己对换位置会导致其死亡，而放任结果发生，其主观上至少具有间接故意。故李某的行为符合故意杀人罪的构成要件。当然，李某的行为具有明显的避险性质，李某在面临可能被歹徒杀害的危险之时，无处躲藏，也无别的方法可以躲避危险，不得已而将歹徒的妹妹换到自己的床上。被害人虽为歹徒的妹妹，但毕竟并未参与对李某的犯罪，不是危险的加害源，其生命系受保护的第三人合法权益。李某的行为符合紧急避险的起因、时间、“不得已”条件。但是，以男青年的妹妹的生命换取自己的生命，是“以命换命”的避险，并不符合紧急避险的限度条件——即所保护利益应当小于所损害的利益，其避险行为超过必要限度造成了重大损害，是一起典型的以牺牲他人生命来保全自己生命的避险过当的案例。根据我国《刑法》第21条第2款关于避险过当的处理方法：“紧急避险超过必要限度造成不应有的损害的，应当负刑事责任，但是应当减轻或者免除处罚。”对于李某不能判决无罪（“应当负刑事责任”），而只能减免刑罚（“应当减轻或者免除处罚”）。

但是，判决李某的行为构成犯罪，是否合理呢？设身处地地为李某想一想，在当时误入贼窝无路可逃的情形之下，李某为保全自己的性命而作出这种避险行为确属迫不得已，如果李某不采取换床的方法，就会被歹徒杀害。在我国刑法规定避险过当应承担刑事责任的情况下，李某能够作出的选择只有两种可能：要么不作任何行动，放任自己被杀害；要么与男青年的妹妹换床，承担故意杀人罪的刑事责任。也就是说，要么被杀，要么犯罪，除此之外别无他择。在这种情形之下，认定其行为构成犯罪显然并不合理。但是，要想在我国现行刑法规定和犯罪认定体系之下，将避险过当认定为无罪较为困难，因为刑法已明文规定避险过当“应当负刑事责任”。由此，对于李某，虽能在道义上获得同情，却不能在刑法层面获得无罪判决，何其悲哉！

案例四：何艳、李艳芳被逼迫杀人案

案情简介：袁源、周祥明、王开强三人欲图控制卖淫女，将她们带到沿海城市强迫她们卖淫，将赚来的钱归自己。为了使卖淫女听自己的使唤，三人商议："让她们去杀个人，杀了人，证据掌握在我们手里，到时候她们就会乖乖听我们的话了。"2007年3月20日晚，袁源、周祥明两人在云南省安宁市某发廊里将坐台小姐何艳和李艳芳骗到昆明。当天晚上，两人又在关上宝海路路边骗到一个坐台小姐方丽。随后，两人用袁源原来拉货用的金杯车将3名小姐拉到呈贡县吴家营乡的农田旁。随即，袁源和周祥明拿出三张扑克牌，让3名小姐抽牌决定谁被杀。"两张9点、一张老K，你们谁抽到老K谁就要死。"3个小姐哆嗦着不敢抽牌，但在袁源和周祥明的威逼下，方丽不幸"中标"。这时，袁源、周祥明凶相毕露，硬逼着何艳和李艳芳动刀将"同行"方丽杀死。何艳和李艳芳吓得拿着弹簧刀不敢下手，袁源和周祥明将两人逼着："你们不杀她，就将你们两个杀死。"袁源和周祥明押着两人将方丽一刀刀捅死，并将小姐方丽埋在了农田里。为了保留相关的杀人证据，袁源还在一旁用自己的手机拍下了杀人的全过程。之后，何艳、李艳芳二人趁机逃身后，向公安机关报了案。事后查明，2007年2月28日，袁源、周祥明、王开强三人曾以同样手法，以嫖宿为名将坐台小姐张玲、张明美带到袁源的出租房里。第二天，他们来到官渡广场找路边的小姐，当晚，他们将3个小姐带到呈贡县吴家营乡大水塘村的一农田边，威胁张玲、张明美将被捆绑的另一个卖淫女杀死，将尸体就地埋在菜地里。

诉讼过程：昆明中院经审理认为，袁源、周祥明、王开强三被告人的行为已构成故意杀人罪。其中王开强没有参与第二起

“杀人”事件，且主观恶性稍轻些，可以从轻处罚。据此，法院以故意杀人罪判处袁源、周祥明死刑，判处王开强无期徒刑。对实施杀人的两名小姐何艳和李艳芳，昆明市检察院作出相对不起诉的决定。检察官表示，在调查中，何艳和李艳芳说出了一个很重要的细节，就是杀人时她们是被袁源和周祥明拉着手动的刀。加之主观上，两人属于被迫，在那种情况下杀人是为了保全自己。何艳和李艳芳是在生命受到威胁的情况下，被逼犯罪，应依法从轻、减轻处罚。再者她们是胁从犯，有自首、立功情节，经过讨论，检察院依法对她们作出相对不起诉决定。昆明市检公诉一处尹晓宁处长说，在故意杀人案中，这是首次不追究“杀人者”的刑事责任，这在全国也不多见。在当时的情况下杀了人，也并非出自她们的本意。因为考虑到情况特殊，昆明市检察院依法作出不起诉决定。①

以上案例是一起典型的被逼迫杀人案，就案件的诉讼过程来看，结果还是令人满意的：逼迫他人杀人的袁源、周祥明、王开强三人被认定为故意杀人罪，而被逼迫杀人的何艳和李艳芳被相对不起诉（事实上构成犯罪，法律上不追究）。对于何艳、李艳芳被起诉的理由，检察院认为有两点：一是二人是在生命受到威胁的情况下，被逼犯罪，系胁从犯，应依法从轻、减轻处罚；二是有自首、立功情节。笔者认为，对于本案不起诉的结果，值得赞赏；但对于检察院所说的不起诉的理由，有待商榷。对于被逼

---

① 参见柏立诚：《3男子录下杀人过程逼小姐为自己挣钱》、《小姐被迫杀人不起诉，两逼人行凶者判死刑》，载“云南网”2008年6月24日、2008年9月5日，http://special.yunnan.cn/news/content/2008－09/05/content_77067.htm，2008年9月5日访问。《歹徒为控制小姐卖淫出狠招　胁迫其杀死同行》，载“中华网”2008年4月12日，http://news.china.com/zh_cn/social/1007/20080412/14781351.html，2008年4月12日访问。

迫杀人案件中被逼迫者行为的定性，有两种情形，一种是定性为胁从犯，即本案检察院定性的那样。根据刑法第28条的规定，胁从犯指的是被胁迫参加犯罪的人。在刑法理论上，胁从犯是被胁迫的从犯，虽其精神上受到胁迫，但并非完全丧失意思自由，还是有选择的余地。另一种是定性为避险行为，在被逼迫者精神上受到完全控制，完全丧失意思自由的情况下，其杀害他人系迫不得已，此时即符合避险的条件。但是，由于中国刑法规定的（合法的）紧急避险在限度条件上要求所保护的利益大于所损害的利益，故而以杀害他人来保护自己生命的“以命换命”的避险，应认定为避险过当。胁从犯与避险过当之间的区分在于被胁迫者受胁迫的程度。就本案具体案情而言，何艳、李艳芳是在生命受到胁迫，不杀他人就要被杀的境况下被逼无奈实施杀人行为的，应当认为是完全丧失意思选择自由，故认定为避险过当更为恰当。[①] 并且，将何艳、李艳芳的行为性质定性为避险过当，能够更好地解释案件中提出的“不追究‘杀人者’的刑事责任”的疑问：因杀人实行者何艳、李艳芳的意志受到袁源、周祥明的完全控制，故而，袁源、周祥明系支配、控制他人实施杀人行为的人，系间接正犯，而被支配、控制者何艳、李艳芳虽直接实行

① 另一个法律问题是：在本案中，胁从犯与避险过当是对立关系，还是竞合关系呢？按我国刑法的规定，避险过当并非是最终的法律定性，避险过当行为最终根据实施行为的具体情形可认定为故意杀人罪、过失致人死亡罪等。本案显然应认定为故意杀人罪，既然如此，实行者可构成故意犯罪，则逼迫者可成立教唆犯，他们有成立共同犯罪的余地，其实行者即为胁从犯。实行者既是避险过当又是胁从犯，系两者的竞合，这也是检察院的观点。但是，根据本书的观点，胁从犯与避险行为（紧急避险或避险过当）应是对立关系，区分于被胁迫者有无完全意志选择自由，故而不可能出现既是避险过当又是胁从犯的情况。

了杀人行为，但属被操纵的工具（利用有故意无目的的行为）。[①] 从而，实行者不是正犯，逼迫者才是正犯（间接正犯），如此才有理由对实行者也就是被逼迫者不追究刑事责任，而对逼迫者也就是间接正犯追究刑事责任。

也就是说，本案中何艳、李艳芳二人被相对不起诉的理由应当是避险过当。由此，本案在两个方面具有典型意义：其一，认为避险过当（即使是"以命换命"的避险过当）在特定情况下能够成为一种出罪事由，可以据此对行为人在法律上不作有罪判决。其二，其采取的相对不起诉的出罪方式，即对符合构成要件的行为，在审查起诉阶段认定为事实上有罪但不进行刑事追究，从而使其不进入审判程序，最终不会出现有罪判决。

案例五：黑某救人救出的人命案

案情简介：某日傍晚，妇女黑某因家庭琐事与公爹吵架，67岁的婆婆雷某也站在旁边。不一会儿，雷某回到厨房做饭，约过了10分钟，忽然传来了呻吟声，黑某一看，婆婆已晕倒在地上，她急忙让公爹出去找医生。自己则搂着婆婆紧急呼吸。黑某发现婆婆呼吸困难，料想必定有痰堵在喉中。就急忙用手按摩脖子，见没有效果，又用右手吃力掐、挤，想让痰人工排出。谁知这一招更糟，连病人出气的声音也听不到了。黑某慌了，急忙和一位邻居找村医。几分钟后，公爹和村医赶到家中，雷某已断气。第二天，雷某娘家人给其穿衣服时，看见她脖子上有两块红伤疤，很像掐卡痕迹，便怀疑雷某有可能死于他杀。于是向公安机关报了案。经法医鉴定，雷某系他人扼颈窒息而死。黑某被公安机关

① ［日］川端博：《刑法总论二十五讲》，余振华译，中国政法大学出版社2003年版，第388页。

讯问，其供认为救婆婆使用右手按摩和掐过死者的脖子，但不承认故意杀人。后又经查明，黑某生性腼腆、老实，虽平日与公婆有过矛盾。但不至于杀人解恨，因此不存在杀人故意。

审理过程：对于本案，法院认为：黑某在抢救婆婆过程中，应当预见掐挤脖子的危害性而没有预见，构成过失杀人罪（注：依1979年刑法确定的罪名，现为过失致人死亡罪）。被告认罪态度较好，有酌定从轻情节，为保障公民人身权利不受侵犯，判处黑某有期徒刑两年。①

在本案中，黑某最终被法院判处过失致人死亡罪，如果案情属实，则此判决结论正确与否值得讨论。本案中实际上也存在着避险的问题，黑某掐捏雷某的脖子，其目的是救助晕倒呼吸困难的雷某。也就是说，行为人在主观上是为了帮助他人避免正在发生的危险，具有避险的意图，而不具有杀害的故意。从道义层面讲，黑某作出的行为系解救处于病危境况下的婆婆的行为，是应为道德赞扬鼓励的行为。在婆婆处于病危晕倒的紧急情况下，如黑某不予及时救助，婆婆很有可能就会死亡，黑某的救治行为是值得赞扬的。当然，本案黑某也有过错，其过错在于避险手段不当，在紧急情况下因为慌乱而没有预见到掐挤婆婆的脖子会致其死亡，存在着疏忽大意的过失，而过失导致了被救助人死亡。从刑法层面讲，黑某的行为在形式上符合刑法规定的过失致人死亡罪的构成要件，并且致人死亡的后果属于严重后果；即使认定为避险过当也应承担刑事责任。刑法层面上的问题还有：我国刑法规定的紧急避险一般是为了救助本人或他人而损害第三人的合法权益，诸如本案为了救助他人而损害被救助者利益的行为，可否归为避险？如不能，可否归为推定的承诺？一般的避险或推定的

① 原载《中国律师》1997年第5期，本案转自汪明亮：《救人救出的人命案引发的法律思考》，载《法学》1998年第7期。

承诺，都是行为人为了合法目的而故意损害他人合法权益的情形，本案属于过失致人死亡的情形，该过失致损的后果到底是应归入避险后果中与避险一并评价，还是认定为避险与过失犯罪的想象竞合？故意致损造成的结果有时能并入避险之中，过失致损导致的结果难道不能归入避险后果之中？因此，黑某的行为虽在道义上值得赞扬，但判决其无罪在刑法上还是存在一定障碍。但从公平正义的角度来看，判决其有罪却有悖人情：试想，在婆婆将死的危难紧急状况之下，如果黑某见死不救，可能不会产生任何法律后果，但主动、积极救治反而构成犯罪，这显然与常理相悖，对黑某来说并不公平。学者也从社会危害性、刑罚目的、道德上值得推崇三个方面论证对其追究刑事责任不恰当，并试图通过引入期待可能性理论解决判决无罪的刑法障碍。①

在日本刑法中，有一个与上述黑某救人救出的人命案案情相似的“违反产婆规则案件”（1934 年 3 月 31 日大审院第三刑事部判决）。案情是：产婆接生后，如产妇颜面口唇苍白，脉搏微弱，时呈停滞现象时，在场照料之产婆，作临时紧急之处置而对患者注射樟脑液，但导致产妇死亡。事后查明，产婆规则已有规定，樟脑液是产妇忌用药品，不能给产妇注射，对此产婆也明知。但案发时情势危急，注射其他药物没有效果，迫不得已而注射。大审院最终判决产婆不构成犯罪，判决要旨：此乃一种紧急避难行为，适合于产婆规则第 7 条“但书”之所谓临时急救之措置，在法律上并不构成犯罪。草野豹一郎认为，本案大审院亦系以无期待可能性为依据而判决无罪者。然本案该产婆之行为既为产婆规则第 7 条“但书”所许可，则似以认定其行为系依法

① 汪明亮：《救人救出的人命案引发的法律思考》，载《法学》1998 年第 7 期。

令或正当业务之行为，而不予处罚，较为妥当。[①] 而在中国刑法之中，如不对出罪事由进行扩展，就难以将这种“救人救出的人命案”判决其无罪。

三、同居者盗窃案的认定

案例六：甲女盗窃同居者信用卡取款案

案情简介：甲女系北京市某高校学生，与日本留学生乙男系同居关系，乙男办有一张工商银行的借记信用卡。乙男陪甲女上街购物时经常使用这张信用卡为甲女支付货款，因而甲女知晓此卡的密码，但乙男并未将此卡交予甲女使用或准许甲女使用。后乙男到外地旅游，将信用卡置于其西服口袋中未曾带走，回京后乙男使用信用卡在ATM机上提款多次后，才发现卡上存款少了3.5万元。由于乙男经常听到利用ATM机盗窃信用卡信息的传闻，因而误认为是他人窃取了信用卡信息并取走存款，遂向公安机关报案。其间，乙男曾向甲女讲述过信用卡被窃走3.5万元之事，但甲女并未作出任何表示。后公安机关根据ATM机上摄像探头拍摄到的录像认定使用信用卡提款者即为甲女，遂将其抓捕。经查明，甲女在乙男去外地时取出信用卡，分7次提取3.5万元后，又将卡放回原处；讯问钱款去向，甲女称是支付给了帮乙男做生意的丙某等人，但经查证丙某等人并未收到甲女的钱款，3.5万元的真正去向不明。在乙男得知钱系甲女取走之后，多次向公安机关出具书面声明表示希望不予追究，但公安机关出于惩治犯罪的理由仍将该案报送检察院，检察院是否起诉？

---

① 洪福增：《期待可能性之理论与实践》，载蔡墩铭主编：《刑法总则论文选辑》，五南图书出版公司1984年版，第487页。

这是一起同居者盗窃案（根据刑法第196条规定，盗窃信用卡并使用的，应认定为盗窃罪），案情事实较为简单。其中涉及的问题是：同居者盗窃财产数额较大，但被害人要求不追究的，是否应当以犯罪论处？根据上述最高人民法院1997年11月4日颁布的《关于审理盗窃案件具体应用法律若干问题的解释》第1条第4项规定："偷拿自己家的财物或者近亲属的财物，一般可不按犯罪处理；对确有追究刑事责任必要的，处罚时也应与在社会上作案的有所区别。"在本案中，如果甲女和乙男系近亲属关系，则判决甲女无罪是恰当的；然而，案件事实是甲女和乙男不是近亲属关系，而是同居关系（在民法层面上，还可在"同居"之前加上"非法"二字），同居关系不属于前述司法解释所言的近亲属关系，因而也不能适用该条规定判决甲女无罪。并且，在本案中，甲女偷拿乙男的钱款高达3.5万元，数额巨大，也不能适用前述司法解释关于达到数额起点但情节轻微不认定为犯罪，或者刑法第13条规定的"情节显著轻微危害不大"的不构成犯罪的条款。

但是，本案中行为人和被害人之间的关系，虽在民法上属"非法"（不是"违法"），但事实上可视为一种"准夫妻"关系，其亲密程度较某些近亲属关系有过之而无不及。并且，被害人已明确出具书面声明以表述不予追究的坚决态度，可以这样推断，如果乙男在报案之前得知钱系甲女拿走，则很有可能不会报案，如果甲女用卡时征询乙男意见，乙男也很有可能会同意其使用。也就是说，乙男通过"事后追认"的行为可以使甲女之前无权处分的效力待定的行为获得合法性。因此，不宜判处甲女有罪。当然，这种说理只是一种基于日常生活常情的说理，而不是刑法规范和理论层面的说理，"事后追认"不是"事先承诺"，无法使得行为人的盗窃行为获得合法性。本案所要提出的问题是：司法解释对于出罪事由的规定是否可以进行有利于当事人的类推?

四、对我国刑事司法案例中的出罪事由的小结

上文对我国刑事司法实务中的一些涉及出罪问题的案件进行了展示解说，这些案件有的已被法院判决无罪，或者被检察院相对不起诉（或按旧刑事诉讼法免以起诉），有的虽被判决有罪，但留下了是否应当判决无罪的思考。如果对这些案件进行定型的话，可认为主要涉及三类案件，一是安乐死案件，二是紧急避险过当（有些在紧急情况下有轻微过错）案件，三是亲近关系人相犯（已被容忍谅解）案件。就具体案件的具体情形而言，在这些案件中，行为在道义上存在“志善”的目的，或者行为人有值得同情的因素，在道义上值得同情。但行为本身已经符合刑法关于犯罪的规定，由于不完全符合刑法明文规定的法定出罪事由（正当防卫、紧急避险）的条件，甚至还有“应当承担刑事责任”的明文规定，使得其出罪在刑法层面存在一定障碍，也就是所谓“合理不合法”的案件。当然，上文列举的只是冰山之一角，司法实践中这类案件大量存在。

笔者认为，刑法并不是机械的法律，刑法规定的对象亦即犯罪本来就是人们对行为进行善恶区分的结果，令人信服的刑法以及刑事司法也理应考虑社会感情、民众良心等情感要素。所谓“合理不合法”是机械地理解法律、机械地适用法律产生的怪现象，实际是与法律的功能背道而驰的。刑事司法不仅追求合法，也追求合理，保护公序良俗，尊重民众惩善扬恶、怜悯同情的民族文化和精神。作出“合理不合法”的判决结果，不是司法者用于表明自身尊崇法律、奉为至尊的夸张手法，而是说明司法者法律适用的功底并不到家，公正的判决应当既是合法的又是合理的。

当然，上文与出罪事由相关的案件也令人在刑法和刑事司法

层面思索四个问题：其一，是否应当承认超法规的出罪事由的存在，以扩展出罪事由的范围？其二，如何才能将纷繁复杂的出罪事由统一起来，或者至少进行分类或归类，能否对其进行定型化处理，使凌乱的具体事例以定型化的形态出现？其三，上文案件的判决，都认为行为已符合构成要件，但最终未认定为犯罪，也就是说，在出罪理由上进行了实质的解说。那么，出罪事由的实质亦即背后包含的价值和原理为何？其四，在具体司法实践中，上文案件展示了两种出罪途径：以刑法“但书”规定出罪，或依刑事诉讼法规定作相对不起诉。这些出罪途径与裁判者（法官、检察官）的自由裁量权有何关系，刑法“但书”在出罪判决中扮演了何种角色？要回答这些问题，需要对出罪事由、出罪标准、出罪理论作进一步的探讨。

第四章　德日、英美刑法中的出罪事由之比较

前文对我国刑法规范和司法实务进行了归纳、考察和分析，可以看到，我国刑法规范中虽然存在为数不少的出罪事由规定，在司法实务中也存在诸多涉及出罪事由的案件。但刑法规范对于出罪事由的规定都较为零碎、具体，缺乏体系性和理论性，其虽能在一定程度上解决规定所针对的个案，但其出罪原理、理论基础都尚不明朗，因此也无从把握其适用的要点。遇到与规定条文略有不同的案件，是否适用该出罪规定就有困难，难以获得普适效力。而司法实务中存在大量所谓“合理不合法”或者值得同情而不宜科处刑罚的案件，由于出罪规定的阙如，难以作出恰当、合理的判决，即使作出无罪判决，也难以寻找到圆满的解说，司法机关普遍存在无所依从的忐忑之心。这反映出当前我国刑法界（无论是刑法规范方面还是刑法理论方面），对于出罪问题缺乏整体研究和深入思考。它山之石，可以攻玉。德日、英美刑法的发展程度较中国刑法更为成熟，对于出罪问题的处理形成了自己特色，构建完善的体系，并有理论基础支持，能够很好地解决司法实务中出现的问题。这对于中国刑法而言可资借鉴，下文拟借助比较分析的方法，对德日、英美刑法中的出罪事由进行考察，简述它们的种类和简要内容，分析它们的分类方法和体系结构。

在此，需要说明的是，德日、英美刑法中没有“出罪事由”这一称谓，本书对于德日、英美刑法中出罪事由的界定，引用的

是第一章关于出罪事由的定义，亦即将进入犯罪评定圈的行为排出不认定为犯罪的所依据的事由。在德日刑法中，犯罪评定圈即是构成要件，在这里“构成要件”采新古典暨目的论三阶层体系，包括客观的构成要件要素即行为、结果、因果关系等，也包括主观的构成要件要素即构成要件的故意、过失、目的等。由此，将构成要件该当的行为排出犯罪的事由就是出罪事由。在英美刑法中，犯罪评定圈可认为是满足犯罪要件，即犯行（Actus Reus）和犯意（Mens Rea）的行为，从而，其辩护事由（Defenses）即为出罪事由。当然，我国已有相当多的论文、专著及教材对德日、英美刑法中出罪事由的具体内容和构成条件进行了详细论述，本书不再着重论述这些具体出罪事由的构成条件，而只从整体上展示和分析出罪事由的框架体系。

一、德日刑法中出罪事由的内容、种类和体系

德日刑法是大陆法系刑法的典范，对于刑法的适用以成文法条为核心辅之以权威的判例。德日刑法中的出罪事由，主要包括三个层次的问题：其一为刑法典规定的出罪事由，此为法定的出罪事由；其二为刑法理论中阐述的出罪事由，因这些出罪事由并非由刑法明文规定，故称超法规的犯罪（违法、责任）阻却事由；其三为出罪理论，亦即对各出罪事由进行归类总结、阐述其出罪理由的理论，基本上是围绕犯罪各构成要件的本质展开，论证出罪事由颠覆犯罪的本质和原理。

（一）德国、日本刑法典规定的出罪事由

在出罪事由的第一个层次即刑法典明文规定的出罪事由上，德国刑法典和日本刑法典也有总则性规定和分则性规定。现行德国刑法典的渊源是1871年《德意志帝国刑法典》，历经多次修订，分别于1987年、1998年颁布新版本，于2002年再次修订

而成。[①] 德国刑法典对于出罪事由的总则性规定，大体上有：(1) 第17条（禁止错误）第1款，行为人行为时没有认识其违法性，如该错误认识不可避免，则对其行为不负责任。(2) 第19条（儿童无责任能力），行为人行为时不满14岁的，无责任能力。第20条（精神障碍者无责任能力），行为人行为时，由于病理性精神障碍、深度的意识错乱、智力低下或其他严重的精神病态，不能认识其行为的违法性，或依其认识而行为的，不负责任。(3) 第23条（未遂的可罚性）第1款后半句，对轻罪的未遂之处罚以法律明文规定为限。(4) 第24条（中止），①行为人自愿地使行为不再继续进行，或者主动阻止行为的完成的，不因犯罪未遂而处罚。如果该行为没有中止犯的努力也不能完成的，只要行为人主动努力阻止该行为的完成，即应不予刑罚。②数人共同实施同一行为的，其中主动阻止行为完成的，不因犯罪未遂而处罚。如果该行为没有中止犯的努力也不能完成的，或该行为没有中止犯停止以前的行为也会实施的，只要行为人主动努力阻止该行为完成的，即应不予刑罚。(5) 第31条（共犯未遂的中止）。(6) 第32条（正当防卫）。(7) 第33条（防卫过当），防卫人由于慌乱、恐惧、惊吓而防卫过当的，不负刑事责任。(8) 第34条（阻却违法性的紧急避险）。(9) 第35条（阻却责任的紧急避险）第1款第1项，为使自己、亲属或其他与自己关系密切者的生命、身体或自由免受正在发生的危险，不得已而采取的违法行为不负刑事责任。(10) 第36条（议会言论），联邦议院、联邦大会或者州立法机关的成员，任何时候都不因其在会议团体或委员会的表决或言论，而在会议团体之外被追究责任。(11) 第37条（议会报道），对第36条所列的会议团体或

① ［德］耶赛克：《为德意志联邦共和国刑法典序》，载徐久生译：《德国刑法典》，中国法制出版社2000年版，第1～4页。

其委员会的公开会议的真实报道，不追究任何责任。(12) 第77条b（告诉期间），行为须告诉乃论的，告诉权人在3个月的告诉期届满前未提起告诉的，不得追诉。第77条c（相互实施行为的告诉），彼此关联的相互间的行为须告诉乃论的，如一方告诉权人对他方提起刑事诉讼之告诉，他方在第一审法庭辩论终结前未提起告诉，则丧失告诉权。第77条d（告诉的撤回）。第77条e（授权或要求判刑），如对某一行为只根据授权或要求判刑才能予以追诉的，则相应适用第77条和第77条d的规定。

德国刑法典对于出罪事由的分则性规定，大体上有：(1) 第83条a（叛乱罪主动悔罪）。(2) 第84条（维护被宣布为违宪之政党）第5款，行为人主动并真诚努力阻止该政党继续存在的……行为人实现了该目标或该目标即使没有其努力也能实现的，行为人均不受处罚。(3) 第86条（散发违宪组织的宣传品）第4款，罪责轻微的，法院可根据本规定免除其刑罚。(4) 第86条a（使用违宪组织的标志）第3款，相应适用第86条第3款和第4款的规定。(5) 第87条（以破坏为目的之谍报活动）第3款，行为人主动放弃其行为，或将其了解的情况及时报告给有关部门，使其所知道的有计划的破坏活动尚能被制止的，法院可依规定免除其刑罚。(6) 第89条（对联邦国防军和公共安全机关的违宪影响）第3款，相应适用第86条第4款的规定。(7) 第90条（诽谤联邦总统）第4款，本行为非经联邦总统授权不得追诉。(8) 第90条b（对宪法机关的违宪性诋毁）第2款，本行为非经宪法法院或其成员的授权不得追诉。(9) 第97条（泄露国家机密）第3款，本行为非经联邦政府的授权不得追诉。(10) 第98条（叛国的谍报活动）第2款第2项，行为人受外国或其中间人的胁迫而实施第1款第1项行为，如自愿放弃其行为且立即向主管机关揭露自己所知情况的，依此规定不予处罚。(11) 第99条（秘密职务的谍报活动）第3款，相应适用第98条第2款的规定。（12）第104条a（针对外国的犯罪刑事追诉的条件）犯本章之罪，只有当联邦德国与他国有外交关系，并订有互惠担保协定，且互惠担保在行为时有效，经外国政府的刑罚要求以及联邦政府授权进行刑事追诉的，始得追诉。（13）第109条g（危害安全的复制）第4款第2项，如行为得到主管机关允许的，不处罚。（14）第123条（非法侵入他人住宅）第2款，本行为非经告诉不得追诉。（15）第129条（建立犯罪组织）第5款，对责任轻微、仅起次要作用的共犯，法院可免除第1款和第3款的刑罚。（16）第139条（不告发计划的犯罪行为的不处罚），①在第138条情形下行为未实施的，免除刑罚。②因其身份而知悉他人秘密的神职人员，不负告发义务。③对其亲属的犯罪行为虽未告发，如已真诚努力阻止犯罪的实施或避免犯罪结果的产生的，不负刑事责任，但下列各种犯罪行为除外……在同等条件下，律师、辩护人或医师因其身份而知悉他人秘密的，不负告发义务。④以告发以外的方式避免犯罪的实施或犯罪结果产生的，免除刑罚。犯罪的实施或犯罪结果并非因负有告发义务之人的告发而发生，只要该人真诚努力阻止犯罪结果发生的，免除其刑罚。（17）第145条a（行为监督期间违反指示）第2项，本行为非经行为监督机构的告诉（第68条a）不得追诉。（18）第157条（具有紧急避险性质的陈述）第1款，证人或鉴定人有责地实施了虚伪宣誓或未经宣誓的陈述，如行为人是为了避免其亲属或本人受刑罚处罚或剥夺自由的矫正与保安处分而说出虚假事实的，法院可根据其裁量减轻其刑罚（第49条第2款），未经宣誓而陈述的，则全部免除其刑罚。（19）第173条（亲属间的性交）第3款，直系卑亲属和兄弟姐妹在行为时不满18岁的，不依本规定处罚。（20）第174条（对被保护人的性滥用）第4项，在第1款第1项或在与第1款第1项相关的第2款的情况下，法院在考虑受保护人的行为后，若认为其违法情节轻微的，可免除其刑罚。(21) 第182条（对少年的性滥用）第4款，在斟酌了行为针对之人的态度后，若认为行为之不法程度是轻微的，法院在第1款和第2款的情形下，可根据本规定免除刑罚。(22) 第183条（露阴行为）第2款，本罪告诉乃论，但刑事追诉当局认为对此等犯罪依职权进行追诉符合特别的公共利益，不在此限。(23) 第194条（对侮辱犯罪告诉乃论）。(24) 第199条（彼此侮辱）对他人的侮辱当场以侮辱还击的，法官可宣告侮辱双方或一方不负刑事责任。(25) 第205条（对侵害私人生活和秘密的犯罪告诉乃论）。(26) 第218条a（中止妊娠的不处罚性）第2款，鉴于孕妇当前的或将来的生活关系，如果医师认为中止妊娠是为了防止孕妇遭受生命或严重的身体伤害或心理健康危险，经孕妇同意且由医师实施中止妊娠的，不违法。第3款，如果医师认为孕妇受到第176条至第179条的违法行为的侵害，有迫切理由认为，其怀孕是因此等行为所致，且受孕不超过12周的，孕妇同意且由医师实施的中止妊娠，视同已经具备了第2款所述之条件。第4款，如果中止妊娠是基于医师的建议（第219条）且由医师实施，受孕不超过22周的，孕妇不依第218条处罚。如果孕妇在手术之时处于特别之困境，法院可免除第218条之刑罚。(27) 第228条（同意），在被害人同意的情况下所为之伤害行为，仅在该行为尽管被害人同意也违背良好风俗时，才是违法行为。(28) 第230条（故意伤害罪和过失伤害罪告诉乃论）。(29) 第235条（诱拐未成年人）第7款，第1款至第3款之诱拐未成年人告诉乃论。(30) 第247条（家庭成员间的盗窃），盗窃或侵占家属、监护人、照料人的财物，或被害人与行为人同居一室的，告诉乃论。(31) 第248条a（盗窃和侵占价值甚微的物品），犯第242条盗窃罪和第246条侵占罪，所盗窃或侵占之物价值甚微的，告诉乃论，但刑事追诉机关基于特别的公共利益的，认为有依职权进行追诉之必要的，不在此限。（32）第 248 条 b（交通工具的无权使用）第 3 款，本行为告诉乃论。（33）第 248 条 c（盗用电力）第 4 款第 2 项，以不法损害他人为目的而实施第 1 款行为的，本行为告诉乃论。（34）第 257 条（包庇）第 3 款第 1 项，参与被包庇之犯罪的人，不因包庇行为而受处罚。第 4 款，仅在告诉、授权或要求判刑的情况下才予以追究。（35）第 258 条（阻挠刑罚）第 5 款，为使对其本人所判处的刑罚或措施的执行全部或部分无法进行的，不因阻挠刑罚而处罚。第 6 款，为使家属免于刑罚处罚而为上述行为的，不处罚。（36）第 261 条（洗钱；隐瞒非法获得的财产价值）第 9 款，具备下列情形之一的，不依第 1 款至第 5 款处罚：主动向主管当局告发，或在犯罪行为全部或部分未被发现，且行为人知道此等情况，或应当能够估计到案件情况，而为此等告发的。在第 1 款或第 2 款第 2 项情形下，犯罪行为所涉及之物品已被保全的。即使参与实施此等犯罪行为应受处罚，也不依第 1 款至第 5 款处罚。（37）第 264 条 a（投资诈骗）第 3 款，自动阻止基于犯罪行为而获得或提高附条件之给付的，不依第 1 款和第 2 款处罚。给付非因行为人的行为而不可能获得的，只要其自动且真诚努力阻止给付的取得的，不处罚。（38）第 265 条 a（骗取给付）第 3 款，相应适用第 247 条和第 248 条 a 的规定。（39）第 265 条 b（信贷诈骗）第 2 款，自动阻止提供信贷者基于行为人的行为提供所申请的给付的，不依第 1 款处罚。非因行为人的行为而不给付的，只要其自动且真诚努力阻止提供给付的，不处罚。（40）第 266 条（背信）第 2 款，相应适用第 247 条第 2 款、第 247 条、第 248 条 a 和第 263 条第 3 款的规定。（41）第 266 条 a（截留和侵占劳动报酬）第 6 款，在第 1 款的情形下，雇主最迟在期限届满时或到期后立即向收款机构为下列行为的，法院可根据本规定免除其刑罚：书面告知其截留的款项数额的，且以书面形式说明虽经真诚努力但仍不能如期支付的理由。具备第1句的先决条件，且行为于事后在收款机构规定的期间内偿还此等款项的，不处罚。(42) 第266条b（滥用支票和信用卡）第2款，相应适用第248条a的规定。(43) 第283条（破产）第6款，该行为仅在停止支付，或就其财产宣告破产程序或宣告破产的申请因缺乏破产人财产而被驳回时，始可处罚。(44) 第283条b（违反账簿记载义务）第3款，相应适用第283条第6项的规定。(45) 第283条c（优待债权人）第3款，相应适用第283条第6项的规定。(46) 第288条（阻挠强制执行）第2款，本行为告诉乃论。(47) 第289条（取回质物）第2款，本行为告诉乃论。(48) 第294条（告诉），第292条第1款（非法狩猎）和第293条（非法捕鱼）之罪，如为亲属所犯，或行为人在某地有限定的捕鱼权、狩猎权，因越权而犯此罪的，由被害人告诉乃论。(49) 第298条（在招标时为限制竞争的约定）第3款，主动阻止他人承诺基于违法约定之要约，或阻止该人提供其服务的，不依第1款以及与之有关的第2款处罚。不承诺此等要约或未提供其服务非因行为人所致的，只要行为人主动且真诚努力阻止承诺此等要约或提供服务的，也不处罚。(50) 第301条（在商业活动中索贿和行贿告诉乃论）。(51) 第303条c（损坏财物、变更数据、破坏计算机，告诉乃论）。(52) 第306条e（主动悔罪）第2款，实施失火行为，行为人在严重损失产生之前主动将所纵之火扑灭的，不处罚。(53) 第320条（主动悔罪）第3款，在严重损失发生之前，主动防止危险发生的，或主动放弃该行为的继续实施或者防止危险发生的，不处罚。(54) 第326条（未经许可的垃圾处理）第6款，由于垃圾数量小，显然排除对环境，尤其是对人、水域、空气、土地、可食动物或植物的有害影响的，该行为不处罚。(55) 第330条b（主动悔罪）。(56) 第355条（侵害税务秘密）第3款，本罪非经行为人的长官或被害人的告诉不得追诉。①

现行日本刑法典是根据1907年颁布的刑法典经多次改正而形成，其原型参考的是1870年德国刑法典。1974年，日本法制审议总会编制了《日本改正刑法草案》，但一直是作为学术研究参考之用，并无权威效力。由于日本刑法典的模本是德国刑法典，故而，在出罪事由的规定方面，其与德国旧刑法典有诸多相似之处，但与德国新刑法典有别。日本刑法典对于出罪事由的总则性以及分则性规定，大体上有：（1）第35条（法令行为和正当业务行为），依照法令或者基于正当业务而实施的行为，不处罚。（2）第36条（正当防卫）。（3）第37条（紧急避难）。（4）第39条（心神丧失和心神耗弱）第1款，心神丧失人的行为，不处罚。（5）第41条（责任年龄），不满14岁的人的行为，不处罚。（6）第44条（未遂罪），处罚未遂的情形，由各本条规定。反义解释即是，分则条文没有规定处罚未遂的，不处罚。（7）第80条（自首的免除刑罚），犯前两条之罪（预备和阴谋内乱、帮助内乱），但在实行暴动前自首的，免除刑罚。（8）第92条（对象征外国的物件予以损坏等）第2款，前项之罪，经外国政府请求的，才能提起公诉。（9）第93条（私战预备和阴谋）后半句，自首的免除刑罚。（10）第105条（有关亲属犯罪的特例），犯人或脱逃人的亲属，为了犯人或者脱逃人的利益而犯前两条之罪（藏匿犯人等、隐灭证据等）的，可以免除刑罚。（11）第135条（亲告罪），本章犯罪（开拆书信、泄露秘密），告诉的才能提起公诉。（12）第170条（自行坦白的减免刑罚），犯前条之罪（伪证）的人，在其提供证言的案件判决确定前或者实行惩戒处分前自行坦白的，可以减轻或者免除刑罚。（13）第173条（自行坦白的减免刑罚），犯前条之罪（虚

① 参见徐久生译：《德国刑法典》，中国法制出版社2000年版。

伪告诉等）的人，在其申告的案件判决确定前或者实行惩戒处分前自行坦白的，可以减轻或者免除刑罚。(14) 第 185 条（赌博）后段，但以供一时娱乐之物进行赌博的，不在此限。(15) 第205 条（过失伤害）第 2 款，前项犯罪，告诉的才能提起公诉。(16) 第 211 条（业务上的过失致死等）第 2 款，驾驶汽车犯前项前段之罪的，伤害轻微时，可以根据情节免除刑罚。(17) 第 228 条之三（勒索赎金目的略取等预备）后段，但在着手实行前自首的，减轻或者免除刑罚。(18) 第 229 条（略取和诱拐罪的亲告规定）。(19) 第 230 条（毁损名誉）第 2 款，毁损死者名誉的，如果不是通过指摘虚伪事实进行毁损的，不处罚。(20) 第 230 条之二（有关公共利害时的特例），前条第 1 项的行为，经认定是与公共利害有关的事实，而且其目的纯出于谋求公益的，则应判断事实的真伪，证明其为真实时，不处罚。与尚未提起公诉的人的犯罪行为有关的事实，在适用前项规定时，视为与公共利害有关的事实。前条第一项的行为所指摘的事实，与公务员或者其于公选的公务员候补人有关时，则应判断事实的真伪，证明其为真实时，不处罚。(21) 第 232 条，本章犯罪（对名誉的犯罪），告诉的才能提起公诉。(22) 第 244 条（关于亲属间犯罪的特例），配偶、直系血亲或者同居的亲属之间犯第 235 条之罪（盗窃）、第 235 条之二之罪（侵夺不动产）或者这些罪的未遂罪的，免除刑罚。前项规定的亲属以外的亲属之间，犯前项规定之罪的，告诉的才能提起公诉。(23) 第 257 条（有关亲属等之间犯罪的特例），配偶之间或者直系血亲、同居的亲属或者这些人的配偶之间犯前条罪（收受赃物等）的，免除刑罚。(24) 第 264 条、第 259 条（毁弃私用文书等）、第 261 条（损坏器物等）和前条（隐匿书信）之罪，告诉的才能提起公诉。①

分析上述德国、日本刑法典对于出罪事由的规定，可以看出，较之于中国刑法，德国、日本刑法典规定出罪事由的条文更多，种类更为繁多，内容更为丰富，规定更为细致具体。归纳一下，这些出罪事由的内容包括：责任年龄与责任能力、禁止错误、正当防卫（以及防卫过当）、紧急避险（以及避险过当）、法令行为和业务行为、被害人同意、中止、悔罪、犯罪未遂、亲亲相隐、亲属相犯、不亲告、行为轻微、不具处罚条件，等等。有些出罪事由，既在总则中予以规定，也在分则具体罪名的规定中一再重复，如悔罪、不亲告。而有些出罪事由，只在分则具体罪名中规定并只能适用于该具体罪名，如因亲亲相隐、亲属相犯不处罚的相关罪名。另外，整体看来，德国、日本刑法典对于出罪事由的规定与中国刑法规范（刑法和有关解释）有很多相同相似之处，如责任年龄与责任能力、正当防卫、紧急避险等规定。但也有不同之处，如关于悔罪、犯罪未遂、亲亲相隐、亲属相犯的规定，德国、日本是规定在刑法典中，而中国是规定在司法解释中。对于行为轻微不处罚的规定，德国、日本是规定在具体各罪中，而中国规定在刑法典的总则条文中。

（二）德日刑法对出罪事由的分类

前文对德国、日本刑法典中的出罪事由规定进行了归纳展示，由于这些出罪事由系刑法典明文规定，可称为法定的出罪事由。除此之外，德日刑法中还有超法规出罪事由，即刑法理论中阐述的出罪事由。这里的刑法理论，指的是以犯罪论体系为核心的理论。在德日刑事司法中，对于行为是否构成犯罪的认定，当然应以刑法典等规范为依据。但在思维模式上，认定犯罪依凭的逻辑框架是犯罪论体系。犯罪论体系虽不是由刑法所明文规定

① 参见张明楷译：《日本刑法典》，法律出版社 1998 年版。

的，但却是用于解释刑法、分析罪名规范规定、将事实对应于规范，从而使刑法得以适用体系脉络。在刑法理论和刑法教科书中，犯罪论体系是基本骨架和灵魂。在德日司法实务中，由于法律职业者皆经由法学院法学专业教育培养而出，犯罪论体系的思维模式已深入人心。犯罪论体系是论证犯罪如何成立的理论体系，而出罪事由是使犯罪不成立的事由，这使得出罪事由注定成为犯罪论体系必须讨论的组成要素，也就是犯罪成立的消极要素。同时，由于犯罪论体系既以实定法为素材依据，又可超脱于实定法之上，这也为出罪事由——既包括法定的出罪事由也包括超法规的出罪事由——提供了理想的栖身处所。在犯罪论体系下讨论出罪事由，主要涉及如下几项内容：补充超法规的出罪事由，对法定的出罪事由和超法规的出罪事由在犯罪论体系中的地位进行定位安置，从构成条件的反面说明出罪事由出罪的理由和本质。其中，对出罪事由进行定位，事实上也是对出罪事由进行归纳和分类。

德日刑法的犯罪论体系总体上是“构成要件该当性—违法性—有责性”三阶层体系，当然，两国当前主流学说也存在差异，日本当前主流学说是典型三阶层体系；而德国当前通行“二阶半”体系，即将构成要件该当性和违法性合并为“不法”阶层，另增加“客观处罚条件”（可罚性）阶层，系对三阶层体系的修正。此外，三阶层体系也有不同的学说和主张（有时是随着时间推移的演变，有时是平行并列的不同主张），如古典三阶层体系（贝林—李斯特体系）、新古典三阶层体系、新古典二阶层体系、新古典暨目的论体系（如图 4－1 所示）、目的理性阶层体系（Roxin 体系）、实质的阶层体系（Wolter 体系）、目的论阶层体系（Schmidhäuser 体系）、行为责任体系（Maurach 体系）等，各学说虽都以古典三阶层体系为原型和模板，但对每个阶层中包括的要素及内容的设定不同。[1] 在本书中，为讨论的方便，下文中所说的“三阶层体系”是以新古典暨目的论体系为模型的改良，即认为构成要件该当性阶层既包括客观要素也包括主观要素（构成要件的故意过失、目的等），并将“客观处罚条件”作为考虑因素。

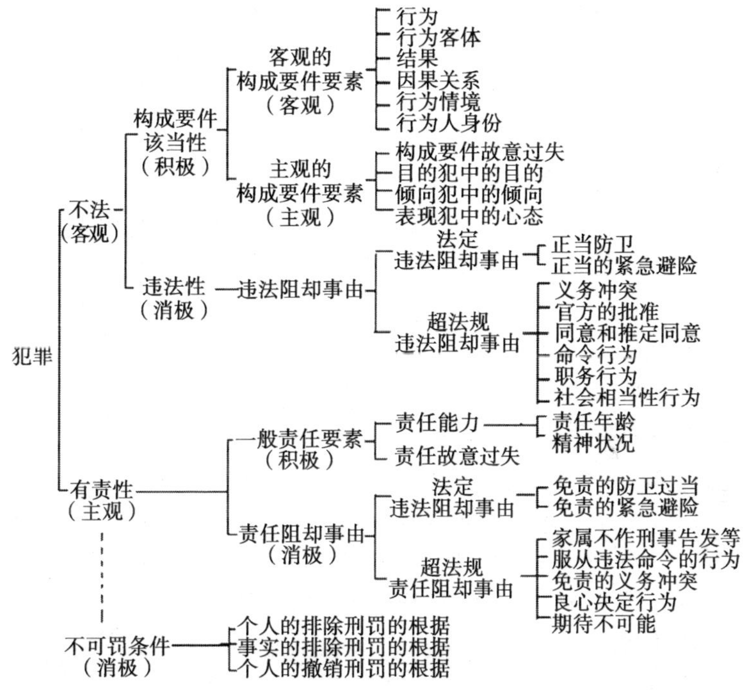

图 4－1　德国刑法犯罪论体系图（新古典暨目的论体系）

在三阶层体系中，对于出罪事由的讨论主要集中在违法性和

① 许玉秀：《当代刑法思潮》，中国民主法制出版社 2005 年版，第 153～165 页。

有责性这两个阶层。如果按两阶层体系，则犯罪成立的核心要件是不法和有责，这两个要件都可从积极和消极两个方面予以说明。不法的积极方面是构成要件该当性，消极方面即是违法性（违法阻却事由）；责任的积极方面是有责（责任能力、责任故意过失等责任积极要素），消极方面是责任阻却事由。当然，如果将构成要件视为违法、有责的模型，亦即认为构成要件该当的行为是初步具备了违法性和有责性的行为。① 则只是构成要件是犯罪成立的积极方面，而违法性、有责性都应是以阻却事由为内容的犯罪成立的消极方面。这两种不同的思维导致了不同体系对于构成要素的安置的不同，如故意、过失要素（置于有责性中还是置于构成要件中）；同时也导致了对构成要素理解的不同，如责任能力要素（是理解为责任的积极要素还是消极要素）。当然，无论对犯罪论体系作何种理解，从积极和消极两个方面来说明犯罪的成立，与入罪和出罪的思维显然是契合的。犯罪成立的积极方面是入罪判断需要考虑的要素，而犯罪成立的消极方面则是出罪判断需要考虑的要素。由此，将构成要件该当的行为排出到犯罪之外的事由，亦即违法性阶层的违法阻却事由和有责性阶层的责任阻却事由，都是出罪事由。此外，“二阶半”体系的“半阶层”即客观处罚条件（可罚性）的内容，是将已经构成要件该当、违法、有责的行为不处罚，也认为是出罪的内容。以下分析简述之。

1. 违法阻却事由

德日刑法中的第一类出罪事由是违法阻却事由。在德日刑法三阶层论中，第二阶层的判断是违法性的判断，实际上是实质违法性即违法阻却事由的判断。一般认为违法性有形式违法性和实

---

① ［日］小野清一郎：《犯罪构成要件理论》，王泰译，中国人民公安大学出版社2004年版，第28页。

质违法性两方面内容。形式违法性是从形式的立场把握违法性的观念，把违法解释为形式上违反法律（实定法）的规定。构成要件该当的行为就认为具有形式违法性，因此形式违法性实际上是构成要件该当性阶层的判断结论。但行为具有形式违法性，并不能说明行为在实质上是违法的，存在符合犯罪形式特征但实质上并不违法的情形。在违法性判断阶层，需要将具有形式违法性（构成要件该当）但不具实质违法性的行为排出犯罪评定圈。因此，违法性判断阶层就是实质违法性判断的阶层。实质违法性也就是违法性的本质，有法益侵害、规范违反等不同学说，基本上，违法性的本质问题是一个前实定法理论问题。作为具体判断阶层的违法性判断，不宜直接援引标准不明确的违法性实质将行为出罪，而是以定型化的违法阻却事由出现。

（1）德国刑法中的违法阻却事由。法定的违法阻却事由系德国刑法典总则明文规定，包括正当防卫和阻却违法性的紧急避险两种。如上文所述，正当防卫规定在德国刑法典第 32 条：正当防卫不违法。为使自己或他人免受正在发生的不法侵害而实施的必要的防卫行为，是正当防卫。包括自我防卫与紧急救助（他人）。阻却违法性的紧急避险规定在第 34 条：为使自己或他人的生命、身体、自由、名誉、财产或者其他法益免受正在发生的危险，不得已而采取的紧急避险行为不违法，但所要保护的法益应明显大于所造成危害的法益。仅在行为属于避免该危险的适当的措施的情况下，方可适用本条的规定。这是刑法典总则规定的违法阻却事由，除此之外，还有刑法分则规定的违法阻却事由，如第 284 条（反义解释）关于政府许可的赌博的规定，属政府机构许可事由中的一种。详细条文列举可见本章第一部分。

既然是“违法”阻却，基于一元违法说，亦即认为违法指违反一切法。[①] 则除刑法典之外，其他法律也可规定违法阻却事由。由此，民法上的防御性紧急避险（对物的防卫，如将攻击自己的动物杀死），民法上的攻击性紧急避险（如偷开他人汽车运送重病人），违法性的义务冲突（如医生只能从两个危重病人中选择一人接上唯一的呼吸器），这些由其他法律规定的事由也属违法阻却事由。

此外，刑法学界和学者通常认为，被害人的同意与推定同意（针对意志形成自由或者意志活动自由的犯罪）、行使国家强制性命令的行为、职务规定行为和军事命令行为、惩戒权（包括教师对学生、亲权者对孩子的惩戒）、代替公共机关所为的行为（如公民临时羁押发现的罪犯），这些事由虽未被刑法典所明文规定，但都可以从刑法条文（主要是分则条款）以及其他法律（如《刑事诉讼法》等）条文中推导和归纳出来，也被认为是违法阻却事由。

最后，在德国刑法理论和教科书中，还存在一种特殊的违法阻却事由，即被允许的危险。被允许的危险并非是独立的合法化事由。在通常的情况下，被允许的危险是一种可以排除犯罪类型并因此排除了对客观构成要件进行归责的因素，如驾驶汽车的行为，其虽有危险但在遵守法律的情况下一般都是被允许的，不认为是“危害行为”。但在特殊情况下，它却可以成为阻却违法的依据。[②] 例如，允许为维护正当利益而散布流言，允许公司领导对有重大贪污嫌疑的会计人员进行指责，等等。实际上，前述几

---

① ［日］曾根威彦：《刑法学基础》，黎宏译，法律出版社2005年版，第215～216页。

② ［德］克劳斯·罗克辛：《德国刑法学（总论）》，王世洲译，法律出版社2005年版，第530页，其将推定的同意、合理利益的利用、艺术自由归入被允许的危险的例子中。

乎所有合法化事由均可用被允许的危险来进行解释，因此，被允许的危险“与其说是针对各种具体的实体性要件，不如说是针对各种合法化事由的共同结构原理”，是一种补漏性的理论。①

可见，德国刑法中的违法阻却事由大体上包括：正当防卫、阻却违法性的紧急避险；义务冲突、政府机构的许可（又称为官方的批准）、被害人的同意、推定同意、行使国家强制性命令的行为、职务行为、惩戒权（又称为责打权）、代替公共机关的行为（包括临时羁押、自助权）、合理利益的利用、艺术自由；被允许的危险等。对于这些事由，不同的教材具有不同的分类方法，在概念范畴上也存在着交叉。

（2）日本刑法中的违法阻却事由。如上文所述，日本刑法典中规定了四种典型的违法阻却事由，即法令行为、正当业务行为（第 35 条）、正当防卫（第 36 条）、紧急避险（第 37 条），这是法定的违法阻却事由。此外，一般的刑法教科书还讨论刑法未明文规定但可依解释学上推导出来的违法阻却事由，亦即超法规的违法阻却事由。例如，大塚仁认为，刑法典将违法阻却事由进行如此区分是意图寻找这些事由的条文基础，但刑法典第 35 条规定的应是一般的正当行为，而不限于法令行为、正当业务行为两种。根据此条可解释推导出一系列的正当行为，此外，根据第 37 条的紧急避险也可解释推导出自救行为和义务冲突。因而，法定的和超法规的违法阻却事由的区分界限是模糊的。在理论上，一般可将违法性阻却事由分为正当防卫、紧急避险、正当行为三类，其中正当行为可以包括法令行为、正当业务行为、劳动争议行为、自损行为、基于被害人承诺的行为、基于推定性承诺

① ［德］汉斯·海因里希·耶赛克、托马斯·魏根特：《德国刑法教科书（总论）》，徐久生译，中国法制出版社 2001 年版，第 485 页。

的行为、治疗行为、安乐死和尊严死、自救行为、义务冲突行为等。[①] 有的刑法教科书还讨论被允许的危险、具有社会相当性的行为等。[②]

此外，论及日本刑法中的违法阻却事由，不能不提及可罚的违法性理论。所谓可罚的违法性，指具有作为犯罪而科处刑罚程度的质和量的违法性。即使行为违法，但没有达到可罚程度的时候，就不成立犯罪，这种理论被称为可罚的违法性理论。[③] 对于此理论，学界尚存争议。反对可罚的违法性理论的学者认为，违法性仅存在有无的判断，有责性才既存在有无又存在大小的判断，而可罚的违法性理论实际上认为违法性不仅具有质的标准，而且具有量的标准，也就是说，违法性也有大小的问题。而又认为，不具可罚的违法性的行为到底是因阻却违法性而阻却犯罪的，由此产生了在违法性判断阶层和有责性判断阶层之间增设一个可罚的违法性阶层的问题。并且，其判断标准并不明确。但无论如何，赞成可罚的违法性理论已成为当前日本刑法学界的通说。可罚的违法性理论的基本观点就是将具有质或量的微小性的违法行为排除违法性，因此，不具可罚的违法性就是阻却违法性，可将其作为阻却违法事由之一。“在违法性论中，虽然只考虑符合构成要件的行为是否存在违法性阻却事由。在违法性被阻却的时候，有两种情形，一种是某行为被认为完全缺乏犯罪性、完全是合法的，另一种是虽然在其他的法律领域被评价为存在违

---

① 参见［日］大塚仁：《刑法概说（总论）》，冯军译，中国人民大学出版2003年版，第321~322页；［日］野村稔：《刑法总论》，全理其、何力译，法律出版社2001年版，第221页。

② ［日］大塚仁：《刑法概说（总论）》，冯军译，中国人民大学出版2003年版，第208页。

③ 关于可罚的违法性的确切含义，请见本书第八章“不可罚性——不可罚的出罪事由之理论基础”相应章节。

法性但在刑法从科以刑罚的角度来看缺乏适合性。而所谓缺乏可罚的违法性是指后一种情况。这样，根据对违法性的实质性评价认为某行为不存在可罚的违法性时，其违法性就被阻却。”① 可罚的违法性的判断标准有两个：一个是违法性的量的标准，法益侵害的轻微性，即所谓微异性；另一个是违法性质的标准，是法益侵害行为的形态，根据社会伦理的观点来看价值轻微性的情况。未达到刑法违法性的量或质的底线的行为将被认定为不具有可罚的违法性而被排除在犯罪圈之外。可罚的违法性理论是日本学界的特创，在德日刑法之中，没有与之对应的概念和理论，对于同样的问题，即解决轻微侵害行为无罪的问题，是在允许的危险（或社会相当性理论）范围内，以超法规的违法性阻却事由的方式排除犯罪的。

实际上，整个违法性阶层的判断，都是违法阻却事由的判断。如果行为符合违法阻却事由的条件，则就会被排出到犯罪评定圈之外，不仅不认为是犯罪，而且不认为是违法。以出罪的视角来看，违法性阶层的全部内容都是由出罪事由组成，该阶段的判断就是出罪判断。而该阶层中的出罪事由的共同特征，就是行为具有合法性或正当性，亦即行为虽造成了客观损害结果，该当构成要件，但以社会允许、利益衡量、价值选择的价值观整体评判，这些行为是“好”的，有的是日常生活允许的，有些还是值得鼓励的。

2. 责任阻却事由

责任是犯罪成立的另一个要件，指的是对行为人的非难可能性，有责性阶层就是判断能否对行为人所实施的构成要件的、违法的行为进行非难。构成要件该当性和违法性是对行为的一般性评价，而

① ［日］大塚仁：《刑法概说（总论）》，冯军译，中国人民大学出版社2003年版，第382页。

有责性评价是对行为人人格的具体价值评价。一般而言，构成要件该当的行为也应是可以对行为人归责的，但也有除外的情况存在。因此，需要在有责性判断阶层将这些除外情况予以列明，并判断行为人是否符合这些除外情况。如果符合，就应认为不可归责，不应承担刑事责任。因此，有责性阶层也是出罪判断，其具体内容就是责任阻却事由，即否定行为人对客观损害应当承担刑事责任的事由，其功用是通过否定责任而将行为排除犯罪。

（1）德国刑法及理论中的责任阻却事由。德国刑法典中的责任阻却事由，在总则中规定有阻却责任的防卫过当和阻却责任的紧急避险两种。其中，阻却责任的防卫过当规定在刑法典第33条，防卫人由于慌乱、恐惧、惊吓而防卫过当的，不负刑事责任。阻却责任的紧急避险规定在刑法典第35条第1款第1项，为使自己、亲属或其他与自己关系密切者的生命、身体或自由免受正在发生的危险，不得已而采取的违法行为不负刑事责任。在刑法典分则中，也有很多责任阻却事由的明文规定，如第258条第5款（利己）为了有利于别人和同时为了自己而妨碍刑事司法；第258条第6款（亲亲相护）为了家属而妨碍刑事司法；等等。但有些学者认为这些事由属于下文的客观处罚条件。

在刑法教科书中，一般认为，不完全符合违法阻却事由全部条件的特殊情形可以降格为责任阻却事由。例如，基于有约束力的指示的行为（法令行为）是违法阻却事由，基于无约束力的指示的行为虽不能阻却违法性，但却可以成为责任阻却事由。同样，牺牲较轻义务保护较重大义务的义务冲突可阻却违法性，而当牺牲较重大的义务而保护较轻的义务时，虽不能阻却违法性，却可以阻却责任。此外，基于良心决定的犯罪行为（如妻子生产后打算去医院输血，但信教的丈夫认为此时最好的救治措施是向上帝祈祷，对妻子进行干预而致其延误死亡）、民事性不服从（如轻微的违反规则的静坐示威）、牺牲少数人挽救多数人、期待不可能，也都可以阻却责任。① 这些责任阻却事由虽不是刑法典明文规定的，但是可从刑法或其他法律中得出或者推导而出，可认为是超法规的责任阻却事由。

（2）日本刑法及理论中的责任阻却事由。日本刑法典总则中，没有明文规定特定的责任阻却事由。但第 36 条第 2 款规定的防卫过当：超出防卫限度的行为，可以根据情节减轻或者免除刑罚；第 37 条第 1 项后段规定的避险过当：超过这种限度的行为，可以根据情节减轻或者免除刑罚。本属刑罚减轻或免除事由，但在刑罚被免除时，也有犯罪不被认定的可能性，此时行为虽具违法性但犯罪不成立，因此防卫过当和避险过当在此种情形下可以成为责任阻却事由。而在刑法典分则中，责任阻却事由规定得较多，典型的如第 105 条：犯人或脱逃人的亲属，为了犯人或者脱逃人的利益而犯前两条之罪（藏匿犯人等、隐灭证据等）的，可以免除刑罚；第 244 条：配偶、直系血亲或者同居的亲属之间犯第 235 条之罪（盗窃）、第 235 条之二之罪（侵夺不动产）或者这些罪的未遂罪的，免除刑罚；第 257 条：配偶之间或者直系血亲、同居的亲属或者这些人的配偶之间犯前条罪（收受赃物等）的，免除刑罚；等等。详细条文列举可见本章第一部分。在刑法教科书中，还将基于违法约束命令的行为（如负有绝对服从义务的军队中的部下执行长官的违法命令的行为）、心理性强制下的行为（被他人用手枪逼迫犯罪的情形）等，认为是依据解释推论出的责任阻却事由。

在日本刑法理论中，还有一种特殊的责任阻却事由，这就是

① 参见［德］汉斯·海因里希·耶赛克、托马斯·魏根特：《德国刑法教科书（总论）》，徐久生译，中国法制出版社 2001 年版，第 605 页；［德］克劳斯·罗克辛：《德国刑法学（总论）》，王世洲译，法律出版社 2005 年版，第 680 页。

期待不可能（欠缺期待可能性）。期待可能性一般指的是：法规范期待行为人在行为时的具体情况下，能够避免犯罪、作出适法行为的可能性。[①] 根据行为人本身所处的具体情况，必须能够期待行为人不实施该当构成要件的违法行为而实施其他合法行为，始具有期待可能性，否则即为期待不可能。[②] 日本刑法一方面将期待不可能作为一种超法规的、具体的出罪事由，定位为兜底型的责任阻却事由。特殊案件的审判，裁判者可以直接认定行为人的行为缺乏期待可能性，而认为其不具有责性，从而宣告无罪。对此，也有相应的判例和案例作为指导。而另一方面，日本刑法理论也认为，期待不可能是责任的本质，由此，全部责任阻却事由的共同特征就是期待不可能。也就是说，将期待可能性作为探求责任本质的理论解说。关于期待可能性的详细解说，参见本书第七章。

（3）责任能力要素：是定位为积极的责任要素还是责任阻却事由？在有责性阶层中，责任能力要素，包括责任年龄、精神状况等要素，在古典三阶层体系中通常被作为责任的积极要素予以理解。亦即认为行为人只有达到了责任年龄、具有恰当精神状况，才能承担刑事责任。但是，现在看来，责任能力要素也能从消极方面予以理解：行为人具有未成年、精神病等情况时，阻却责任。如此理解，就可将未成年、精神病等作为责任阻却事由。是将责任能力要素定位为积极的责任要素，还是定位为责任阻却

---

① 广义的期待可能性，是指从行为人实施行为之内部和外部的观察，可以期待该行为人不为犯罪行为，而为其他合法行为而言。狭义的期待可能性，是指从行为时四周的外部情况（内部情况除外）观察，同样可以期待行为人不为犯罪行为，而为其他合法行为而言。通说采纳狭义的期待可能性观点。这其实是对期待可能性的征表问题即评定依据是外部事情还是内部、外部等一切情况而引起的争议。

② 此为行为人标准说，此外还有平均人标准说和法规范标准说。

事由，实际上与对构成要件该当性的功用、有责性阶层的判断作用有关。如果认为构成要件仅为违法类型，则有责性阶层应当得出积极的结论始能使行为构成犯罪，从而责任能力要素应为积极的责任要素。如果认为构成要件既是违法类型又是责任类型，那么有责性阶层的作用仅仅只有排除犯罪的消极认定功能，则责任能力要素应为责任阻却事由。在本书中，笔者采纳了新古典暨目的论的体系，故而，构成要件中已内含主观要素（构成要件的故意、过失），是将构成要件既当做违法类型又当做责任类型。则有责性阶层被理解为全部消极的判断，则责任能力要素（包括责任年龄、精神状况等）是作为出罪事由予以理解的。事实上，这与刑法典“未满……不负刑事责任”、“……精神病人，不负刑事责任”的措辞是一致的。

3. 不可罚事由（客观处罚条件）

在德国刑法中，行为具备了构成要件该当性、违法性、有责性的要件后，一般就认为成立犯罪应承担刑事责任。但是，有些行为还需要具备客观处罚条件（“刑事可罚性的客观条件”、“应受处罚性条件”），否则就不能承担刑事责任。客观处罚条件指的是必须附加在有责任的不法行为中并且能够引发刑事可罚性的情况，是存在于不法和责任以外的实体根据。因此，可以认为是在不法、有责两个阶层判断之后的“半个”犯罪认定阶层。

客观处罚条件大体上包括三种情况，它们是：（1）个人之阻却刑罚事由，指个人因具有特定身份而不受刑罚，此等情况必须在行为时就已存在。例如，民意代表（联邦议院、联邦大会、州立法机关）的刑事豁免权。德国刑法典第 36 条第 1 款规定了议会言论不受追究：联邦议院、联邦大会或者州立法机关的成员，任何时候都不因其在会议团体或委员会的表决或言论，而在会议团体之外被追究责任。对于忠实于事实的议会报道人员的刑事豁免权，指第 37 条规定的议会报道不受追究：对第 36 条所列的会议团体或其委员会的公开会议的真实报道，不追究任何责任。此外，多数理论还将亲属关系视为个人的阻却刑罚事由，指的是第173条第3款（亲属间的性交），直系卑亲属和兄弟姐妹在行为时不满18岁的，不依本规定处罚；第258条第6款（亲亲相护），为使家属免于刑罚处罚而为上述行为（阻挠刑罚）的，不处罚。部分理论将国际法上享有的治外法权也作为个人的阻却刑罚事由，指的是德国《法院组织法》第18条规定的本国外交人员根据《维也纳公约》享有的专属刑事管辖权。而因其身份而知悉他人秘密的神职人员、律师、辩护人或医师，不告发他人计划的犯罪行为，不负刑事责任（第139条第2款、第3款第2项），也被认为有个人之阻却刑罚事由的成分。（2）个人之解除刑罚事由，指应受处罚的行为实行后才发生并溯及的消除已经成立的应受处罚性的事由。例如，犯罪未遂中止（第24条、第31条、第150条规定），例外的不受处罚的既遂行为的中止，独立的预备行为的中止，企行犯的中止。悔罪，德国刑法典第163条第2款规定，行为人作伪证后及时更正错误的不受刑罚。缓刑考验期满刑罚被免除，也属个人之解除刑罚事由。而特赦、大赦、追诉时效则兼具刑罚解除事由和诉讼事由的特性。个人之阻却刑罚事由以及个人之解除刑罚事由，只适用于具备这些事由的参与人，如若一群人集体参与侮辱，则仅有得享其身份不受刑罚。（3）应受处罚性的客观条件，指基于案件客观事实方面的阻却刑罚的事由，指的是“与行为直接相关，但既不属于不法构成要件也不属于责任构成要件”的纯粹客观的应受处罚性的实体上的条件，它们仅仅只是事实，而与故意、过失无关。真正的客观处罚条件是纯粹的刑罚限制事由，典型事例为外交关系和互惠保护协定。德国刑法典第104条a（针对外国的犯罪刑事追诉的条件）规定：犯本章之罪，只有当联邦德国与他国有外交关系，并订有互惠担保协定，且互惠担保在行为时有效，经外国政府的刑罚要求以及联邦政府授权进行刑事追诉的，始得追诉。外交关系和互惠保护协定的存在与否是追诉犯罪的事实条件。此外，第283条第6款、第283条b第2款、第283条c第3款、第283条d第4款规定：该行为仅在停止支付，或就其财产宣告破产程序或宣告破产的申请因缺乏破产人财产而被驳回时，始可处罚，这也是应受处罚性的客观条件。应受处罚性的不纯正的客观条件包括事实上的加重处罚事由，如醉酒状态下实施犯罪行为（第323条a）、互殴出现严重后果（第227条第1款）。还包括构成处罚的要素，如诽谤中对主张的事实的真实性不以证明（第186条），对于此条扩张的处罚范围，争议尤大。①

客观处罚条件在刑法典中通常都是以消极的方式规定的，亦即具备特定情形，行为人及行为就不受刑罚处罚。故而，不具客观处罚条件可以作为排除刑罚的依据，客观处罚条件的判断实际上都是出罪判断。因此，客观处罚条件从消极方面解读，就可认为是不可罚事由，这与法条条文规定的措辞是一致的。

在德国刑法中，还存在诉讼阻却事由，如亲告罪不亲告、大赦等。一般认为客观不可罚性事由与诉讼阻却事由是有区别的，阻却可罚性事由阻却的是行为的可罚性，而诉讼阻却事由阻却的是行为的可诉性。

在日本刑法学界，仅有较少的学者论及了处罚条件（可罚性）的问题。日本刑法理论界将上述德国刑法中的“个人之阻却刑罚事由”称为“一身的处罚阻却事由”，主要是亲属身份。

① ［德］汉斯·海因里希·耶赛克、托马斯·魏根特：《德国刑法教科书（总论）》，徐久生译，中国法制出版社2001年版，第662～673页。［德］克劳斯·罗克辛：《德国刑法学（总论）》，王世洲译，法律出版社2005年版，第691页。李海东：《刑法原理入门（犯罪论基础）》，法律出版社1996年版，第128页。

例如，盗窃罪中的行为人亲属身份，指刑法典第244条第1项规定，配偶、直系血亲或者同居的亲属之间犯第235条之罪（盗窃）、第235条之二之罪（侵夺不动产）或者这些罪的未遂罪的，免除刑罚。收受赃物的犯罪中行为人具有亲属身份，指刑法典第257条规定，配偶之间或者直系血亲、同居的亲属或者这些人的配偶之间犯前条罪（收受赃物等）的，免除刑罚。还有学者认为，藏匿犯人罪（日本刑法典第103条）、隐灭证据罪（日本刑法典第103条）中的亲属关系，也系此种一身的处罚阻却事由。这些情形基本上都涉及“亲亲相犯”、“亲亲相隐”的问题。这种观点显示以上将其作为超法规的责任阻却事由存在重合。日本刑法理论界将上述德国刑法中的应受处罚性的客观条件称为“客观的处罚条件”，事例为破产犯罪中“破产宣告的确定”（日本破产法第374条、第375条）、诈欺更生罪中“更生程序开始决定”（日本公司更生法第290条）、事前收贿罪中“就任为公务员”（日本刑法典第197条第2项）。①

二、英美刑法中出罪事由的内容、种类和体系

与德日刑法注重理论的逻辑周延不同，英美刑法更注重实务的实用简明。与通常将英美法系理解为判例法体系不同，英美刑法与德日刑法类似，也是以成文法为基础的。例如，英国刑法，是由《1991年刑事司法法》、《1861年人身犯罪法》、《1957年杀人罪法》、《1956年性犯罪法》、《1960年猥亵少年儿童法》、《1968年窃盗法》、《1977年刑法法》、《1981年未遂犯罪法》等一系列成文法以及相应的判例组成。在美国，联邦、各州、军事部门均制定有成文的刑法法典，它与相应判例一起组成了刑法的内容。在这些成文的刑法法典中存在出罪事由的规定。鉴于条文

① 冯军：《德日刑法中的可罚性理论》，载《法学论坛》2000年第1期。

的零碎，以下拟以英美刑法教科书的叙述顺序，根据总括性的犯罪成立条件，对具有总则意义的出罪事由予以介绍。

与从行为和行为人本身的属性入手将犯罪成立条件区分为不法和有责两个要件不同，英美刑法是从对抗制的刑事诉讼模式入手，将犯罪成立区分为犯罪要件和辩护事由两个方面。犯罪要件是检控方需要证明的犯罪成立的要件和要素，即犯罪成立的积极方面的要素；辩护事由是辩护方提出的否定犯罪成立的事由，辩护事由的提出要以承认行为符合犯罪要件为前提。由此，从整体上来看，英美刑法在犯罪认定问题上采用的是“犯罪要件——辩护事由”的双层次模式。[①] 这实际上是一种“先构成——后排出”的模式，第一层次证明犯罪成立，第二层次否定犯罪成立（见图4－2）。

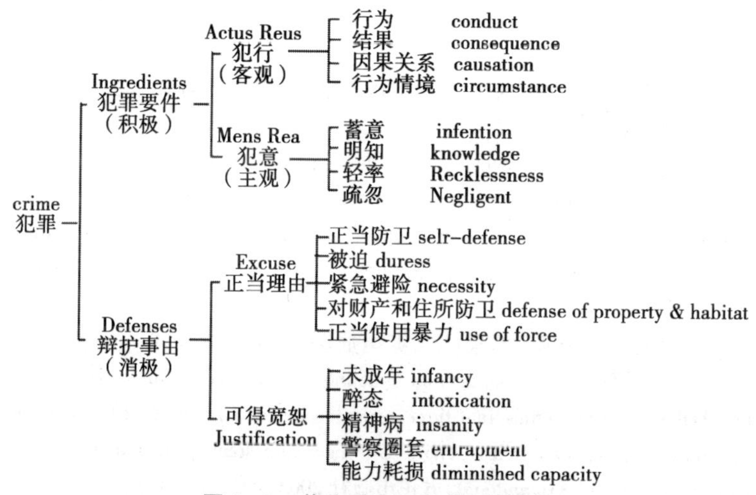

图4－2　英美刑法犯罪成立体系图

① 我国有学者称其为“犯罪本体要件——责任充足条件”，参见储槐植：《美国刑法》，北京大学出版社2005年版，第33、64页。

犯罪成立的第一阶层“犯罪要件”阶层是正向证明犯罪成立的阶层，包括犯罪行为与犯意两方面的基本内容，所有犯罪都不得缺乏这两方面内容。犯行指的是行为人导致了某一事件，或者因为某一被法律禁止的事态的存在而归责于行为人。[①] 犯行并不一定都是行为，有时候也可是“事实状态”。犯行的组成要素一般可分为三部分，即行为、结果、因果关系，有时还包括行为情境或相关重要情节。[②] 犯意指行为人具有与产生某一事件相关的确定的心理状态，可分为蓄意、明知、轻率、疏忽四个方面。[③] 一般的，蓄意指行为人的目的就是追求犯罪结果，而轻率指行为人无意引起却由于不正当冒险而引起危害结果的产生，疏忽指无认识情况下进行冒险而致危害结果。[④] 在刑事司法中，检控方只需证明被告人行为具备了犯行和犯意，则可推定被告人具有刑事责任的基础。如果辩护方不能提出辩护事由予以抗辩，犯

---

① ［英］史密斯、霍根：《英国刑法》，李贵方等译，法律出版社2000年版，第35页。

② The MPC also provides a more thorough analytic framework for the actus reus component of a crime. It breaks it down into three separate components—conduct ,circumstance ,and result—called “material elements”. cited form Richard G. Singer and John Q. La Fond, *Criminal Law: Examples and Explanations*, 方正出版社2003年版，第41页。

③ ［英］史密斯、霍根：《英国刑法》，李贵方等译，法律出版社2000年版，第63页。In an attempt to define mens rea, courts divided(and combined) the legislative terms into three major concepts (1) intent; (2) knowledge; (3) recklessness, cited from Richard G. Singer and John Q. La Fond, *Criminal Law: Examples and Explanations*, 方正出版社2003年版，第50页。

④ 对于蓄意，在有些现代的法条中，oblique intention（类似于我国的间接故意）被称为明知（knowingly），指被告人无须追求故意的结果只需知道结果可能发生的情形；有些成文法和普通法还使用故意（willfully）这个词，特指的是被告自愿的行为。

罪即告成立。而辩护方要提出辩护事由，首先就要承认检控方已经证明了犯行和犯意，由此，辩护事由的作用是使已经初步具备的犯罪成立条件的行为不被认定为犯罪，也就是本书所说的出罪事由。

（一）辩护事由的内容和种类

1. 辩护：实体辩护、程序性辩护与不在场证明

要从出罪事由的角度界定辩护事由，首先就应弄清英美刑事诉讼中辩护的途径。英美刑事辩护非常成熟和发达，辩护理由和途径非常之多。基本上，辩护可分为实体辩护、程序性辩护、不在场证明三类。不在场证明指的是通过指出被告人所处的地方在相应的时间内并不在犯罪现场，建立在被告人没有亲身完成罪行的可能性这一基础上的一种辩护，或当犯罪行为发生时，身处其他地方的事实或状态。[①] 这种辩护是用于说明检控方指控错误、被告人完全无罪的辩护，它与本书所述的出罪事由无关。程序性辩护指辩护方提出检控方在刑事诉讼的过程中没有恰当地遵守重要的司法程序，或者被告人遭遇了司法程序的歧视，从而使得通过非法程序获得的证明不被采用，或司法不公而使控诉无效。程序性辩护主要包括："警察圈套"、一事不再理、间接再诉禁止、遭受选择性起诉、超期审判、检控方偏袒或偏见、警察欺诈或栽赃，等等。由于英美刑事诉讼规则规定得相当完备、全面、严格，检控方违反程序法规则就很可能导致被告人被判无罪的实体后果，因此，程序性辩护的途径也相当多。一部分程序性辩护针对的是检控方的举证，另一部分程序性辩护针对的是整体审判公正。第三类辩护即实体辩护是针对犯罪实体问题提出的辩护，包括否定性辩护和肯定性辩护。否定性辩护即对检控方指控的犯

---

① Garner, Bryan A., Black's Law Dictionary (7th ed.), St Paul: West Publishing Co., 1999. p. 72.

行、犯意予以反驳辩护，认为被告人不具备构成特定犯罪所需的犯行、犯意等犯罪成立要素。肯定性辩护即在承认检控方指控的基础上，由辩护方提出并证明法律规定的可使被告人无罪的事由。肯定性辩护事由是典型的出罪事由（见图4－3）。

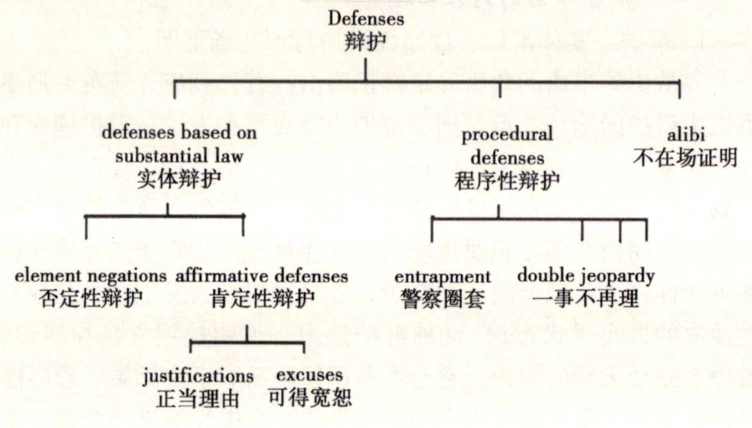

图4－3　英美刑法中的辩护

2. 肯定性辩护事由的内容

肯定性辩护事由多种多样，包括相当广泛的内容。在英国刑法中，一般经常使用的一般辩护事由有：未成年、精神病、减轻责任（谋杀罪）、错误、醉酒、受胁迫或强制、紧急避险、正当防卫、上级命令、不具履行可能性，等等。其中的减轻责任只适用于谋杀罪，而不是一般辩护理由，其依据是英国《1957年杀人罪法》第2条：（1）当一个人杀死他人或是参与杀害他人时，如果正处于精神异常状态，无论是源于智力发展受阻碍的情况还是任何遗传因素，或者是由疾病或损害而引起，并足以在事实上损害其行为能力时，他将不能被认定犯有谋杀罪。（2）（略）。（3）倘没有这一条款，一个可能作为主犯或从犯承担谋杀罪责任的人现在将代之以负非预谋杀人罪的责任。不可能性指在法律规定某人具有为一定行为的义务时，如果不是因为其自己的错误，被告人不能去实施这种行为时，在有些情况下被认为是一种辩护理由。[①] 此外，被害人同意也是一种辩护事由。而在面临谋杀罪的指控时，辩方可以宣称自己是在受到刺激或挑衅的情况下杀人的，这样就可以使自己的罪行由谋杀罪减轻为一般杀人罪。[②]

在美国刑法中，最常见的肯定性辩护事由包括：自卫、为他人防卫、防卫住所和财产、紧急避险、执法行为、被害人同意；年幼、精神病、认识错误、非自愿醉态、受胁迫、无意识等，安乐死在有些州也能成为肯定性辩护事由，激愤（挑拨）、责任减轻等一般是责任减轻事由或罪名降格事由，但有时也能成为肯定性辩护事由。[③] 除此之外，受犯罪学与犯罪心理学的影响，一些将犯罪归因于被害人或社会的案件模式，在理论上也曾一度成为肯定性辩护事由。最典型的如受虐妻子自卫模式、受虐儿童自卫模式，是专门针对不符合自卫条件的家庭暴力的受害者的辩护理由；反抗非法拘捕模式，是专门针对不符合自卫条件的非法拘捕行为的辩护。这些辩护事由在一些刑事诉讼中可被法官和陪审团接受，在刑法教科书中有时也被置于自卫之后讨论。[④] 此外，经

① ［英］史密斯、霍根：《英国刑法》，李贵方等译，法律出版社2000年版，第241页。

② ［英］乔纳森·赫林：《刑法》，法律出版社2003年版，第349～350页。

③ ［美］Richard G. Singer and John Q. La Fond, *Criminal Law: Examples and Explanations*，方正出版社2003年版，第439～497页。储槐植：《美国刑法》，北京大学出版社2005年版，第64页。

④ ［美］Richard G. Singer and John Q. La Fond, *Criminal Law: Examples and Explanations*，方正出版社2003年版，第496页。

前紧张综合征、黑人愤怒、城市生存综合征也零星为犯罪学家认为是辩护事由。XYY 染色体的辩护要点是认为被告人实施攻击性等犯罪是因其本身生理上的畸变（XYY 染色体），这种辩护事由现少为采信。①

3. 区分否定性辩护和肯定性辩护的意义

将刑事辩护中的实体辩护区分为否定性辩护和肯定性辩护，在刑事诉讼中具有重大意义。否定性辩护否定的是犯罪构成要素的成立，即对检控方证明被告有罪的事实和举证提出质辩，如否认具有犯罪行为或犯意，或驳斥控诉方证明犯罪行为或犯意存在的证据未达到排除合理怀疑的证明标准。② 在此，证明被告人有罪的举证责任仍然归检控方承担。辩护方仅是对于刑事指控的抗辩和否认性的回应，并不构成新的事实，故而一般无须承担证明责任。但是肯定性辩护提出了新的问题和事实，因而辩护方便需承担对于肯定性辩护中所含事项的举证责任。③ 由此，区分否定性辩护和肯定性辩护的最重要意义就是举证责任承担的问题，在否定性辩护中，辩护方只是提出质辩意见，无须承担举证责任；而在肯定性辩护中，辩护方不仅要提出辩护事由，还需对该辩护事由承担举证责任。当然，两种辩护中控辩双方的举证责任程度也是不一样的。检控方指控犯罪要使犯罪成立，证明被告人犯罪需要达到“排除合理怀疑”的程度；辩护方否定性辩护中的质辩主要就是针对此证明程

---

① ［美］Richard G. Singer and John Q. La Fond, *Criminal Law: Examples and Explanations*，方正出版社 2003 年版，第 492 页。

② ［美］Richard G. Singer and John Q. La Fond, *Criminal Law: Examples and Explanations*，方正出版社 2003 年版，第 368 ~ 369 页。

③ ［美］彼得 · G. 伦斯特洛姆编：《美国法律辞典》，贺卫方等译，中国政法大学出版社 1998 年，第 140 页。

度。而辩方在主张肯定性辩护时，其意图在于形成一个新的争点，因此要对该事实承担一定的证明责任。但一般而言证明肯定性辩护事由存在的标准要大大低于控方证明该事由不存在的标准，辩护方要证明辩护事由存在，一般只需达到“优势证据”或“明确且有说服力”的程度。这意味着法律仍然倾向于优先保护被告人的利益，这是基于刑事诉讼攻守平衡理论（Offense - Defense Balance）的一种设置。当然，应当注意的是，辩护方作肯定性辩护，也就意味着承认检控方已经完成了证明有罪的举证责任，因此，肯定性辩护也存在极大风险。

（二）正当理由和可得宽恕的分类方法

肯定性辩护的辩护要点是，主张被告人在行为符合犯罪要件时，证明其行为正当合法不具有社会危害，或者说明行为人具有其他可以宽恕的特殊情由，可以不负刑事责任。一般英美刑法将肯定性辩护事由分为两类，一类是“正当理由”，大体上指的是行为虽违法但值得赞扬和鼓励的，“我们对某一行为表示明确的赞同时，该行为是正当的”。[①] 通常列入正当理由的是自卫、为他人防卫、防卫住所和财产、紧急避险、执法行为、被害人同意等。另一类是“可得宽恕”，大体上指不值得赞扬但基于行为人的特殊原因可不予刑罚的行为，“当我们不赞同某一行为，但将其视为犯罪又不合理时，该行为是可宽恕的”。通常包含在可得宽恕中的事由有精神病、年幼、非自愿醉态、受胁迫、误信权威、责任耗弱、认识错误等（见图4-4）。

① ［英］史密斯、霍根：《英国刑法》，李贵方等译，法律出版社2000年版，第215页。

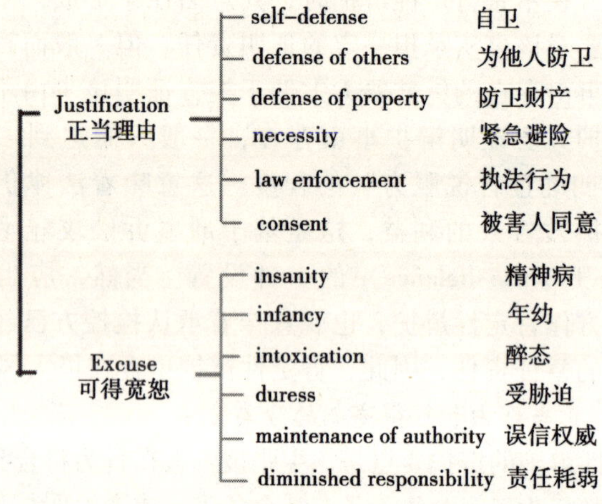

图4-4 正当理由和可得宽恕的区分

正当理由和可得宽恕两者不宜区分，举例而言，如果某人超速驾车，其行为已符合超速驾驶罪的犯行和犯意，此时检控方指控该人构成犯罪。被告人虽承认实施了该行为，但还是提出了抗辩。一种抗辩是“我不得不这样做，因为我要送我受重伤的老婆去医院急救，这是为了救她的命”，则这种事由是正当理由。另一种抗辩是“我不得不这样做，因为我老妈强令这样做的”，这是可得宽恕。正当理由和可得宽恕两者之间的区别主要在于两个方面：（1）两者关注点不一样。正当理由关注的是行为本身，尽管行为人的行为已经违法，但其是为保护一个更重要的利益而实施该行为的，行为就被认为是合法的，因此，正当理由被视为正当的原因在于行为的价值是积极和更为重要的。而可得宽恕关注的是行为人，即行为价值是消极的，但由于行为人自身能力的缺陷才导致了这种消极行为。根据一般常人意志力或勇气，他们在这种情形之下也会实施这样的行为，因而行为可能被宽恕导致不受处罚。（2）帮助和抵制两种行为是否合法，结论不一样。帮助或唆使只具有可宽恕辩护理由的行为可以构成犯罪，而帮助或唆使具有正当性辩护理由的行为则不构成犯罪。当攻击性行为是纯粹的可宽恕事由时，抵制和反抗攻击者的行为是合法的，但当攻击性行为为正当事由时，抵制和反抗攻击者的行为则为非法。[①]

其实，正当理由和可得宽恕的区分不止于实体法和内容上，还及于诉讼程序的责任承担等方面。作为正当理由的辩护事由是从本质上否定行为犯罪的，它是一种无罪辩护，因此，辩方如果提出这方面的抗辩事由，则证据法要求控方必须驳倒任何这方面的理由，以使法庭和陪审团认定犯罪成立。而作为可得宽恕的辩护理由则是承认行为人犯有罪行，只是请求因被告人特定的原因而免受刑事制裁，可以认为它是一种有罪辩护，因此，面对辩方的可得宽恕辩护理由，证据法并未明确要求控方予以全部驳斥。

此外，正当理由和可得宽恕的区分还体现在法律后果上，虽然两者最后都不承担刑事责任，但可以影响其是否承担民事责任，如一个人逮捕“任何正在实施可逮捕犯罪行为的人”的行为是正当的，但逮捕“任何他基于合理理由怀疑正在实施可逮捕犯罪的人（但事实上该人并未实施该犯罪）”的行为则是可宽恕的，虽在刑事审判中这两种情况都会被判无罪，但前者无须承

① ［美］史蒂文·L. 伊曼纽尔：《刑法》，中信出版社2003年版，第98页。

担民事侵权责任，而后者须承担这种责任。①

当然，正当理由和可得宽恕的区分也不是绝对明确的。有的辩护事由可以明确的归入正当理由或可得宽恕事由之中，但在很多情况下，具体的辩护事由难以做到明确的归类，如A在远处看见B（2岁的小孩）正拿着一把带有微力扳机的手枪指着C的太阳穴，A认为此时能救C的唯一的办法是射杀B，并且他真的这么做了（为他人防卫而对小孩开枪）。那么对于A的行为属正当理由还是可得宽恕，就不好区分。持正当理由的论者认为，A的行为是值得赞扬的善举，因为在此情境之下他不得不这么做；而持可得宽恕论者认为，A的行为是错误的，不能对小孩开枪，因此无罪的理由仅为可得宽恕。鉴于此，有论者认为，“就目前的法律现状而言，任何试图将辩护理由分为正当性辩护理由或可宽恕理由的尝试都是不成熟的。”② 但无论如何，在整体上，法律界还是承认正当理由和可得宽恕的区分的。

三、德日、英美刑法中出罪事由的体系特征

以上即是对德日刑法和英美刑法中的出罪事由的简要介绍，将这些出罪事由与上章我国刑法中的出罪事由相比较，可以发

---

① 关于可得宽恕与正当理由两类合法辩护事由的差异，我国学者储槐植教授分别从社会价值、辩护权利的归属以及行为性质的认识三个方面进行详细的分析说明之后，特别强调指出：把合法辩护分为上述两类，除关系到辩护的证明责任这一诉讼意义外，有时甚至直接涉及刑事责任有无的实体法意义。例如，A为B的伤害行为呐喊助威，事后查明B出于正当防卫（B作正当理由辩护），因而A就无罪。又例如，C为D的伤害行为呐喊助威，事后查明D是精神病患者（D作可得宽恕辩护），因而C不能免除罪责。参见储槐植：《美国刑法》，北京大学出版社1996年版，第90页。

② ［英］史密斯、霍根：《英国刑法》，李贵方等译，法律出版社2000年版，第217页。

现，德日刑法和英美刑法中的出罪事由总体上具有以下特点。

(一) 出罪事由种类多样、范围广泛

就种类和范围而言，德日刑法和英美刑法中的出罪事由种类多样、范围广泛。德日刑法的出罪事由广泛分布在违法性判断阶层、有责性判断阶层以及可罚性判断中，包括违法阻却事由、责任阻却事由、不可罚事由三大类别。具体出罪事由包括：正当防卫、阻却违法的紧急避险、义务冲突、政府机构的许可、被害人的同意、推定同意、行使国家强制性命令的行为、职务行为、惩戒权、代替公共机关的行为、合理利益的利用、艺术自由、被允许的风险；劳动争议行为、自损行为、治疗行为、安乐死和尊严死、自救行为、不可罚的违法性；阻却责任的防卫过当、阻却责任的紧急避险、基于无约束力的指示的行为、免责的义务冲突、基于良心决定的危害行为、民事性不服从、期待不可能；在分则中还有亲亲相隐（对家属不作刑事告发）、亲亲相护（为了家属而妨碍刑事司法）、亲亲相犯（未成年人之间的亲属相奸、盗窃、侵占）、利己（为了有利于自己而妨碍刑事司法）、悔罪，凡此等等。而英美刑法中的出罪事由更为广泛，一般性的辩护事由包括自卫、为他人防卫、防卫住所和财产、紧急避险、执法行为、被害人同意；年幼、精神病、认识错误、非自愿醉态、受胁迫、无意识、安乐死；激愤、责任减轻等；受虐妻子自卫模式、受虐儿童自卫模式、反抗非法拘捕模式、经前紧张综合征、黑人愤怒、城市生存综合征、XYY 染色体、“警察圈套”等。

此外，值得一提的是，德日刑法的出罪事由除了包括上述列举的各种具体制度之外，还包括一些抽象性可普遍适用的出罪理论和标准，如被允许的危险、期待不可能、不可罚，运用这些理论标准，也可使行为被排出犯罪之外。由于这些理论标准的抽象概括性，裁判者可以根据案情的具体情况判断行为或行为人是否具备这些事由，所以它们的范围是不确定和无限的。同样，上述对于英美刑法中辩护理由的归纳只是源于教科书所列举的几种一般辩护事由和典型情况，由于英美法系的判例法特点，依照案例推理出的可作为辩护理由而使行为人被定无罪的事由几乎是不可尽数的。

（二）出罪事由分类阶层有别

德日刑法和英美刑法根据性质的不同对出罪事由进行了归类，形成了不同的阶层。各种出罪事由导致的结果都是使行为被排出犯罪或不受处罚，但是，排出犯罪或不受处罚的理由并不相同，刑事政策对待各种不同无罪结果的态度也不相同的。德日刑法将出罪事由分为违法阻却事由、责任阻却事由、不可罚事由三个阶层。行为因违法阻却事由而无罪，说明该行为不违反任何法律，是正当合法甚至值得赞许和鼓励的。行为因责任阻却事由而不处罚，说明行为本身是非法不恰当应为社会否定责难的，但因行为人原因而对其不予以处罚。行为因不可罚事由而不受刑罚，说明行为是违法的，行为人也是可以归责的，原则上是应构成犯罪，但基于特定的客观的原因使其不受刑罚处罚。从而，违法阻却事由、责任阻却事由、不可罚事由的这种阶层排序，体现了无罪判决所针对的行为性质由“善”到“恶”的排列。而相应的在措辞上，一般违法阻却事由导致的是“不认为是犯罪”，责任阻却事由导致的是“不处罚”，不可罚事由导致的是“免除刑罚”。造成德日刑法中出罪事由呈现阶层状排列的原因是，其认定犯罪的逻辑本身是阶层性的。可罚性的判断是建立在有责性的基础之上，有责性的判断是建立在违法性的判断之上，而违法阻却事由、责任阻却事由又是对违法性和有责性的反面否定判断，故此，因责任阻却事由而无罪的行为必定是具有违法性的，则得到的无罪行为也是阶层排列的。

类似的，英美刑法将出罪事由区分正当理由和可得宽恕事由两个阶层：前者针对的行为是正当的、可赞许的行为，后者针对的是不当的、应当否定的行为；前者认为行为正当，后者认为行为人可得同情宽恕。这种阶层区分体现了刑法对不认为是犯罪的行为，在道德层面上当与不当区分对待的清晰态度。一般而言，刑法主要涉及有罪或无罪的判定，对无罪行为进行善恶区分并不是其主要内容。但是，这种区分对于惩恶扬善、区别对待的刑事政策功能来说是非常有益的。并且，区分无罪行为的善恶也有助于进行进一步的法律推导。例如，前文所述正当理由和可得宽恕区分的第二点即帮助和抵制两种行为是否合法的问题，对于行为性质的定性就较为重要。例如，我们通常说正当防卫的起因条件是“不法侵害”，由于因可得宽恕而出罪的行为本身是违法的，属“不法侵害”，故可以主张防卫；而因正当理由而出罪的行为本身是合法的，不属“不法侵害”，就不可以主张防卫。

无论是德日刑法还是英美刑法，依照性质的不同将出罪事由分为不同的阶层，都在逻辑上有助于零碎分散的出罪事由或因素变得逻辑有序。

（三）开放性的出罪事由体系

德日刑法和英美刑法中的出罪事由具有开放性的体系。其一，这种开放性体现在它们的出罪事由除了包括具体的、实体的事由以外，还包括抽象的概括的理论标准。例如，德日刑法中的不具社会相当性和期待不可能，与其说是一种出罪事由，还不如说是对一类出罪事由共性和本质的概括，它们的功能是对无法列举的出罪事由进行补充性规定，正如法条中“……等事由”一样。其二，这种开放性体现在它们的出罪事由除了包括法律规定的事由之外，还包括依据法律推论得出的出罪事由。根据渊源的不同，德日刑法中的出罪事由一般被分为法定的出罪事由和超法规的出罪事由。所谓法定的出罪事由，即是由刑法明文规定的出罪事由，而超法规的出罪事由，则不是刑法明文规定的，而是依照刑法的解释原理和其他法律推论而出的出罪事由，当然，这里的“法定”、“超法规”中的“法”到底是指“刑法典规范”还是指“一般法（民事、行政法）规范”还有待明确。但显然，超法规的出罪事由，包括超法规的违法阻却事由、超法规的责任阻却事由等，至少都不是刑法典所明文规定的事由，究其来源，有的来自于刑法典总则规定的出罪事由的引申（如义务冲突即被认为是紧急避险的扩展），有的来自于刑法典分则规定的出罪事由的归纳和扩展（如将分则规定作为盗窃罪的出罪事由的亲属关系扩展到类似的轻微犯罪），有的来自民法或其他法律（如惩戒权来自民法和教师法），还有的是来自于判例（如期待不可能即来自于癖马案判例及一系列的判例），并且在相当程度上，还允许依照习惯法来认定出罪事由。可以说，超法规的出罪事由实际上是学者型或理论型的出罪事实，其内容和范围随着讨论的深入会不断扩大。

英美刑法中的辩护理由的范围也是开放的，因为，英美刑法具有普通法的特点，其是以实体为基础、判例法为主要载体、以诉讼过程为中心的法律体系。“犯罪要件——辩护理由”的双层次体系正是控辩双方的证明有罪和证明无罪的对抗制诉讼的反应。其出罪事由也可来源于成文法的规定，更重要的也可以来源于法院判例。对于辩护方而言，成文法和判例没有为辩护理由的范围划定一个界限，而判例所能提供的辩护事由是无限的。此外，辩护方针对不同的罪名指控和具体案情可以提出各种辩护理由，而具体的不同的案情辩护事由也有不同，因而它们是开放性的。还有，英美刑法的辩护理由还包括程序法的内容，甚至直接援引公平、正义、公平审判的价值标准。

最后，无论德日刑法还是英美刑法，都极其重视出罪事由。无论是从内容规定的详细具体上，还是将其置于独立的、突出的位置的结构阶层安排上，都显示出这种重视态度。在德日刑法教科书中的三阶层论犯罪论体系中，除了构成要件该当性以外，其他阶层的内容均可被解读为出罪事由。在教科书总论的体例篇幅上，对出罪事由（阻却违法性事由、阻却责任事由、不可罚事由）的讲解几乎与对入罪标准（构成要件和责任要素）讲解一样多。英美刑法教科书也是如此，对于辩护事由的列举、叙述、讲解也占有很大篇幅。造成这种重视的原因，一方面，在于构成要件的内容和要素已为刑法典所详细规定，并且依照罪刑法定原则，这些规定也是不容任意更改或进行扩充解释的，并且它们在总论中已被抽象为一种纯粹的不包括实体内容的理论框架。另一方面，出罪认定与入罪认定相反，出罪事由虽也有实体内容和具体事由的规定，但出罪事由不可穷举，归纳和总结出罪事由的种类和标准的工作将是异常庞杂的，这就为理论研究敞开了更为广阔的空间。还有，对于刑法及人权保障特别化的要求和刑罚谦抑性的强调也使得出罪事由获得了前所未有的重视。可以说，在一定程度上，现代刑法理论研究的重心，已经由入罪标准转向了出罪事由和出罪理论，前者仅仅只是规范层面的刑法解释问题，后者则针对于触及利益权衡和犯罪本质（违法性本质、责任本质、可罚性本质）的根本性问题。

第五章 开放性、多元化、阶层性出罪事由体系之提倡

前文对我国刑法规范中的出罪事由进行了归纳整理，对我国刑事司法实务中与出罪有关的案例进行了分析和解读，同时对德日、英美刑法中的出罪事由进行了比较研究，对其整体特征进行了归纳。可以看到，德日、英美刑法作为成熟的、完备的、各具特色的刑法体系，其对出罪事由的规定种类繁多、细致周到，并且形成了阶层性、多元开放的出罪事由体系。在刑事司法实务层面，出罪既有法条规范、判例案件作为支持，又有出罪理论予以解说。相形之下，我国刑法规范对出罪事由的规定显然种类较少，刑法理论对此方面的研究和讨论也不够细致深入。以致司法实务在遭遇一些被告人确实情有可原的案件时，无法顺畅出罪，无法圆满解释判决的理据，无法准确恰当地划定罪与非罪的界限。

一、我国出罪事由规范规定与体系理论存在的问题

究其原因，笔者认为，在于我国出罪事由在出罪理念、规范规定、体系建构、理论基础四个方面存在问题：

首先，在出罪理念方面，德日、英美刑法在犯罪成立和犯罪认定的问题上既注重入罪因素（犯罪成立积极要素或犯罪要件）也注重出罪因素（犯罪阻却事由或辩护事由），使得出罪事由与犯罪构成得到了同等重视和研究。德日、英美刑法的犯罪论体系虽差别迥异，但都属“先构成——再排出”的体系。德日刑法

三阶层体系的构成要件该当性是犯罪构成阶层，而违法性和有责性都是犯罪排出阶层；英美刑法的犯罪要件——辩护事由体系也是如此，犯罪要件是犯罪构成阶层，而辩护事由是犯罪排出阶层，犯罪排出阶层的内容全部都是出罪事由规定。从而，使得犯罪认定问题正反兼顾、攻守平衡。正是德日、英美刑法从理念高度重视出罪问题，将与其入罪问题置于同等重要的位置上，才使得刑法规范对出罪事由的规定更为多样和具体，刑法理论对于出罪事由的研究更为深入和详细，出罪事由才呈现出了多元性、开放性和阶层性的体系特征。而我国刑法受移植源——苏联刑法的影响，具有隆重的权威主义刑法特征，强调统治阶级依据刑法判决被统治阶级有罪，亦即打击犯罪的工具性功能，只重视入罪不重视出罪，从而导致对于出罪问题及出罪事由的研究明显不够。当然，这也与刑法功能的定位有关。权威主义刑法将刑法功能定位于打击犯罪、统治社会，而忽视人权保障、人性关怀。在行为入罪之后又经过多次筛选、层层过滤，尽可能使不应承担刑罚后果的行为或行为人不被归罪，细致的出罪过程体现的正是刑法对于人权、人性的细致关怀。我国刑法理念尚未从权威主义刑法的传统中转变过来，才刚刚废除类推，当前还处于强调罪刑法定原则的初级阶段，对于更高层次的刑法谦抑性和刑法人道性价值关注较少，对于出罪问题的忽视也就不足为奇。还有，与权威主义刑法捆绑在一起的平面的四要件犯罪构成体系，也限缩了出罪事由的存在空间。[①] 由此，欲使出罪问题和出罪事由得到细致深入的研究，首先应当重视出罪的理念。

其次，在规范规定方面，德日、英美刑法典对于出罪事由进行了非常全面、详细的规定，既有刑法典总则规定的一般性的出

① 陈兴良：《犯罪论体系：比较、阐述与讨论》，载陈兴良主编：《犯罪论体系研究》，清华大学出版社 2005 年版。

罪事由，也有刑法典分则规定的针对具体罪名适用的出罪事由。相形之下，似乎中国刑法明文规定的出罪事由较少，但是，这只是表面的现象，中国刑法中规定的出罪事由确不算多，但在司法解释中规定的出罪事由却有不少。德日刑法中的一些出罪事由，诸如亲亲相犯、悔罪、期待不可能在我国司法解释中也有其身影，如盗窃、诈骗近亲属财物一般不处罚，逃税、种植毒品原植物、拒不支付劳动报酬后悔罪免除刑罚，因生活困难被迫重婚一般不认为是犯罪，都与德日刑法的前述规定相似。因此，我国刑法规范对于出罪事由的规定并非种类较少，而只是未被发现或未能引起刑法研究者的重视。当然，这与出罪事由的规定形式有关，我国刑法中的很多出罪事由，如前述亲亲相犯、期待不可能的事由，并不是规定在刑法中，而是规定在司法解释中，这与德日刑法有所不同。在效力上，刑法条文规定的效力显然要高于司法解释规定，司法解释只是对刑法的解释，加上我国司法解释条文众多，常人难以遍阅，这使得已有的出罪事由规定往往被忽视。此外，基于对“解释的解释”的嫌恶，司法解释规定的出罪事由成立条件也难以得以进一步的解释、叙明。因此，笔者认为，有必要将相关司法解释规定的出罪事由移至刑法之中，而使其效力、地位得以提升。此外，对于我国刑法总则中规定的出罪事由，也有必要使其规定得更为精细、明确。例如，对于防卫过当、避险过当等，我国刑法规定其法律后果为“应当负刑事责任，但是应当减轻或者免除处罚”，是将其作为刑罚减轻、免除情节，有没有可能像德日刑法那样将部分特定的防卫过当、避险过当规定为责任阻却事由呢，这值得考虑。

再次，在体系建构方面，我国刑法规定的出罪事由较为零碎分散，并没有形成如德日刑法违法阻却事由、责任阻却事由、不可罚事由，或者英美刑法正当理由、可得宽恕的区分，因此也没有形成完整的体系结构。对于出罪事由的研究，也都是各种具体的、个别的事由的研究，缺乏统一的、具有共性的标准和理论。这种情况的造成，很大原因在于我国传统四要件的犯罪构成理论。这种理论将犯罪的判断过程设定为平面的、一次性的判断，从而，在这种平面犯罪构成理论之下，无罪的结论和情形是单一的，只需依据出罪事由将行为出罪即可，无须再对出罪事由或出罪之后的法律后果作区分。此外，对出罪事由进行归类并建构逻辑框架和关联，是建构出罪事由体系的一方面，对其内容和素材进行组织，是建构体系的另一个方面。德日、英美刑法中出罪事由的内容，是由三个层次组成的：第一层次是刑法规范规定，第二层次是判例或案例，第三个层次是理论和标准。我国出罪事由的来源，仅有规范规定，由于没有形成判例或案例制度，出罪事由素材的归纳整理、适用具有一定难度。

最后，在理论基础方面，德日刑法在对出罪事由进行分类的基础上，也对各不同类别出罪事由的理论基础进行了讨论。例如，对于正当防卫、紧急避险等违法阻却事由，德日刑法以允许的危险、社会相当性作为兜底性的规定，并将社会相当性作为违法阻却事由的本质；对于防卫过当、阻却责任的紧急避险等责任阻却事由，以期待不可能作为兜底性的规定，并将其作为责任阻却事由的本质。探求出罪事由的理论基础和本质，有助于正确理解出罪事由的出罪原理，准确界定出罪的标准，在司法实务中把握好出罪的尺度。相形之下，我国刑法对于出罪事由的研究和适用仍处于法条分析的层面，对其背后的理论未作探讨，从而在司法适用中难以把握标准，出罪处于含混不清的状态之中。

笔者认为，以上四个方面的问题中，最为重要的是第三个问题即出罪事由体系建构的问题。出罪理念的塑造和培养与刑事法理念乃至整体法治理念的发展和提升有关，也与人权保护观念演进有关；出罪事由的规范规定可以通过立法方式简单解决。而这两个方面问题以及第四个方面问题即出罪事由的理论基础，都有待于出罪事由的体系建构。我国刑法对于出罪事由研究较少，最主要的原因还是没有研究的目标和大施拳脚的研究空间。出罪作为一个整体理念，虽在司法实务中一再被提及，却未能在刑法上形成整体的框架。出罪事由虽然时常出现，但一向被作为零星的、个别的、例外的规定，就事论事的研究不能指望有理论深度。因此，要想使出罪事由的研究得到深入和升华，应当将零碎的法条规定和零碎的个案判决综合起来，对其系统化和理论化，形成逻辑框架体系，总体的、全面的把握出罪事由，使出罪研究有明确的对象和可以发挥的理论空间。在此基础之上，归纳整理规范规定，扩张出罪事由种类和范围，寻求理论基础，以研究的深入促进出罪理念的深化，以适应司法实践之需要。

前文对德日、英美等域外刑法中的出罪事由、理论、体系进行了比较研究，归纳了其整体特征，即种类的多样性、分类的阶层性、体系的开放性。这些特征都统一于科学、合理的出罪事由逻辑框架体系，亦即开放性、阶层性、多元化的出罪事由体系。出罪事由可以是超法规的，因此需要开放性的体系；出罪事由应当有不同的性质区分，因此需要阶层性的体系；出罪事由的内容既可以是针对行为，也可以是针对行为人，还有可能顾及情境形势的需要，因此需要多元化的体系。这些体系特征和理念，也应当为建构我国刑法出罪事由体系所汲取。

二、开放性的出罪事由体系之提倡

（一）封闭性的出罪事由理念之批判

认为出罪事由是由刑法规范规定的事由，甚至只是刑法典中规定的事由，将出罪事由的范围限定在实定法的范围内，这是封闭性的出罪事由观念。封闭性的出罪事由观念可以看做罪刑法定原则在出罪问题方面的翻版：既然刑法典能够将所有的犯罪规定入刑法之中，也就能够通过规定将特殊的不认为是犯罪的情形从犯罪中排出。这种封闭性的出罪事由观念认为，出罪事由仅仅只是立法者在划定犯罪圈时，出于疏忽或者技术上的原因误划入的无罪行为而已。既然罪刑法定原则中的明确性原则以及刑法典的目标是精确的区分罪与非罪，则不仅应当明确规定有罪的范围与界限，也应当明确规定无罪的范围与界限。出罪毕竟是将已经进行犯罪评定圈的行为出罪，因此出罪的范围也应当是受限制的。如果将能够通过法律规定的方式将所有出罪事由都规定出来，那么犯罪就会被局限在一个确定的范围之内。承认符合构成要件的行为中存在无罪行为，也就相当于承认边界明确的“饼干”上面存在屈指可数的“虫洞”，同样运用立法的形式将这些有限的无罪行为排除出去不会存在任何问题。将出罪事由限缩于法条规范之内，这也就等于是真正的在法规范层面厘清了罪与非罪之间的界限，而获得了较为清晰的犯罪行为的范围。如果允许出罪事由突破法条规范，那么这无疑将抹杀罪与非罪界限的清晰性，因为超法规的出罪事由的存在似乎可能将所有符合构成要件的行为都被任意地排除到犯罪圈之外。

笔者认为，封闭性的出罪事由观念，即主张将出罪事由限缩于法条规范之内观念，在理念和实务层面均存在问题。

首先，认为出罪与入罪一样也需法定，是对罪刑法定原则的适用范围的理解错误，也忽视了出罪判断与入罪判断的重大区别。罪刑法定原则的基本含义是“罪”与“刑”必须由刑法明文确定，并没有要求“无罪”也要由刑法明文规定。出罪事由涉及的是无罪规定，刑法明文规定了有罪行为，剩下没有被规定进刑法的行为就是无罪行为，从埋论上讲，无罪行为与刑法规定的有罪行为是矛盾关系，当然无须受法定的限制。当然，从“出罪”一词的含义来看，出罪与无罪还不太一样，被出罪的行为原本是已被刑法规定到了犯罪圈的行为，要将这些行为出罪，刑法规范还是应当尽量有所明示。

但是，出罪与入罪的内容、原理、形式并不一样，使得出罪难以通过刑法规范形式规定的方式，将所有出罪情况全部列明。刑法对于入罪的规定，主要是规定各具体犯罪外部形式特征，以行为类型的规定为核心，体现为刑法分则中的罪名构成要件规定，罪刑法定原则的首要价值这种形式合理性。事实上，任何形式上的规定和要求，通过刑法典和刑法规范的规定都能实现。但是，出罪的原理并不在于形式而在于实质。被出罪的行为，在形式上都是符合构成要件规定的。这些行为之所以不认为是犯罪，并不是由于立法者在立法时出于技术原因的误操作，也不可能通过立法技术的方法将其完全排除出去。原因是，出罪判断的核心是价值标准而不是形式标准，出罪过程即是将形式上符合犯罪外貌特征但不具犯罪实质的行为排出犯罪圈。由此，入罪规定是形式规定，出罪判断是实质判断。形式规定可以通过刑法规范予以明确界定，而实质判断却难以通过形式规定的方式列出非此即彼的清晰界限，模糊的大概的标准虽可说明，但价值的、实质的判断却需裁判者设身处地的予以认定。同时，由于出罪与入罪判断的原理和标准本位的不一致，使得两种判断不可能在同一层面上形成正反关系，而只能形成错位关系。出罪的价值判断可以否定一切入罪的形式规定，如杀人行为是刑法典对于故意杀人罪的入罪形式规定，在构成要件形式符合性的层面，所有杀人行为，无论是杀好人还是杀坏人，是报复杀人还是为执行死刑而杀人都是杀人行为，这些行为在形式层面不予区分。而正当防卫是刑法典的出罪规定，由于正当防卫的规定，使得特殊防卫中的杀坏人情形就会被排出犯罪。不仅如此，正当防卫规定的并不是那些特定的行为类型可以出罪，而是规定所有以防卫为目的的危害行为都可以出罪，由此，杀人、放火、伤害、盗窃、诈骗等行为都有可能因构成正当防卫而出罪。正当防卫的出罪判断实际上是利益权衡的价值判断，形式上符合了刑法规定的犯罪行为类型而进入了犯罪圈的行为，以利益权衡观点来看是为保护正当的利益而损害了不正当利益，都可以出罪。从而，刑法典苦心孤诣通过形式规定的方式营造起来的全部犯罪行为类型，只需一项价值判断的出罪事由就都可以全数否定。入罪与出罪的关系，并不像“饼干与虫洞”的关系那样，是同一层面上并列平行的关系，出罪事由也并不不像“饼干上的虫洞”那样是有限的，因为“虫洞”分布在组成“饼干”的每一颗“面粉”之上。因而，认为可以用立法穷举的方式规定所有具体出罪事由，不太可能。立法只能对出罪事由理论上抽象概括的价值判断标准作出明示，而不可能规定具体的行为类型。而价值判断标准，涉及好坏、善恶、当罚与不当罚，最终是裁判者本人的价值判断，这种判断本身带有模糊性和主观性，非法定原则之初衷。

其次，即使刑法规范已经规定了一些出罪事由，由于刑法允许有被告人的类推，从而完全可以依据法定的出罪事由类推出大量的出罪事由。通过前章对德日、英美刑法出罪事由的论述可以看到，其出罪事由的种类，不仅包括法定的出罪事由，还有相当数量的出罪事由，是通过对法定出罪事由的推理得出的。例如，德国刑法教科书所述的义务冲突，一般认为是根据阻却违法的紧急避险（刑法典第 34 条）推导出的；而执行不合法的命令（责任阻却事由），也被认为是从阻却责任的紧急避险（刑法典第 35 条）推理出的。日本刑法教科书中所讲的自救行为和义务冲突，也被认为是根据第 37 条的紧急避险解释推导而出的。这里的推导和推理，实际上就是类推。对于类推，刑法的基本态度是禁止不利于被告人的类推，即类推定罪和类推解释，亦即入罪禁止类推，但并不禁止有利于被告人的类推，亦即出罪允许类推。① 唐

① 张明楷：《罪刑法定与刑法解释》，北京大学出版社 2009 年版，第 113 ~ 118 页。

律疏议所说的"举重以明轻"，即是典型的出罪类推的范例。在我国当前刑法中，司法解释规定了盗窃、诈骗近亲属财物的，一般不以盗窃罪、诈骗罪论处。对此，可以类推为：对近亲属实施轻微财产犯罪的，一般不以犯罪论处。比如，故意毁坏近亲属财物的，一般也不宜以犯罪论处。由于法定的出罪事由允许类推，故而，出罪事由不太可能仅局限于刑法规范的明文规定。

最后，出罪事由的价值判断本质以及语言规定本身的模糊性，也决定了在出罪事由问题上追求绝对明确的法定原则是不可能的。出罪事由，即使规定到刑法规范中，也应是价值判断标准的规定，而不可能是行为形式的规定。而涉及价值判决的刑法规范，正如规范的构成要件要素一样，难以通过语言界定的方式表述清晰。"法律是透过语言被带出的"，但法律的专业语言，不是一种科学语言，因为它的语法及语言不是建立在一种清楚的规则之上。[①] 刑法同样如此，为求得同类行为同等对待的基本正义要求，刑法规范对生活语言进行了抽象的概括，由此而丧失了清晰而具体的边界。例如，在法规范层面，我们明确知晓携带"凶器"抢夺构成抢劫罪，但却无法将抽象的刑法专业语言"凶器"与生活中的具体事物对应起来；同样，我们知晓如果传播"淫秽物品"可以构成犯罪，但却无法判断具体的物件是否属于"淫秽物品"。由于语言概念的模糊性，造成了绝对明确的刑法规范概念并不存在，是故，欲图通过刑法规范的明确化来确定罪与非罪的绝对界限是不可能的。在出罪事由规定方面尤其如是。例如，我国刑法第13条规定，"情节显著轻微危害不大"的危害社会行为，不认为是犯罪，这里的"情节显著轻微危害不大"的具体情形，恐怕仅凭法律规定难以定型。

---

① ［德］考夫曼：《法律哲学》，刘幸义等译，法律出版社2004年版，第169、174页。

(二)开放性的出罪事由理念及体系之提倡

刑法规范即实定法不可能规定所有的出罪事由，应当承认超法规的出罪事由。对出罪事由作更为宽泛的理解，允许出罪事由超越刑法、司法解释、其他法律条文之外。从而，应当提倡一种开放性的出罪事由之理念。耶赛克、魏根特论述了超法规的合法化事由存在的原因：其一，合法化事由也应当是从整体法秩序中归纳出来的，这意味着，无论是私法还是公法里的合法化事由，均可以直接运用到刑法领域里，同时也意味着，刑法中特殊的合法化事由，同样可使其他法领域里的行为被合法化。[①] 但必须考虑到，合法化事由可能与特定的构成要件联系在一起，因此，不能直接将合法化事由援用到其他构成要件上。例如，基于对正当利益（德国刑法典第 193 条）的保护，仅仅承认因损害名誉的合法化事由，而在虚假的怀疑（德国刑法典第 164 条）告诉范畴内不能适用。同理，第 226 条 a 应当仅限于身体伤害，以便不让良好的风俗原则变成个人对其支配领域处分自由的一般限制。由此，由于各个具体的构成要件都有不同的合法化事由，使得合法化事由种类纷呈。其二，由于对合法化事由来源的领域不加限制，所以，若想对能够考虑到的全部合法化事由无一遗漏地加以举例，这无论在法律上还是在理论上均是不可能的。从发展的规律看，必须考虑到社会外部的状况和价值观的可变性，会导致新的合法化事由不断产生，而过去存在的合法化事由被否定或扩大。由此可以认为，法律规定绝对不会是终局性的、一成不变

---

① 例如，德国刑法典第 193 条，正当利益的代表。为了实施或者维护权利或者代表正当的利益，对科学的、艺术的或者职业的所为进行的非难性评价及类似的言论以及上级对其下级进行的责备和训斥、职务性告发或者公务员一方的判决和类似的情形，只在从其表现的形式或者从其所发生的状况中出现了侮辱的实际存在的限度内，才是可罚的。

的。从根本上看，作为允许规范的源泉，除了制定法以外，还应当考虑到国际法、习惯法以及社会的最高价值观所指向的超实定法。其三，如果可能，立法者应当在法律稳定性和在法律秩序前提下，更加宽泛地理解合法化事由。由于承认习惯法上的合法化事由和超实定法的合法化事由，并不妨碍刑罚法规的保障机能，因为这里涉及的是对可罚性的限制而非扩大。①

三、多元化出罪事由体系之提倡

要提倡开放性的出罪事由理念、构建开放性的出罪事由体系，首先就使这种体系能够包容多元的内容，这就需要扩展出罪事由的渊源，使其来源、内容、种类多元化。在出罪事由的渊源上，我国当前通常讨论的出罪事由，如正当防卫、紧急避险等，来源于刑法的明文规定；此外，在我国司法解释中，也规定了为数不少的出罪事由，如前章列举的近亲盗窃、先强奸后通奸等，这是我国当前司法实务中出罪事由的通常来源。而在司法实践中，还存在各种各样的出罪判决案例，在刑法教科书和专著中，还经常提及法令行为、正当业务行为、安乐死、义务冲突等，却没有被刑法研究者重视。风物长宜放眼量，我们不宜将刑法作为出罪事由的唯一渊源，而应扩展出罪事由的渊源、来源和范围，建构可以包容以上全部事由的体系，既可包容刑法、立法解释和司法解释、规范性指导意见中的规定的事由，也可包容民法、行政法、国际法等其他法律规定的事由，还可包容判例或案例、习惯法中的事由以及刑法理论中的涉及和讨论的事由。

（一）出罪事由体系多元化之途径

其一，刑法显然是出罪事由的渊源之一，当然，这其中既包

① ［德］汉斯·海因里希·耶赛克、托马斯·魏根特：《德国刑法教科书（总论）》，徐久生译，中国法制出版社2001年版，第393～394页。

括总则性规定也包括分则性规定，在前章已作归纳。

其二，将司法解释作为出罪事由的渊源也是当然的。并且，应当允许对司法解释中针对特定犯罪的出罪事由作扩张解释和类推解释。例如，前文已述，近亲属关系可作为盗窃罪的出罪事由，也可类推为其他轻微财产犯罪如毁坏财物罪的出罪事由。当然，这种类推依然存在一个底线和对出罪事由的实质追究的问题。将近亲属关系可作为盗窃罪的出罪事由，是考虑到近亲属间财产关系的特殊性，为了维护和睦的家庭关系而忌讳刑法的强制性破坏，那么，对于家庭成员间的其他严重侵害，如重伤害、杀害，已经破坏了家庭关系的基础，就不能再以此出罪。

其三，判例或案例应当是出罪事由一个极其重要的渊源。德日刑法理论中的很多出罪事由和理论都是来源于刑法判例，如由“癖马案”确立的期待可能性理论、由“一厘金案”确立的可罚的违法性理论、由“安乐死案”确立的可出罪的安乐死的标准。正是具体案情的复杂性还造成了出罪事由的多样性，而要归纳出罪事由或者应对新出现的出罪事由，也应当借助判例或案例。当然，要想依靠判例或案例来确立出罪事由，就必须要求判决书“说理”，既说明出罪的具体事由，也应说明这种事由的适用范围和精确标准。但在我国当前，并不存在判例制度，即使最高人民法院选登的不具约束力的“参考案例”也极少为出罪事由预留空间；并且，绝大多数判决书的说理内容是形式主义和框架性的，如果不是出于正当防卫和紧急避险，就一定会往“但书”上靠——“本院认为，其行为虽已构成犯罪，但情节显著轻微、危害不大，依刑法第 13 条规定，不认为是犯罪”，几乎成为适用一切出罪案件的“万金油”。而对于符合“但书”的标准具体为何，没有任何说明，基本上，本院认为它轻微就轻微，认为它不轻微就不轻微。而在事实上，以“但书”作为判决书中出罪理由的案件，如“蒲连升、王明成案”，已被刑法学界定型为

“安乐死案”，既然刑法在事实上已将安乐死这种具体事由作为一个出罪理由。因此，应当进一步深入探讨“但书”之下出罪的具体理由和原因，以使出罪事由尽可能的定型化。

其四，习惯法也可成为出罪事由的来源。禁止习惯法是罪刑法定原则的要求，但其仅为入罪要求而非出罪要求。适用有利被告人的习惯法，并不违背法定原则的本质即保障人权。[①] 包含出罪事由的习惯法是可以作为刑法上出罪事由的渊源。例如，婚内强奸行为，是符合强奸罪的犯罪构成的，但是，在司法实践中一般不认为是犯罪（除非婚姻关系处于非正常状态），这已成为一种司法习惯。[②] 故而，婚姻关系的存在可以成为强奸罪的出罪事由。

其五，其他非刑法的法律，如民法、行政法、诉讼法、国际法都可成为出罪事由的渊源。其原理是相当简单的——刑法是其他法律的最终保障法，只有严重违反其他法律的行为才为刑罚所制裁，因而，行为没有违反其他非刑法的法律或者被它们所允许的，自然也不会构成犯罪。其他法律所允许即不构成犯罪，这个道理是浅显易懂的，但是，这里需要解释的是，其他法律所允许的行为为何会符合刑法规定的犯罪构成要件？原因在于，刑法与

---

① 有关习惯法的论述，参见杜宇：《作为超法规违法阻却事由的习惯法——刑法视域下习惯法违法性判断机能之开辟》，载《法律科学》2005年第6期；杜宇：《重拾一种被放逐的知识传统：刑法视域中“习惯法”的初步考察》，北京大学出版社2005年版。

② 笔者并不认为婚姻法规定配偶双方有要求性生活的权利和义务，并不意味丈夫可以强制性的违背妻子意志与之发生性关系，丈夫的性权利是请求权而不是支配权，须经妻子同意才能实施，如果妻子不履行此种义务，可以经由法院宣告婚姻关系终结，而不是妻子被丈夫强制执行。这如同民事合同关系一样，一方不履行合同义务，对方并不能直接亲自的强制执行，而只能通过审判机关裁定以撤销合同或者强制履行。

民法、行政法等非刑法法律的区分标准是不同的，民法、行政法等相互区分的标志是法律调整的“社会关系”种类，而刑法与它们区分的标志是制裁措施；而刑法规定的犯罪构成要件诚如上文所述是“行为类型”（如我国刑法中所谓犯罪客体实际是民法、行政法中的“社会关系”），这些刑法规定的“行为类型”并未经由“其他法律所禁止”这种定语的过滤。例如，根据诉讼法及司法解释的规定，审理既包含民事争议又涉及犯罪认定的案件时须“先刑后民”，即以刑事定性作为民事定性的前提，“先刑后民”使得行为在刑法视野下受到罪与非罪的认定之前并未经由民法认定，也不知晓其是民法允许还是民法禁止的行为。也就是说，刑法犯罪构成要件的内容与民法或其他法是否合法的性质认定无关，无论在民法等其他法上是合法还是非法的行为，只要符合刑法规定的“行为类型”，就进入刑法视野中并有可能符合犯罪构成要件。由此，也有了在符合犯罪构成要件的判断之后以民法或其他法上属“合法”的事由将行为排出犯罪的必要。例如，父母为管教子女而对其进行打骂并关在家中不让出门的做法，可能是符合刑法规定的侮辱罪或非法拘禁罪的“行为类型”的，但却是为婚姻家庭法所允许的；发现疑似犯罪的人后将其捆绑关押并解至公安机关的行为，也是符合刑法规定的非法拘禁罪的“行为类型”的，但却是刑事诉讼法所允许的公民“扭送”行为；等等。

其六，各国刑法教科书和刑法理论中讨论的出罪事由，如能较好的解决实务问题，也可为我所用，如法令行为、业务行为、被害人同意、义务冲突、亲亲相隐、亲亲相护等。

多元化的出罪事由体系，就是要在建构出罪事由体系时为来源不同的出罪事由，特别是超法规的出罪事由留置合理的空间。笔者认为，出罪事由应当由三类构成：其一，法定的出罪事由（正当防卫、紧急避险）；其二，定型的超法规出罪事由（司法解释规定的事由、可以比照的来自案件的出罪事由、从域外刑法理论引入的出罪事由类别)；其三，未定型的超法规出罪事由，指的是作为出罪事由标准和底线的出罪理论。适用出罪事由应当对距离刑法规定较近的事由优先适用，遵从刑法、其他法律和司法解释及合理类推、相似案例判决、域外刑法出罪事由、出罪理论标准的顺序，严格适用。当然，在我国当前的审判体制下，要想在案件判决适用除刑法、其他法律和司法解释以外的出罪事由，可以援引刑法第13条“但书”之规定作为其合法化依据。

(二) 认真对待“当然正当”的出罪事由

在此，还有必要谈及一个问题，即我国刑法及理论中的出罪事由为何会如此之少。在考察德日、英美刑法中的出罪事由时，让人感触良多的是，很多被德日、英美刑法视为出罪事由的情形，在我国刑法中都被视为“当然正当”。例如，依法令的行为、治疗行为、自损行为、被害人承诺的行为、自救行为，在德日、英美刑法中被作为出罪事由看待，但是，在我国刑法理论中，没有论述这些出罪事由。在司法实践中，这类行为——如法警因奉命执行罪犯死刑、医生为挽救病患生命而对其进行截肢，根本不太可能进入刑事司法程序。因为人们在立案审查等司法程序中就“当然正当”的将这些行为摒除到了司法程序之外，而“当然化”认定其合法依凭的是人们的感官。但问题在于，虽然在司法实务中一般不会遭遇这些明显合法化的案件，但在理论层面和逻辑层面，我们依然需要在犯罪论体系的框架之下思考这类行为不成立犯罪理据何在？最先被人们陈述的理由可能是：这些行为都是正当的、合法的或者善的行为，而刑法所禁止的是不当的非法的或者恶的行为。然而，这仅仅只是一个观念和感官上的区分，如果以此界分罪与非罪必将又会重回到主观擅断的老路上去。由此必须为“正当”设定明确的标准填充以具体的事由。在刑法中，合法的正当的事由有时是作为构成要件要素而存在的，有时是作为出罪事由而存在的。

作为构成要件要素存在的合法事由主要体现在以“非法”、“违法”、“违规”字样命名的法定犯中，如非法拘禁罪、非法持有枪支弹药罪、违规制造销售枪支罪、违法提供出口退税凭证罪等。在这些法定犯罪名中，违反特定的法律、规章、规范性文件特别是行政法是行为成其为刑法行为的前提和基础，即作为犯罪客观方面的要素而存在。在此情况之下，非法拘禁、非法持有枪支弹药、违规制造销售枪支是整体的行为类型，被刑法作为禁止的行为整体看待。如果行为是合法拘禁、合法持有枪支弹药、遵守规则制造销售枪支，那么行为就不符合犯罪客观方面，也就是说，行为是因不进入犯罪评定圈而被排出犯罪，不会进入出罪事由的评价阶段，这些合法化正当化事由就不是出罪事由。而在刑法规定的自然犯中，如杀人、放火、盗窃等，一般都未在罪名中写明“违法”、“非法”、“违规”的字眼，因为从语言所表述的感情色彩来看，自然犯行为本身都是禁止性的恶的行为，杀人、放火、盗窃指的就是“非法杀人罪”、“违法放火罪”、“不正当盗窃罪”，它们背后早已隐含着“非法”的前提，这是不言而喻的。如此，当遇到了“合法杀人”这种情况时，最先判断的是杀人这个刑法禁止的行为，看行为是否进入犯罪评定圈，而后才判断行为是否合法，那么，合法的事由就成为在行为进入犯罪评定圈之后才出现的出罪事由。

罗克辛将作为构成要件要素的合法化事由和作为出罪事由（违法阻却事由）的合法化事由进行了区分。他称某些带有“违法”、“非法”、“无权”字眼的规定是“以否定形式表达的构成要件”（或称消极的构成要件要素，乃至消极的行为事情），这种以否定形式表达的构成要件与出罪事由（违法阻却事由，如正当防卫、正当的紧急避险等）的性质是不一样的。出罪事由的逻辑公式是：刑法条文规定的行为类型，如果不存在出罪事由，都是违法的，非其即违法；而以否定形式表达的构成要件的逻辑公式是：刑法条文规定的行为类型，如果不满足否定形式表达的构成要件，都是合法的，非其即合法。例如，根据德国《动物保护法》第17条第1款，任何人“缺乏理性根据地”杀死脊椎动物的，都应当受到刑事惩罚；在这里，“理性根据”就不是正当化的根据（违法阻却事由），而“缺乏理性根据”是以否定形式表达的构成要件，因为，杀死脊椎动物这种行为类型（如屠宰这个职业）在原则上都是合法的，而无须官方特别授权允许；由是，在这里，“缺乏理性根据”是作为一个以否定形式表达的构成要件而存在，而不能将“理性根据”作为阻却违法事由，有理性根据地杀死脊椎动物的行为是不该当构成要件的行为，而不是阻却违法的行为。同样的例子还有德国《道路交通法》第21条中的“无照驾车”，汽车驾驶不是通过官方特别授权颁发驾驶执照才被正当化的，“无照驾车”是构成要件，“有照”不是出罪事由，因而有照驾车的行为是因不该构成要件而合法，而不是因阻法违法而合法。相同的例子还有德国《医疗实践者法》第5条中规定的“无权行医”，也是构成要件而不是违法阻却。但是，刑法典第284条中规定的“未经许可举办射幸游戏（赌博）”就不一样了。[①] 射幸游戏（赌博）自身是一种禁止的行为，只有在出于国家财政的原因的情况下，才会被官方例外的取消禁令，因此，这种许可不是从排除构成要件方面发生影响，而仅仅是从出罪方面（阻却违法）发生影响的。综上，缺乏官方许可是一种构成要件特征还是一种违法性特征，就取决于许可的保留仅仅是一种为了反对滥用而对一般的恰当举止行为

---

① 指德国刑法典第284条（未经许可举办射幸游戏），行为人没有官方的许可公开地举办或者维持射幸游戏或者提供有关设备的，处两年以下的自由刑或者金钱刑。

的控制，还是例外性地允许一种典型的犯罪性举止行为。①

在此可见，罗克辛对刑法法条中的否定性表述的分类，是以刑法规定的行为类型的性质为标准的，如果刑法规定的行为类型本身原则上是禁止非法的（如作为自然犯的杀人、伤害、诈骗等），但官方出于特殊原因规定某些破例系属合法时，那么这些破例就是出罪事由，假设刑法规定“一切杀人都是禁止行为，但出于正当防卫、紧急避险，或依法令的（如处决犯人）杀人除外”，杀人是必须经过特别授权才能合法的行为，那么这里的“除外”规定就是出罪事由。但是，如果刑法规定的行为类型本身并不是禁止性行为，而是合法的或中性的行为（如一些作为法定犯的无照驾驶中的驾驶、无权行医中的行医、无证采伐林木中的采伐林木、无证采矿中的采矿），行为本身是正当的，官方只是出于管理的需要才颁发证照，因此不属于特别许可（使本来非法的行为合法），而是属于一般许可（确认本来合法的行为），所以，其中的否定性规定属于构成要件要素，从另一角度来看，“无照”、“无权”、“无证”实际是一个定词，它们与后面的行为紧密结合，是行为类型不可或缺的因素，如“无照驾驶”本身是一个整体的行为类型，而不能将“无照”与“驾驶”拆分开来。

我们应当重视被视为理所当然正当的出罪事由。并且，还应注意的是，作为出罪事由的“正当合法”事由的情况并非人们想象得那么简单，可以仅凭观念和感觉就能判定出来。具体情况是复杂的，被人们视为“当然的”正当的事由，如依法令的行为、治疗行为、自损行为、被害人承诺的行为、自救行为，在具体案情中的表现可能是复杂的。例如，依法令的行为中的“法

① ［德］克劳斯·罗克辛：《德国刑法学（总论）》，王世洲译，法律出版社 2005 年版，第 190～191 页。

令”不仅指法律、法规等，还可以是指上级命令，遵守上级有约束力但合法的命令行为，“当然”是正当的，但是遵守上级有约束力但违法的命令行为，如军队中的部下在作战时遵守上级领导拒不救助友邻部队的命令，部下是否构成犯罪？这就不再是一个“当然无罪”的问题了；还有，医生经病患同意进行正确的截肢是“当然无罪”的治疗行为，但医生在未经病患同意而截肢事后被证明并不恰当，这种治疗行为又当如何考虑？受物主嘱托毁损其财物是“当然无罪”的被害人承诺行为，但在他人强烈要求之下毁坏其身体又是否无罪呢？当出罪事由体现为具体的类型，如依法令的行为、治疗行为、自损行为、被害人承诺的行为、自救行为时，即使这些类型不符合“当然正当”的典型构造，也有可能因行为人责任的轻微而无罪或者减轻罪责，因此，将这些“当然正当”的具体事由作为一些特定类型来考察是相关有益的。如果我们轻易的将它们视为当然，我们就有可能同样轻易的丧失把握精确确定的罪与非罪标准的机会。

四、阶层性的出罪事由体系之提倡

德日刑法将出罪事由区分为违法阻却事由、责任阻却事由、不可罚事由三个阶层，英美刑法将出罪事由区分为正当理由和可得宽恕，都是对出罪事由进行了阶层性的界分。虽然所有出罪事由都能阻却犯罪的成立，使行为不被宣判为犯罪，但不同种类的出罪事由使行为出罪之后，法律效果并不完全相同。有的行为是正当、合法、应受赞许的，如正当防卫的伤害行为，是“善”的无罪行为；有的行为是不正当、违法、应受谴责的，如盗窃近亲属，是“恶”的无罪行为。德日、英美刑法通过阶层性的分类能够将这些不同种类的出罪事由区分开来，并对其不同的法律后果予以区别。但我国刑法没有对出罪事由进行分类和区分，甚至对于因出罪事由而无罪的行为和因不符合犯罪构成要件的无罪行为都无法作出区分。例如，对于用香灰杀人（迷信犯）、正当防卫的杀人、未达刑事责任年龄者杀人，在刑法层面都只一概认定为无罪，而不作进一步区分。

（一）对出罪事由进行阶层区分的意义

笔者认为，一个行为若经判断只得到有罪或无罪二元结论，而对无罪的理由不再作细致区分，对于行为刑法性质的认定是不够的。如能对出罪事由进行分类作出阶层性的区分，构建出罪事由的阶层性体系，对于相关的行为的推导性评判是非常有益的，也有助于从刑事政策上对不同行为予以定性。

首先，德日刑法“违法阻却事由—责任阻却事由—不可罚事由”的阶层性排列以及英美刑法的“正当理由—可得宽恕”的排列，体现了一种从善到恶的阶层性排列形式。正当化的出罪事由虽造成了客观损害，但损害行为是正当的，既不属不当行为（伦理评判），也不属违法行为（一般法评判），更不属犯罪行为（刑法评判）；可宽恕的出罪事由是造成了损害但情有可原的行为，也就是说属于不当行为，但不属典型的违法行为，更不属犯罪行为；而不可罚的出罪事由属于违法行为，甚至是事实上的犯罪行为，只是因特殊原因刑法规定不处罚而已。由此，刑事政策对待这些不同的无罪行为的态度也是不一样的，正当的事由应当鼓励，不正当的事由应当谴责，不受刑罚处罚的行为可能会受到其他法律的制裁。

其次，对出罪事由进行阶层性区分，有利于关联行为的刑法定性，尤其是在因出罪而无罪的行为被作为评定其他行为性质的因素和基础之时。虽然一般而言，刑事司法关心的应当只是行为构成犯罪与否，一个行为也只需得出罪或非罪的结论即已完成了判断过程。但是，在某些情况下，仅有有罪和无罪二元结论的判断是不够的。例如，对于正当防卫的起因条件“不法侵害”的定性，经常遇到的问题是：对于紧急避险的行为是否可以主张正当防卫？对于未成人的侵害是否可以主张正当防卫？对于防卫过当是否可以主张正当防卫？紧急避险、未成人的侵害、防卫过当都可能是无罪行为，但“不法侵害”不仅包括有罪行为，而且包括无罪行为中的不法行为，故而还需对无罪行为的正当性予以区分。紧急避险是正当的无罪行为，因此不能对其主张正当防卫，而未成人的侵害、防卫过当是不正当的无罪行为，因此可以对其主张正当防卫。例如，军人张某故意伤害李某，李某对其反击将其打伤，但军人张某后来因战时立功而宣告无罪，那么李某的行为是否构成正当防卫呢，答案也是肯定的，因为张某是因不可罚的出罪事由而出罪，其伤害行为是违法行为。如果只区分行为的罪与非罪，而不区分无罪行为的当与不当，则判断结论对于正当防卫的认定似显襟短肘长。可以大体上认为，正当防卫的“不法侵害”包括德日刑法中的因责任阻却事由和不可罚事由而出罪的行为，或者英美刑法中因正当理由而出罪的行为；而不包括因违法阻却事由而出罪的行为，或者英美刑法中因可得宽恕而出罪的行为，这样大体上可以解决正当防卫中不法侵害的范围问题。[①] 相似的例子在赃物犯罪、帮助犯、教唆犯的认定中同样存在。例如，甲盗窃近亲属财物 5 万元，乙得知后帮其窝赃，问乙是否构成窝藏赃物罪？再如：甲、乙二人将丙女轮奸，后丙未告发并主动与甲保持通奸关系，问乙的行为是否构成加重情节的轮奸？还有，甲为救治危病之中的母亲被迫与乙合伙盗窃钱物 5000 元，二人是否属于共同犯罪？等等，这些问题的共同特征均如上文所言，对于因出罪事由而无罪的行为的定性，是判断另

① 之所以用“大体”一词，是因为这里只涉及了“不法侵害”的部分范围。有些因不齐备构成要件而无罪的行为，如无责任能力的人实施的危害行为以及未达罪量标准的行为，也是可以进行防卫的，它们在客观上的危害程度并不比因出罪而无罪的行为要轻。

一行为性质的前提。

（二）对出罪事由进行阶层区分的中国刑法基础

应当说，我国刑法实际上也区分了不同的出罪事由导致的不同法律后果。例如，从刑法条文的字面措辞上来看，刑法对出罪事由造成的法律后果的规定存在差异。有的条文规定的后果是"不认为是犯罪"、"不以犯罪论处"，如情节显著轻微危害不大、军人戴罪立功；有的条文规定的后果是"不负刑事责任"、"不追究刑事责任"，如正当防卫、紧急避险、收买被拐卖的妇女儿童不阻碍解救，还有的条文规定的后果是"刑法不予处理"，如亲告罪不亲告。虽然，这些措辞的不同并没有准确的界分出行为性质的差异，如"不认为是犯罪"是情节显著轻微危害不大的行为实际上是不正当的行为，而"不负刑事责任"的正当防卫、紧急避险却是正当的行为。[①] 但是，试图用措辞的不同区分"无罪"、"不处刑罚"、"不予处理"三者的愿望是明显的。

仅从字面上来理解，可以说这些区分可以大体反映刑法对不同性质的无罪行为的区别对待。比如说上述第一类的"不认为是犯罪"、"不是犯罪"，可认为是表达绝对不构成犯罪的情形，在事实上是善意行为，当然也是事实无罪的行为（没有从事一般人所认为的犯罪行为），在法律上也必然无罪（将在审判时被宣判无罪）。第二类"不予刑事处罚"、"不负刑事责任"，暗含的意思是，这类行为造成了损害后果，在道义上是应受谴责的，但因恶性较轻或其他原因不受刑罚制裁，在事实上是恶性行为，但达不到犯罪的程度，事实上无罪法律上也无罪。而第三类的"不予追究"、"不再追诉"、"不处理"的言下之意是，该行为

① 这也暴露出我国刑事立法用词上的粗疏，将无责任能力人的危害行为和正当行为的正当防卫和紧急避险同归于"不负刑事责任"也印证了这一点。

是恶意的，事实上也是有罪的，是应当承担刑事责任的，但只是刑法规定此类情形之下不能追究责任而已，因而是事实上有罪，法律亦应有罪，但不可罚的情形。总不能一直以“事实上有无罪”这样毫无标准的去评价上述行为的性质吧。不妨从另一个角度进行考察，从行为的危害性轻重上对以上情形进行排序。当然，在没有标准依凭的情况下，这种排序是一种大体的主观上的感觉。第一，属于毫无社会危害，反为法律所提倡、在道义上善举的正当行为，指的是正当防卫和紧急避险行为；第二，属于具有轻微的违法性，但不构成犯罪的行为，即上述情节轻微不认为是犯罪的危害行为的行为；第三，属于具有事实上的犯罪行为，但由于特殊原因不可施以刑罚的行为，即亲告罪不亲告等情形。这种排序应当说是符合一般人对行为性质的判断的，即由心理上的善行到恶行的排列。这种排列虽然是粗糙的，但是它揭示了一个基本原理，即尽管在刑法视野之下，上述出罪事由最终都被认定为无罪，但是它们导致行为被认定为无罪的理由是不尽相同的，在道义和法律性质上呈现出阶层性排列的特征。

五、建构“正当化的出罪事由—可宽恕的出罪事由—不可罚的出罪事由”三层次的出罪事由体系

综上所述，我国出罪事由在理念、规范规定、体系建构、理论基础四个方面存在问题，需要借鉴德日、英美出罪事由体系的有益经验，构建开放性、多元化、阶层性出罪事由体系。德日刑法对于出罪事由采取的是违法阻却事由、责任阻却事由、不可罚条件的三分法，英美刑法对出罪事由采取的是正当理由、可得宽恕的两分法，笔者认为，可以综合这两种分类和体系构建方法，将出罪事由区分为正当化的出罪事由、可宽恕的出罪事由、不可罚的出罪事由三大类别。

首先，至少可以根据当与不当的标准，将我国刑法中的出罪

事由区分为正当化的出罪事由和不处罚的出罪事由两类。一类正当化的出罪事由是在入罪认定过程中出现的出罪事由，这类事由的行为是本来无罪在伦理上属于善的行为。而另一类不处罚的出罪事由是在入罪认定过程后出现的出罪事由，这类出罪事由多是出于刑事政策的考虑，对本来有罪的行为作无罪化处理。这类事由的行为在伦理上不属于善的行为，而属违法行为。由此，我国的出罪事由也就呈现出了英美刑法中正当理由和可得宽恕两分法形态。实际上，德日刑法的违法阻却事由、责任阻却事由、不可罚条件的三分法也可作这种两分式的区分，违法阻却事由类似于正当理由，责任阻却事由类似于可得宽恕，二者属于入罪判断过程中出现的出罪事由，不可罚条件也可勉强归于可得宽恕，它是属于入罪判断过程之后出现的出罪事由。由此，到底是采取两分法还是三分法，就要看不可罚事由是否有独立的必要。笔者认为，不可罚条件具有不同于违法阻却事由（正当理由）、责任阻却事由（可得宽恕）的特征，它是在理论上的犯罪认定过程（犯罪论体系）判定犯罪完结之后依照法律规定或刑事政策对有罪的行为做无罪处理，与前两种出罪事由的适用阶段明显不同，因其出罪的行为的性质也存在明显差异，故此，具有独立区分的必要。

据此，我们可以将出罪事由区分为正当化的出罪事由、可宽恕的出罪事由、不可罚的出罪事由三类。正当化的出罪事由指的是使那些符合犯罪构成要件的行为本身正当合法的事由，也就是说，符合犯罪构成要件的行为原则是刑法所禁止性质恶劣的行为，但由于出罪事由的附加而使其在特殊情况下转化成为法律允许的正当行为，即本身正当。可宽恕的出罪事由指的是使那些符合犯罪构成要件的行为无罪但不能使其正当的事由，也就是说，因可宽恕的出罪事由而无罪的行为在客观上造成了不当损害，但在过错程度上有值得体谅的地方，即原情可谅。而不可罚的出罪事由导致行为在法律上无罪的机制是，行为既造成了不当损害也存在过错，但由于行为本身的轻微或行为人的问题而使其不值得以刑罚处罚，即违法而不处刑罚。

当然，最后一种出罪事由，即不可罚的出罪事由，与纯粹的刑事诉讼法意义上的不追诉事由是不相同的。刑事诉讼上的不追诉事由是与刑事诉讼程序本身有关的事由，如追诉时效的经过、刑法管辖权问题、被告人的死亡，造成的是刑事诉讼程序的终止。而不可罚的出罪事由，是与行为和行为人本身有关的事由，如罪后悔罪行为作为出罪事由是因行为人本人的行为，等等。

结合上章对我国刑法、司法解释、案例中出罪事由的考察，并吸收本章对德日、英美刑法中出罪事由的归纳，按照上述三分法的构造对出罪事由可以进行分类如下：

（1）正当化的出罪事由：正当防卫、紧急避险、义务冲突、官方许可、被害人的同意和推定同意、依法令的行为、职务行为、惩戒权、代替公共机关的行为、合理利益的利用、艺术自由、社会相当行为（被允许的风险），等等。

（2）可宽恕的出罪事由：防卫过当、避险过当、受胁迫行为、陷于困境的行为、不具认识可能性的违法性认识错误（禁止错误）、期待不可能、未达刑事责任年龄和精神病，等等。

（3）不可罚的出罪事由：犯轻罪（3 年以下）的军人战时戴罪立功；收买被拐卖的妇女、儿童者不阻碍返回、解救，没有虐待的；纳税人逃税经通知后补缴税款、缴纳滞纳金、已受行政处罚的；行贿人在被追诉前主动交待行贿行为；拒不支付劳动报酬在提起公诉前悔改；非法种植毒品原植物在收获前自动铲除；贪污、受贿数额达到起刑点后悔改退赃；介绍贿赂人在被追诉前主动交待介绍贿赂行为；亲告罪不亲告。此外，近亲属关系是盗窃、诈骗、抢劫罪的出罪事由，未成年（已满 14 周岁不满 16 周岁）是被害人自愿的奸淫幼女型强奸罪的出罪事由，情节轻微是盗窃、诈骗罪等数额犯的出罪事由，后续通奸状态是之前强奸罪的出罪事由，生活所迫是重婚罪、出卖亲生子女型的拐卖儿童罪的出罪事由，犯罪未遂情节不严重是盗窃、诈骗罪的出罪事由，“双套引诱”是毒品犯罪的出罪事由，规定在宪法中的人大代表和政协委员的刑事辖免权、大赦，等等。

还有一些出罪事由，如安乐死等，对其归类和地位的安排，笔者认为，应当在参考德日、英美刑法的基础，结合我国刑法规定和刑事司法的实际予以确定。对于安乐死，在日本刑法中以判例形式确立了合法化安乐死的具体条件（参见本书第三章“中国刑事司法案例中的出罪事由之考察”），在完全具备合法化安乐死条件时，安乐死被认为是违法阻却事由（正当化的出罪事由）；在欠缺部分条件的情况下，安乐死可成为责任阻却事由（可宽恕的出罪事由）。但是，在中国刑法中，安乐死一向被作为故意杀人罪的特殊情形，尚未被法律所允许。而“蒲连升、王明成案”的判决，虽然将其二人行为出罪，但出罪的理由却不是认为安乐死合法，反而是将安乐死认定为“故意剥夺公民的生命权利”的非法行为。[①] 安乐死本来是违反实定法（医生执行规则）和医疗伦理的，而今又被判例所否认，没有合法化的基础。这使得安乐死在中国刑法中的地位十分尴尬：一方面，其为违法行为；另一方面，在特殊情况下却能被出罪。“蒲连升、王明成案”出罪的理由，是从行为人为善的动机方面考虑，认为行为人实施行为的动机是为减轻病患的痛苦，在主观恶性的程度（量）上具有轻微性，从而其行为值得同情，不应科以刑罚。由此观之，我国刑法对安乐死出罪的理由不是认可其合法性，而是否定其具有达到刑事追诉程度的有责性。因此，在对安乐死进

① 参见前文第三章第一部分“安乐死案的司法出罪途径及认定之考察”。

行定位时，不应将安乐死置于正当化的出罪事由之中。而应作为一种可宽恕的事由。[①]

对于以上分类，需要说明的问题是：

其一，可宽恕的出罪事由和不可罚的出罪事由的区分并不存在绝对的界限，如亲告罪不亲告到底是属于可宽恕的出罪事由还是不可罚的出罪事由？如果将其理解为：亲告罪本来是构成犯罪的，只是由于亲属关系的这种事实的客观存在才使这种犯罪不可罚，则如此理解的结果是使其归入不可罚的出罪事由中；如果将其这样理解：亲告罪是属亲属间的犯罪，亲属之间对于侵害的容忍度要大于陌生人，由此亲属之间侵害行为的客观危害性也较小，从而降低了危害行为的可处罚性，如此理解的结果又是使其归入不可罚的出罪事由之中。笔者认为，亲告罪不亲告的原因具有双重性，首先不可否认的是因亲属关系的存在而导致的客观危害轻微（如我国刑法中暴力干涉婚姻自由、虐待都只有轻微者才是亲告罪，严重者均为公诉）。但更为重要的是，亲告罪并不是全部属于近亲属间的犯罪（侮辱罪、诽谤罪、侵占罪均不是），也并非所有的轻微犯罪都被规定为亲告罪（如更为轻微的非法侵入他人住宅罪、侵犯通信自由罪等都未规定为亲告罪），将何种犯罪规定为亲告罪主要还是国家刑事立法权的一种强制性规定，并不能从规范刑法的层面予以精确透析。例如，其他非亲告罪中若行为人与被害人间存在亲属关系并且被害人表示不追诉，也可成为酌情减轻处罚的事由，但却不能成为出罪的事由。

---

① 这也是有学者意图论证安乐死不具期待可能性的原因。参见梁根林：《事实上的非犯罪化与期待可能性——对安乐死出罪处理的路径及其法理解读》，载《中外法学》2003 年第 2 期。尽管就实施安乐死的具体情况来看，安乐死的实施者并不存在难以选择适法行为（不实施安乐死）的境况。

所以，对于刑法为何要将此罪而不是彼罪规定为亲告罪的深层次追究，与刑法为何要规定军人可因戴罪立功而免罪的问题，属于同一问题，即为何要将有罪行为无罪处理，而不是因行为本身的轻重而无罪。所以，笔者认为，将其列为不可罚的出罪事由更为合理。[①] 将少男（14～16 岁）与幼女发生性关系和未成年列入不可罚的出罪事由中理由同样如此。正如上章所言，少男与幼女发生性关系不为罪的规定中确实隐含着重要的被害人同意这种可以减轻责任的关键因素，但刑法已强制性的拟制了幼女的同意无效，由此，这种被害人同意在刑法上是不被认可的，所以，少男与幼女发生性关系与未成年一样，是刑法强制性规定的不可罚事由。由此可以认为，不可罚的出罪事由一般都是由法规范（刑法和司法解释、其他法律）明文规定的，而不能任意推导，这与正当化的出罪事由和不刑罚的出罪事由是不同的。

其二，从上述出罪事由的分类排列中还可观察到的一个现象是，因欠缺正当化的出罪事由的某些要件而不能完全正当化的行为可能会降格成为可宽恕的出罪事由，如某种情况下的防卫过当（如我国刑法规定的不是明显过当并造成重大损害的防卫过当）、避险过当（如德国刑法中免责的紧急避险，也可用期待不可能解释）、牺牲较重义务而履行较轻义务的义务冲突、遵守有约束力但违法的上级命令的依法令行为，等等。也就是，欠缺正当化的出罪事由的某些要件而不能完全正当化的行为，不是因行为本身正当而出罪，而是因违法程度轻微原情可谅而出罪。

① 当然，还有论者从亲告罪与公诉罪的对立角度，认为亲告罪属于纯粹的阻却诉讼事由，对此，可参见李立景：《亲告罪要论——告诉才处理的犯罪的研究新视角》，中国人民公安大学出版社 2003 年版，第 4 页。笔者并不赞同此种观点，规定亲告罪主要还是因其对行为本身的原因，而并非像追诉时效那样诉讼的原因。

其三，上述三类出罪事由与裁判者的定罪自由裁量权存在一定的关联。如果这些出罪事由是法律明文规定的，那么，该规定对于裁判者的裁判权是有拘束力的；而如果这些出罪事由是源于裁判者对相似案件的一系列判决形成的判例或习惯法，则可以说裁判者的自由裁量权是这些出罪事由的来源。但是，定罪自由裁量权是从权力的角度来论述出罪事由的产生途径，其中无罪的判决理由如果是零碎的，没有形成判断或习惯法，而不能成为定型的出罪事由。一旦出罪事由被定型化，则裁判者的定罪自由裁量权就只能在具体情形是否满足或符合出罪事由的范围内发挥作用。

第六章 社会相当性

——正当化的出罪事由之理论基础

前文对我国及德日、英美刑法中的出罪事由进行了考察，并提出了建构开放性、多元化、阶层性出罪事由体系的议题，而将出罪事由区分为“正当化的出罪事由——可宽恕的出罪事由——不可罚的出罪事由”三类。问题是：为何要如此分类，各类别之间有何本质区别，这些类别的出罪事由出罪的理由和理论依据为何？此外，认为这种出罪事由体系的内容，既可包容法定的出罪事由，也可包容超法规的出罪事由。对于法定的出罪事由，只须对法条规定进行解释即可适用，而对于超法规的出罪事由，由于缺乏明文法条规定，其范围、适用底线如何确定？这些问题实际上都与出罪事由的理论基础有关。

首先，出罪事由可以超越法规，但不能没有标准，出罪标准的确立需要依靠出罪理论。本书前章已述，出罪事由并非全部都由刑法规范明文规定，其可以超越刑法实定法规范，来源于判例、习惯法、刑法理论。[①] 但这并不意味着，裁判者可以恣意出罪而无须具备任何理由和标准。诚然，对已经在形式上符合构成要件的行为出罪，确实起到了限缩犯罪圈的作用，似乎并不违背保障人权的基本理念，但并非无故的随心所欲的出罪就是保障人权。否则，先前刑法设立的用于确立犯罪的精确犯罪构成，会因后续的恣意出罪而彻底毁损，整个刑事法治也将因付之于裁判者的任性率为而功亏一篑。恣意出罪与恣意入罪一样，都有损于刑法的公正性和权威性。刑法不仅仅要发挥保障人权的基本效用，更需要发挥惩治犯罪的社会功用。保障人权也不仅仅只是保障犯罪人的人权，也包括保障受害者人权的内容。恣意出罪体现的不是限缩犯罪圈保障人权的正面效应，而是放纵犯罪包容罪犯的负面效应。出罪判断无须法定，但出罪判断仍需标准。正如将行为纳入犯罪圈之内需要严格的犯罪构成标准一样，将已被纳入犯罪评定圈之内的行为排除到犯罪评定圈之外，同样需要明确的出罪标准，需要公正的评判和严格的限制，以此避免出罪认定漫无边际以致失去法律的安定性。尽管出罪标准不一定都是法定标准，但是仍然要求其明确、公正、具有说服力。对于法定的出罪事由的标准，当然是刑法明文规定的，只需围绕法定标准进行解释即可。但对于超法规的出罪事由，必然也是超法规的，这种超法规的标准由何而来，如何界定和把握，必然需要求诸于出罪理论。

其次，出罪事由的解释和司法适用也需依靠出罪理论。法定

---

① 超法规出罪事由的由来，源自德国刑法紧急避险。原德国刑法未将紧急避险规定为出罪事由，它是由判例确定的，故称“超法规”，后被现行刑法典明确规定后，超法规出罪事由的概念和意义仍被保留下来，参见［德］汉斯·海因里希·耶赛克、托马斯·魏根特：《德国刑法教科书（总论）》，徐久生译，中国法制出版社2001年版，第432～433页；甘添贵：《刑法总论讲义》，瑞兴图书股份公司1992年版，第313～329页。

出罪事由的适用主要是一个司法解释问题，但是，正如犯罪构成要件的解释一样，在解释法定出罪事由的构成条件时，有时也会追及立法目的和本质，进行所谓的目的解释或主观解释。例如，对于正当防卫限度条件的解释，何谓没有超过“必要限度”造成重大损失？正确界定和解释该字句含义，就需要结合正当防卫的本质进行。而对于超法规的出罪事由，可分为定型化的超法规出罪事由，如被害人承诺、法令行为、义务冲突等，在理论上也形成了详细的构成条件，当相关案情并不完全严格符合该事由的构成条件时，如何适用和处理，也需要结合该出罪事由之所以出罪的理由亦即实质进行认定。而对于非定型化的超法规出罪事由，如社会相当性、期待不可能，其本身定性于出罪理论甚于具体事由。事实上，非定型化的超法规出罪事由，是法定的出罪事由和定型化的超法规出罪事由的补漏形式，另外，其也必将担当所有出罪事由统一的理由标准的作用。此外，超法规的出罪事由，被认为是根据解释学的方法依据法定出罪事由推论而来，或者依照理论上的标准推导而出的。这种推论或推导的原理为何，也值得探讨。

笔者在前述章节中将出罪事由区分为正当化的出罪事由、可宽恕的出罪事由、不可罚的出罪事由三类，笔者认为，这三类出罪事由的性质显然存在差别，它们各自的理论基础和标准内容也不尽相同。并且，三类别之下的各具体出罪事由，能够归纳提炼出统一的共性，存在统一的出罪理论。把握各类出罪事由的理论及标准，对于司法上解释适用出罪事由、理论上探讨出罪事由的实质、整体上弄清犯罪的本质，无疑是具有重大意义的。下文，即对三类出罪事由各自的理论基础进行论述，主要涉及三个问题：其一，三类出罪事由的理论基础；其二，非定型化的超法规出罪事由的标准和内容；其三，三类出罪事由的存在理由和价值诉求。第一个问题解决出罪事由之所以能将行为或行为人出罪的原理和理由；第二个问题解释司法实务对于非定型化的超法规出罪事由的解释和适用；第三个问题解决出罪事由的功用和目的。

一、社会相当性——正当化的出罪事由之理论基础

笔者在前文列举了正当化的出罪事由的具体形式，这就是：正当防卫、紧急避险、义务冲突、官方许可、被害人的同意和推定同意、依法令的行为、职务行为、惩戒权、代替公共机关的行为、合理利益的利用、艺术自由、体育竞技行为、社会相当性行为，等等。这类出罪事由的基本特征是形式上有罪、实质上无罪，亦即虽然符合构成要件的形式规定，但不具有犯罪的本质，属于“本来无罪”的正当行为，是从行为本身对其违法性的否认。不仅行为在刑法上不构成犯罪，而且在伦理上是正当和积极的，或者至少不是负面的。由于正当化的出罪事由在成文法中只得到极不全面的探讨，以致合法判断的作出，在很大程度上不得不借助于成文法以外考虑合法和不法的实体内容。从而，对于正当化的出罪事由的实体即本质的探讨，对于其范围的界定及司法实务认定具有巨大的意义。①

（一）关于正当化的出罪事由的本质的聚讼

正当化的出罪事由，即德日刑法中的违法阻却事由，对于此类出罪事由的本质，理论上存在一元论和多元论的争论。②

---

① ［德］李斯特：《德国刑法教科书》，徐久生译，法律出版社2000年版，第202页。

② 参见［德］汉斯·海因里希·耶赛克、托马斯·魏根特：《德国刑法教科书（总论）》，徐久生译，中国法制出版社2001年版，第389～392页；［德］克劳斯·罗克辛：《德国刑法学（总论）》，王世洲译，法律出版社2005年版，第399页；甘添贵：《超法规的违法阻却事由之理论》，载蔡墩铭编：《刑法总则论文选辑》，五南图书出版公司1984年版；余振华：《刑事违法性理论》，元照出版社2001年版，第44页。

一元论者认为，所有具体的违法阻却事由，都可以归纳到统一的理论下进行理解。当然，对于违法阻却事由的统一本质为何，也有法益衡量说、目的说、社会相当性说、被允许的危险说等不同观点。其中：(1) 法益衡量说，也称财的价值权衡思想，优越利益说的含义也与之类似，认为违法性的本质是法益侵害，当保护法益的价值高于受损法益的价值时，并不违背刑法保护法益的任务和目的，应当认为是适法行为。例如，绍尔（Sauer）认为，实质意义上的合法性是一种效果，这种效果指的是行为在思想上、文化上对于国家秩序的维护比其造成的损害更有用；诺尔认为，加以权衡的价值不仅有法益，而且还有确定的社会关系，如国家的制度、司法、家庭等。[①] 其显例为紧急避险，在紧急避险中只有被保护法益的价值高于受损法益时，才是合法的（阻却违法性的）紧急避险，否则便具有违法性。法益衡量说的基础是法益侵害说，但在这里，法益被区分为受损害的法益和受保护的法益两个方面。正当化的行为，尽管侵害了行为针对的法益，但却取得了保护法益的收益，因此个别的法益虽受侵害，但社会整体法益也得到了保护，权衡得失，总结上法益并未受损，因此行为也就不具违法性。[②] (2) 目的说，也称目的论思想（Zweckgedanke），将违法性的本质理解为违反规范的意志行为，其中包含了行为人希望实现的目标（目的论行为）这样的问题。一种该当构成要件的意志行为，只要它对于立法者确立的规范所认可的目的而言，是适当的手段，这种行为就能够被正当化。例如，李斯特认为，对重要利益的保护是法律的首要任务。通过以提供法律上保护上升为法益的重要利益进行认真的界定，利益之

① ［德］克劳斯·罗克辛：《德国刑法学（总论）》，王世洲译，法律出版社2005年版，第399页。

② 张明楷：《法益初论》，中国政法大学出版社2000年版，第40页。

矛盾，法益之冲突不能被完全排除。构成法制最后和最高任务的人类共同生活目标的要求，在此等矛盾、冲突中牺牲价值低的利益，如果只有以此为代价才能维护价值高的利益的话。据此可以得出以下结论：只有当其违反规定共同生活目的之法制时，破坏或者危害法益才在实体上违法；对法律保护的利益的侵害在实体上的违法，如果此等利益是与法制目的和人类共同生活目的相适应的。[①] 也就是说，如果法益侵害行为的目的是达成国家所承认的共同生活目的的适当手段，就不被认为是违法。这里目的说中的目的，并不是指支配行为实施行为的主观上的目的，而是指法规范的目的。行为在客观上与规范目的不违背时，行为就不能认定具有违法性。（3）被允许的危险说（das erlautern Risiks），被允许的危险（erlaubtes Risiko）指的是一定条件下的危险行为，甚至对法益持未必故意的行为，如果符合刑法允许的规范的条件，就认为是被允许的危险而不具有违法性。被允许的危险说的重点并不在于展示行为被合法化的理由，而只是从形式上描述各种合法化事由的共同结构原理，亦即，符合刑法允许规范的构成。被允许的危险说揭示的原理是，认为社会生活不能禁止一切侵害生命、身体、财产等利益的危险行为，有些危险是社会进步所必需的。由于这些行为对社会有用，为了追求其有用性，允许冒着生命危险去实施此等行为。刑法只不过是将这类行为作为合法化事由加以承认，倘若行为在允许的范围之内实施，即使对法

---

① ［德］李斯特：《德国刑法教科书》，徐久生译，法律出版社 2000 年版，第 202 页。李斯特在违法性本质上主张法益侵害说的观点，但其提出了刑法的目的的问题，见《刑法中的目的思想》（Der Zweckgedanke im Strafrecht），1943 年。

益具有危险或者发生侵害法益的后量，也不认为是违法。[①]（4）社会相当性说（Lehre von der sozialen Adaequanz），认为并非所有的法益侵害行为都是违法行为，只有在行为逾越社会生活中由历史形成的社会伦理秩序时，才能认定为违法。而依社会生活的实际状况和社会感觉，与社会生活相当的不违反秩序的行为，即使有损害结果存在的事实，也不认为是违法行为。例如，外科医生做手术切除患者伤腿的行为，不认为是违法行为，拳击等运动中攻击对方身体的行为，也不认为是暴力罪，拍父母的肩膀的行为、墓地的转移行为也是如此。[②] 一般认为，社会相当性说是威尔泽尔（Welzel）于 1939 年首次提出的，但威尔泽尔对此理论的功能定位时常变化，时而视其为行为的特征和构成要件形成的固有原则，时而为习惯法的阻却违法事由，时而为合目的性限缩构成要件的一般原则；而对于社会相当性的判断标准，起初以“共同体当时的道德架构”为标准，1944 年变为“对民族、国家和领导（阶层）的忠诚，对于国家权力的服从，以及备战”，

① 参见［德］汉斯·海因里希·耶赛克、托马斯·魏根特：《德国刑法教科书（总论）》，徐久生译，中国法制出版社 2001 年版，第 484 页；［德］克劳斯·罗克辛：《德国刑法学总论》，王世洲译，法律出版社 2005 年版，第 530 页。

② 参见黄丁全：《社会相当性理论》，载陈兴良主编：《刑事法评论》（第 5 卷），中国政法大学出版社 2000 年版；甘添贵：《超法规的违法阻却事由之理论》，载蔡墩铭编：《刑法总则论文选辑》，五南图书出版公司 1984 年版；［日］福田平：《社会相当性》，载《刑法讲座（2）》，日本刑法学会编集，有斐阁 1973 年版，第 110 页；转引自于改之：《社会相当性理论的体系地位及其在我国的适用》，载《比较法研究》2007 年第 5 期。

1947年改变为“对他人生命、健康、自由和财产的尊重”。[①] 社会相当性说被认为是之后客观归责性理论的前身。

多元论认为一种理论无法归纳全部正当化（违法阻却）事由的特征，故而需要同时借助不同的理论进行说明。多元论起意对正当化事由进行的进一步更为细致的分类和划分，如麦兹格将其分为两大类：（1）基于利益缺乏说的违法性阻却事由，包括被害人的承诺、推定承诺；（2）基于优越利益说的违法性阻却事由，再分为三小类：一是基于特别行为权的行为，包括正当防卫、紧急避险等；二是基于特别行为义务的行为，包括职务的义务、合法约束命令行为、惩戒权、义务冲突等；三是基于一般利益衡量原则的行为，包括治疗行为、安乐死等。也有学者将违法性阻却事由分为三类：（1）针对危险通过防卫进行自我保护和在危难中的救助，有正当防卫和紧急避险；（2）形式的权利、权限的行使，有强制权、惩戒权、被害人的承诺；（3）面向公共福利的生活利益的促进，有益于一般社会的设施、促进危难中救助邻人的福利和健康、消除苦恼等。[②] 西原春夫也把违法性阻却事由分为三类：（1）正当利益之保护：依法令之行为，正当防卫、自救行为等；（2）优越利益之保护：业务行为、紧急避难等；（3）必要利益之保护：被害者之承诺。[③] 在这种分类的基础上，认为每一类不同的正当化事由都有各自的理论原理和基础，这些理论原理互不重叠。

---

① 郑逸哲：《德国刑法学者与纳粹主义》，收录于《现代刑事法与刑事责任——蔡墩铭教授六秩晋五寿诞祝寿论文集》，“国际刑法学会中华民国分会”1997年版，第783～804页。

② ［日］大塚仁：《刑法概说（总论）》，冯军译，中国人民大学出版社2003年版，第320～321页。

③ 参见甘添贵：《超法规的违法阻却事由之理论》，载蔡墩铭编：《刑法总则论文选辑》，五南图书出版公司1984年版。

（二）正当化的出罪事由可以统一于社会相当性

对于以上一元论和多元论的争论，笔者认为，首先涉及的问题是正当化出罪事由的理论根据可否统一的问题。诚然，各种具体的正当化出罪事由具有各自的特点和性质，仍然可以根据彼此的相似和不同进行再分类，并一直区分下去直至被区分为单个的违法阻却事由。例如，麦兹格将正当防卫和紧急避险归为一类（基于优越利益说的违法性阻却事由），但正如西原春夫的分类法所展示的，正当防卫和紧急避险二者之间仍具不同性质，其他同属一小类的事由也是如此。由此，多元论揭示的完全是“分类止于何处”的形式问题，而并没有作出统一各种出罪事由共同特征的努力。多元论只是表示了以若干共同要素为核心的分类，在方法论上很难说是确实的，在体系上很难说是优秀的。[①] 当然，一元论建立在万事万物皆有共性的逻辑之上，这种逻辑虽无可挑剔，但如果将其运用到正当化出罪事由的理论根据上，意图归结出一元的理论使其无所不包，就必须保持必要的抽象性和无内容性。[②] 过度的抽象对于刑事司法适用而言可能是不利的，这对于一元论而言是需要避免又难以避免的问题。笔者认为，既然正当化出罪事由能被归为一类，那么作为一个整体的正当化出罪事由必然也能归纳出其共性。此外，正当化出罪事由亦即违法阻却事由的本质，实际上是与实质违法性相关的问题，其所要解释的是：形式上该当构成要件的行为，为何实质上并不违法，违法性的本质到底是什么？由此，违法阻却事由的本质，与违法性的本质（实质违法性）是相对立的范畴。既然学界可以归纳出

---

① 转引自［日］大塚仁：《刑法概说（总论）》，冯军译，中国人民大学出版社 2003 年版，第 321 页。

② ［德］克劳斯·罗克辛：《德国刑法学（总论）》，王世洲译，法律出版社 2005 年版，第 399 页。

违法性的本质，那么当然也可以归纳出违法阻却事由的统一本质。事实上，有什么样的违法性本质观，也就有什么样的违法阻却事由本质观。因此，笔者赞同一元论的观点。

一元论的另一个问题是，法益衡量说、目的说、被允许的危险说、社会相当性说，哪一种归结为正当化出罪事由的本质更为恰当？笔者认为，前述四种理论并非绝对冲突，诸理论之间事实上存在交叉重叠，没有彼对此错之分，只有彼优此劣之别。

首先，社会相当性说在理论圆满性上更具优势。其一，对于被允许的危险说，其偏重点并不是从实质上解释正当化出罪事由的学说，而只是将规范区分为禁止规范和允许规范，从而将所有正当化出罪事由归结为符合允许规范。即使是将这里的规范理解为前实定法规范，则被允许的危险说也只是从形式上揭示了正当化出罪事由的表面特征，而没有揭示允许规范之所以被允许的实质。此外，被允许的危险说主要针对的是过失犯的认定，从功利的角度来看，可被置换为社会相当性问题。[①] 亦即，被允许的危险实际上是被社会所允许认可的行为，考虑到行为追求社会利益的有用性，才认为具有相当性。从而，被允许的危险说是社会相当性在过失犯罪中的体现，不宜作为全体正当化出罪事由的理论根据。其二，单纯的法益衡量说存在缺陷。法益衡量说似乎是专为紧急避险量身定做的，而对于正当防卫，特别是在必须的情况下采取重大损害而防卫较小利益的正当防卫，用法益衡量说解释起来就颇费周折。因其损害的利益大于保护的利益，并不符合权衡的理性。可能认为，不法侵害人的利益是不受法律保护的利益，因此不存在法益侵害。或者，只有将正当防卫行为本身附带的社会价值（惩恶扬善、见义勇为等）计算进去，才可能认为收益大于支出。而法益大小的估量也具有模糊性。其三，目的说

① 黎宏：《日本刑法精义》，中国检察出版社2004年版，第123页。

与社会相当性说的实体内容相差不大，都是从规范或行为之于国家或社会之作用、目的出发，对行为的正当性予以论证。但目的说所说的国家制定法规范的目的，更偏重于国家权益的维护；而社会相当性说则偏重于社会利益、伦理秩序的维护和国民情感的考虑。因此，目的说更适宜国权主义或威权主义刑法，而社会相当性说更适宜民权主义或市民刑法。实际上，社会相当性理论是法益衡量说和目的说的综合。其判断不仅顾及法益价值结果，而且顾及行为的目的、态样，社会伦理秩序、国民情感等，这也是社会相当性说成为德日刑法当前理论通说的原因。

其次，社会相当性说更适合我国的刑法语境。社会相当性说的基础是违法性本质的规范违反说，在结果无价值和行为无价值的立场上，更偏重于行为无价值。而我国当前的刑法理论（至少现实的理论）是建立在社会危害性的基础之上的，将犯罪的本质界定为社会危害性，与法益侵害说相比，更加注重对行为本身性质的评价和社会整体秩序和保护，而不是以行为结果（法益损害）为依据、强调个人的权益保障。这与规范违反说中的行为无价值的立场是相似的。如果能够确实以罪刑法定的原则来约束社会危害性，并坚持客观主义的立场，那么，以社会危害性来诠注犯罪本质不仅完全符合现代文明刑法全部基准，而且正如规范违反说的优势一样，可以摒除法益侵害说的“经济中心主义”和“个人本位”劣势，对于社会情感的保护、整体秩序的维护、和谐人际关系的构筑具有不可估量的挖掘潜力。社会危害性将犯罪定义为对社会整体而不是个体权益的侵害，它可以成为偏执的“经济中心主义”和“个人本位”的社会化修正，而与规范违反说一脉相承。从而，社会相当性可以解读为社会危害性的反面，作为正当化出罪事由的本质，在我国刑法理论中具有合理性。社会相当性理论以规范违反说为基础所形成之学说，以社会评价为基点的价值基础也合乎我国刑法的本意。它可以担当诠注所有正当化的出罪事由之理论根基之重任，也能作为一种此类出罪事由的开放型的补漏性规定或标准而存在。正如陈兴良教授所指出的，社会相当性理论具有更大的包容性，可以作为正当事由的根据。

（三）社会相当性理论的基本内涵

1. 社会相当性的基本含义及事例

社会相当性理论（Lehre von der sozialen Adaequanz），是威尔泽尔首创的理论，其基本含义是，以符合义务的注意而为之行为，且该行为属于历史形成的社会共同生活秩序范围内的行为，不属于犯罪构成要件范畴，即使其与侵害刑法所保护的法益的危险有联系，也是如此。[①] 这些情况包括：开动原子反应堆、进行足球运动、参与道路交通、制造武器和爆炸物、经营铁路、航空事业或航海事业、经营登山铁道和运送滑雪者的上山吊椅。生产照明煤气或其他有毒化学制品的结果，在拦河坝、高层建筑和隧道等大型工程中，在危险的工业企业如矿山或采石场，在道路交通、铁路交通、船舶交通和航空交通中，发生致人死亡和身体伤害的不幸事件。在某些体育运动如拳击、橄榄球、滑冰或足球等中发生的伤害事件，等等。商业活动中通常的小的欺骗行为，同样属于这种情况。这些行为对于法益具有一定的危险性，但是社会生活中常见的行为，不认为构成犯罪。因为，刑法通过规定的犯罪构成要件所要禁止的行为，是从社会生活历史形成的秩序中分离出来的行为，而不是社会共同生活秩序范围内的行为。社会相当行为，即使其形式上符合构成要件，造成了构成要件的结果，并且行为人预见到该结果发生的可能性，基于该认识而行为的，只要他履行了必要的注意义务，其行为人也不应受到刑罚

① 陈璇：《刑法中社会相当性理论研究》，法律出版社2010年版，第7页。

处罚。

可见，社会相当性理论的关键词是“历史形成的社会共同生活秩序范围内的行为”，其创建之初的基本功能和作用是限制构成要件该当性的范围，认为一般日常生活中的危险行为即使造成结果，也不能认为该当构成要件。

2. 关于社会相当性的体系定位之聚讼

但是，社会相当性似乎从来就没有获得过确切的界定，这主要与它的体系定位混乱有关。甚至是社会相当性的创建者威尔泽尔，对其体系定位也有多次反复。最初（1939 年）社会相当性定位在构成要件该当性的范围，认为其为构成要件阻却事由。但从 1952 年起，他又将社会相当性定位在违法性的领域，认为其为违法阻却事由。最后又将该理论回复至构成要件该当性的范畴。[①] 由此也导致了学界对于社会相当性讨论的不同立场，大体上有：（1）构成要件该当性阻却说（藤木英雄），即认为社会相当性行为是日常生活中显而易见的定型化、类型化的行为，社会相当性行为自始不能视为符合构成要件。由此在进行构成要件该当性的判断时，首先应该研讨该行为是否超出社会相当性的界限，只有超出这一界限时才认为构成要件该当。（2）构成要件的解释原理说（耶赛克、西原春夫），认为社会相当性行为并不该当构成要件，但社会相当性也不能直接用作阻却构成要件该当性的一般性事由，而只能用作构成要件的解释，限定构成要件从而否定行为具有该当性。（3）违法阻却事由说（迈耶、迈兹格、宫泽浩一、团藤重光），即认为社会相当行为该当构成要件但不

① 参见［日］福田平：《社会相当性》，载《刑法讲座（2）》，日本刑法学会编集，有斐阁 1973 年版，第 110 页；［日］福田平、大塚仁编：《日本刑法总论讲义》，李乔等译，辽宁人民出版社 1986 年版，第 83 ~ 84 页。

违法。因此社会相当性行为可作为违法阻却事由排除违法性，属于习惯法上的正当化事由。（4）违法阻却与构成要件的规整原理说（福田平），认为社会相当性可以作为实质违法性的内容，虽不能作为一般性的违法阻却事由使用，但可以对类型化的违法阻却事由进行规整。此外，社会相当性并非与构成要件毫无关系，由于构成要件本身是违法行为的类型化，而社会相当性揭示违法性的实质，故而社会相当性不是从一般的超法规的价值标准出发对构成要件作一般的限定，而是从整体上解释个体化的构成要件要素时的解释原理。社会相当性可以从构成要件的形式的用语方法出发将不属于构成要件的生活现象剔除出去。①

（四）作为正当化事由原理暨一般性的超法规正当化事由的社会相当性

笔者认为，要对社会相当性进行把握，须从内容、定位、功用三个方面入手：其一，社会相当性用于解释的事例包括哪些，其具体内容如何界定？其二，为社会相当性所阻却的是构成要件该当性，还是违法性？其三，社会相当性作为一种解释原理存在，还是可以成为一般性的、具体的阻却事由？前述聚讼的争议，均是对这三个方面有不同理解和观点而引起的。

当然，对于第一个方面的问题即社会相当性的具体内容界定，是决定后两个方面问题的前提和基础。从前文可以看出，理论界对于因社会相当性而出罪的事例和行为的讨论，基本上可以分为两类，一类如开动原子反应堆、进行足球运动、参与道路交通、制造武器和爆炸物、经营铁路、航空事业或航海事业、经营登山铁道和运送滑雪者的上山吊椅，等等。这类行为不具有法律

① 参见［日］木村龟二主编：《刑法学词典》，顾肖荣等译，上海翻译出版公司1991年版，第177～180页；于改之：《社会相当性理论的体系地位及其在我国的适用》，载《比较法研究》2007年第5期。

上值得注意的法益侵害风险，纯粹是日常生活中正常的行为，社会公众对于这类行为习以为常。尽管这些行为附带一定的风险性，但从未被认定其具有“危害性”。而另一类如执行法警为死刑犯执行死刑、医疗行为中伤害如截肢、为伤害对方为内容的体育竞技如拳击中的伤害，等等。这类行为具有法律上值得注意的重大法益侵害风险，并且以法益损害为其直接内容，在外观上与违法行为没有差别。但是，由于合法、正当理由的存在，而使其不认为违法。

如果仅将社会相当性的解释对象限于第一类行为，亦即认为社会相当性是为了解释不具有法律上值得注意的法益侵害风险的日常生活行为，如驾驶交通工具的行为，则将其定位于构成要件该当性范围内是合适的。当然，笔者认为，如此理解社会相当性，也没有必要将其理解为阻却构成要件该当性整体的事由。这与对构成要件及其要素的理解的界定有关，如将构成要件理解为纯粹客观的、形式的、不包含任何主观的、价值判断要素的要件集合体的话，则诸如驾驶交通工具等行为确实是分别符合构成要件各个要素但整体上不具有构成要件该当性的。但是，如果在构成要件中引入价值判断的要素，将其中的行为界定为“危害行为”或认为该行为具有有害性。则前述驾驶交通工具等行为根本就不符合构成要件中的行为要素，是因不符合行为要素这个个体要素而不该当构成要件，而不是在整体上阻却构成要件该当性。当前刑法通说一般都承认构成要件的要素并非纯粹事实要素，其中也有价值判断的成分，承认规范的构成要件要素即为显例。因此，与其说诸如驾驶交通工具等行为是因不具整体上的构成要件该当性而无罪，还不如说其根本就不是刑法意义上的“危害行为”。如果社会相当性只是为了解释这类行为，则构成要件该当性阻却说、构成要件的解释原理说似乎也有所不妥，社会相当性更适于成为解释生活行为不具危害性的原因——具有社会相当性，就不具有害性，而不是构成要件该当性的实质。①

如果认为社会相当性重点解释的是第二类行为，亦即执行死刑、医疗行为此类具有法律上值得注意的重大法益侵害风险的行为，那么，将社会相当性定位于违法性阶层，作为违法阻却事由的解释或者一般化的违法阻却事由是合适的。因为执行死刑这类行为，在外观上与杀人行为没有区别，其实质就是故意杀人，只不过这种故意杀人是在合法化的旗号下实施。在刑法通说中，执行死刑行为通常是置于违法阻却事由的法令行为之下，正当医疗行为也是作为违法阻却事由的业务行为中的一种。也就是说，社会相当性所要解释的具体事例与通常的违法阻却事由发生的交叠。由此可见，社会相当性具有阻却违法性的功用。

1. 社会相当性应当定位于违法阻却阶层

基于上述论述可知，社会相当性的体系性定位与其所欲解释的事例对象有关，如用于解释附带风险的日常生活行为，则毋宁将其定位于对行为危害性的否定，如用于解释一般有害但经法律特别许可的行为，则将其定位于违法阻却阶层是恰当的。笔者认为，应当将社会相当性定位于违法阻却阶层。理由是：

其一，没有必要使用社会相当性解释附带风险的日常生活行为。日常生活行为，诸如驾驶交通工具、开动原子反应堆等，其本身从来就没有进入过刑法的视野。只是其附带的风险发生结果时，才被考虑有无过失犯罪的情形，但是，过失责任只是针对行为人对附带风险的防范义务，而不是日常生活行为本身。这也就是说，日常生活行为本身根本就不是刑法中的危害行为，对于这种行为只须通过行为有害无害的判断即可排出，而无须动用构成

① 对于不宜以社会相当性否定构成要件该当性的观点，得到了西原春夫的赞同，参见［日］西原春夫：《犯罪实行行为论》，戴波等译，北京大学出版社2006年版，第66页。

要件该当性整体。事实上，是否属于刑法上危害行为的判断，甚至是前构成要件阶段，即作为整个刑法基底的行为层面所要解决的问题。[①] 在此时所谓“社会相当性”与无害性是同义的，与区分未遂犯与不能犯的“不具有具体危险”——按照行为当时的情形社会公众不感到危险——也是一脉相承的。由此，论证日常生活行为具有社会相当性，只不过是论证其客观（依社会公众观念的客观性）上不具有害性的另一种说法，它完全被消解在行为有害的判断之中。再另起炉灶独创新的理论解说，是不必要的和多余的，也会造成混乱。

其二，根据构成要件与违法性的分配原理，将不具有社会相当性作为所谓构成要件该当性的实质，实际上就是违法性。关于构成要件该当性与违法性之间的关系，最通常的观点是认为两者是形式违法性与实质违法性之间的区分。从而，构成要件该当性的实质就是违法性，是出于法治主义的需要而将违法性类型化、具体化、形式化而展现出来，以便于识别和判断。前述将社会相当性定位于构成要件该当阶层，认为可以阻却整体的构成要件该当的学说，实际上是将不具社会相当性作为构成要件该当的实质。但是，根据前述构成要件与违法性的关系，则构成要件该当的实质就是违法性。以社会相当性来阻却构成要件该当性，就是以实质违法性来修正形式违法性判断。此外，构成要件该当性与违法性之间的关系，还有原则与例外之别：构成要件该当的行为原则上都是具有违法性的，而违法阻却事由只是不具有违法性的例外，尽管两者都不具有违法性。由此，构成要件不该当的行为与违法阻却的行为又有另一种分配：构成要件不该当的行为在形式上通常都是正当合法的，违法阻却的行为在形式上通常都是不

① ［日］西原春夫：《刑法的根基与哲学》，顾肖荣译，法律出版社2004年版，第125页。

正当合法的。从而，对于杀人、重伤之类的行为，由于其在形式上一般都不正当，因而即使因特殊原因而不具违法性，如执行死刑、医疗截肢，都宜归入违法阻却事由中。而对于驾驶交通工具、危险作业，由于其在形式上一般都正当，因而不宜归入违法阻却事由，而只须在构成要件阶层排出犯罪即可。从而，前文违法阻却与构成要件的规整原理说从构成要件与违法性的关系入手，试图调和对立立场的争论，是很有道理的。这也说明，认为附带风险的日常生活行为以及一般有害但经法律特别许可的行为，都不具有社会相当性，这种说法也是有一定道理的。只不过，从理论的功用上讲，用社会相当性排除显而易见正当行为的违法性，没有必要。从构成要件与违法性的分配原理上讲，阻却性的消极判断也适宜归入违法性阶层之中。

其三，社会相当性还能用于解释正当防卫、紧急避险等典型的违法阻却事由，其是理想的正当化事由的统一理论。本章文首对正当化出罪事由理论根据的各种观点进行了评判，发现很难将各种违法阻却事由归结到统一的理论下来，即使是正当防卫与紧急避险都难以统一。尤其是法益权衡说不能解释正当防卫中损害法益大于保护法益的现象。现在，社会相当性理论可以解释全部的违法阻却事由，如对于正当防卫，按照社会公众的基本观念，对于不法侵害当然可以反击，作为防卫手段的正当防卫当然以制止侵害为必要，故而其合法限度止于必要性（必须说），即使损害利益大于保护利益也是如此，由此就解释了正当防卫的问题。相同，其他违法阻却事由也能得到恰当的解释。

2. 社会相当性既可作为正当化事由的统一原理也可作为一般性的超法规正当化事由

作为正当化出罪事由统一原理的社会相当性，是一种解说理论，可以对已经被刑法规范确定的法定正当化事由以及被刑法理论认可的类型化的正当化事由进行解释。这是在先有结论和结果的情况，探求其推理过程和原因的过程。作为统一原理的社会相当性，揭示的是正当化出罪事由的共性和本质。事实上，行为正当（不违法）与不正当（违法）的评价，归根到底是一个价值判断问题。社会相当性以社会的观念来评价行为的正当性与否，以社会公众为判断主体，以历史形成的社会共同生活秩序为判断依据，与违法性阶层的逻辑基础是吻合的。作为解说理论的社会相当性的最大优势在于其能够将所有正当化事由的根据统一起来。有些正当化事由，尽管以损害为直接内容，但也是日常生活正常运转必须的行为，如医疗中的截肢、拳击中的殴打、扭送中的拘禁、战争中的杀人，这是来源于社会习惯法中的正当化事由。有些正当化事由，已经被明文规定到法律规范之中，如正当防卫和紧急避险，这是来源于国家规范的正当化事由。事实上，国家规范并没有创设新的出罪事由，而只是对社会观念承认的事由进行了重申，由此，国家规范与习惯法最终统一于社会观念，这也是社会相当性能够解说全部正当化事由——无论是法定的还是超法规的事由——的原因。

作为解说理论的社会相当性只是对既存事实进行了合理性解释，并没有创造新的内容，尽管这对既存正当化事由的解释和限定有一定的作用，但对于司法实务来说未免过于浪费，也会引起不实用的评价。笔者认为，社会相当性也可作为一般性的超法规正当化事由，亦即，可将社会相当性予以定型化，赋予具体内容和标准，从而使其可以被直接援引作为出罪事由。当然，社会相当性本身具有模糊性，这是学者们反对将其作为具体出罪事由的重要原因。但是，正如福田平教授指出的那样，以往的作为违法阻却原理的法益衡量说、目的说，其内容也是相当模糊的，与社会相当性并没有很大差别。并且，日本刑法典第35条所规定的正当行为的内容也是相当模糊的，但却也能被刑法典规定为具体的出罪事由。由此以模糊性来反对其作为具体出罪事由的观点不能成立。[1] 此外，这种模糊性并非不能克服，通过标准的确立、相关考虑因素的列明、判例素材的组织，社会相当性的内容也能逐渐明朗起来。

二、作为一般性违法阻却事由的社会相当性的评判标准

作为一般性的超法规正当化事由的社会相当性，是一种“兜底性”的正当化出罪事由，也就是说，能够将法定正当化事由、超法规的已被定型化的正当化事由以外的、该当构成要件但不具违法性的事由囊括进来，直接援引发挥出罪的作用。其作用正如我国刑法第 114 条规定的最后一个罪名“以危险方法危害公共安全罪”那样，认为是与定型化的放火、爆炸、决水、投放危险物质行为相当，但又是行为以外的危险方法。由于其是具体出罪事由，故而需要明确其具体标准。笔者认为，由于“兜底性”规定本身就具有开放性的特征，故而在其标准问题上不可能达到绝对明确，只可能多方面的界定将其限缩在相对明确的范围之内。笔者认为，界定社会相当性所要考虑的内容，包括根据概念推导出的标准界定的立场和要旨、评判时所要考虑的要素、可供参照或归纳的已有的判例等。

（一）界定社会相当性的评判标准的基本立场

社会相当性概念的核心要素是“历史形成的社会共同生活秩序范围内的行为”，以此为出发点，则社会相当性的评判标准应当以社会一般观念、国民共同秩序为基本立场，这就是社会相当性中的“社会”二字表征的含义。而对于“相当”二字，应当认为是社会公众所容忍，认为不违法、正当的意思。当然，由于社会相当性是一种出罪事由，它与一般的不符合构成要件的无

① ［日］福田平：《社会相当性》，载日本刑法学会编集：《刑法讲座（2）》，有斐阁 1973 年版，第 116 页。

罪行为还是有显著区别的，社会相当性所评判的行为应当是表面上、形式上、客观上具有损害性的行为，甚至是造成了重大损害后果的行为，这种行为一般都是以犯罪行为的形式出现。但却能被社会公众认同为正当，说明这种行为在造成损害的表面背后，具有更为重大的社会机能。这种社会机能与损害两相比较，是公众所能接纳认可的，由此损害被认为是获得社会机能的必要成本而被祛除违法性。两相比较更为有用，这便是"相当"二字的另一层含义。在历史所形成的国民共同秩序内，不脱逸社会生活上的常规，虽造成客观损害但具有社会机能作用的行为，是不具违法性的社会相当行为。社会观念的（习惯法的）、客观的、比较性的、本身有用的（行为无价值的），这就是社会相当性的评判标准界定的基本立场。

（二）社会相当性的评判标准的实体要素

作为社会相当性的实体评判标准，应当包括哪些要素呢，如何将其定型化？为此，诸多学者进行多方面的论证。例如，甘添贵教授认为，包括社会相当性在内的超法规的违法阻却事由需具有四个一般要件：其一，目的之正当性，即行为必须符合法秩序的全体精神，保护有必要的优越正当利益；其二，手段之相当性，即实现正当目的的方法为社会伦理秩序所允许；其三，法益之均衡性，即对法益的大小轻重、性质、程度以及其他价值进行比较；其四，行为之补充性，即行为是避免其利益受侵害的唯一方法或最后手段。[①] 也有论者从正反两个方面对社会相当性进行

① 参见甘添贵：《超法规的违法阻却事由之理论》，载蔡墩铭编：《刑法总则论文选辑》，五南图书出版公司 1984 年版；黄丁全：《社会相当性理论》，载陈兴良主编：《刑事法评论》（第 5 卷），中国政法大学出版社 2000 年版；郭光兴：《刑法上社会相当性理论之研究》，台湾地区辅仁大学法律研究所 1988 年硕士学位论文。

界定，认为严重脱逸社会相当性的行为（立法层面上的违法行为）判断基准包括“法益侵害”与“行为样态”两方面。前者包括：法益性质的重大性，只有社会生活中的重大法益才能由刑法加以保护；法益侵害程度的严重性，只有被害法益达到了值得刑罚处罚的程度才能由刑法加以规制；法益侵害的急迫性与盖然性，法益侵害的急迫性与盖然性越低，违法性越低，越不值得刑法加以保护；法益衡量的均衡性，只有保护法益大于或等于被害法益时才能阻却违法性。后者包括：目的的正当性，只有为实现正当的目的而采取的适当手段才可能阻却违法性；手段的相当性，即使目的正当，如手段不相当也不能阻却违法性；行为态样的微异性，如果行为态样（如行为后果、行为人的态度等）轻微，则行为不能构成犯罪。[①] 从而，社会相当性的判断基准要素包括：法益侵害的轻微性、目的的正当性、手段的相当性、法益的均衡性、行为样态的微异性。[②] 还有论者提出了事实与规范两步骤的判断构造：先从社会事实层面以一般人为实质标准进行判断，行为须具有通常性；然后从规范价值层面进行判断，行为须具有适当性。[③]

笔者认为，前述甘添贵教授关于超法规违法阻却事由一般条件的论述，是综合了法益衡量说和目的说两种标准的折中，在理论上当然是没有问题的。但是，其内容过于抽象、笼统，很难用于实务操作进行判断，在标准层面上很难说是完美的。而从

① 于改之：《我国当前刑事立法中的犯罪化与非犯罪化——严重脱逸社会相当性理论之提倡》，载《法学家》2007 年第 4 期。

② 郭献朝：《刑法中的社会相当性理论——基于“罪”与“非罪”的视角》，山东大学 2007 年硕士学位论文。

③ 陈璇：《刑法中社会相当性理论研究》，法律出版社 2010 年版，第 202 ~ 218 页。

"法益侵害"与"行为样态"两方面说明社会相当性，依循的是"为了正当目的而采取恰当手段"的目的论的两段论逻辑，实际上也是法益衡量说和目的说，标准虽然全面，但操作仍然虚空，特别是对于"法益侵害"的论证可能并不适用于作为违法阻却事由的社会相当性。笔者认为，可以在批判前述各种论说所提出的实体标准要素的基础上，对社会相当性的标准进行归纳和设定。（1）法益侵害的轻微性不应成为一般性违法阻却事由的社会相当性的判断标准内容。事实上，需要通过社会相当性而阻却违法性的行为，甚至全部违法阻却事由，其客观损害结果都具有重大性，都是具有法律上值得注意的重大法益侵害风险或结果的行为。"法律不理会琐细之事"，法益侵害轻微的行为在构成要件阶段就应被排出，而无须等到违法性阶层予以排出。[①] 也就是说，社会相当性在客观上具有损害的重大性。但损害的重大性并不是社会相当性的判断标准内容，而是其客观事实前提。（2）行为的补充性也不应成为一般性违法阻却事由的社会相当性的判断标准内容。行为的补充性只是阻却违法性的紧急避险的成立条件，其他违法阻却事由如正当防卫、被害人承诺的成立都无须具备此条件，一般性违法阻却事由的社会相当性也不应具备此条件。对于社会相当性行为的实施者而言，其对于行为的实施一般具有充分的意志选择自由。只不过，其他法益受损的风险依附在行为之上不可分离，甚至损害此种法益本身就是实现彼种利益的方式。社会相当性行为相对于社会而言是必要的，但对于行为人而言并非必须实施。（3）法益的均衡性在社会相当性的判断中也应予以修正。社会相当性行为所取得的收益，可能并不像紧急避险那样有明确的、具体的实体法益，有时其只是社会秩序运作中的正常行为，取得的收益难以衡量。即使可能损害某些法

① 张明楷：《刑法格言的展开》，法律出版社 1999 年版，第 98 页。

益，或者收益小于损害，由于社会生活的需要，也被认为是正当的。

基于以上分析，笔者认为，作为一般性违法阻却事由的社会相当性的判断标准，应当只与其“行为样态”有关。亦即从行为本身判断，其为社会生活中正常的行为，虽伴随有损害后果或者自身就是一种损害，但由于历史上就是社会生活的组织部分，不被社会公众认为是不恰当的、扰乱社会秩序的。在判断行为是否具有社会相当性时，以下因素是应当考虑的：（1）行为在社会生活中具有惯常性。行为要么是在社会历史秩序中形成的，被一般公众认为是习以为常的；要么是社会生活所必需的，具有促进社会进步和变革意义的；要么是在社会秩序、国家政治、法治运作、道德环境、日常生活中产生的。例如，交通运输、危险作业、采集矿产、政治行动、执行法令、谴责训斥，都有可能具有重大利益损害的危险或者造成损害结果。但这些行为已被社会接受、为公众所习以为常，成了社会生活中的组成部分，不能认为具有违法性。（2）行为对于社会秩序没有重大扰动。行为可以造成损害结果，并且这种损害结果，有时候对于损害对象个体可能具有消极性。但就整体社会秩序而言，要么是维护社会秩序的，如父母、教师对子女、学习的惩戒；要么对于社会秩序影响不大，如发生口角相互辱骂等。（3）就社会观念看来行为具有适当性。这里的适当性，既包括社会公众的正面评价，也就是正当性的伦理上道德上的行为；也包括难以作出好坏评价的情形。“被允许的并非都是高尚的”，只要行为没有引起社会公众过度的负面情感，无损于其文化情绪，在民众容忍的范围之内，就不能认为具有违法性。其中包含了手段正当性的内容，亦即其手段、方式为社会伦理秩序所容许，并非采取非法和悖德的手段。总之，社会相当性的判断应当是对行为本身（行为无价值）的判断，是一种客观判断（以社会公众为判断立场），也是一种价值判断（适当与否），并且是基本习惯法的判断。其判断的主要依据是行为在社会生活、历史秩序中的地位、作用等客观存在状态。

（三）以社会相当性为由阻却违法性的判例

根据类型的基本原理，作为一类行为类型的社会相当性是由概念和事例组成。[①] 故而，界定作为一般性违法阻却事由的社会相当性的另一种方式，是列举以往既有的社会相当性案例和判例，以引之为今后判决的借鉴参考和对比类比。以行为具有社会相当性为由而认为不构成犯罪的判例和事例，在德国刑事司法中有：（1）离弃其家庭的丈夫，即使知晓其行为可能导致其妻子自杀的结果，其行为仍属社会的相当性行为范围之列（联邦法院刑事判决 7,268）；（2）给机动车驾驶员斟酒的餐馆老板，只需要阻止其继续驾驶，如果该客人的醉酒情况达到了不能负责任地行为的程度（联邦法院刑事判决 19,152[155]）；（3）根据德国刑法典第 86 条第 3 款的规定，一个被禁止政党可为“科学或艺术目的”而散发违宪的宣传材料（联邦法院刑事判决 23,226[228]）；（4）罢工和封锁工作场所是劳动争议的社会相当手段（联邦劳动法院判决，300）；（5）为逃亡的犯罪行为人提供住所、医疗帮助和出售生活用品，尚不构成阻挠刑罚之罪（德国刑法典第 258 条）。[②]

以上这些行为，是完全符合前文归纳的社会相当性三个特征

① 类型化思维，参见［德］考夫曼：《法律哲学》，刘幸义等译，法律出版社 2004 年版，第 190 页；［德］考夫曼：《当代法哲学和法律理论导论》，郑永流译，法律出版社 2002 年版，第 183 页；［德］拉伦兹：《法学方法论》，陈爱娥译，商务印书馆 2003 年版，第 101 页。

② ［德］汉斯·海因里希·耶赛克、托马斯·魏根特：《德国刑法教科书（总论）》，徐久生译，中国法制出版社 2001 年版，第 311 页。

的。但应当注意的是，其一，这些判例和事例只是对社会相当性行为以及依照社会观念所附随的结果阻却违法性，而不是认为行为人对所有的结果都不承担责任。例如，在容易发生伤害事件的体育活动中，因遵守规则而发生伤害的，可认为是社会相当性行为；而违反规则的过失甚至故意行为，不能认为是社会相当性行为。其二，作为社会相当性判断基础的“社会观念”具有抽象性，事实上，在司法实务中，是裁判者所认为的“社会观念”，尽管判断带有裁判者主观的、感性的色彩，但其依据是社会客观事实。其三，作为一般性违法阻却事由的社会相当性，是补漏性的正当化出罪事由，也是未定型的超法规正当化出罪事由。根据出罪事由的适用顺序，应先适用法定的出罪事由，然后才适用定型化的超法规出罪事由，最后，在穷尽前述出罪事由之后，才能根据前述社会相当性的标准判断行为是否具有社会相当性而出罪。其四，社会相当性既是一种具体的正当化出罪事由，更重要的也是所有正当化出罪事由的理论根基，从而，其判断标准必然带有抽象理论的内容，模糊性与暧昧性是在所难免的。正因为如此，想要使本应模糊的标准绝对明确、具体、清晰，似乎不宜实现。在此意义上，与其说社会相当性具有明确标准，还不如说提供了司法出罪的有限空间以及出罪判决的正当程序。

三、正当化的出罪事由的价值诉求

正如前文一再强调的，正当化的出罪事由是“本来无罪”的情形，其本身在伦理上就是正当的。因而，在犯罪的判断过程中将正当化的出罪事由认定为无罪是天经地义的，反而，如果一种犯罪论体系或者犯罪判断机制不能做到将正当化的出罪事由排出，那么只能说明这种犯罪论体系或者犯罪判断机制存在致命缺陷，是不科学的。由此，应当拒绝这样的观点，即认为正当防卫、紧急避险等正当化出罪事由本应是犯罪行为，只是出于例外或者个体正义的考虑才将其排除在犯罪之外，实际上，它们本来就不应包含在犯罪行为之内。从这个角度上讲，正当化的出罪事由之所以被排出犯罪纯粹是基于技术上的原因，那么，根本就没有必要考察正当化的出罪事由不构成犯罪的理由，因为它们正如吃饭穿衣一样本来就不构成犯罪，反而，需要考察的问题是：出于何种原因使得正当化的出罪事由被“错误的”包括进了犯罪构成之中？

笔者认为，这是出于人们认识犯罪行为的“首因效应”以及由此形成的犯罪论体系判断顺序造成的。首因是指首次认知客体而在脑中留下的“第一印象”；首因效应则是指个体在社会认知过程中，通过“第一印象”最先输入的信息对客体以后的认知产生的影响作用。犯罪行为留给人们的第一印象就是造成的客观损害，由此，反映到犯罪论体系中，损害的有无就成为认定犯罪成立与否的首要标准和核心内容。无损害即无法律，这条法谚对于刑法来说仍是至理名言，虽然在刑法中损害的形式已由危险进行了补充。将损害作为犯罪成立的首要标准导致的结果就是，作为犯罪论体系第一判断阶层的犯罪构成也是以损害为核心的，无论是以法益侵害为本质的德日刑法的构成要件还是以社会危害性为本质的我国刑法的犯罪构成均是如此，如我国刑法一般是以损害的大小来判断行为是否具有社会危害性的。由此，作为犯罪概貌的犯罪构成将所有造成损害的特定行为都包括了进来，其中也包括了正当有益和无关紧要的损害，但实际上犯罪只是有害和有恶性的损害。这意味着犯罪成立与否的判断除了进行有无损害的外在客观评价以外，还要进行损害是否有害的主观的价值判断。在德日刑法中，这就是实质违法性的判断阶层，在英美刑法中，这就是合法辩护事由中正当理由的判断，在我国刑法中，这就是正当化的出罪事由的判断，它们都遵循着由损害到排除有益损害的判断顺序。由此可见，排出正当化的出罪事由是犯罪判断必经的判断阶段。当然，这类出罪事由以及这个出罪阶段也代表了：

（一）更为精致、更为完整的正义观念

刑法是体现正义和实现正义的形式，但是，刑罚究其本质却是对个人自由的最严重损害，具有反个人意志和个人自由的不正当形式，要使刑罚这种损害具有正当性，成为正义的形式，必须具有足够的发动理由，“要使强迫成为正当，必须是所要对他加以吓阻的那宗行为将会对他人产生祸害”，“人类之所以有理有权可以分别或者集体地对其中任何分子的行为自由进行干涉，唯一的目的只是自我防卫。这就是说，对于文明群体中的任一成员，所以能够施用一切权力以反其意志而不失为正当，唯一的目的只是要防止对他人的危害”，“凡属社会以强制和控制方法对付个人之事，不论所用手段是法律惩罚方式下的物质力量或者是公众意见下的道德压力，都要绝对以它为准绳”。[①] 因此，将损害的存在作为刑罚的启动原因是符合正义的基本准则的。

但是，损害可以成为认定犯罪启动刑罚的首要特征，却绝不是唯一特征，甚至不是核心特征。因为损害只是一种简单的事实的描述，将损害与价值挂钩，那么可分为有害的损害、有益的损害、无害也无益的损害，只有有害的损害才可能成为刑罚惩治的客观对象。也就是说，犯罪实际上是以害恶为核心的价值判断的结果，认定犯罪并启动刑罚实现正义始终无法脱逸有无害恶的价值判断，故而将损害作为犯罪的唯一特征所体现出来的正义观念是不完整的。而正当化的出罪事由以社会相当性理论为基准，认为可为社会容忍不伤及社会情感的损害不是刑法规制的对象，以损害好坏的价值评价统摄了损害有无的事实评价，将对社会有益

① ［英］密尔：《论自由》，程崇华译，商务印书馆 1959 年版，第 3 页。

的、社会发展所必须的以及中性无色的与社会情感无关的损害排出刑法的评价之外，代表了一种更为精确更为完善的正义观念。事实上，无论是德日刑法以实质违法性推翻形式违法性认定模式，还是我国以社会危害性推翻刑事违法性的认定模式，都体现价值的认定才是犯罪认定的核心，而正义本身就是一种价值评判。

（二）利益权衡的功利主义

利益权衡虽不是全部正当化的出罪事由的理论根基，但却在大多数的正当化出罪事由中体现出来，紧急避险即为显例。如果抛弃实体化利益观念，而将社会情感以及行为人可能受到的处罚也作为一种利益来考虑，则绝大多数的正当化出罪事由都可以用利益权衡的观点来解释。生命、健康、自由、财富、环境（自然环境和社会环境）这是利益权衡给定的一般利益轻重排序，但是，在社会的物质基础得到了一定程度的满足的情况下，生活情感和社会秩序可能会成为一种更为重要的利益，如果实体的利益损害与生活情感产生了冲突，利益权衡的法则就可能会发生变更而向生活情感一方倾斜，这时候，损害实体利益而赢取和谐情感关系也是合算的，即使损害利益之量要大于所得利益之量，或者力求保护的利益是不确定和不可见的潜在利益，如损害一定程度的经济利益以保护环境利益，仍然可以舍量大利益而取量小利益。从总体观之，这仍然属于社会功利主义的范畴，正是由于人们利益观的变化，使得正当化的出罪事由有了千姿百态的体现形式，这也是允许存在超法规的出罪事由的原因之一。而如能避免使用刑罚手段就不使用的刑罚谦抑主义思想理念也是建立在这种利益权衡的功利主义基础之上的。

（三）社会秩序和公众情感的维护

整体正当化的出罪事由的理论根基是社会相当性，就是社会观念为判断立场将社会生活中的正常行为排出在违法行为之外。

不具违法性的社会相当性行为即“历史形成的社会共同生活秩序范围中的行为”，即使造成损害的行为，即使损害大于收益，如果不害及社会秩序，也不认为违法，这体现了对社会秩序的维护。正如威尔泽尔对违法性实质的解说那样，认为违法性即造成法不容许的状态（或对法容许的状态进行改变），或对某个状态作法不容许的改变。① 这里法所容许的状态在很大程度上就是指正常的社会秩序。不恰当地改变社会秩序，即社会不相当行为，就具有违法性。何为不当何为恰当，取决于社会公众的价值判断。正当化出罪事由并非都是对社会有益的行为，刑法上的正化当只求无害不求有益，如果不伤及公众情感，也便认为无害。社会相当性以及正当化的出罪事由又体现了对公众情感的维护。从而，社会秩序和社会情感的收益，修正了利益权衡的经济中心主义，使得刑法的判断合乎了前实定法也就是社会规范（习惯法）的价值准则，获得了合理性的基础。

---

① 许玉秀：《当代刑法思潮》，中国民主法制出版社 2005 年版，第 138 页。

第七章　期待不可能

——可宽恕的出罪事由之理论基础

笔者在前文列举了可宽恕的出罪事由的具体形式，这就是：防卫过当、避险过当、受胁迫行为、陷于困境的行为、不具认识可能性的违法性认识错误（禁止错误）、期待不可能、未达刑事责任年龄和精神病、安乐死，等等。这些出罪事由的基本特征是："行为虽违法，但情有可原"。与正当化的出罪事由相比，可宽恕的出罪事由针对的行为并不是伦理上正当的行为，而是逾越了合法界限的违法行为，只是因为行为人本身的原因，或者行为发生在特定情境之下，行为人的意志受到限制，不宜认为应当承担责任，故而阻却责任而不构成犯罪。可以认为，因正当化的出罪事由而出罪是因行为客观上不违法而不构成犯罪，是因事出罪；因可宽恕的出罪事由而出罪是因行为人不应归责而不构成犯罪，是因人出罪。当然，可宽恕的出罪事由的出罪性质也决定了因其而出罪的行为与一般不符合责任积极要素的行为还是有所区别的。行为人主观上不具有责任的故意或过失，即不符合责任的积极要素，不能认定其有责任。而以可宽恕的出罪事由出罪的行为，因其为"出罪"即对已经符合形式要件的行为排出，在形式上应当已经具备了责任的积极要素，只是不符合责任的实质要求才不认为具有责任，这也是其被称为"可得宽恕"的原因。

一、期待不可能——可宽恕的出罪事由之理论基础

前文列举了已经定型化的可宽恕的出罪事由，这些出罪事由有的是根据刑法的明文规定推导而出，如防卫过当、避险过当、受胁迫行为，分别规定在我国刑法第20条第2款（正当防卫明显超过必要限度造成重大损害的，应当负刑事责任，但是应当减轻或者免除处罚）、第21条第2款（紧急避险超过必要限度造成不应有的损害的，应当负刑事责任，但是应当减轻或者免除处罚）、第28条（对于被胁迫参加犯罪的，应当按照他的犯罪情节减轻处罚或者免除处罚）。虽然这些规定都不是绝对不负刑事责任的规定，但其中既包括了定罪免刑的可能性，也同样包括了不定罪的可能性，因此可以认为是法定的出罪事由。有些出罪事由是源自司法解释的归纳，如陷于困境的行为；有些是根据已决案例并结合我国刑法的司法实践态度引申而出的，如安乐死。当然，以上这些定型化的可宽恕出罪事由，在德日、英美刑法中均有所论及，将其置于我国刑法中讨论也是参照了国外刑法理论及判例而得出的结论。尽管国外刑法对于这些出罪事由规定和定位与中国刑法存在差异，如对于防卫过当，德国刑法典第33条明文规定为“不负刑事责任”：防卫人由于慌乱、恐惧、惊吓而防卫过当的，不负刑事责任；对于避险过当（德国刑法典第33条规定的阻却责任的紧急避险）也是如此。对于安乐死，日本刑法是以判例的形式确定了阻却违法性的安乐死的构成条件，使其成为违法阻却事由（正当化的出罪事由），当然，不完全符合合法化条件（如不具备明示承诺条件）的安乐死可能成为责任阻却事由（可宽恕的出罪事由），这与本书对我国案例归纳后的定位不一样。可以观察到的一个现象是：不完全符合正当化出罪事由的全部要件，而欠缺部分条件的行为，如防卫过当、避险过当可成为责任阻却事由（可宽恕的出罪事由），那么，以此推之，

执行非强制性法令、义务冲突时保全小的利益等，都有可能成为责任阻却事由（可宽恕的出罪事由）。

从而，可宽恕的出罪事由与前述正当化的出罪事由一样，其来源既有刑法规范的明文规定（法定事由），也有依据刑法规定的推导（类推），还有依据判例、习惯法、理论的归纳，其范围具有开放性。同样，可宽恕的出罪事由与前述正当化的出罪事由一样，也会遭遇范围止于何处的问题。出罪事由虽不必法定，但也应有所限制。可宽恕的出罪事由虽可以超越实定法规定，也并非可以漫无边际，应当受到其本质的限制。这就需要对可宽恕的出罪事由的理论基础进行探讨。

（一）关于责任的学说及作为责任基础的期待可能性

可宽恕的出罪事由是对行为人责任的阻却，是有责性的对立面，因而要探讨其理论基础和实质，首先应弄清责任（有责性）理论。责任（Schuld）在当前一般被界定为意志形成的非难可能性（Vorwerfbarkeit）。德日刑法对于责任本质的学说，素有道义责任论、社会责任论、规范责任论的聚讼。道义责任论主张，责任就是对实施违法行为者所做的个人伦理上的非难，亦即，行为人在主观上能够依从道义规范选择合法行为，却依其自由意思而选择了违法行为，就应加以道义非难。社会责任论主张，责任是对由于反社会性格而带有社会危险者所应被科处刑罚的法律上的地位，亦即认为犯罪是素质与环境的产物，责任的大小完全取决于犯人的再犯危险性之大小。规范责任论主张，责任是对于实施违法行为的行为人能从法的立场上以刑罚加以非难的可能性，强调不是从道义立场上的非难而是法的立场上的非难。[1] 这些关于责任

① ［德］汉斯·海因里希·耶赛克、托马斯·魏根特：《德国刑法教科书（总论）》，徐久生译，中国法制出版社2001年版，第503~506页。另参见陈子平：《刑法总论》，中国人民大学出版社2009年版，第215~218页。

本质的学说，除了刑罚理论背景和出发立场不相同以外，对于责任内容的理解也有所不同，主要涉及心理责任论和规范责任论的问题。心理责任论立足于意思自由论，将责任的内容限定为责任能力、故意过失等心理事实。而规范责任论则认为责任的内容除了故意、过失等责任要素之外，还须有期待可能性的存在，才具非难可能性。由此可见，期待可能性理论是规范责任论的基础，是其区别于道义责任论、社会责任论的最重要发展。时至今日，规范责任论已被德日刑法接受为责任论本质的通说，期待可能性问题也成为责任判断过程中必不可少的考虑因素。当然，对于规范责任论，也经历了弗兰克（Reinhard Frank）（将“附随事情的正常性”作为第三责任要素），戈登修米特（James Goldschmidt）（二元规范论，将违反指向内心的义务规范作为第三责任要素），弗洛登塔（Bechtsnorm Freudenthal）（将责任的实体归纳为应当能够采取其他态度却作出违反该期待的行为），施密特（将期待可能性作为共同于故意、过失的规范性要素）等学者的发展。而施密特是集大成者，其将法规范分为评价规范和决定规范，认为评价规范是以一般人为标准而设立的法规范，而决定规范是针对个别行为人的法规范，只能依据法的命令作出意思决定的人违反期待作出了违法行为的决意，才能追究责任。经过施密特的论证，期待可能性这种规范性要素才正式在责任论中固定下来。

由此可见，当前立足于规范责任论的责任要件，其内容应当包含两个方面的要素，一方面是故意、过失等心理要素，另一方面是责任能力（包括责任年龄）、期待可能性等规范要素。一般认为，故意、过失等心理要素是责任的积极要素，而期待可能性是责任的消极要素，亦即阻却责任的要素。鉴于本书已将可宽恕的出罪事由（责任阻却事由）界定为行为该当构成要件且行为人具有故意、过失之后的判断，故而，可宽恕的出罪事由只与期待可能性的判断有关。也就是说，从反面理解的期待可能性即期待不可能是可宽恕的出罪事由的理论基础，全体可宽恕的出罪事由必将统一于期待不可能。

（二）期待可能性的含义和定位之争

对于期待可能性的定义，存在广义和狭义之分。广义的期待可能性，是指从行为人实施行为之内部和外部的观察，可以期待该行为人不为犯罪行为，而为其他合法行为而言。狭义的期待可能性，是指从行为时四周的外部情况（内部情况除外）观察，同样可以期待行为人不为犯罪行为，而为其他合法行为而言。[①]通说一般采纳狭义的期待可能性的定义，一般可将其理解为：法规范期待行为人在行为时的具体情况下，能够避免犯罪、作出适法行为的可能性。从反面理解期待不可能，也就是指行为人在当时的情境下没有作出适法行为的可能性。

期待可能性在德日刑法中讨论较多，两国的责任理论都是建立在规范责任的基础之上，在整体上是支持规范责任论的，故而，作为规范责任论中心思想的期待可能性不可能被抛弃。[②] 但是，具体到如何理解期待可能性理论、将其定位于责任要件的何处、如何将其运用于责任评定之中的问题，两国理论存在差异，基本上表现为以下三个方面。[③]

1. 理论功能：抽象理论的诠释功能 VS. 具体事由的判断功能

在对待期待可能性的态度上，德国刑法倾向于将其理论化、

① 这其实是对期待可能性的征表问题即评定依据是外部事情还是内部、外部等一切情况而引起的争议。

② ［日］大塚仁：《刑法概说（总论）》，冯军译，中国人民大学出版社 2003 年版，第 403 页；近年出现了在违法性论中处理期待可能性的见解，见同书第 382 页。

③ 本部分以下部分论述参照了方鹏：《德日期待可能性理论比较研究——以超法规责任阻却事由为视角》，载《金陵法律评论》2008 年第 1 期。

抽象化，而日本刑法倾向于将其具体化、标准化，存在“抽象理论”与“具体事由”之间的分别。德国刑法一般从理论层面上来讨论期待可能性，承认其作为规范责任论的考虑因素，但只是将其作为“有调节作用的原则”。[①] 可以提示法官在考察具体案件时应当结合行为人和案件当时的具体情况，而不将其作为具体的标准和事由。[②] 当然，在历史上，期待可能性理论是与具体案件紧密结合的，也曾经作为阻却责任事由而存在。期待可能性理论本来是刑法学者从“癖马案”判决的司法实践中提炼出来的，被作为第三种责任要素即规范性要素，由此发展出规范责任论。但是，将期待可能性理论还原为具体责任阻却事由的努力只是昙花一现，很快就失败了。在立法上，只有1930年的德国刑法草案第25条曾提及过“期待”的字眼。[③] 在司法上，也只有少许的案例被学者认定为体现了期待可能性的标准；[④] 帝国法院在经过犹豫之后，在判例中明确表示“根据现行法，行为人在故意犯罪的情况下，法

---

① ［德］汉斯·海因里希·耶塞克、托马斯·魏根特：《德国刑法教科书》，徐久生译，中国法制出版社2001年版，第571页。

② 通说一般认为免责事由的基本思想是符合规范行为的不可期待性，但耶塞克认为这一思想虽然没有错，但未能提供实质性的理由。对于实质性理由，耶塞克归纳了无责任能力、责任的量、刑罚的特殊预防目的等学说。［德］汉斯·海因里希·耶塞克、托马斯·魏根特：《德国刑法教科书》，徐久生译，中国法制出版社2001年版，第571~573页。

③ ［德］汉斯·海因里希·耶塞克、托马斯·魏根特：《德国刑法教科书》，徐久生译，中国法制出版社2001年版，第603页。

④ ［德］冈特·施特拉腾韦特、洛塔尔·库伦：《刑法总论I——犯罪论》，杨萌译，法律出版社2006年版，第236~248页。

律规定之外的免责事由，不得予以承认”,[①] 从而拒绝了期待可能性成为判案的具体事由。从此，德国刑法界提及期待可能性理论时，只将其作为了诠释实定法条中免责事由规定的理论学说，抽象、概括、含糊的论述其内涵，而使其丧失了实质的内容和标准。

日本在引入期待可能性理论之前的大正时代，就有类似“癖马案”的判决，如“甘粕事件”、“第五柏岛丸事件”等，期待可能性理论的引入恰好为这些案例判决提供了最合理的解释方案，生逢其时自然盛极一时，日本学者在德国研究的基础上进一步深入探讨发展了期待可能性理论，使之不仅只是抽象理论，而且力图使其具有实体化的标准，成为具体的责任阻却事由。受到学术理论的影响，战前的大审院虽然没有依据期待不可能判决被告无罪，但在判决理由中肯定了该理论，如“白木屋失火案”、“日华军事秘密泄露案”、“神兵队事件”。战后也出现了下级裁判所直接依据期待可能性标准来判案的情况，如“违反物价统制令事件”（亚铅镀铁板买受案）、“三友碳矿劳动争议罢工案件”、“肥料公团业务侵占案”、“东芝川岸工场失业保险法违反案”，等等。尽管最高裁判所的判例态度暧昧，并不明确予以否定。故而在日本学界和实务界，作为一种具体判案标准和责任阻却事由的期待可能性都得以大行其道。这与德国刑法将该理论束之高阁不予实体的态度是截然不同的。当然，将期待可能性作为具体标准和事由，并不妨碍其作学术理论发挥其对法条的诠释功能。[②]

---

① 《帝国法院刑事判例集》第 66 卷第 397 页。［德］汉斯·海因里希·耶塞克、托马斯·魏根特:《德国刑法教科书》，徐久生译，中国法制出版社 2001 年版，第 603 页；［德］克劳斯·罗克辛:《德国刑法学（总论）》，王世洲译，法律出版社 2005 年版，第 680 页。

② 期待可能性即法规上的减轻责任事由的解释原因，同时也是超法规的减轻责任事由，［日］大谷实：《刑法总论》，黎宏译，法律出版社 2003 年版，第 268 页。

2. 体系定位：积极的责任要素 VS. 消极的责任要素

德日刑法关于期待可能性在责任理论中的定位，总体上存在三种见解：（1）第三种责任要素说，认为期待可能性是与责任能力、故意或过失并列的责任第三要素；（2）罪过要素说，认为期待可能性是故意和过失的构成要素，包含在故意和过失之中，有期待可能性，就存在罪过，无期待可能性，就无罪过心理；（3）例外要素说，认为责任能力、故意或过失是责任的基本要素，期待可能性为责任的例外要素，在特殊情况下证明无期待可能性，便阻却责任。[①] 三种体系定位的示意图如图 5－1 所示：

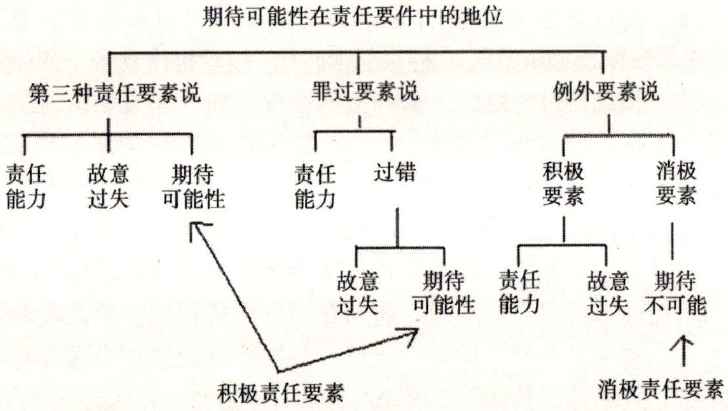

期待可能性在责任要件中的地位
第三种责任要素说
罪过要素说
例外要素说
责任能力
故意过失
期待可能性
责任能力
过错
积极要素
消极要素
故意过失
期待可能性
责任能力
故意过失
期待不可能
积极责任要素
消极责任要素

图 5－1　期待可能性在责任要件中的地位示意图[②]

① ［日］大塚仁：《刑法概说（总论）》，冯军译，中国人民大学出版社 2003 年版，第 405 页。

② 本图根据于佳佳：《期待可能性理论在刑事司法中的价值》，载《山东审判》2005 年第 3 期中所载示意图的基本框架改绘。

前两种见解，即将期待可能性作为第三种责任要素和过错要素的见解，是把期待可能性视为积极的责任要素。亦即，以期待可能性的存在作为责任的要件之一，偏重于从正面积极的评价期待可能性之存在，以判断责任之有，可以称为“积极要素论”。而例外要素说是将期待不可能作为消极的责任要素，亦即，偏重于从负面评价期待可能性之不存在，以判断责任之无，可称为“消极要素论”。德国学者倾向于将期待可能性定位为积极的责任要素，如德国学者弗兰克（Reinhard Frank）、戈登修米特（James Goldschmidt）主张第三种责任要素说，弗洛登塔（Bechtsnorm Freudenthal）、李斯特（Franz v. Liszt）、施密特（Eberhard Schmidt）主张过错要素说，都是积极要素论。而日本学者倾向于将其理解为消极的责任要素（期待不可能），如佐伯千仞、江家义男、平场安治、井上正治、吉川经夫、福田平、大谷实、内藤谦、平野龙一均持主张例外要素说，只有少数学者，如小野清一郎、泷川幸辰、团藤重光主张过错要素说。[①] 由此，德日两国对于期待可能性的体系定位，形成了积极的责任要素与消极的责任要素的分立。

从评价功能上考察，消极要素和积极要素是相对的，也是可以相互转换的。期待可能性存在则责任存在，这是积极要素说；由此也可以推导出，期待可能性不存在则责任不存在，就会转变为消极要素说。因此，从否定责任这个功能上来看，积极要素说和消极要素说没有分别。但是，两者在以下几个方面存在分别：(1) 思考经济方面。积极要素说意味着每次进行责任评判都要评定期待可能性的有无，它是评定责任有无的一个必要的环节和

① ［日］大塚仁：《刑法概说（总论）》，冯军译，中国人民大学出版社 2003 年版，第 405 页，他自己的观点有变化，先是认同过错要素说，后来认同第三种责任要素说。

过程。而消极要素说则认为具备责任能力、责任故意和过失原则上即可推定具有责任，只有在例外的情况下，才特别地讨论期待可能性不存在的问题（“原则—例外”的构造）。评定期待可能性不是一个必要过程，只会对特别的、少数的案件进行这项评定。无论在理论上还是司法实践中，具备责任能力、责任故意和过失而因期待不可能而排除责任的情况都很少见，采取消极要素说就会节省思考过程和时间，故而，消极要素说是更为符合司法实践的思考过程的。[①]（2）两者的逻辑和评价顺序上存在细微的差异。将期待可能性作为积极要素，是将其作为责任的构成要素，其评价是促进责任的成立。责任能力、故意过失、期待可能性（这里采用的是第三责任要素说的立场）是同位并列的责任要素，判断顺序先后互换并无大碍。在这种框架下，因期待不可能而无责任，其情形与因无责任能力、无故意过失而责任的情形是相同的，都是因缺失基本的责任构成要素而否定责任，是纯粹的“无责任”。而将期待可能性作为消极要素，是在承认有责任能力、有故意过失的前提下进行的判断，其顺序应排在后位。阻却责任的“阻却”二字表达了以消极要素排除责任的潜台词：本来是有责任的（形式上），只是出于特殊考虑将其阻却（排除出去），“阻却责任”与因缺失责任构成要素纯粹的“无责任”还是有所区别的。（3）判断责任轻重方面。通说认为，责任既存在有无判断也存在轻重判断。将期待可能性作为积极的责任构成要素，既可以其有无判断责任之有无，也可以其大小判断责任之大小。而如果只将期待可能性视为责任的消极要素，则意味着

① 但是，这里的一个疑问是，在期待可能性评定可有可无的情况下，依据什么标准、会选择哪些案件进行期待可能性评价呢？显然，司法者选择的是存在期待不可能情况的案件，那些可能出罪的案件，这就是说，司法者在进行具体的评价之前，就已存在出罪的倾向性。

只能依其进行责任有无的判断，而不能依其进行责任轻重的判断。

3. 与实定法的关系：维护实定法 VS. 突破实定法

德日刑法在看待期待可能性与实定法的关系方面，还存在维护实定法和突破实定法的区别。基本上，两国刑法理论都赞同一些实定法规范体现了期待可能性的思想，可以用该理论予以解释。例如，德国学者用期待可能性理论来诠释刑法规定的免责的紧急避险（德国刑法典第 35 条）、过剩防卫（德国刑法典第 33 条，因迷惘、恐惧或惊愕而导致的防卫过当）以及其他法定免责事由，[①] 这些都是责任阻却事由。日本学者也用其来解说过剩防卫（日本刑法典第 36 条第 2 项）、过剩避险（日本刑法典第 37 条第 1 项“但书”）、亲属之间的藏匿犯人、隐灭证据（日本刑法第 105 条），这些是责任阻却事由；单独脱逃罪（日本刑法典第 99 条，囚犯为了自己脱逃较之于为他人脱逃处以较轻的刑罚）、自己堕胎罪（日本刑法典第 212 条，怀孕妇女自己堕胎较为他人堕胎处以较轻的刑罚）、使用假币罪（日本刑法典第 152 条，取得伪造货币之后知情行使的法定刑较轻），[②] 这些是责任减轻事由。可见，赞同以期待可能性理论解释实定法规范内的责任阻却事由，这是德、日两国刑法理论的共识。

但是，可否在实定法之外运用期待可能性理论，即突破刑法

---

① 例如，李斯特所著《德国刑法教科书》中用期待可能性理论解释了《帝国刑法典》第 54 条之紧急避险（免责的紧急避险）、第 52 条之困境、第 53 条第 3 款之正当防卫（过剩防卫）、《婚姻法》第 67 条第 2 款（牧师在危急情况下为法律所禁止的宗教行为）、《帝国军事刑法典》第 130 条（因饥饿和困难而掠夺）。[德] 李斯特、施密特：《德国刑法教科书》，徐久生译，法律出版社 2000 年版，第 315 ~ 318 页。

② [日] 大谷实：《刑法总论》，黎宏译，法律出版社 2003 年版，第 268 页。

的明文规定直接以期待不可能为由而排除行为人的责任，对于这个问题德、日两国的立场迥异。当前的德国刑法理论基本否定将期待可能性作为一般性的超法规免责事由的观点。这样的观点“现在未被接受”、“今天，已经变得无足轻重了”，[①]“基本上被拒绝了”、“基本上遭到了反对”。[②] 故而，当前德国刑法通说虽然大体上赞同作为一种理念存在的期待可能性，赞同其对实定法的诠释和维护作用，但却是反对突破实定法规范来理解期待可能性，反对将其直接作为一般性事由运用于案件审判的。与之相反，日本学界和实务界却并不满足于在实定法规范内的理论解说，而是力图突破实定法规定来理解期待可能性。一方面，这种突破体现为将期待不可能作为其他类型化的超法规免责事由——如违法约束命令、强制行为、义务冲突、安乐死等——的解释论原理；[③] 另一方面，在实案审判中，直接以期待不可能为由判决行为人无责任（或者以期待可能性较为减轻责任），如前述“违反物价统制令事件”（亚铅镀铁板买受案）、“三友碳矿劳动争议罢工案件”、“肥料公团业务侵占案”、“东芝川岸工场失业保险法违反案”等案件，将其作为将期待不可能作为一般性的超法规免责事由。因此，日本刑法理论对期待可能性的理解是突破实定法的，并且主要从超法规的角度予以理解。

---

① ［德］汉斯·海因里希·耶塞克、托马斯·魏根特：《德国刑法教科书》，徐久生译，中国法制出版社2001年版，第603页。

② ［德］克劳斯·罗克辛：《德国刑法学（总论）》，王世洲译，法律出版社2005年版，第680页。注：王世洲教授将“期待可能性”译为“非过分要求性”。

③ 参见［日］大塚仁：《刑法概说（总论）》，冯军译，中国人民大学出版社2003年版，第403～405页；［日］大谷实：《刑法总论》，黎宏译，法律出版社2003年版，第268～269页。

（三）期待不可能既是整体可宽恕出罪事由的理论基础又是一般性的可宽恕出罪事由

1. 期待不可能可被定位为责任阻却事由的理论基础

笔者认为，对于期待可能性在责任要件中的体系定位的三种见解中，第三种见解即例外要素说，将期待可能性作为责任要件中的消极责任要素，即从反面理解期待可能性，将期待不可能作为可宽恕出罪事由（责任阻却事由）的理论基础，是较为恰当的。

首先，故意过失、责任能力要素的判断都是为了说明期待可能性，期待可能性是整体责任的根据，因此在体系上不宜将期待可能性的判断与故意过失、责任能力要素相并列，更不宜将其作为罪过的要素。前文已述，规范责任论的内容包括两层内容，一是心理责任亦即故意过失，二是规范要素，包括期待可能性。这两层内容并不是并列的关系，而是递进的关系。对于故意过失的判断，首先是对行为人主观心理事实从道义层面的评价，然后是从规范层面的评价，即将道义层面的故意过失置于刑法评价之前，判断是否属于刑法上应当非难的故意过失。而责任能力尤其是责任年龄要素的规定，明显的单纯的只是出于刑法规范的规定，亦即规范认为应当非难的界限。未达刑事责任年龄的行为人未必不具有心理学意义上的故意过失，只是刑法规范规定不处罚而已。因此，可以认为，故意过失、责任能力要素的判断，都是为了说明行为人具有意志自由空间，能够实施适法行为，在规范层面上可以非难，也就是说，是为了说明行为人具有适法的期待可能性。从而，整个责任层面的判断的内容就是行为人有无期待可能性，期待可能性即责任的实质。期待可能性是总括故意过失、责任能力要素的结论，而不是与二者并列，第三种责任要素说和罪过要素说的体系安排均有问题。

其次，由于上述将期待可能性作为责任整体基础的结论，导致期待可能性只宜从反面理解，作为责任判断的例外要素。行为人具有责任能力和故意过失，原则上就应认定具有期待可能性，亦即具有责任。由此，一般情形之下，期待可能性的认定是通过责任能力和故意过失的判断来说明的，其本身应当是结论和实质而不能是判断要素。但是，鉴于实际案情的复杂性，前述推理过程和论断结论有时也会出现例外，亦即出现具有责任能力和故意过失但不具有适法期待可能性的情形，如因流离失所生活极度困难而被迫重婚。此时，就须调用责任的实质即期待可能性否定行为人的责任。可见，具有实体判断作用的期待可能性针对的只是少数脱离原则判断的例外情况，具有将零碎事由归纳起来的作用。由此，动用期待可能性直接认定案件也不应成为常态判断，而只应成为例外判断。而进行期待可能性判断的方向，应当是阻却责任亦即出罪。由此，作为实体判断要素的期待可能性判断宜从反面理解，即认定具有期待不可能即不具有责任。从而，例外要素的定位是恰当的。动用实质否定原则的判断也应受到限制而不宜过于扩张，定位为例外要素的思维也是合理的、符合思考经济的。在这种例外要素的定位之下，期待不可能性实际上就是整体责任阻却事由（可宽恕出罪事由）的理论基础。

2. 期待不可能可以作为一般性的可宽恕出罪事由

从反面理解期待可能性也有两种方向：其一，认为期待不可能是责任阻却事由的理论基础，可用于解释和归类已有的法定责任阻却事由；其二，认为期待不可能是一般的超法规的责任阻却事由。[①] 前述德日理论都是赞同第一种理解的，但对于期待不可能是否可以作为一般性超法规责任阻却事由的问题，有不同的倾向，德国学说持否定态度，而日本学说却积极予以肯定。如何看

① ［日］大谷实：《刑法总论》，黎宏译，法律出版社2003年版，第269页。

待此问题，以下将予以初步探讨。

（1）德国学说否定将期待不可能作为一般性超法规责任阻却事由的原因。德国的期待可能性理论起源于一个突破实定法规定的案例判决（“癖马案”），在魏玛时代，期待不可能也曾一度短暂的被认同为一般性的超法规责任阻却事由，但德国刑法界经过思考之后，最终还是放弃了超法规责任阻却事由的观点。一般性超法规责任阻却事由观点遭到否定的直接原因和事实原因，是帝国法院明确表示反对超法规免责事由的存在。在数个判例中。帝国法院曾经表现出了认可期待不可能作为超法规责任阻却事由的倾向，这些判例有：①“癖马案”（刑事判决 30,25）。②“父不能及时救子案”（刑事判决 36,78[80]），父亲基于孩子本人的恳求和不久前在同一医院死亡的妻子的恳求，未能将病重的孩子及时送到医院，法院判决否定其违反不作为的义务。③“摆渡工被催促摆渡案”（刑事判决 57,172[174]），摆渡工向两位乘客说明在飓风和洪水来临时过河的危险性，但两位乘客还是不断催促船主，最后使摆渡工对自己的勇气产生怀疑而渡河，致使小船倾覆。④“电车司机亮灯案”（刑事判决 74,195[198]），电车司机为了遵守交通规则而亮灯，因此违反了（错误的）业务规定。[①] 但是经过一段时间的犹豫之后，帝国法院最终声明了反对超法规免责事由的立场：“根据现行法，行为人在故意犯罪的情况下，法律规定之外的免责事由，不得予以承认”，从而关闭了突破实定法规确立故意犯罪责任阻却事由的大门，作为超法规责任阻却事由的期待不可能自然难以身全。法院的立场由此也影响了学说理论，一部分支持期待可能性理论的学者放弃了在故

① 此类判例还有：⑤刑事判决 2,194[204]；⑥刑事判决 4,20[23]。参见［德］汉斯·海因里希·耶塞克、托马斯·魏根特：《德国刑法教科书》，徐久生译，中国法制出版社 2001 年版，第 719 页。

意犯罪中适用其作为超法规责任阻却事由的观点，退而求其次，认为仍可在过失犯罪中适用；而大部分学者出于故意与过失罪责统一的考虑，彻底放弃了作为一般性超法规责任阻却事由的期待可能性观点。

耶赛克、魏根特和罗克辛等学者在他们各自的刑法教科书中论述了放弃超法规责任阻却事由观点的理由，归纳起来主要有如下几点：①

第一，允许超法规责任阻却事由的存在，违反了立法权、司法权的权力分配原则。立法者制定法律，司法者适用法律。在权衡刑事政策性的刑罚目的之后，制定罪与非罪界定的统一标准，原则上应交由立法者去进行。行为人在实施任何行为时均有择此弃彼的利益选择考量，期待可能性涉及的是在有危险的情况下行为人实施合乎构成要件的违法行为的情况，如果没有真正危险，则行为人本来能够不实施这种违法行为。在行为人出于其他利益的考虑而决意实施这种违法行为后，选择追究行为人的刑罚责任还是其他法律责任，这是立法者在制定刑法时所应考虑权衡的，并且立法者在立法时确实已经考虑了将那些不值得启动刑罚追究的特殊事由写入刑法之中（如免责的紧急避险），另行提出超法规的责任阻却事由可能是多余的，或者本来是立法者曾经考虑过但认为予以刑罚追究更为恰当的。即使出现了立法和实践的间隙，亦即发现了立法者尚未考虑到的阻却责任的新情况，那么这种情况也应当被社会大众的价值观认可、被类型化并经立法程序

① 参见［德］汉斯·海因里希·耶赛克、托马斯·魏根特：《德国刑法教科书》，徐久生译，中国法制出版社2001年版，第603页；［德］克劳斯·罗克辛：《德国刑法学（总论）》，王世洲译，法律出版社2005年版，第680页；黄丁全：《论刑事责任理论中的危机理论——期待可能性》，载陈兴良主编：《刑事法评论》（第4卷），中国政法大学出版社1999年版。

制定为刑法之后，才能在司法中得予合法的贯彻。允许超法规责任阻却事由的存在，即允许法官蔑视权威法秩序，创设自己的个人法律，这是司法权对立法权的僭越。借助没有实质标准的空白形式将作为超法规责任阻却事由的期待可能性，授予法官来作出没有法律依据的判断，这是分权原则所不允许的。另外，“也给法官带来了极其困难的任务，对其人生经验和处世哲学提出了很法的要求，增加了法官职业的难度。在为违法行为寻求不追究罪责的问题上，感情脆弱之缺陷是不屈不挠的坚毅法官职业之禁忌，它将会对司法公正带来危险”。①

第二，期待可能性不能被形式化形成可适用的标准，违反明确性原则。即使认同期待不可能为责任阻却事由，也需要对其确立明确的判断标准，这些标准虽然应当包含对意志形成的评价，而且必须被形式化，并最终从法律上加以规定。期待不可能这一超法规的免责事由，无论从主观上还从客观上加以理解，均存在标准不明的情况。所谓的“期待不可能”，只是抽象的说法和观念，而并不是可适用的标准。就会出现因裁判者的不同而有不同的裁决结果的情况，如此就会削弱刑法的一般预防效果，以至于导致法律适用不平等的现象，这本身也是违背明确性原则。

第三，不能因为少数特殊事例而损害整体法秩序的尊严，从而招致刑法的软弱化。由于期待不可能而排除责任的情况是存在的，但却是极其稀少的，并且立法者也已考虑了这些情况。责任阻却事由是体系的例外情况，出于维护刑法规范的严格性，这些例外情况一般只能根据的法律明确规定，不能被扩大适用。超法规责任阻却事由与超法规违法阻却事由性质是不一样的，前者已经具备了违法性、责任能力、故意过失等要素，并且不符合法定

① ［德］李斯特、施密特：《德国刑法教科书》，徐久生译，法律出版社 2000 年版，第 314 页。

排除责任的规定，因此对其考虑应当更为慎重，而不能扩大化漫无边际的适用，否则就会削弱刑法的一般预防作用。甚至在困难的生活状况下，即使当事人作出巨大牺牲，社会共同体也必须要求服从法律。

此外，罗克辛还认为，推导出期待可能性理论可以超法规的逻辑本身存在错误。刑法中的期待可能性理论是《德国民法典》的诚信原则和《德国基本法》的正义观念类推出来的，从民法、道德导向中推导出刑法理论，这本身就存在推导合理性的问题。期待可能性争议的问题不是行为人是否能够选择实施其他合法行为，而是对这种违法行为是否需要刑罚处罚。也就是说，不是一般法意义上的“责任”问题，而是刑法意义上的“罪责”问题，这不能用一般法理论来解说，也不能将一般法的“超法规”解决方法运用到刑法中来。还有，诸多被学界用期待可能性来解说的所谓超法规责任阻却事由，如义务冲突、民事不服从、良心行为，要么属于违法阻却类型，要么可以在法规之内寻求责任阻却的解释，不需要动用期待可能性理论予以排除。

（2）对于德国否定论的分析——对比日本的情况。德国学说否定将期待不可能作为一般性超法规责任阻却事由的上述理由，分别涉及三权分立原则、明确性原则、法秩序维护等原则原理，具体到期待可能性的问题上，涉及的是：责任阻却事由可否突破实定法（超法规问题）、可否为期待可能性设立明确的标准（标准问题）、如何对待例外的特殊事例。以下对这些问题进行详细分析，并对比日本学界和实务的情况予以说明。

其一，可否突破实定法设定责任阻却事由？

是否应当允许存在超法规的责任阻却事由，首先这个问题涉及三权分立原则（主要是司法权和立法权的关系），但是，三权分立原则并未否定法官自由裁量权和判例的引导功能。划定犯罪圈确实是立法机构的专有权限，但以期待不可能为由认定行为人无责任主要还是一项适用法律的司法活动。法官不是绝对机械的执法者，在德日刑事司法中，法官经常在审判中直接援引用刑法理论（如不作为犯理论、间接正犯理论、错误、客观归责原理，等等），从未有过争议，对于超法规违法阻却事由的引用也是如此，可见，法官在一定程度上保留着针对具体案情决定不适用刑罚的自由裁量权。当然，这种自由裁量必须是有法理依据的，日本刑事司法实践中的判例制度为此提供了很好的范本。尽管在大陆法系国家，法官不可造法，从而判例多以解释制定法规范的判例法（case law interpreting enacted law）形式存在，而不是普通法中的判例法（case law in common law）。但是，日本刑法的判例却在涉及超法规违法阻却事由（如安乐死的构成要件，名古屋高判昭37·12·22，横滨地判平7·3·28等）时创设了新的规则。对于期待可能性的问题，地方裁判所也创设了一些判例（如东京高判昭23·10·16，“违反物价统制令事件”等）。以判例的形式创设超法规的责任阻却事由并未遭到非议，甚至最高裁也在判例中声明，“以不存在期待可能性为理由而否定刑事责任的理论，不是以刑法上的明文规定为基础的，应该认为是属于所谓超法规的责任阻却事由的东西”。[①] 如果下级裁判所在判决中仅依法理而不明示法条依据，则“虽此种理论之当否另当别论，但不能谓为违法”。[②] 故而，以司法权僭越立法权为由否认超法规责任阻却事由是没有道理的，法官享有容认期待不可能这

① 最判昭33·7·10集12·11·2471，最判昭31·12·11集10·12·1605在旁论，转引自［日］大塚仁：《刑法概说（总论）》，冯军译，中国人民大学出版社2003年版，第381页。

② 1956年12月11日最高裁判决（法院时报第221号第182页），转引自洪福增：《期待可能性之理论与实践》，载蔡墩铭主编：《刑法总则论文选辑》，五南图书出版公司1984年版，第487页。

种超法规责任阻却事由的自由裁量权。

其次，这个问题也与对罪刑法定原则含义的理解有关。罪刑法定原则禁止突破实定法的限制，将未被刑法规定为有罪的行为认定为犯罪，“法无明文规定不入罪”；是否意味着禁止突破实定法限制，将未被刑法规定为无罪的行为认定为无罪，是否同样“法无明文规定不出罪”？[①] 笔者认为，对此的回答是否定的。罪刑法定原则是基于约束国家刑罚权的理念而对入罪进行的限制，不是对出罪的限制。罪刑法定禁止不利于被告人的类推，但并不禁止有利于被告人的类推。正如蔡墩铭所言，“依据罪刑法定主义之立场，刑法已将所有应成为罪之行为类型（犯罪类型），搜罗殆尽，而以明文规定，以资信守，为被告人之利益起见，自应禁止以类推之解释方法创造新犯罪类型；然另一方面，刑法对于阻却违法及阻却责任事由，则未作网罗规定，自初即系预定以解释补充其不足者……罪刑法定主义之精神，在于禁止类似新设刑罚或加重刑为不利于被告人之类推解释，并未禁止排除或减轻刑罚之有利于被告人之类推解释”。[②] 由此：（1）可以从法定的责任阻却事由类推出超法规的责任阻却事由。德日刑法均规定了过剩防卫、免责的紧急避险等法规内的责任阻却事由，当出现较这些法定责任阻却事由更为轻缓、更不应科处刑罚的情况时，就没

① 在对我国刑法规定的罪刑法定原则进行理解时，有学者提出了“法无明文规定不处罚”、“法有明文规定必处罚”两段式的理解，但学术通说否认后半段理解，认为法有明文规定也不一定必受处罚。

② 洪福增：《期待可能性之理论与实践》，载蔡墩铭主编：《刑法总则论文选辑》，五南图书出版公司 1984 年版，第 505 页。

有理由不认定其不具刑事责任。[①] 只要存在法定的责任阻却事由，也必定可以类推解释出超法规的责任阻却事由。（2）如果承认超法规违法阻却事由的存在，那么也应承认超法规阻却事由的存在。虽然在理论依据层面，违法阻却事由与责任阻却事由的出罪机能并不一样，[②] 但都反映出了先以禁止规范的形式粗略划定犯罪圈（入罪），之后再以允许规范的形式逐次将正当行为、不值得刑罚追究的恶害行为排出到犯罪圈之外（出罪）的过程，由于法条不能穷尽所有出罪事由，故需要超法规的出罪事由予以补充。当然，已经经过多次评价，符合构成要件、具有违法性，具备责任能力、且有责任故意或过失，而不应受刑罚处罚的责任阻却情况确实较少，超规范的责任阻却情况就更为少见，但数量稀少并不能否定超规范的责任阻却事由的存在。（3）“超法规”与“法规内”的界限也是相对的。例如，“亲亲得相首匿”（第105条）在日本刑法典中是“法规内”的责任阻却事由，如果德

① 再如，我国最高人民法院《关于审理未成年人刑事案件具体应用法律若干问题的解释》第9条规定：“……已满十六周岁不满十八周岁的人盗窃自己家庭或者近亲属财物，或者盗窃其他亲属财物但其他亲属要求不予追究的，可不按犯罪处理。”司法解释规定未成年人盗窃近亲属财物可不按犯罪处理，这可以被视为一项法定的责任阻却事由；由于诈骗罪、侵占罪轻于盗窃罪，我们当然可以类推出未成年人诈骗、侵占近亲属财物也可不按犯罪处理的结论。

② 解释（超法规）违法阻却事由的理论有很多，如法益衡量思想、目的论思想、被允许的危险，等等；解释（超法规）责任阻却事由的理论有期待可能性理论、责任能力说、责任的量、刑罚的特殊预防目的说，等等。大塚仁认为，由于刑法对于责任的规定缺乏违法性那样的包括性规定，故而更应承认超法规的责任阻却事由，特别是要考虑期待可能性的不存在问题。[日]大塚仁：《犯罪论的基本问题》，中国政法大学出版社1993年版，第184页。

国刑法也认为这些情况确实应当排除责任，那么，这些事项就会成为德国刑法中的“超法规”责任阻却事由。① 刑法比较和借鉴更应关怀实体的事例，而不应只是形式。故而，承认超法规的责任阻却事由并不违背罪刑法定原则。

其二，可否为期待可能性设立明确的标准？

以标准不明为理由否定期待可能性作为一般性超法规责任阻却事由，确属切中要害的理由。德国刑法承认超法规责任阻却事由的存在，却反对将期待不可能作为其中的具体事由，其核心理由即在于此。期待可能性有无的判断决定了是否构成犯罪应否追究刑责，如果不为期待可能性设立可以操作的标准，就有可能导致扩大适用，有损法秩序的严谨。

显然，为期待可能性设定非常精确的判断标准，确实是非常困难的。认容期待可能性作为超法规责任阻却事由的日本学界和实务界，也未为其设定如安乐死般详细的判断标准，但对其适用并未遇到麻烦。其经验在于，通过理念、概念、体系定位、标准本位、案例、事例等诸多元素为期待不可能的情况设定了“类型化”的范畴。指引判断的是“法不强人所难”的人性关怀理念；判决的场景是由概念引申出的根据具体情形不可期待实施适法行为的情况；而根据体系定位，期待不可能是该当构成要件、具有违法性、具备责任能力和故意过失，不符合法定责任阻却事由条件，但又确实不应追究刑事责任科处刑罚的情形；判断期待可能性的有无应依照具体行为人的“地位、责任、见识阅历”来考虑（大审院在“日华军事秘密泄露案”中的立场）。同时，

① 事实上，德国刑法通说是承认超法规的责任阻却事由的存在的，如承认免责的义务冲突、良心决定（危险共同体、选择较小的恶害）这些类型化的超法规责任阻却事由，只是反对将期待不可能直接作为一般的责任阻却事由。

数十件涉及期待可能性判断的判例，如“甘粕事件”、“第五伯岛丸事件”、“破坏水坝闸板案件”、“违反产婆规则案件”、“白木屋失火案”、“被告为虚伪陈述之刑事案件”、“恐吓股票经纪行案件”、“教唆他人伪证关于自己之刑事案件”、“神兵队事件”、“日华军事秘密泄露案”、“违反物价统制令事件”（亚铅镀铁板买受）、“三友碳矿劳动争议罢工案件”、“肥料公团业务侵占案”、“东芝川岸工场失业保险法违反案”，从正反两个方面说明了期待可能性有无的具体情形。从而，形成了以概念、理念为核心，以案例、事件为外围的期待不可性事由的“类型”。尽管这并不是一种详尽具体的标准，但是无疑已将期待不可能的情况限制到了相对明确的范围之内。当然，综合考察这些判例中出现的行为人的身份、地位、见识、经历情况，外部情势环境，心理强制，行为人与保护人、受害人之间的亲情容忍关系，行为动机目的，法益衡量和社会认同程度等诸多要素，而为期待不可能提炼出具体标准，这并非难事。日本刑法的经验说明，通过对判例的归纳而为期待可能性设立明确的标准完全是可行的。

其三，如何对待例外的特殊事例？

因期待不可能而阻却责任，这确属极其稀少的例外情况，但是，不能因为情况的稀少而将其作为维护法秩序的必要牺牲，刑法既要维护整体的法律同一性，也要根据具体案情践行个别正义。期待可能性理论是为了缓和法规范与人性的紧张冲突而产生，泷川幸辰赞誉期待可能性理论是“富有人情味”的理论，法律不应外乎人情，刑法不应强人所难。① 故而，不应为了追求逻辑的简省、整体法秩序的维护而放弃对人性的关怀和个别正义

① ［日］泷川幸辰：《期待可能性与责任的轻重》，载《刑事法判决批评》第1卷第86页以下，昭12。转引自［日］野村稔：《刑法总论》，全理其、何力译，法律出版社2001年版，第321页。

的保护。在体系定位上，日本刑法通说消极责任要素说（原则——例外说）很好地说明和处置了原则与例外的关系。

由此，日本刑法用判例实践无声地反驳了否定论（否定期待不可能作为一般超法规责任阻却事由）的各项理由，使我们看到，应当允许超法规责任阻却事由的存在，可以将期待不可能的情况限定在较为明确的范围之内，不必担心其因标准不明而招致扩张滥用（当然也有必要慎重地适用这一理论）。期待不可能完全可以作为一般性的超法规责任阻却事由而存在，发挥人性关系的个别正义效用。

综上所述，期待不可能既是可宽恕出罪事由的理论基础，又可成为一般性的可宽恕出罪事由，这两种理解并不冲突。期待不可能的理论，是责任阻却事由乃至整体责任阶层的理论基础，即解释论基础，所有法定的、超法规，定型的、未定型的责任阻却事由均可用其进行解释。同时，由于责任阻却事由并未都能予以定型化、明确化，故须在无法列举穷尽此类出罪事由之时，动用责任阻却事由的实质即期待不可能进行补漏性的判断，此时，期待不可能是一种具体的出罪事由，其虽难以予以定型但可以通过设定具体标准的方式使其大体上明确。

二、作为一般性责任阻却事由的期待不可能的评判标准

将期待不可能作为一般性责任阻却事由，是将其作为具体的、实体的出罪事由，这就需要为其设定相对明确的评判标准。

（一）判断期待不可能的标准本位

考察行为人的行为有无期待可能性，即考察行为人在当时的情境之下有无实施适法行为的可能性。首先，裁判者到底应当站在何人的立场来进行评判？这涉及标准本位的问题。对此，理论上存在个人标准说（行为人标准说）、平均人标准说（一般人标准说）、国家标准说（法律规范标准说）三种立场。个人标准说

认为应该以行为人本人能力为标准，判断在具体的行为情况下是否能够期待行为人实施其他的合法行为。平均人标准说认为法律适用于社会上的一切人，应以社会一般人处于同种情况下的反应确定行为人当时是否有实施合法行为的可能。国家标准说认为法律规范体现着国家意志，应根据国家利益和法律秩序的要求，确定行为人当时是否有实施合法行为的可能。

大塚仁认为，期待可能性理论的意向本来在于对行为人性的脆弱给予法的救助，所以其标准也应当从行为人自身的立场去寻找；并且，平均人标准已被作为了责任能力的标准，再在期待可能性上适用平均人标准就是概念的重复，期待可能性应与故意过失的标准一样站在行为人个人立场上考虑。① 但是，对于行为人标准说的批判是，如果站在行为人的立场上，所有的违法行为都是出于一定理由实施的，因而所有能够被理解的行为都应当被许可；如此，会不当的使刑事司法弱化，导致同罪不同罚的极端个别化，破坏法律统一，甚至确信犯人通常期待不可能而无罪。②

在判例方面，日本大审院在“日华军事秘密泄露案”认可了行为人标准。在该案中，原审法院以无故意、无期待可能性两项理由判决被告无罪；大审院虽也同样判决被告无罪，但却只主张无故意一项理由，认为法律对被告不如此行为存在期待可能性，原审对无期待可能性的认定不当。在相同的案情事实下，两级法院对期待可能性的有无得出了不同的结论，主要原因在于认定所采的标准本位不一。原审法院称“无论何人处于被告的地位，不可断言其有期待实施被告措施以外行为的可能”，这采取

① ［日］大塚仁：《刑法概说（总论）》，冯军译，中国人民大学出版社 2003 年版，第 406 页。

② ［日］大谷实：《刑法总论》，黎宏译，法律出版社 2003 年版，第 269 页。

的是“任何人”标准即“平均人”标准。而大审院对此反驳称，“即使依当时情节而言，任何人立于被告地位，也无法采取其他措施，但鉴于被告自身的地位、责任、见识阅历都较一般人为高，理应要求其为特殊且高度的戒慎，而不能仅以一般人的期待标准要求之。”可见特别强调了“地位、责任、见识阅历都较一般人为高”的被告这个特定个人。也就是说，判断标准应以行为人个人为本位。此外，在“破坏水坝闸板案件”中（以被告身为农民的身份和判断力为准），明显也带有行为人本位的影子。

笔者认为，期待可能性涉及的问题关涉行为人的意思决定，因而采取的立场应与行为人标准为基础。此外，肯定行为人标准不是无条件地采取行为人的主观立场，而且考虑行为人自身的能力和当时情境的客观评价，当行为人低于平均人能力时，可以其能力的最大限度内评价，因而不至于司法弱化；而创立期待可能性理论的目的是想把那些陷入某种具体的恶劣境况的特定行为人从刑事惩罚中解救出来，因而以定罪特别化指责其标准恰恰揭示的是其优点。实际上，所谓平均人标准和行为人标准只是裁判者“换位思考”的一种假想模式，即判断具体情况时，裁判者是拿“平均人”还是拿“行为人本人”去替换当时情境下的真实行为人来思考，即使拿“平均人”去替代，也会为其添加“本人”的特征色彩。因而，笔者认为，以行为人标准为基础，兼顾一般人标准（法规范以平均人即社会一般人为期待对象，因此应以其为上限），应当是合适的。

（二）判断期待不可能的具体标准

1. 期待不可能具体判断标准的理论论述

对于期待不可能具体判断标准，有学者认为，行为人只有顺序具备客观情状的非常性、动机形成的受涉性、刑法上的可宽恕性三个要件，才能认为其行为是期待不可能的。其中客观情状的非常性是其客观要件，动机形成的受涉性是其心理要件；这两者都属于事实层面的认定；刑法上的宽恕可能性则属于价值层面的认定。①

客观情状的非常性。指的是客观存在对行为人或与其有密切关系人的生存和发展有重大影响的情形和事实。行为人只有面临着难以实施适法行为的非常状态，才会选择实施危害行为，而丧失期待可能性。这些情状包括人身安全受重大威胁、生存物质利益受威胁、人格尊严受严重损害、与其有密切关系者受严重威胁的情况，等等。对于人身安全受重大威胁的情况，如行为人因遭受黑社会的人身恐吓而作伪证、劫匪用枪逼迫银行职员交出现款等；生存物质利益受威胁，如“癖马案”中的车夫担心被解雇而驾驭癖马致人死亡、矿工受到矿主开除威胁明知指示的作业方法违章仍被迫实行之致瓦斯爆炸等；人格尊严受严重损害的情况，如妇女遭遇多名流氓侮辱而将其中一人刺伤逃走等；与其有密切关系者受严重威胁，如丈夫因急送难产中的妻子去医院而闯红灯致车祸等。

动机形成的受涉性。在认定行为人的行为当时具有客观情状的非常性之后，就应考虑行为人的行为动机是否受到这种非常情状的影响。行为人内心的行为动机，只有包含着解决外在非常情状困境的目标时，才能成为期待不可能的依据。考察行为的动机形成过程是否受到外界客观情状的非常性的影响，应当通过客观现象事实的推定来实现。通常情况下，具有外界客观情状的非常性事实，且行为人的行为具有摆脱这种非常状况的助力效果，原

① 参见苏俊雄：《期待可能性在刑法责任理论中的地位》，载《现代刑事法与刑事责任》，刑事法杂志社 1997 年版，第 447 页；洪福增：《期待可能性之理论与实践》，载蔡墩铭编：《刑法总则论文选辑》，五南图书出版公司 1984 年版，第 475 页。

则上应当推定他的动机形成具有受涉性。但是，下列两种情况应当被排除在外：其一，在事实上客观情状对内心选择无影响的情况。包括，虽然发生了某种非常情形，但行为人并不知道，因而对其内心选择并无影响，如偶然防卫的情况；虽然客观上发生了非常情况，行为人也知道这一情况，但对行为人的内心选择并无影响，如行为人称其盗窃是为重病在床的母亲治病之用为其购买奢侈品。其二，行为人负有某种职务上或业务上的义务，法律推定其能忍受客观情状的非常性，如免责的避险过当不适用于负有特定义务的人。

刑法上的可宽恕性。在具备前两个要件后，才应具备此价值判断要件。它指的是行为的不得已实施在刑法上是值得宽恕的。首先，这种可宽恕性指的是相对于行为人的不得已违法困境而言，对其施与严厉的刑罚用之过度，即刑罚适用不当性；其次，指的是鉴于客观情形的不得已和主观恶性较小，行为人的行为在伦理上确实值得体谅。也就是说，在期待不能的情况下，并非行为人完全没有避免犯罪行为的能力，只是即便一般人遇到该客观情状，要遵守法律都会感到巨大的困难时，刑法从其宽容性的价值对其不施刑罚。

2. 通过日本判例的实证分析考察期待不可能判断的标准和关联因素

在日本刑法中，有很多涉及期待不可能判断的案例和判例，如大审院时期的（1）“甘粕事件”，（2）“第五伯岛丸事件”，这些案件事后被称为“日本的‘癖马案’”。在引入期待可能性理论之后，在战前出现了：(3) “破坏水坝闸板案件”，(4) “违反产婆规则案件”，(5) “白木屋失火案”，(6) “被告为虚伪陈述之刑事案件”，(7) “恐吓股票经纪行案件”，(8) “教唆他人伪证关于自己之刑事案件”，(9) “神兵队事件”，(10) “日华军事秘密泄露案”。在战后最高裁时代出现了（11）“违反统制价格的亚铅镀铁板买受案”，(12)“三友碳矿劳动争议罢工案件”，(13)“肥料公团业务侵占案”，(14)“东芝川岸工场失业保险法违反案”，等等。以下，笔者拟借助这些案例，分析期待可能性理论的判断标准及关联因素。

(1) 14 起案件的基本情况。

表 7－1　日本刑法中涉及的有关期待可能性的案例概况

	案名	判决时间	终审法院	终审结果	涉及犯罪	判决理由	涉及因素	对期待可能性理论的态度	本案是否存在不可期待事实
1	甘粕事件	昭	1923	第一师军法会议	无罪	故意杀人罪	欠缺故意	违法约束命令	
2	第五柏岛丸事件	昭	1933	大审院	有罪但减刑	业务过失致人死伤罪	根据具体情事	雇佣关系	
3	破坏水坝闸板案件	昭	1933	大审院	无罪	损毁财物	紧急避难	法益衡量	
4	违反产婆规则案件	1934	大审院	无罪	过失	紧急避难	职业义务		
5	白木屋失火案	1935	大审院	有罪	失火罪	不存在不能期待的事实	法益衡量	承认	不存在
6	被告为虚伪陈述之刑事案件	1936	大审院	无罪	伪证罪	不能期待其为真实之陈述	不可罚行为	承认	不存在
7	恐吓股票经纪行案件	1936	大审院	有罪	恐吓罪	否定无期待可能性的辩护主张	雇佣关系	承认	不存在
8	教唆他人伪证关于自己之刑事案件	1936	大审院	有罪	教唆伪证	社会观念	不可罚行为	承认	不存在

（续表）

	案名	判决时间	终审法院	终审结果	涉及犯罪	判决理由	涉及因素	对期待可能性理论的态度	本案是否存在不可期待事实
9	神兵队事件	1941	大审院	有罪	内乱罪	不存在不能期待的情况	高尚动机	承认	不存在
10	日华军事秘密泄露案	1945	大审院	无罪	泄露军事秘密	应采行为人标准	行为人标准	承认	不存在
11	违反统制价格的亚铅镀铁板买受案	1946	东京高裁	无罪	违反经济统制法规	无期待可能性	胁迫	承认	存在
12	三友碳矿劳动争议罢工案件	1949	福冈高裁	无罪	违反劳动法规	无期待可能性	激情情势	承认	存在
13	肥料公团业务侵占案	1953	东京高裁	无罪	业务侵占罪	无期待可能性	困境	承认	存在
14	东芝川岸工场失业保险法违反案	1953	东京高裁	无罪	违反失业保险法	不可期待履行义务	困境	承认	存在

从案件判决时间分布上看，这些案件既有引入期待可能性理论之前的（两起），也有引入之后战前大审院时代的（8 起）。期待可能性理论虽是舶来品，但案件却是原本就存在的。在战后最高裁时代，地方裁决所对于违反经济管制法规的行为的案件，频繁适用期待可能性理论判决无罪（4 起），而在 1955 年以后，适用期待可能性的情况减少了。大谷实认为，这是因为战后的混乱时期不可能现实的按照经济管制法规行事，而之后社会局势安定之后，适用情况就减少了。①

① ［日］大塚仁：《刑法概说（总论）》，冯军译，中国人民大学出版社 2003 年版，第 267 页。

在判案法院的级别上看，以上14起案件中，有9起是由大审院作出终审判决的，有4起是由地方高级法院判决，1起是由军事法院判决，目前尚无最高裁判所积极采纳期待可能性的判例。[①] 这些案件中，判决理由直接提及“期待可能”字眼的案件有9起：其中4起案件（“白木屋失火案”、“神兵队事件”、“恐吓股票经纪行案件”、“日华军事秘密泄露案”）虽提及期待可能性的问题，但认为具体案件中不存在期待不可能的情况；其他5起案件（“被告为虚伪陈述之刑事案件”、“违反统制价格的亚铅镀铁板买受案”、“三友碳矿劳动争议罢工案件”、“肥料公团业务侵占案”、“东芝川岸工场失业保险法违反案”）以不可期待为由判决被告无罪。没有提及期待可能性的有5起（“甘粕事件”、“第五柏岛丸事件”、“破坏水坝闸板案件”、“违反产婆规则案件”、“教唆他人伪证关于自己之刑事案件”），这些案件是在事后被学者评论认为与期待可能性有关的案件。也就是说，直接以不存在期待可能性为理由判决被告无罪的案件只发生在地方裁决所（如上表后4起案件判决），并不存在明确正面承认期待可能性的最高裁判决。故而，只能说在日本存在与期待可能性有关的“案例”，而不是“判例”。

最高裁对待期待可能性理论的态度是，“从来大审院、最高裁判所、高等裁判所的判例既没有肯定也没有否定期待可能性的理论”；甚至还承认，“以不存在期待可能性为理由而否定刑事责任的理论，不是以刑法上的明文规定为基础的，应该认为是属

① ［日］野村稔：［日］大塚仁：《刑法概说（总论）》，冯军译，中国人民大学出版社2003年版，第381页。

于所谓超法规的责任阻却事由的东西”。[①] 如果下级裁判所在判决中仅依法理而不明示法条依据，则“虽此种理论之当否另当别论，但不能谓为违法”。[②] 但是在1958年11月4日的判例中，最高裁认为，“刑法中的期待可能性的理论在种种立场上被主张，并没有统一的见解，但是即便承认期待可能性的理论，但只要被告人的行为符合构成要件、违法并且被告人具有责任能力以及故意、过失，而没有法律上所认可的排除责任事由的话，就必须提出足以否定其罪责的证据”。[③]

此外，从期待可能性对于案件的作用，除了判决是否应当阻却刑责（定罪）外，还有1起案例（“第五柏岛丸事件”）是以期待可能性的减少为理由减轻刑罚（量刑）。而其适用的案件，既有故意犯罪，也有过失犯罪。

（2）判断期待不可能所涉及的关联因素。对于判断期待可能性有无之标准所涉及因素，综合上述案例可知如下：

其一，行为人的身份、地位、见识、经历情况。例如，在“日华军事秘密泄露案”中提及了被告人的“地位、责任、见识阅历”，用于说明被告人能力高于常人；在“甘粕事件”中提及了被告人的“军旅生涯”，用于说明被告人服从命令行为的正常性；在“破坏水坝闸板案件”中提及了被告人的“农民”身份，用于说明被告人判断危险存在的合理性，等等。如行为人从事特

---

① 最判昭33·7·10集12·11·2471，最判昭31·12·11集10·12·1605在旁论，转引自［日］大塚仁：《刑法概说（总论）》，冯军译，中国人民大学出版社2003年版，第381页。

② 1956年12月11日最高裁判决（法院时报第221号第182页），转引至洪福增：《期待可能性之理论与实践》，载蔡墩铭主编：《刑法总则论文选辑》，五南图书出版公司1984年版，第487页。

③ ［日］大谷实：《刑法总论》，黎宏译，法律出版社2003年版，第267页。

定职业，具有特定身份，如驾驶交通工具（“第五柏岛丸事件”中的船长）、保密行业（“日华军事秘密泄露案”中的外交官员）、危险作业（“白木屋失火案”中的电工），则法律会对其行为提出与其职业相适应的适法性要求。

虽然同属行为人物理因素，但身份、地位、见识、经历情况这些涉及期待可能性的因素的判断，与用于判断辨识行为人责任能力的年龄、精神状况、智力等是有所区别的。判断责任能力的标准非常清楚，年龄、精神状况、智力属于法定的责任构成要素，界限明确，只要对这些要素本身进行判断，并比照刑法规定，即可得出有无责任能力的结论。而无论采取责任要素说、罪过要素说还是例外要素说，对于期待可能性的判断，都位于责任能力判断之后，亦即，在此之前，行为人已经具备了适法的年龄、精神状况。因此，年龄、精神状况等是基础的、前提的、必要的判断；身份、地位、见识、经历情况是附随的判断，并且，对这些因素进行考察的目的，不是确定这些因素本身，而是用于判断行为人违法行为正常性的凭据，对此需要裁判者综合考察。此外，期待可能性判断虽然应当独立于责任能力判断，但同样的行为人物理因素可能会在两种判断中重复使用，只是考察的角度不一。例如，行为人的智力，会在责任能力判断中使用，以评估其是否达到追究刑责的智力水平（不属智障），之后又会在期待可能性评判中使用，以确实法律对其的期待高低（智力高低）。

其二，外部情势环境，即事发当时行为人在客观上身处紧急状况、生活困境，异常的社会情势和环境之中。（1）紧急状况的范围与紧急避险中的紧急状况相当。例如，在“破坏水坝闸板案件”中有大水即将淹没稻苗的情形，在“违反产婆规则案”中有产妇生命垂危的迹象。（2）生活困境指有饥馑冻饿危及生命身体之虞，或者由此失业而导致生活极其困顿、危及生存基础。经常提及的事例是因面临饿死而盗窃小量食物的情形。对于失业危险，显著案例为“癖马案”；而在上表的“恐吓股票经纪行案”中，被告人也提出自是受上司指使如不违法则面临失业，法院认定此项担心不足以成立期待不可能，故而，失业危险如不足以带来重大生存危机，不足以阻却责任。（3）在“三友碳矿劳动争议罢工案”中，法院认为被告是受集体罢工形势的影响，因激情而违法，一般人在当时情境下也会如此，故而这种激情情势也是相关因素。（4）在“甘粕事件”、“违反统制价格的亚铅镀铁板买受案”、“肥料公团业务侵占案”、“东芝川岸工场失业保险法违反案”中，法院则分别考虑了戒严、社会经济困境等社会形势，这些形势为实施适法行为带来了困难。

其三，行为人受到心理强制。（1）在行为人受他人指令实施违法行为的情况下，其间存在的心理强制也可能导致期待不可能。在“甘粕事件”中，身为宪兵的被告受上级指令而杀人被判无罪，佐伯千仞认为其中考虑到了军队上下级之间的绝对服从原则，涉及了“违法约束命令”（明知违法但因强制性的服从关系不得不执行）。这属于心理强制的情况。心理强制与生理强制（如被人注射致幻剂后犯罪，因被捆绑而不能履行法定义务）不同，后者没有任何能动选择，故而属违法阻却，前者具有一定的意志自由。心理强制也需要达到相当的程序才能构成期待不可能，如被人用枪指着实施违法行为，可能会被免责；而基于一般雇佣关系上下级指令，如不危及生存则不能免责，如“恐吓股票经纪行案”中的情形。在“第五柏岛丸事件”中，行为人（船长）受到了雇主（船主）的催促，法院考虑了这种因素，但并没有判决被告无罪。（2）行为人与指令者之间存在信赖关系，是认定无故意而不是期待不可能的依据。在“甘粕事件”中，还存在行为人与指使人之间存在信赖关系的情况（行为人与上司长期共事），这种信赖关系也存在于“日华军事秘密泄露案”中（行为人与刺探秘密者共事对其钦佩信赖）。大审院在考察了这种信赖关系后认为据此不足以认定期待不可能，但可以认为行为人对指令的违法性缺乏认识从而不成立故意。由此看来，信赖关系与心理强制关系是不同的，前者可作为故意、过失的判断依据，一般不宜作为期待可能性的判断依据。

其四，行为人与保护人、受害人之间的亲情容忍关系。（1）行为人对本人及近亲属实施窝藏、伪证行为的，认为期待不可能。在被告为虚伪陈述之刑事案件中，大审院认为不能期待犯罪人对自己的罪行作真实陈述，从而判决其不成立伪证罪。在之后的“教唆他人伪证关于自己之刑事案件”中，大审院认为不能将此结论扩充至教唆他人的行为。这种情况后来一般被称为“事后不可罚”行为，以客观不可罚原理来解释；但对于被保护人近亲属，如“亲亲相隐”（日本刑法典第105条，藏匿犯人罪、隐灭证据罪），一般是以（法定的）期待不可能来解释的。把容隐对象扩张到行为人本人，是符合类推解释原理的，也应属期待不可能的情形。（2）如受害对象与行为人之间具有亲情容忍关系，对于特定违法行为会免责，如盗窃、侵夺近亲属财物（日本刑法典第244条，盗窃罪、侵夺不动产罪）。

其五，正当目的。行为人是基于正当目的实施违法行为，也是判断期待不可能的因素。这在“破坏水坝闸板案件”（保护稻苗）、“违反产婆规则案件”（救治产妇）、“肥料公团业务侵占案”（为劳工利益），正当目的表现得尤其明显。在“白木屋失火案”中，辩方也提出了自己的正当目的，即为了顾客便利、防盗、公司信誉，但法院否定了此种辩解，认为熄灭灯泡对于行为人而言轻而易举；在“神兵队事件”中，辩方也提出行为是为了保护国体和国家发展，法院认为不能认定一般日本国民都会采取该行动。由此可知，在考察行为的动机目的时，不仅要判断其善恶，还应考虑动机目的客观现实性，过于远大的、抽象的、不确定的宏大动机（如利国利民）应避免考虑。

其六，法益衡量和社会认同程度。法益衡量偏重于考察行为违法行为的严重性。从战后案例来看，行为人实施的是较为轻微的违法行为（违反经济统制法规），在过失犯罪案中也较多的适用，如“第五柏岛丸事件”、“违反产婆规则案件”。行为人违法行为损害的法益较小，有时只是对法秩序本身的违反，而不涉及实体利益的损害。较之于行为人追求的善良目的，此较小损害可被公众、社会容忍和认同，也不会导致法律秩序的重大破坏。在“教唆他人伪证关于自己之刑事案件”中，大审院承认本人伪证不负刑责，但教唆伪证不是国民道义观念所能容许的事情，故而应负刑责，显示考虑的是社会认同问题。

（3）尝试为期待不可能判断归纳一套标准体系。期待可能性的通常理解是：根据行为人当时所处的情况，法律能够期待行为人不实施违法行为，而存在实施其他适法行为的可能性。这个概念的重心，不是强调行为人实施适法行为的客观不能，而是强调行为人主观方面作出选择的正常性，即选择实施违法行为符合人性，选择实施适法行为极其困难。依据此理念，对前文所列之相关因素按一定逻辑顺序进行梳理，形成系统化的条件和判断标准或者成立条件。

其一，事态紧急或面临困境。这是期待不可能的前提条件，也是客观条件。具体表现为上述的紧急状况、生活困境、异常的社会情势和环境，或者受到胁迫等心理强制等。这些客观环境因素并不一定需要达到实施违法行为迫不得已、别无选择的程度，因为客观上无适法行为选择权一般是论证缺乏故意过失（无防果能力）的依据。在正当化紧急避难（违法阻却事由）中也有客观上无适法行为选择权的要求，如果行为人不完全符合正当化紧急避难的条件，如超越避险限度的避险过当，如果行为人认识到其属过当行为且有选择不为的自由，基于紧急事态或困境而选择施为，则其不是违法性问题，也不是故意过失问题，而是期待可能性的问题。紧急事态和困境削弱了行为人的认知、意志能力，但期待不可能所要求的紧急事态和困境不至于使行为人丧失意志能力和选择自由，因为期待不可能是构成要件该当、违法、具备责任能力、故意和过失的行为，也就是说，行为人应当具备对违法行为的认知、意识能力和选择自由。

其二，行为目的正当。这是对行为人主观心理内容的考察。但多数情况下，期待不可能表征了一类为实现正当目的而采取违法手段的行为，如为保住工作而忽视风险，为袒护亲属而伪证，为救助多人而牺牲一人，为避免冻饿而盗窃，为执行命令而违法，等等。根据目的行为论的观点，“目的性”与“有意性”具有不同含义。当行为人意识到自己当下实施的是违法行为，但却是为了实现良好的目标时，就会出现有意违法而目的正当的“因志善而为恶”的情况，如果难以通过善的手段来实现善的目标，而善的目标又具有紧迫性和重大性，则这种违法行为可能会得到体谅。进入期待可能性评判阶段的行为本来就是违法行为，如果行为目的不正当，则难逃罪责，故而，行为目的正当应当是成立期待不可能的必要条件，当然，诚如前文所言，这种正当目的要求具有客观现实性且符合人性。

其三，行为人选择违法行为符合人性，选择适法行为极其困难。这是对行为人主观选择得当性的评价。需要采取换位思考的假定模式来完成这种判断，具有两个方面的内容。一方面，要假设与行为人身份、地位、见识、经历相同的人员身处当时情势环境中，判断该人是否会作出与行为人相同或相似的反应，这种反应是否正常，是否符合趋利避害的正常人性、亲亲体恤的人伦。另一方面，又要考虑行为人选择适法行为将会导致的后果，这种后果带来的危害程度，并与违法行为所获利益进行比较。将两方面结合起来综合衡量选择适法行为的困难程度。

其四，对违法行为科以刑罚显得过当。这是从刑罚目的和社会观念的角度进行的判断。刑罚过当体现为刑罚严厉性与行为客观危害不相称，更主要的是与行为人主观恶性（正当目的）不相称。刑罚是最严厉的惩罚手段，只应适用于恶害严重的危害行为，对出于正当目的在困境下艰难选择实施违法行为的行为人科处刑罚，不仅不能起到预防犯罪的效果，还会破坏社会公共体的良心意识和怜悯情感，激起公众对刑法机械性的反感，无助刑罚目的实现和法律正义观的树立。另外，如对行为人科处刑罚，也会伤害社会情感。法律的目标之一在于维护社会情感。如果困境选择能够得到社会大众的体谅，违法行为能够得到宽容宽恕，科处刑罚确有不妥，则应视为期待不可能。“法律不强人所难”的法谚在刑法领域体现为“刑罚不伤害人情”。

由此，上述期待不可能的判断标准，即客观情势环境、行为人主观内容、对行为人选择的人性评价、违法行为的刑罚相当性，体现了四个不同层面的内容，其中最为显著的内容是人性评判和社会情感的评判，是以作为刑法的根基的人性基础来否认刑罚的正当性。在判断期待可能性之前，行为人已具备责任能力、故意过失，故而，期待不可能不是说明行为人不具备基本的责任要素，不具有选择适法行为的自由，而是说明困境之中选择余地的狭隘和不近人情。期待可能性理论维护脆弱人性更甚于机械恪守法秩序，关怀行为人更甚于关注行为，重视责任之量更甚于重视责任之质。

没有标准的标准对于法律的破坏远大于其助益，要将期待可能性理论运用于司法实践，就应当为其设定具有可操作性的标准，前文从案例中归纳出了标准，囊括了案例判决之中衡量期待不可能的种种因素，也考虑了不成立期待不可能的原因，为期待不可能的判断划定了大致的条件。然而，这种标准仍然不能谓之“明确”，一方面，绝对明确的标准是不存在的，另一方面，作为超法规责任阻却事由存在的期待可能性，本来就应更多的将裁量权交与裁判者，“人性”、“刑罚相当性”这些模糊判断因素的存在无疑会给期待可能性打下深深的主观烙印和道德情绪。设立标准的目的在于限制漫无边际的恣意擅断，但却不能指望其划出此非彼是数学般分明的界限，况且，罪与非罪的边界本身就存在灰色地带。对于超法规责任阻却事由的限制，除了提供标准之外，还可通过事例类型化和判例制度予以实现。

（三）期待不可能判断在我国刑法中的地位和适用

1. 我国刑法界对期待可能性理论引入和研究

在 20 世纪 90 年代，期待可能性理论被引介入我国。[①] 并在一时间成为热点理论，受到学者的青睐，进行了广泛的介绍和研究。[②] 大体上，国内对于期待可能性的研究，多数以介绍为主，即在德日刑法理论的语境下对期待可能性理论进行理论介绍，在此基础上论及该理论对我国刑法的借鉴意义。[③] 研究文献在三个层面上提出的借鉴方法：

其一，在理论层面，主要涉及的是犯罪论体系、责任理论、罪过理论。（1）以期待可能性理论为切入点，讨论规范责任论，

① 最早见诸学术期刊的研究为戴绍泉、田禾：《析刑法中的期待可能性》，载《四川大学学报》（哲学社会科学版）1989 年第 2 期。

② 在“中国期刊网”上检索 1980—2007 年的法学类期刊中以“期待可能性”为题目的论文，可得到 116 篇学术论文，27 篇硕士论文。还有一些关于犯罪构成理论、责任理论、过失犯罪理论的研究中也较为详细地论述了期待可能性理论。

③ 参见马克昌：《德日刑法理论中的期待可能性》，载《武汉大学学报》（社会科学版）2002 年第 1 期；林亚刚：《论期待可能性的若干理论问题》，载《中国刑事法杂志》2000 年第 2 期。

并提出在我国犯罪论体系中引入责任要件。[①]（2）在罪过评定中考虑期待可能性要素。[②]（3）认为期待不可能是一种新的出罪事由，从而可以建立“犯罪构成——出罪事由”的犯罪论体系。

其二，在法条解释方面的论证，用期待可能性理论解释我国刑法有关规定。（1）论证期待可能性与正当防卫、紧急避险的关系。[③]（2）认为刑法第16条（不可抗力、意外事件）、第28条（胁从犯）、第17条（刑事责任年龄）等法条包含了期待可能性的思想。[④]

其三，在司法实践层面，将其作为一种实质的出罪或减轻责任事由。（1）提出将期待可能性作为安乐死等问题的出罪依据。[⑤]（2）将期待可能性理论作为对特定案件的限制适用死刑的依据。[⑥]（3）在处理紧急时期如“非典”时期的案件时，应考

---

① 参见陈兴良：《期待可能性问题研究》，载《法律科学》2006年第3期；游伟：《期待可能性与我国刑法理论的借鉴》，载《政治与法律》1999年第5期。

② 参见姜伟：《期待可能性理论评说》，载《法律科学》，1994年第1期；丁银舟：《期待可能性理论与我国犯罪构成理论的完善》，载《法商研究》1997年第4期。

③ 参见童德华：《期待可能性事由在刑法规范中的具体适用》，载《浙江社会科学》2003年第5期；陈东：《期待可能性理论初探》，《当代法学》2005年第5期。

④ 李立众：《期待可能性理论研究》，载《中外法学》1999年第1期。该文从刑法学、刑事立法、刑事司法三个方面进行了论证，但主要还是对刑法规范的解释。

⑤ 梁根林：《事实上的非犯罪化与期待可能性——对安乐死的出罪处理的路径及其法理解读》，载《中外法学》2003年第2期。

⑥ 童德华：《期待可能性论——作为抗制死刑的论辩术》，载《湖北警官学院学报》2007年第4期。

虑期待可能性。[1]（4）对于特定个案有罪无罪的裁判运用期待可能性理论，如在分析救助者好心救助他人但因慌乱或缺乏医学知识而致被救助者死亡“救人救出的人命案”、[2] 受虐女性杀人、[3] 指使强令他人违章驾驶造成重大交通事故情形下受指使人的刑事责任，[4] 甚至“王斌余案”、“许霆案”时，有论者都援引了期待可能性理论。

2. 我国刑法引入期待可能性理论的应有定位：出罪事由

根据前文的分析可知，期待可能性本来就既是理论，也是解释依据，还是具体标准和事由（日本刑法典），一身三相，因此，在学理、立法、司法三个层面来讨论期待可能性是合适的。但无论从哪一个层面上来讨论期待可能性，都需回答期待可能性的一些基本立场问题，主要是两个问题：（1）功能定位问题，是将其作为单纯的用于诠释法条的刑法理论还是具体的实案判断标准？（2）体系定位问题，是将其作为入罪的要素（积极要素）还是出罪的要素（消极要素）？

笔者认为，首先，期待可能性当然可以成为解释既有法条规定的刑法理论，但更为重要的，只有将期待可能性作为一项司法审判实案判断标准，才能具有实用性。期待可能性本来就是从实案判例（“癖马案”、“甘粕事件”、“第五柏岛丸事件”）中抽取出来，本意在于形成适用于实案审判的一般性规则，如果只将期

① 周光权：《反思涉非典犯罪处理中的刑事司法》，2003 年 8 月 17 日“搜狐评论”，http://news.sohu.com/57/42/news212214257.shtml。

② 汪明亮：《救人救出的人命案引发的法律思索——兼谈期待可能性理论》，载《法学》1998 年第 7 期。

③ 屈学武：《死罪、死刑与期待可能性——基于受虐女性杀人命案的法理分析》，载《环球法律评论》2005 年第 1 期。

④ 石晓芳、许道敏：《指使强令他人违章驾驶的刑事责任问题——对期待可能性理论的重新理解》，载《人民检察》2004 年第 5 期。

待可能性视为一种理论，就难以发挥其救助人性的本意，失去实用价值。其次，正如本章文首论及的那样，在体系定位方面，应当从消极方面理解期待可能性，将期待不可能作为可宽恕的出罪事由的理论基础，同时使其成为一项补漏性的、超法规的、具体的出罪事由，在出罪层面上理解期待可能性，这才是其恰当的体系定位。

3. 对期待不可能判断的适用限制

当然，考虑到以期待不可能为由而对行为人出罪，可能存在被扩张滥用的风险，应当对其适用进行适当限制。这种限制可以从这样几个方面入手：

第一，只有在穷尽刑法规范（包括司法解释）明文规定的所有出罪事由即法定出罪事由及其类推规定以及刑法理论中定型的出罪事由（如免责的过剩防卫、免责的避险过当、免责的义务冲突、强制约束性行为、良心行为、困境）之后，仍然认为有出罪的必要时，才能考虑适用期待不可能的标准进行判断。作为超法规出罪事由期待不可能，对于司法实践的作用应当是补充性的。

第二，应当对比已决的涉及期待不可能的案例，以判例辅助的方式，促进期待不可能的适用。期待不可能的判断标准具有一定的抽象性和模糊性，在案件判断时如能将待决案件对比已决案件，通过这种案件类比的方式，就会使期待不可能的认定更为准确和令人信服。

第三，应当对适用进行诉讼程序上的限制（主要是举证责任分担方面）。作为一种出罪事由或辩护事由，适用期待不可能的要求应由辩方提出，证明期待不可能的举证责任也应由辩方承担，这正如日本最高裁判例宣示的那样，“即便承认期待可能性的理论，但只要被告人的行为符合构成要件、违法并且被告人具有责任能力以及故意、过失，而没有法律上所认可的排除责任事由的话，就必须提出足以否定其罪责的证据”。[①] 应当说，这也与英美刑法中由辩方承担辩护事由的举证责任（一般适用优势证据规则而不适用排除合理怀疑规则）异曲同工。[②]

三、可宽恕的出罪事由之价值诉求——刑法的人性关怀

可宽恕的出罪事由与前述正当化的出罪事由并不相同，被出罪的行为已是违法行为，出罪的原因存在于行为人方面。并且，在行为人的过错方面，行为人并非绝对没有实施适法行为的可能，因而，按照绝对意志自由的观念来看，其主观上也具有过错。故而，可宽恕的出罪事由针对的行为与完全的适法行为以及欠缺过错要素的行为是有区别的。例如，银行运钞车遭到抢劫，四名负有押运保护银行财产职责的武装警察有不同表现：警察甲在歹徒持枪对其威胁交出钥匙密码的情况下，拒不交出或奋力反抗被歹徒击成重伤；警察乙被歹徒捆绑后夺取钥匙打开保险柜抢走巨额货币；警察丙在歹徒持枪令其本人打开保险柜的情况下，顺从歹徒打开保险柜抢走巨额货币；警察丁在歹徒没有显露任何暴力器械仅是言语威胁的情况下，能够反抗却不反抗而打开保险柜。上述四种情况，警察甲的行为属于正当行为，警察丁的行为可能构成犯罪，警察乙由于身体受到强制，没有履行保护财产职责的行为能力，因而欠缺过错要件不构成犯罪。而对于警察丙的行为，其担负有保护银行财产职责，不能构成紧急避险。在其受到了强制时，可以有两种选择：要么像警察甲一样拒不交出钥匙和密码或者与歹徒搏斗，这种选择极有可能丢掉自己的性命；要

① 1958 年 11 月 4 日判决，[日] 大谷实：《刑法总论》，黎宏译，法律出版社 2003 年版，第 267 页。

② Richard G. Singer, John Q. La Fond, Criminal Law，中国方正出版社 2003 年版，第 375 ~ 379 页。

么顺从歹徒的命令打开保险柜，这种选择极有可能保全自己的性命。社会伦理推崇的是警察丙，并且，以绝对意志立场下的心理责任论观之，警察丙在可以作出选择的情况下不选择适法行为，主观上是存在过错的，但是，在这种情况下，要求警察丙选择适法行为不能不说是强人所难。人的自我保护本性决定了人类将自己的生命作为价值最高的保护利益，因此，在这种情况下，如果认定警察丙的行为构成犯罪，则无疑表明刑法违背人性的强令警察丁放弃生命，在此情况下，只有适用可宽恕的出罪事由对其出罪。在我国当前刑法规定胁从犯构成犯罪只是减免处罚的情况下，运用期待可能性理论对受到程度较大胁迫之下实施的行为进行出罪是合理的。

可宽恕的出罪事由体现出的价值诉求正是刑法的人性关怀，即刑法的制定与适用都应与人的本性相符。[①] 这里所言的刑法的人性关怀指的是刑法适用过程（刑事司法）中的人性关系。在多数情况下，它是通过裁判者的定罪自由裁量权来实现的。亦即，裁判者在进行犯罪认定时，对于实施违法行为的行为人，在遭遇科刑将会严重强人所难的特殊情形时，不认为其构成犯罪，即将行为人出罪。

（一）刑法人性关怀的含义

人性指人的本性。恻隐之心，人皆有之；羞恶之心，人皆有之；辞让之心，人皆有之；是非之心，人皆有之。[②] 这是人性向善的一面。而人性也有向恶的一面：利己（希望自己快乐）、恶毒（希望他人痛苦），这是人类内在固有的天性。很多表面上的道德行为都是出于利己的目的而作出，而同情（希望别人快乐）

① 陈兴良：《刑法的价值构造》，中国人民大学出版社 1998 年版，第 431 页。

② 《孟子·告子上》。

这种真正的道德是非常稀有的。[①] 人类作为动物，出于生存本能和自我中心主义，必然具有残忍自私、贪婪、虚伪、嫉妒等人性的一面。在环境宽松、舒适时，人性表现出善良、仁爱的一面，而在紧张、危险时，就会展露出利己的脆弱一面。人性关怀指的是将任何一个人都作为人来看待。不能指望其过多的为善，而只要求其尽量避免为恶。期待可能性理论的核心“法不强人所难”所尊重的人性是人类“合理的脆弱和自私自利”的脆弱面，这主要体现在：一般人面临自身重大利益将受损失的非常危险境况中时，具有牺牲他人利益保全自身的心理倾向；在利益差不多的情况下，人们总是将自身的利益看得更为重要；避免即时的眼前的威胁要甚于过期的利益；如果遵从法律会对自己带来重大损害和极大不便，可能会选择不遵从法律，等等。虽然上述情形都会疾恶倡善之伦理所不齿，但国家不能将伦理的高标准纳入法律中来，伦理的标准是至善至美、舍生取义的“圣人”标准，法律的标准仅仅只是低得多的不为恶的“平常人”标准。尤其对于刑法而言，将行为评定为犯罪意味着受到极其严厉的刑罚制裁，故而，更应尊重“平常人”的人性而不是“圣人”的人性。“平常人”的人性决定了，当人们遭遇违法行为而无其他方法可保护自己的重大根本的利益乃至生命的境遇时，必定会正常地选择违法。所以期待行为人牺牲较大的价值以遵守法律，这是根本不可能的事情。

（二）刑法人性关怀追求的目标

尊重脆弱的人性体现了刑法宽容的一面，也有助于舒缓刑罚的严酷与人性弱点间的紧张对峙。以条文形式出现的刑法毕竟是与现实生活存在距离的抽象概括规定，如果在刑法适用中片面夸

---

① ［波兰］叔本华：《叔本华论道德与自由》，韦启昌译，上海人民出版社 2006 年版。

大刑法规定的机械和严格性，脱离现实生活，忽视对行为人人格尊严和人性选择的尊重，违背人情、人性而教条地追求刑事责任，就会制造国民与刑法间的仇隙。刑事司法应当是切合生活现实的法律适用，情与法的冲突并非刑法的本意。否则，将会造成刑法正常规范导引作用和权威的丧失，如强人所难地将行为人的损害行为判决有罪，不仅会引起被处刑者的不满，由此引发的社会同情也会使得人类怀疑刑法的正当性，这样的刑法也难以实行。而作为可宽恕的出罪事由基础的期待可能性理论正是“想对在强大的国家法律规范面前喘息不已的国民的脆弱人性倾注刑法的同情之泪的理论”。①

伴随着人类文明的发展，刑法也由野蛮走向了文明，经历了由政治之治走向利益之治，再走向人性之治的历程。政治之治的刑法强调刑法的强制性权威性，其目的在于进行有效的社会控制，由此刑法也注重威吓功能。在此情境之下，刑法的合理根基是无须阐述和论证的问题，因为国家和统治本身就是不用论证的，刑罚本身也就是正义，刑罚权的发动弥漫着控制社会的工具主义色彩，政治之治下的刑法对于人性是极度漠视的。利益之治的刑法的目的在于追求经济利益的保护和经济发展，以损害为核心界定犯罪这是利益之治下的刑法的体现。在这种经济中心主义视野下，财富和实物利益要重于人情关系和社会伦理，行为正当与否的认定则弥漫着功利主义的色彩。人性之治的刑法是围绕人际生活情感而建构的生活刑法，如果说政治之治的刑法在于满足维护统治这种国家基本生存需求，利益之治的刑法在于满足经济利益这种国家初级的物质需求，那么人性之治的刑法则在于满足和谐社会关系这种国家高级的精神需求。它更加注重人本主义的

---

① ［日］大塚仁：《刑法概说（总论）》，冯军译，中国人民大学出版社2003年版，第408页。

观念和刑法个别化的思想，除了发挥其基本的惩治和保护机能之外，还应考虑解决纠纷和维护社会和谐秩序。人性之治的刑法是刑法发展的高级阶段，人道性也必将成为现代刑法追求的首要价值目标。当然，现代法治所倡导的人性化和人文关怀，不能被偏颇地理解为对犯罪人毫无原则的同情和放纵。出罪必须具有标准，宽容必须存在底限，这就是期待可能性所界定的标准。

第八章　不可罚性

——不可罚的出罪事由之理论基础

笔者在本书第五章归纳并列举了我国刑法中一些常见的不可罚的出罪事由，包括：犯轻罪（3 年以下）的军人战时戴罪立功，收买被拐卖的妇女、儿童者不阻碍返回、解救，没有虐待的，纳税人逃税经通知后补缴税款、缴纳滞纳金、已受行政处罚的，行贿人在被追诉前主动交待行贿行为，拒不支付劳动报酬在提起公诉前悔改，非法种植毒品原植物在收获前自动铲除，贪污、受贿数额达到起刑点后悔改退赃，介绍贿赂人在被追诉前主动交待介绍贿赂行为，亲告罪不亲告；此外，近亲属关系是盗窃、诈骗、抢劫罪的出罪事由，未成年（已满 14 周岁不满 16 周岁）是被害人自愿的奸淫幼女型强奸罪的出罪事由，情节轻微是盗窃、诈骗罪等数额犯的出罪事由，后续通奸状态是之前强奸罪的出罪事由，生活所迫是重婚罪、出卖亲生子女型的拐卖儿童罪的出罪事由，犯罪未遂情节不严重是盗窃、诈骗罪的出罪事由，“双套引诱”是毒品犯罪的出罪事由。规定在宪法中的人大代表和政协委员的刑事辖免权、大赦，等等。

这些行为属于违法行为，行为人也已具有罪责，完全符合犯罪成立的各项条件，如非出于刑法规范的特别规定，这些行为及行为人就应当被认定为构成犯罪，应当受到刑罚处罚。它们之所以不被定为犯罪，不是因为行为合法，也不是因为行为人不宜受到非难，而仅仅只是出于科处刑罚的考虑。由于特殊情况的考虑，认为对行为和行为人不值得科处刑罚。小结前文列举的不可罚的出罪事由，可知这些特殊情况大体上可分为两类：一类与行为本身的性质有关，如行为程度轻微（包括未遂等犯罪状态、行为人与被害人之间的特殊关系等）。另一类与行为本身无关，而与行为之后的行为人的悔罪或法律状态变更有关。

一、不可罚性——不可罚的出罪事由之理论基础

前文归纳的不可罚的出罪事由，与德日刑法中的客观处罚条件类似。德日刑法对客观处罚条件本质的追问，也可运用到对不可罚的出罪事由的本质探讨之中。如本书第四章所示，在德日刑法中，行为具备了构成要件该当性、违法性、有责性的要件后，有时还需要具备客观处罚条件，才能承担刑事责任。典型的客观处罚条件，如德国刑法中的外交关系和互惠保护协定，是针对外国的犯罪刑事追诉的条件（德国刑法典第 104 条 a），日本刑法中的行为人亲属身份是盗窃、侵夺不动产罪的刑罚免除条件（日本刑法典第 235 条、第 235 条之二），等等。

客观处罚条件这个概念最早是由宾丁（Bindillg）提出的，被他用来称呼加重结果犯的加重结果。后来为了解释前述德国刑法典第 104a 条中的外交关系，才开始发展出客观处罚条件的理论。因为客观处罚条件是纯粹客观的要素，所以对于解决刑事诉讼中故意难以证明的问题助益较大。在第二次世界大战之后，德国立法者也将客观处罚条件运用到经济犯罪和违反社会秩序法中，免去对该等事实证明故意的问题，使得犯罪易于成立。由于宾丁的客观处罚条件具有限制处罚范围的作用，而战后的新规定则是扩张处罚范围，由此引发了争论。之后，雅科布斯（Jescheck）对前述两种对立的立场进行了整合，认为都是符合法制精神的。罗克辛（Roxin）将客观处罚条件和阻却处罚的条件一

起归入他的五阶层体系（行为—构成要件—违法—责任—其他处罚条件）的第五个阶层。在罗克辛看来，这两种条件都是基于刑法以外的目的考量，而影响犯罪成立和处罚的条件。罗克辛认为，阻却刑罚条件、解除刑罚条件、客观处罚条件之间并没有区别的必要，只是形式上有所不同而已。这些特别处罚条件都是基于刑法以外的目的而欠缺处罚的必要性，如对外国犯罪的外交关系成为客观处罚条件，是为了政治上的理论而存在。而有些阻却刑罚事由其实是违法阻却事由，如国会议员的言论免责权；有些则是责任阻却事由，如中止犯。但总的来说，它们都欠缺处罚的必要性，国会议员的免责权是因应国家目的而生，中止犯则行为人既已悔悟，对社会没有危险，没有特别预防或一般预防的意义，也没有再社会化的必要。可见，特别的处罚条件与应罚性和需罚性无关，即使是有应罚性和需罚性的行为，当非刑法的目的优先的时候，即使没有处罚的必要性也要处罚，或者即使有处罚必要性时，也不处罚。[①] 可见，客观处罚条件一般认为与构成要件与行为人的故意过失认识无关，是独立在构成要件该当性、违法性、有责性之外的影响犯罪成立或刑罚科处的纯粹客观的条件。对于客观处罚条件的实质，一般笼统地归结为“可罚性”。

（一）关于可罚性概念的聚讼

何谓“可罚性”呢？在德日刑法中，“可罚性”（Strafbarkeit）一词根据其使用语境的不同，具有多种含义，比较混乱。例如，刑法中经常会说到，教唆他人自杀行为具有可罚性、未遂犯的可罚性依据、盗窃一张白纸的行为不具有可罚的违法性、原因自由行为具有可罚性、通奸行为不具可罚性所谓应当除罪化，等等。这些“可罚性”所指代的含义并不完全相同。冯

① 许玉秀：《当代刑法思潮》，中国民主法制出版社 2005 年版，第 84～86、96～97 页。

军教授研究德日刑法中的可罚性问题，认为“可罚性”具有三种不同含义：其一是指某行为是“处罚的对象”这种事实，比如说卖淫行为不具可罚性；其二是指“值得处罚”这种实质评价，是立法论中进行犯罪化或者非犯罪化的标准；其三是指犯罪成立要件之一的可罚性评价阶段，即犯罪成立除了具备构成要件该当性、违法性、有责性三个要件之外，还要具备可罚性要件。作为独立的犯罪成立要件的“可罚性”，被称为“狭义的可罚性”。而作为包含构成要件符合性、违法性和责任的全体的可罚性，被称为“广义的可罚性”。① 事实上，除了以上三种含义以外，日本刑法中还有“可罚的违法性”中的“可罚性”，亦即认为行为违法性达到一定量的程度才能认定其具有刑事违法性，指的是刑事可罚（刑事违法性）；而“未遂犯的可罚性依据”中的“可罚性”一词，具有对违法性实质（结果无价值与行为无价值、客观违法与主观违法之争）进行探讨的含义。

归纳上述“可罚性”一词，可认其大体上有以下含义：“可罚性”的第一种含义与违法性有关，说盗窃行为具有可罚性、聚众淫乱行为不具可罚性，实际上指的就是行为不具有违法性。将可罚性等同于违法性，似为将“可罚性”（Strafbarkeit）与“应罚性”弄混淆了。当然，指称违法性的“可罚性”，还可分为司法层面和立法层面两个层面。前者如盗窃行为具有可罚性，指的是行为已经符合了刑法规定的构成要件，属于刑法划定的犯罪行为类型。后果如聚众淫乱行为不具可罚性应当除罪，指的是行为尽管被现行刑法规定为犯罪，但实质上不应以刑罚惩罚不应被归入犯罪行为类型。“可罚性”的第二种含义指的是行为具备了不法、有责，就是犯罪成立，如说原因自由行为具有可罚性，

① 冯军：《德日刑法中的可罚性理论》，载《法学论坛》2000 年第 1 期。

不仅考虑了行为不法的问题，更偏重于论述行为人的责任，在这里，对于可罚性的理解似偏重于可受刑法非难，与“需罚性”相似，即前文所言“广义的可罚性”。“可罚性”的第三种含义即指可罚性判断阶层，亦即由各种客观处罚条件组成的犯罪认定阶层，是在构成要件该当、违法性、有责性判断之后的判断阶层，行为不具备客观处罚条件，同样不能构成犯罪。“可罚性”的第四种含义与刑罚目的紧密关联，指的是可以或值得动用刑罚进行处罚。

笔者认为，以上四种含义中的前两种，似为对“应罚性”、“需罚性”的混用，对应于不法、有责阶层，不是本章考察的对象。可罚性的第三种含义，即形式上指的是作为犯罪成立条件的可罚性评价阶层，是本章“不可罚的出罪事由”所称的可罚性，亦即前文所言的“狭义的可罚性”。而可罚性的第四种含义，即值得刑罚科罚性，实际上是对可罚性阶层的客观处罚事由的实质进行解说。由此，本章所称的“可罚性”，可被分为两个层面，一是形式层面上的“可罚性”，即可罚性判断阶层，是各种不可罚的出罪事由或客观处罚条件的集合，是一个种概念。二是实质层面上的“可罚性”，即对不可罚的出罪事由整体背后原理和本质的解说，亦即，解说不可罚的出罪事由为何不可罚。当然，也有学者扩张了实质层面可罚性的解释范围，不仅将其用于解释客观处罚条件，也用于限制或者解说违法和责任。例如，佐伯千仞就认为：“刑法上的责任是引起刑罚这种国家的目的意识性活动的要件，因此，其内容不可避免地带有刑罚目的的色彩或者规定。恰如刑法上的违法性特别作为可罚的违法被特殊化一样，为了使责任也具有刑法上的意义（是刑事责任），需要作为可罚的责任来特殊化。可罚的责任的特征，不只是指尽管行为人能够理解法规范的命令、禁止并根据它来行为却没有那样行为，进而是指这种行为人的非难性强烈到特别需要刑罚这一强力手段的程度，并且是适宜于接受刑罚这种性质的东西。”[①] 佐伯千仞理解的“可罚性”实际上指的是刑罚目的，其认为应当把“可罚性”分别还原到违法性和责任两个要件之中，而使违法性成为“可罚的违法”，责任成为“可罚的责任”。这是一种富有启发的思路，当然，这种观点的成立是以承认可罚的违法性（刑事违法）、可罚的责任（刑事责任）为前提的。在本章中，笔者只讨论形式意义上的可罚性判断阶层以及解说可罚性判断阶层的实质的可罚性范畴。

（二）可罚性判断的定位和实质的可罚性的基本含义

首先，形式意义上的可罚性判断阶层，是各种不可罚的出罪事由的集合，其具体内容在上文已述，在此我们着重讨论其体系定位。关于可罚性判断的地位，日本刑法中存在着刑罚处罚阻却事由说、犯罪成立要件还原说、犯罪成立独立要件说三种观点。刑罚处罚阻却事由说认为，不可罚的出罪事由只具有阻却刑罚处罚的性质，而没有阻却犯罪成立的功用。这也就是说，不具客观处罚条件的行为，在观念上应当已经构成犯罪，并且原则上应当动用刑罚权予以制裁。客观处罚条件只是阻止发动刑罚的例外，这种例外只能阻却刑罚权的发动，而不能否认行为本身的犯罪性。例如，团藤重光认为：“观念刑罚权原则上与犯罪的成立同时发生。但是，作为例外，有时进而以其他事由为条件。这种条件称为处罚条件。”[②] 犯罪成立要件还原说，即认为可罚性阶层

① ［日］佐伯千仞：《刑法讲义（总论）》，有斐阁1974年版，第232页。转引自冯军：《德日刑法中的可罚性理论》，载《法学论坛》2000年第1期。

② ［日］团藤重光：《刑法纲要总论》，创文社1991年版，第514页。转引自冯军：《德日刑法中的可罚性理论》，载《法学论坛》2000年第1期。

中的客观处罚条件，并不是真正的独立判断阶层，其中的内容可以还原到违法性和有责性判断中，事实上是特殊的违法性、有责性判断事由。而犯罪成立独立要件说则恰恰相反，认为可罚性判断中的客观处罚条件的性质，与违法性、有责性的内容并不相同，因此可罚性判断应当成为独立于违法性和有责性之外的另一个阶层。可罚性的判断也影响到犯罪成立，而非只是刑罚权的发动。① 在日本刑法学界，犯罪成立独立要件是理论通说。在德国刑法学界，耶赛克和魏根特、罗克辛等人也坚持犯罪成立独立要件说。②

笔者认为，以上关于可罚性判断及不可罚事由（客观处罚条件）的体系定位的三种观点，主要是在两个问题上存在分歧：一是可罚性是犯罪成立条件还是刑罚阻却事由，二是可罚性是独立要件还是既有要件（不法、责任）的特殊要素。对于第二个问题，笔者认为，从宾丁及之后德日刑法对不可罚事由（客观处罚条件）的界定来看，其性质显然与不法、责任的要素有所不同。不可罚事由都是纯粹客观的要素，其判断方向与行为人的心理责任和规范责任无关，不能将其归入责任要件。而将不可罚事由置于不法要件中也有所不妥，虽然不可罚事由是客观要素，但传统的不法要件要素都是故意认识的必要认识内容，而不可罚事由最初就被界定为无须故意认识的要素。从而，认为可罚性是独立于不法、责任的独立要件，而不是包容在不法、责任中的特

① 冯军：《德日刑法中的可罚性理论》，载《法学论坛》2000 年第 1 期。

② 参见［德］汉斯·海因里希·耶赛克、托马斯·魏根特：《德国刑法教科书（总论）》，徐久生译，中国法制出版社 2001 年版，第 662 ~ 673 页；［德］克劳斯·罗克辛：《德国刑法学（总论）》，王世洲译，法律出版社 2005 年版，第 689 ~ 708 页；李海东：《刑法原理入门（犯罪论基础）》，法律出版社 1996 年版，第 128 页。

殊要素，这种判断是恰当的。当然，如果从实质层面而不是形式层面理解犯罪成立要件还原说，即认为其所说的可罚性是刑罚当罚性而非客观处罚条件，可能还是有一定的道理的。由此，在第二个问题的争论上，笔者支持犯罪成立独立要件说。对于第一个问题，亦即可罚性是犯罪成立条件还是刑罚阻却事由的问题，笔者认为，这涉及犯罪成立的理解视角问题。在传统刑法中，犯罪的界定是从行为及行为人本身的属性出发的，从而，犯罪的成立有其本身的构成要件（不法、有责），在判断犯罪是否成立时无须考虑刑罚的要素。刑罚被作为犯罪的可能后果，但并非是必然后果。绝大多数情况下虽然有罪都有罚，但并非有罪必有罚，两者是有可能割裂开来的，因为还存在定罪免刑的情况。也就是说，传统刑法的思维是由犯罪（原因）到刑罚（结果），而不是从刑罚到犯罪，因此，对于犯罪的认定与刑罚因素无关。在这种思维方式之下，可罚性应当被认定为刑罚阻却事由而非犯罪成立条件，这就是刑罚处罚阻却事由说的理论背景。但是，如果从刑罚目的的角度出发，将犯罪定义为应当被科处刑罚的行为，亦即认定犯罪与其他违法行为如行政违法、民事违法的最重要区别在于法律后果的不同，那么，犯罪与刑罚之间的关系就不能再简单地界定为因果关系，刑罚权是否应当发动、有必要发动、值得发动，就是定义和认定犯罪必须考虑的因素。从而，应当重新建立从刑罚到犯罪的思维，不值得科处刑罚的行为也不能被认定为犯罪。在这种思维方式之下，可罚性不仅只是刑罚阻却事由，也应是犯罪成立条件，这就是犯罪成立要件说（包括独立要件说、还原要件说）的理论背景。可见，刑罚阻却事由说与犯罪成立要件说都承认不可罚出罪事由的直接阻却的对象是刑罚，只不过，他们的理论背景并不相同，对于犯罪界定所考虑的因素也不尽相同。笔者认为，从刑罚目的角度思考犯罪的成立，将刑事政策的因素加入的犯罪评定之中，是现代刑法发展的方向和趋势。

犯罪的成立条件不应单单只从行为、行为人本身予以说明，还应从刑罚权的方向予以考虑。毕竟，行为之所以被界定犯罪，从本质上讲是立法者发动刑罚权的结果。如果将有罪宣判也作为一种刑罚（名誉刑）的话，那么定罪免刑的情况实际上也对行为人科处了刑罚。作为因果律的强化，“有罪必有罚”的原则应当予以坚持，从而反向推论，“无罚也无罪”的结论也必定正确。从贯彻刑罚目的、考量刑事政策的方面思考，犯罪成立要件说的结论应当得到赞同。故此，笔者认同犯罪成立独立要件说的观点，认为可罚性判断（客观处罚条件）不仅是犯罪成立条件，而且是独立于构成要件该当性、违法性、有责性判断的独立要件。

其次，作为可罚性阶层的实质的可罚性，是与刑罚目的紧密关联的。从刑罚角度解释，犯罪是被科处刑罚的行为，而行为或行为人是否值得科处刑罚，这就是可罚性的问题。事实上，对于犯罪构成各要件实质的解说，除了从行为、行为人角度展开的维度——将违法性阶层的实质解说为社会相当性、将有责性阶层的实质解说为期待可能性——以外，还有从刑罚目的角度展开的维度，亦即，将违法性阶层的实质解说为“应罚性”，将有责性阶层的实质解说为“需罚性”。根据沃尔特（Wolter）实质的犯罪阶层体系，所谓“应罚性”，指的是处罚可能性（Bestrafungsm?glichkeit），需罚性指的是处罚必要性（Bestrafungsnotwendigkeit），应罚性和需罚性分别对应于违法性、有责性。而在沃尔特的体系中，犯罪的成立还需具备客观处罚条件，其对应的实质是值得发动国家刑罚权（staatliche Bestrafungsbefugnis），亦即可罚性。由此，行为只有具备了应罚性、需罚性、可罚性，才能受到刑罚处罚被认定为犯罪。可见，可罚性是与应罚性、需罚性并列的行为实质，其思考的基点是刑罚目的，而不是以行为本身的性质，这里的“罚”指的就是刑罚。简言之，应罚性指的是应当对行为科以刑罚，需罚性指的是有必要对行为人进行非难科以刑罚，可罚性指的是从刑事政策角度权衡值得动用刑罚。正如许玉秀教授所言，可罚性是从刑事政策上的归责，如果欠缺客观处罚条件即欠缺法律政策上的归责必要性。①

最后，可罚性的判断应当被定位于出罪判断，亦即阻却性的判断。该当构成要件、违法、有责的行为，原则便具有可罚性，只有在少数特殊情况下，出于刑罚目的和刑事政策的考虑，认为其不值得科处刑罚时，才被认为不具可罚性而被宣判无罪。可见，可罚性判断是在原则之后的例外判断，应当从可罚性的反面即不可罚对犯罪成立的阻却效果方面来理解可罚性理论。亦即认为不具可罚性的行为，不能科处刑罚，不能认定构成犯罪。

二、不可罚行为的判断标准

实质层面上的不可罚性，亦即基于刑罚目的和刑事政策，认为行为或行为人不值得处罚，是各种类型化的或具体化的不可罚事由，如犯轻罪（3 年以下）的军人战时戴罪立功、盗窃近亲属财物等的理论基础。另外，不可罚性本身也可作为一项非定型化的、实体的、兜底型的出罪事由。既然要将不可罚作为实体的出罪事由，则就需要探讨其相对确定的标准。

（一）不可罚标准的判断基点

日本刑法学者板仓宏据此将可罚性（strafbarkeit）分为当罚性（strafwuerdigkeit）和要罚性（strafbeduerftigkeit）两个方面。认为当罚性是实质的可罚性，它说明行为本身受处罚是相当的（处罚相当性）；要罚性基于刑事制裁的补充性要求，说明为了实现一般预防和特别预防目的刑罚是有效的并且是必不可少的。

① 许玉秀：《当代刑法思潮》，中国民主法制出版社 2005 年版，第 99 页。

没有当罚性，犯罪不成立；没有要罚性，刑罚被阻却。[①] 可见，可罚性的判断立足于刑罚目的和刑事政策两个方面。

所谓刑罚目的，指的是国家发动刑罚权的目的，在刑事司法层面可以理解为对特定行为、特定个人科以刑罚的目的。关于刑罚的目的，尽管传统上有报应理论（正义理论、赎罪理论）与预防理论（功利主义）的争执，但现代刑法已普遍接受了预防理论。即认为刑罚是为特殊预防和一般预防服务的。刑罚的严厉程度受到罪责程度的限制，只要根据特殊预防的考虑认为是必要的，也不违背一般预防的考虑，就可以不达到罪责的程度。[②] 也就是说，无论如何预防刑罚最高都不能突破报应的程度，反而，可以报应程度之下进行从轻、减轻甚至免除。可罚性的判断也正是基于这样的考虑。观念中应当科处的刑罚针对的是已然之罪，而未然之罪即人身危险性（初犯可能、再犯可能）却可以削减已然之罪对应的刑罚程度。在刑事司法犯罪认定中，已然之罪即行为的违法性和行为人实施行为时的责任程度，而未然之罪则游离在传统犯罪构成要件（不法、责任）的判断之外。依照预防理论的刑罚目的观，存在未然之刑极其轻微而使已然之刑完全被削减（免除刑罚）的情况，而更为轻微的行为则甚至可以考虑被宣告无罪，这就是因不具可罚性而出罪的情形之一。庄子邦雄认为："应该与刑罚权的发动密切相连来考虑'犯罪'的实质，在刑罚权发动时才认为成立犯罪……"[③] 所以，从刑罚目的出发

---

① 冯军：《德日刑法中的可罚性理论》，载《法学论坛》2000 年第 1 期。

② ［德］克劳斯·罗克辛：《德国刑法学（总论）》，王世洲译，法律出版社 2005 年版，第 50 页。

③ ［日］庄子邦雄：《刑法的基础理论》，评论社 1971 年版，第 59 页，转引自丁英华：《德日犯罪论体系中的可罚性理论》，载《国家检察官学院》2009 年第 3 期。

思考不可罚性，其基点和内容应当是行为人的未然之罪即人身危险性。

刑事政策是国家机关通过预防犯罪、缓和犯罪被害人及社会一般人对于犯罪的愤慨，从而实现维护社会秩序这一目的的一切措施政策。[①] 对于刑法与刑事政策的关系，“刑法是刑事政策不可逾越的界限”（李斯特语）一直以来都是至理名言。然而，刑事政策的内容，也有遏制限制型的政策和宽容包容型的政策，我国所谓“重重轻轻”就是如此。与之相应，不可逾越刑法的界限指的应当是遏制限制型的刑事政策，亦即，即便国家认为极有预防的必要，也不能超越刑法规定对某行为定罪处刑，重不可超越刑法之重，否则就会使罪刑法定的刑事法治原则遭到破坏。而宽容包容型的刑事政策，受到刑法限制的程度要小一些，因为刑法允许出于特殊情况而在其规定的法定幅度以下量刑、免除刑罚，甚至判决无罪，如我国刑法第 63 条第 2 款的规定，就存在以不具可罚性而出罪的空间。所以，从刑事政策出发思考不可罚性，其基点和内容应当是刑事政策中宽容包容型的政策亦即“轻轻”的内容。

（二）不可罚判断所要考虑的实体要素

可罚性判断的核心内容是行为、行为人与刑罚的相当性。当行为的客观危害、行为人的主观恶性、人身危险性与刑罚这种严厉的制裁措施不相当时，就不应对其科以刑罚，出于“不当刑则无罪”以刑推罪的逻辑，也不宜认为其是犯罪，即认为不具可罚性而无罪。这是一个双向性的判断。

首先，从行为的恶害及行为人的危险性入手，恶害极其轻微或危险性程度极小的，可认为不具可罚性。刑罚是最为严厉的制

---

① ［日］大谷实：《刑事政策学》，黎宏译，法律出版社 2000 年版，第 3 页。

裁措施，一般只适用极其严重的危害行为。行为人尽管已经构成犯罪，出于有罪必有罚的因果关联性的强化，理论上确应科罚。但其犯罪危害、情节轻微，或者悔罪使被破坏的秩序得以恢复，对其再科处刑罚显得苛酷，故而从刑罚经济性及罚当其罪的相当性角度考虑，认为不值得其科处刑罚。前述日本刑法中所谓“可罚的违法性”、“可罚的有责性”就是针对违法、责任的程度大小而言的。传统的理论认为违法性只有有无判断，责任才有大小判断，而可罚性的理论被引入之后，认为违法性和责任都有大小的程度判断。所谓“可罚的违法性”、“可罚的有责性”，指的就是行为客观危害、行为人主观恶性极小而不值得科以刑罚的情况。对于人身危险性的考虑也同样如此。这也是符合“法律不理会琐细”的司法现实的。

其次，从刑罚的负面影响及成本入手，科处刑罚过于严苛，带来的负面损害大于收益的，就不值得科处刑罚。刑罚的本质也是一种恶害，以刑罚来惩治犯罪，是以恶对恶、以暴制暴的国家应对措施。“刑法是一种不得已的恶。用之得当，个人与社会两受其益；用之不当，个人与社会两受其害。因此，对于刑法之可能的扩张和滥用，必须保持足够的警惕。不得已的恶只能不得已而用之，此乃用刑之道也。”① 也就是说，即使对于不法、有责的行为，也应当慎重科处刑罚。对于犯罪行为科处刑罚，其最大的收益是对法律秩序和社会秩序的维持。有时候，这种收益是以造成更大损害为代价的。例如，对于“亲亲相隐”即窝藏犯罪亲近属的行为人科处刑罚，虽然维护了法律秩序，却打击了家庭关系，由此在科刑时应当慎重，在定罪时也应权衡利弊。刑罚权的发动，最终还是需要综合考虑其可能带来的社会效益。以过于

① 陈兴良：《刑法的价值构造》，中国人民大学出版社 1998 年版，题记。

严苛的刑罚来应对微小的犯罪，同样会有损法治的公正性。在我国当前犯罪后果极其严重，即使定罪免刑，也会为入学、参军、就业、参加公职等社会化活动带来极其严重的负面影响。因此，对于刑罚轻至不宜处刑的，也不宜轻易定罪。

最后，刑事政策“轻轻”的导向也是不可罚判断的一个考量因素。刑事政策“轻轻”的方面，其一是针对特定时期的特定犯罪或特定政策方针，如政府在特定时期劝诫在逃犯罪分子自首时，就有可能对于自首的轻犯免除刑事宣告；其二是针对特殊群体进行特殊保护，如对于未成年人、怀孕妇女等弱势群体。在不可罚的判断中，也应将这些刑事政策的因素考虑进来。规定未成年人盗窃情节轻微、偶尔与幼女发生性关系不认定为犯罪，体现了保护未成年人的刑事政策含义。将罪后悔罪情节作为出罪事由，如军人戴罪立功、盗窃接近数额起点后全部退赃退赔等不认定为犯罪，体现了以教育而不是以处罚为目的的刑罚原则，这种教育更注重行为人的主观方面而不是客观危害，具有悔罪表现说明行为人再犯可能性较小，无须刑罚改造，适用刑罚反而会造成刑罚过剩。将亲告罪不亲告、近亲属关系、亲近关系作为某种犯罪的出罪事由，体现了维护亲情人际的人性关怀原则。

（三）不可罚判断与免罚事由

在我国刑法中，规定有相当多的免罚条款，即以“免除处罚”、“免予刑事处罚”为结论的法条规定。在本书第二章曾进行了归纳，主要有：（1）刑法第10条规定，凡在中华人民共和国领域外犯罪，依照本法应当负刑事责任的，虽然经过外国审判，仍然可以依照本法追究，但是在外国已经受过刑罚处罚的，可以免除或者减轻处罚。（2）刑法第19条规定，又聋又哑的人或者盲人犯罪，可以从轻、减轻或者免除处罚。（3）刑法第20条第2款规定，正当防卫明显超过必要限度造成重大损害的，应当负刑事责任，但是应当减轻或者免除处罚。（4）刑法第21条第2款规定，紧急避险超过必要限度造成不应有的损害的，应当负刑事责任，但是应当减轻或者免除处罚。(5) 刑法第22条第2款规定，对于预备犯，可以比照既遂犯从轻、减轻处罚或者免除处罚。(6) 刑法第24条第2款规定，对于中止犯，没有造成损害的，应当免除处罚；造成损害的，应当减轻处罚。(7) 刑法第27条第2款规定，对于从犯，应当从轻、减轻处罚或者免除处罚。(8) 刑法第28条规定，对于被胁迫参加犯罪的，应当按照他的犯罪情节减轻处罚或者免除处罚。(9) 刑法第37条规定，对于犯罪情节轻微不需要判处刑罚的，可以免予刑事处罚，但是可以根据案件的不同情况，予以训诫或者责令具结悔过、赔礼道歉、赔偿损失，或者由主管部门予以行政处罚或者行政处分。(10) 刑法第67条第1款后半句规定，对于自首，犯罪较轻的，可以免除处罚。(11) 刑法第68条第1款后半句规定，有重大立功表现的，可以减轻或者免除处罚。(12) 刑法第164条（对非国家工作人员行贿罪，对外国公职人员、国际公共组织官员行贿罪）第4款规定，行贿人在被追诉前主动交待行贿行为的，可以减轻处罚或者免除处罚。(13) 刑法第276条（拒不支付劳动报酬罪）第3款规定，有前两款行为，尚未造成严重后果，在提起公诉前支付劳动者的劳动报酬，并依法承担相应赔偿责任的，可以减轻或者免除处罚。(14) 刑法第351条（非法种植毒品原植物罪）第3款规定，非法种植罂粟或者其他毒品原植物，在收获前自动铲除的，可以免除处罚。(15) 刑法第383条（贪污罪、受贿罪）第1款第3项后半句规定，个人贪污数额在五千元以上不满一万元，犯罪后有悔改表现、积极退赃的，可以减轻处罚或者免予刑事处罚，由其所在单位或者上级主管机关给予行政处分。(16) 刑法第390条（行贿罪）第2款规定，行贿人在被追诉前主动交待行贿行为的，可以减轻处罚或者免除处罚。(17) 刑法第392条（介绍贿赂罪）第2款规定，介绍贿赂人在被追诉前主动交待介绍贿赂行为的，可以减轻处罚或者免除处罚。

根据前文列举第（9）项也就是刑法第37条的规定，免予刑事处罚并非是不承担任何责任，还有可能承担行政责任或民事责任。并且，“免除处罚”、“免予刑事处罚”，仍然可以作出有罪宣告，这就是定罪免刑的情形，当然也可以作出无罪宣告。由此，在司法实务中，对于不科处刑罚的情形，也有无罪宣告（一般援引刑法第13条“但书”）、酌定不起诉（有罪不起诉、相对不起诉，援引刑事诉讼法第142条第2款）、定罪免刑（援引刑法第37条）等轻重的排列。由于本书讨论的是出罪事由，故而笔者在本书中所称不可罚事由的法律后果应当是无罪宣告（包括酌定不起诉），而不是定罪免刑，定罪免刑的事由只是刑罚阻却事由，而不是犯罪阻却事由。但是，正如前文所述，不可罚的事由出罪的原理，实际上也是刑罚免除，从而，作为犯罪阻却事由的不可罚的事由与刑罚阻却事由具有同质性，只不过不可罚的事由更为轻缓一些。而前文列举的免罚条款也为不可罚的事由提供了部分依据和素材来源。

首先，刑法免罚条款的规定，也为考虑将免除刑罚的情节为一种出罪事由提供了思路。尽管刑法在理论上和实践中都承认存在“有罪无刑”的情况，但有罪无刑的情况与有罪必罚的罪刑关联性形象是脱节的。其次，有罪无刑针对的都是极其轻微的危害行为，而在我国法律环境中，仅仅宣告有罪都是极其严重的惩罚，与极其轻微的危害行为明显不当。再次，宣告有罪给行为人印上罪犯烙印所付出的社会成本远甚于启动刑罚权的收益，并不经济。最后，如果想要做到“有罪无刑”的实际效果，还可动用有罪缓刑的方式实现。此外，有罪无刑与无罪无刑并不存在决然的界限。例如，司法解释规定强奸后又通奸、盗窃后积极退赃退赔等情形，都属“情节显然著轻微”，从而认定“不认为是犯罪”。事实上，这些情形都是与犯罪成立无关的罪后情形，应当也属有罪无刑的情况。因此，在司法实践中，当遭遇有罪无刑的情形时，就很有必要优先适用无罪无刑即优先考虑对被告人宣判无罪，只有当宣判无罪不妥时，才作有罪免刑的宣判。这对于贯彻“有罪必有罚”的观念以及刑法谦抑和刑法经济原则都是相当有利的，也有利维护社会和谐。

三、不可罚的出罪事由的价值内涵——刑罚的经济性

以不可罚为由对行为和行为人出罪，是继正当化事由出罪、可宽恕事由出罪之后的第三次出罪判断。因不可罚事由而出罪的行为，显属违法行为，也是有责行为，基本符合了犯罪成立的各种要件，将这种行为出罪，体现出了一种紧缩犯罪圈的现实。以不可罚为由而出罪，体现的并非是正义的观念、人性的关怀，而是国家在发动刑罚权时出于对刑罚经济性的考虑。

（一）刑罚经济性的含义

刑罚的经济性是刑法谦抑性的组成内容之一，指的是以最少的刑法资源投入，获取最大的刑法效益。[①] 刑罚本身具有成本，这种成本不仅体现为国家为适用刑罚而投入的人力、物力、时间、精力，而且指刑罚对科刑人本人的损害以及对其他利益的损害如对科刑人家属带来的损害。国家发动刑罚权是期许有所收益，这些收益即预防犯罪、维护法律秩序和社会秩序。如果能以最小的成本获取最大的收益，那么刑罚便是经济的，刑罚权的动用也是有益的。而刑罚经济与不经济的界限，正如贝卡利亚所说，取决于刑罚的强度。一种正确的刑罚，它的强度只要足以阻

① 陈兴良：《刑法的价值构造》，中国人民大学出版社 1998 年版，第 380 页。

止人们犯罪就够了。[①] 从而，在刑事司法中，司法者应当力求以最小的支出——少用甚至不用刑罚（而用其他刑罚替代措施），获取最大的社会效益——有效地预防和控制犯罪。其中就包括了不发动刑罚权的内涵，正如平野龙一所说，“即使行为侵害或威胁了他人的生活利益，也不是必须直接动用刑法。可能的话，采取其他社会统制手段才是理想的。可以说，只有在其他社会统制手段不充分时，或者其他社会统制手段（如私刑）过于强烈，有代之以刑罚的必要时，才可以动用刑法”。宫本英修也认为，刑罚不是斗争的手段而是社会调和的手段，刑罚的目的在于特殊预防，为了实现该目的，必须在犯罪论中对刑罚效果（作用）予以充分考虑，刑罚无效或者无须刑罚调控的场合，均阻却犯罪，从而倡导刑法理论中蕴藏着浓厚的“人情味”以及“爱的刑罚观”。[②]

（二）不可罚的出罪事由是刑罚经济性在刑事司法中的体现

在刑事司法层面，受刑罚经济性的制约，只有在刑罚支出大于刑罚收益的情况下，才发动刑罚权以制裁行为人；只有在不存在其他轻缓替代措施可以起到预防效果时，才动用刑罚权以预防犯罪。刑罚权具有严厉性同时也具有负面效果。作为犯罪后果的刑罚制裁措施动辄剥夺自由财富甚至生命这些重大利益，造成极大的社会成本损耗；而可能带来的滥用之刑、无效之刑、过分之刑、昂贵之刑具有严重的负面性和局限性。[③] 因而，刑罚的发动

① ［意］切萨雷·贝卡利亚：《论犯罪与刑罚》，黄风译，北京大学出版社 2008 年版，第 47 页。

② 李海东主编：《日本刑事法学者》（上），法律出版社、成文堂 1995 年版，第 101 页。

③ ［英］边沁：《立法理论——刑法典原理》，孙力等译，中国人民大学出版社 1993 年版，第 66 ~ 67 页。

应当受到严格的限制。对不可罚的出罪事由的适用，正如在前文所言，主要针对的是恶害极其轻微的行为或人身危险性极小的行为人。对于这些行为和行为人科以刑罚、追究刑事责任造成的损害，远远超出危害行为本身的恶害，也远远超出预防犯罪所必需的手段。因定罪而在人事档案中会留下终身的刑事犯罪前科记录，对于工作、学习、生活诸方面都会带来不可估量的消极后果，给行为人带来的负面的“标签效应”可能会远远大于刑法所期待的社会效应。而不动用刑罚，使用行政、民事行政手段，却能取得相同的效果。从经济角度考虑，这是不划算的。从而，根据不可罚的理论，将适用刑罚制裁可能带来不当性的行为和行为人排出到犯罪之外，施以其他非刑罚措施的制裁，也为其他的法律规范和社会其他措施留置空间，既注重了保护社会又注意了保障人权。其获得的收益要远远大于付出的代价，这正是出于刑罚经济性的考虑。

第九章　出罪视角下的刑法第13条规定

我国刑法第13条规定："一切……危害社会的行为，依照法律应当受刑罚处罚的，都是犯罪，但是情节显著轻微危害不大的，不认为是犯罪。"此条规定被认为是我国刑法对于犯罪概念的界定，其表述可分为前后两段：前半段为我国刑法为犯罪设定了法定概念，即所谓实质概念（社会危害性）与形式概念（刑事违法性）相结合的犯罪概念，由此引申出了犯罪的社会危害性、刑事违法性、应受刑罚处罚性三大特征。后半段，也就是"但是"之后的部分，规定了危害社会的行为"情节显著轻微危害不大的，不认为是犯罪"，被称为"但书"。刑法第13条的规定，包括法定犯罪概念以及"但书"规定，是我国刑法中最具特色的也是引发争议最多的规定。

在有关刑法第13条犯罪概念的争论中，有论者认为其具有出罪功能；在本书第二章对我国刑法规定的出罪事由的检索中，笔者将"但书"也作为一项出罪规定列出。犯罪概念与"但书"和出罪及出罪事由之间到底具有何种关系，在出罪事由的体系中占有何种地位？这是本章拟要讨论的问题。

一、出罪视角下的法定犯罪概念（刑法第13条前半段）

在刑法第13条法条的陈述上，"但书"承接在犯罪概念之后，是对犯罪概念的转折和否定性规定。要弄清"但书"的含义和功用，首先就需要对刑法第13条前半段犯罪概念进行研究。

从字面上看，刑法第 13 条犯罪概念的核心词是“社会危害性”，亦即将社会危害性作为犯罪的本质（实质概念）。将社会危害性作为法定犯罪概念的内容是否合理？在刑事司法中能否将社会危害性作为判定犯罪成立与否的标准？对此学界存在较大分歧，存在否定、肯定以及折中的改良论三派观点。①

（一）关于法定犯罪概念的理论论争

1. 否定论者的观点

否定论者以陈兴良教授为代表。陈兴良教授以形式理性和实质理性的分野为哲学基础，认为刑法作为一种法规范应当以形式理性为根本价值。在犯罪概念层面上，形式理性体现为犯罪的形式概念即将犯罪界定为违反刑法的行为，而社会危害性是犯罪的实质概念。基于刑事法治即罪刑法定原则的要求，在注释刑法中应当坚守形式理性。从而提出了将社会危害性的概念逐出规范刑法学领域，同时引入法益和法益侵害作为实质意义的概念。② 樊文教授也指出，作为犯罪概念的社会危害性与罪刑法定原则根本冲突，罪刑法定原则是刑法要求的最基本的判定犯罪的规范标准，而社会危害性具有笼统、模糊、不确定性，是立法者而不是司法者和一般公民可以认知的标准，是罪刑法定的对立面适用类推的前提。刑法第 13 条使用了“社会危害”和“危害不大”的字样，强调其对于判定犯罪所具有的决定意义，与后面的规范定义根本冲突，影响罪刑法定原则在犯罪定义中的完全彻底体现，

---

① 关于社会危害性的论争详情，可参见方鹏：《关于社会危害性理论的论争》，载曲新久主编：《共和国六十年法学论争实录·刑法卷》，厦门大学出版社 2010 年版。

② 陈兴良：《社会危害性——一个反思性检讨》，载《法学研究》2000 年第 1 期。

使犯罪这个基本定义乃至整个刑法的科学性大打折扣。[①] 李海东博士认为，刑法第13条中的社会危害性理论“使得整个罪刑法定原则都被推翻，社会危害性成为司法擅断的合法借口”。[②] 此外，刘为波博士认为，社会危害性的含义含混不清，是一个具有无限外延的任意术语；与刑事违法性、应受惩罚性三者关系不明确，存在相互解释现象；解释场域不明确。因此，应当倡导人本犯罪本质观的回归法益侵害说。[③] 劳东燕博士从对社会危害性标准背后存在一种意识形态化的“实事求是”的思维的批判出发，认为这种思维混同伦理与法律、应然与实然、目标与手段之间的关系，是刑事法律领域中荒谬的认识论思维，“传统的社会危害性理论……已经完全成为吞噬个体正当权利的无底黑洞，成为扼杀法治生命和真谛的刽子手”，“只要社会危害性范畴在我国刑法领域内继续占据统治地位，刑事法治就永远难见天日，夭折在摇篮里是早晚的事。”[④]

概言之，否定论的基本观点是，规范刑法层面上的犯罪概念

① 樊文：《罪刑法定与社会危害性的冲突》，载《法律科学》1998年第1期。

② 李海东：《刑法原理入门（犯罪论基础）》，法律出版社1996年版，第6页。

③ 参见刘为波：《诠说的底线——对以社会危害性为核心话语的我国犯罪观的批判性考察》，载陈兴良主编：《刑事法评论》（第10卷），中国政法大学出版社2002年版；其博士学位论文：《犯罪本质的意义重建——从社会危害到法益侵害》，北京大学法学院图书馆2001年博士学位论文。持同样观点的还有李晓明等，赞同以法益侵害或严重的法益侵害取代社会危害性，让社会危害性回归犯罪学领域。李晓明、陆岸：《社会危害性与刑事违法性辨析》，载《法律科学》2005年第6期。

④ 劳东燕：《社会危害性标准的背后》，载陈兴良主编：《刑事法评论》（第7卷），中国政法大学出版社2000年版，第200页。

注定应当是形式概念，刑事法治的基础即罪刑法定原则的本质就是形式法治。在刑法中规定犯罪的实质概念，必定会与形式概念产生冲突，此时如果坚持社会危害性的犯罪本质地位，就会严重违背刑事法治的本意。此外，社会危害性判断标准不明、主观擅断，与刑法要求的明确性、客观性不符；其是一个政治、伦理概念，而不是规范、法律概念，也不能作为刑法中的犯罪实质。

2. 肯定论者的观点

肯定论者主张在刑法中保留社会危害性的犯罪概念，并且仍然认为社会危害性是犯罪的本质特征。其中，何秉松教授认为，犯罪具有多元的本质，社会危害性仅仅只是犯罪的本质之一，社会危害性与罪刑法定原则并不冲突。[①] 冯亚东教授也赞同何秉松教授的这种犯罪多元本质说的观点。[②] 王世洲教授从中国刑法发展史的角度剖析了犯罪概念问题，认为社会危害性一直是中国刑法讨论的话题，并被刑法作为犯罪概念的内容和本质。随着刑法背景的变化，对社会危害性的理解也有不同。当前在确定罪刑法定原则的前提下，应当对中国刑法中的犯罪概念作双重结构的理解，以刑事违法性为核心构建犯罪的司法概念，而将社会危害性作为犯罪立法概念的必要内容。[③] 刘艳红教授则对此进行了进一步的发挥，她认为，刑法第 13 条规定反映的是犯罪的混合概念，这种混合概念不仅因逻辑通畅性而具备一般的合理性，更因符合法概念本质思考的要求和价值主体变易性的需求而具备存在的优越合理性；就形式合理性和实质合理性的区分来看，在犯罪圈

---

① 何秉松：《刑法教科书》，中国法制出版社 1997 年版，第 40 页。

② 冯亚东：《理性主义与刑法模式》，中国政法大学出版社 1999 年版，第 128 ~ 130 页。

③ 王世洲：《中国刑法理论中犯罪概念的双重结构和功能》，载《法学研究》1998 年第 5 期。

外，形式合理性是实质合理性的制度保障，在犯罪圈内，实质合理性是形式合理性的实现手段；从而，我国刑法中的犯罪概念正是因为规定了社会危害性才更显合理性，社会危害性不仅不与罪刑法定原则冲突，反而体现出与罪刑法定原则相一致的价值立场，主张继续以社会危害性为中心的我国刑法理论是可行的，也是必要的。[①]

基本上，肯定论者认为社会危害性只是犯罪的本质之一，或者认为以社会危害性来定义犯罪，只是犯罪多种定义形式中的一种。如果将犯罪实质概念作为立法层面上的犯罪定义，就不会与司法层面上的罪刑法定原则相冲突。甚至认为，在刑事司法层面上，将社会危害性与犯罪的形式概念相结合，更能发挥定罪的优越性。此外，社会危害性已被规定在刑法之中，这是一项法律现实，应当尊重此法律现实。

3. 改良论者的观点

除否定论和肯定论以外，还有意图调和社会危害性与刑事违法性关系、赞同二者可在认定犯罪中共同发挥作用、追求二者统一的折中主义改良论。例如，黎宏教授从德日刑法违法性判断是否包括主观违法要素的命题入手，认为社会危害性概念之所以受到学者们的批判，最主要的原因是在判断对象上加入了主观要素，导致社会危害性内涵含混、伦理色彩浓厚，外延模糊、缺乏可操作性。在判断行为的社会危害性（不是犯罪的社会危害性）时，如果剔除社会危害性评价的主观要素，而坚持其客观属性，即从行为客观上是否侵犯了刑法所保护的社会关系或者利益的角度来考虑，就可以戒除标准模糊的缺陷，其存在对于犯罪认定而

① 刘艳红：《社会危害性理论之辩正》，载《中国法学》2002 年第 2 期。

言仍然具有现实意义。[①] 折中主义论者最终是倒向肯定论者的，他们的观点基本上都是赞同不改变社会危害性犯罪实质概念的内涵和地位，而只是对其与刑事违法性的关系进行重新阐释和调整。

论证最为有力的折中主义者是储槐植教授和张永红博士，针对学界对社会危害性理论的猛烈批判，他们提出要“善待社会危害性观念”。他们从刑法第13条前、后两段的规定方式出发，认为社会危害性在司法定罪中的作用不是确认犯罪成立，而是排除犯罪成立，亦即刑事违法性判断之后的第二层次的出罪判断。首先，他们认为，“社会危害性”与“社会危害性标准”是不同的：“社会危害性与社会危害性标准是不同的。社会危害性标准已如上述，是将社会危害性作为确定罪与非罪的唯一标尺，这决定它必然突破刑事违法性的原则界限，可以将刑法分则没有规定的行为认定为犯罪。但社会危害性概念本身却并不必然导致这种结论。对社会危害性大的行为固可入罪，对社会危害性小的行为亦可出罪。”从而，我国刑法第13条规定的犯罪概念确实具有社会危害性的内容，但不是社会危害性的标准，而是将社会危害性作为刑事违法性之下的出罪手段：“我国刑法第13条关于犯罪的立法概念，既未采用纯粹的社会危害性标准，也未采用完全的刑事违法性标准，而是一种刑事违法性和社会危害性相结合、规范标准和非规范标准互为补充的复合标准。也就是说，行为罪与非罪的判定，不仅要受刑事违法性的形式制约，而且要受社会

① 黎宏：《判断行为的社会危害性时不应考虑主观要素》，载《法商研究》2006年第1期。还有其他学者也提出了调和的方案，参见赵秉志、陈志军：《社会危害性与刑事违法性的矛盾及其解决》，载《法学研究》2003年第6期；齐文远、周详：《社会危害性与刑事违法性关系新论》，载《中国法学》2003年第1期；等等。

危害性的实质限定。在这种复合标准之下犯罪认定可大概分为如下四种情况：具有刑事违法性且有相当程度的社会危害性，构成犯罪（复合标准）；没有刑事违法性也没有相当程度的社会危害性，不构成犯罪（复合标准的逻辑推论）；具有刑事违法性但没有相当程度的社会危害性，不构成犯罪（'但书'）；没有刑事违法性但有相当程度的社会危害性，不构成犯罪（罪刑法定原则）。"如此理解社会危害性，则不仅社会危害性不会与罪刑法定原则冲突，而且其具有出罪功能更有利于限缩犯罪圈、保障人权："形式主义理解的罪刑法定原则主旨在于限制国家刑罚权，缩小刑法打击范围，从而实现刑法保障人权的机能。这与'但书'的功能显然是一致的。从价值和功能讲，'但书'与形式主义的罪刑法定原则有异曲同工之效。……如果说罪刑法定原则为缩小刑法打击范围、保障人权作了第一重限定，那么，'但书'则作了第二重限定。为什么'但书'不可以认为是对罪刑法定原则的一种增补呢？"[①]

4. 笔者的看法和小结：以出罪的视角解读犯罪的法定概念

以上关于刑法第13条法定犯罪概念暨社会危害性理论的大讨论，是新中国刑法史上最重大的争论议题之一。引发这场争论的导火索是1997年刑法确立罪刑法定原则，贯穿这场争论始终的核心问题是社会危害性（犯罪的实质概念）与刑事违法性（犯罪的形式概念）的冲突。否定论者以违背罪刑法定原则为由，反对作为实质标准的社会危害性成为犯罪认定的标准，而肯定论者则以法律规定现实为依据，捍卫实质概念的存在。事实上，否定论者与肯定论者并非绝对水火不容。再激进的否定论者，对于以下观点也不会断然否定：（1）在立法层面，立法者

① 储槐植、张永红：《善待社会危害性观念——从我国刑法第13条但书说起》，载《法学研究》2002年第3期。

可以将社会危害性作为出罪、入罪的一项依据和理由；（2）在刑事司法层面，在刑事违法性判断之后，有可能允许将社会危害性作为出罪依据，从而将具有刑事违法性但无社会危害性的行为出罪。另外，再保守的肯定论者，对于以下观点也不再坚持：（1）社会危害性是犯罪的唯一特征，或者说是犯罪的唯一本质特征；（2）在刑事司法中，可以直接动用社会危害性判断将未被刑法明文规定为犯罪的行为认定为犯罪；（3）社会危害性判断单纯只是主观判断。这也就是说，在立法层面和犯罪学领域容忍社会危害性作为犯罪的实质概念，对此并无太大争议，争议的主要问题在于规范刑法学领域是否需要此种概念。

由此，笔者认为，关于刑法第13条法定犯罪概念争论的焦点，并不在于刑法规范能否规定犯罪的实质概念，而在于规范刑法是否需要实质概念；并不在于社会危害性是否是犯罪本质，而在于社会危害性能否直接运用到刑事司法审判中，作为认定犯罪成立与否的标准。对于这两个问题，笔者初步分析如下：

其一，从犯罪定义维度分析，规范刑法学中是否需要犯罪的实质定义呢？对此否定论者与肯定论者争议的焦点，不是社会危害性作为实质定义内容是否妥当，而是规范刑法领域对犯罪进行实质定义是否妥当。在德日刑法中，规范刑法学中也讨论与犯罪实质概念或犯罪本质类似的问题，主要涉及实质违法性（法益侵害或结果无价值、规范违反或行为无价值）的问题。实质违法性是违法性判断阶层的理论基础，行为具有形式违法性，却不具有实质违法性，就会被认定违法阻却而不构成犯罪。因此，否定论者认为规范刑法学中只能存在犯罪形式概念的观点，可能有失妥当。前述陈兴良教授提出用以取代社会危害性的法益侵害说，同样是对违法性实质的解说。由此，不能说规范刑法学中就不需要犯罪的实质概念。

其二，从犯罪认定（刑事司法）维度分析，社会危害性可否作为一项实体标准用于刑事司法定罪量刑呢？在此，改良论者的论说具有一定合理性，社会危害性虽不能在犯罪判断的第一阶层中用作入罪标准，但可以在之后的第二阶层的判断中用作出罪标准。亦即，犯罪判断的第一步应当坚持罪刑法定原则，依照犯罪的形式概念（即刑法分则规定的构成要件）认定犯罪；对于符合构成要件的行为，再进行第二步判断，看其有无社会危害性，若无社会危害性，则将行为排出犯罪。事实上，我国刑法在解释正当防卫、紧急避险等所谓排除犯罪行为不构成犯罪的原理时，都称这些行为表面上符合犯罪构成但并不具有社会危害性，与改良论者的论说是基本吻合的。

以上分析，为在规范刑法层面合理解读犯罪的法定概念指明了方向，这就是：应当以“入罪—出罪”的犯罪认定思维来分析犯罪形式概念与实质概念的功用。

（二）在出罪视角之下化解犯罪实质概念与罪刑法定原则之间的冲突

上文已经承认规范刑法学中可以存在犯罪的实质概念，那么，如何解决实质概念（社会危害性）与罪刑法定原则之间的冲突呢？笔者认为，冲突产生的原因，并不在于社会危害性本身实质标准的性质，而在于将犯罪实质概念作为犯罪成立标准。事实上，这也不单单只是我国刑法中存在的问题，德日刑法的犯罪认定体系中同样也存在类似的问题，如形式违法性与实质违法性的关系，即是如此。笔者认为，化解此冲突的关键点，诚如前文所言，是将犯罪的形式概念（构成要件）与实质概念分别分派给入罪与出罪的不同犯罪认定阶段。

首先，在犯罪认定过程上，入罪在先，出罪在后，使形式判断和实质判断形成阶层关系，犯罪实质概念与罪刑法定原则的冲突就会得到很好的化解。入罪判断即认定行为是否构成犯罪的判断，入罪的判断必须依据形式概念亦即刑法明文规定的构成要件，坚持罪刑法定。在进行入罪判断之后，即行为在形式上符合了犯罪构成要件之后，再进行实质判断，如果认为不具有社会危害性，则可认为行为不构成犯罪，将其排出到犯罪圈之外。这就是出罪判断，出罪判断是一种实质判断，可以运用社会危害性标准，超越罪刑法定原则和刑法规定，依凭习惯法、伦理规范等。从而，形成了先形式后实质的阶层判断模式：首先对行为进行形式违法性的审查，在此基础之上才能再进行实质违法性的审查。① 使得与之对应的刑事违法性或者犯罪形式概念与社会危害性或者犯罪实质概念不再是位于同一层次上的判断标准，而形成了不可互换的先后递进顺序。当然，在进行出罪判断时，当实质概念与形式概念产生冲突时，实质概念可以否定形式概念而使行为出罪。从而，以出罪视角来解读刑法第 13 条中的社会危害性规定，将犯罪的实质概念仅限于出罪标准而不是入罪标准，能够获得逻辑上的顺畅。

其次，入罪必须法定，出罪无须法定，这能够更好地保障人权，并不违背罪刑法定原则。上文论争之中否定论者一再声言的是社会危害性与罪刑法定原则相冲突；而肯定论者一再反驳社会危害性并不与罪刑法定原则相冲突，反而是对罪刑法定原则的本质即保障人权的进一步补充。笔者认为，这两种观点都存在曲解罪刑法定原则的情况。其一，否定论者理解的罪刑法定原则其实不是“罪刑法定”原则，而是“法定”原则，即不仅要求认定犯罪成立（入罪）须严格依照刑法明文规定，而且要求认定犯

① 参见梁根林、付立庆：《刑事领域违法性的冲突及救济——以社会危害性理论的检讨与反思为切入》，载《刑事法评论》（第 10 卷），中国政法大学出版社 2002 年版；米传勇：《刑事违法论——违法性双层次审查结构之提倡》，载《刑事法评论》（第 10 卷），中国政法大学出版社 2002 年版。

罪不成立（出罪）也要有刑法依据。这当然与刑法现实不符，如我国刑法中只规定有正当防卫和紧急避险这两种法定出罪事由，如果只能适用这两种法定事由出罪的话，那么，又如何将正常体育竞技中的伤害或致死的行为（如拳击比赛中将对手打死）出罪呢？实际上，罪刑法定原则的适用范围仅能是入罪而并不包括出罪。在日本刑法中，构成要件该当性、违法性、有责性分别对应着罪刑法定原则、法益保护原则、责任原则。[①] 可见，罪刑法定原则并不是刑法或者犯罪论体系中的唯一原则，虽然其是最重要、最核心和首要考虑的原则。在我国，早有学者注意到，罪刑法定原则只是限制法官对法无明文规定的行为入罪，但并不限制法官对法有明文规定的行为出罪。[②] 即使从基本内容表述上来看，罪刑法定原则也只是说“法无明文规定不为罪，法无明文规定不处罚”，而绝没有直言或暗示“法有明文规定必为罪”。因而，将“罪刑法定”原则扩展为“法定”原则，认为出罪也要依据刑法明文规定，就是对罪刑法定原则适用范围的肆意扩充，在形式上似乎恪守了罪刑法定，却抛弃了罪刑法定背后的价值底蕴和本质含义——保障人权，这种理解是不正确的。其二，肯定论者所认为的社会危害性进一步限缩了犯罪圈，这是对罪刑法定原则的补充，并未突破其本意，这样的理解实际是将罪刑法定原则理解为“人权保障原则”，也是一种曲解。罪刑法定原则的本质目的确实是保障人权，但并不完全等同于人权保障原则。正确的理解应是，出罪判定不受罪刑法定原则的约束，不必遵命于“法定”的要求。亦即在没有刑法明文的情况下，也可将形式上符合犯罪构成的行为出罪。出罪判定与罪刑法定原则的关系

① 黎宏：《日本刑法精义》，中国检察出版社2004年版，第22页。

② 陈兴良：《入罪与出罪：罪刑法定司法化的双重考察》，载《法学》2002年第12期。

是外部的，亦即只有在经过罪刑法定原则约束的构成要件符合性判断之后，才能进行不必法定的出罪判定。也就是说，出罪判定是罪刑法定原则之下或者之后的犯罪认定过程。当然，正如肯定论者所言，这种无须法定的犯罪评判过程的正当化依据是人权保障，也就是说，与罪刑法定原则的本质是统一的。当然，“不必法定”并不等于说可以恣意出罪，出罪仍须依据具体的出罪事由和相对明确的出罪标准。由此，在刑事司法中，以不受法定原则限制的实质概念对行为出罪，并不违背罪刑法定原则的本意。出罪无须法定，这也是本书的基本论点之一。

（三）作为正当化出罪事由另一种理论解说的社会危害性

综上所述，笔者认为，在规范刑法领域将社会危害性作为出罪判断的依据，在理论上是行得通的。但是，能否将其直接运用于刑事司法中作为具体的出罪标准呢？

将社会危害性的反面即不具社会危害性作为具体的出罪标准，首先受到质疑的是标准的明确性问题。社会危害性这个实质概念确实具有收缩犯罪圈的出罪功用，但是，其并非是一个具体标准而更偏向于一种理念。笔者认为，社会危害性显然可以作为一类出罪事由的理论基础而存在，这正如将社会相当性作为违法阻却事由的理论基础一样。而是否能够直接作为具体的出罪事由，需要取决于其标准明确化的努力。正如刑事违法性这个形式概念也须转换为犯罪构成之后才能用作入罪标准一样，社会危害性也只有在转换成为明确的出罪事由或具体的出罪标准之后，才能直接用作出罪的判定标准。这就需要将社会危害性向客观性、明确性的方向诠释，以使其能够获得实务操作性。当然，由于社会危害性本身是抽象性、理念性的实质判断，其标准的明确化具有一定难度，但设定相对明确的判断规则并非完全不可能。由于社会危害性的出罪理论基础作用，当其用作具体出罪事由时，必定是兜底型的、补充性的、非定型的出罪事由。也就是说，只有行为既不符合法定的出罪事由也不符合定型化的超法规出罪事由，仍有出罪必要时，才能以不具社会危害性为由出罪。由此，刑法第 13 条的社会危害性规定，事实上是为超法规的出罪事由在法规范层面预留下的一个开放型缺口。

其次，不具社会危害性是全部出罪事由的理论基础，还是某一类出罪事由的理论基础呢？笔者认为，这要从社会危害性本身包含的内容谈起。如果认为社会危害性是犯罪的唯一本质，亦即等同于犯罪，那么，其内容必然包括犯罪成立的方方面面的要件，包括客观要件（不法）和主观要件（责任）。[①] 在这种大而全的理解之下，不具社会危害性显然应当成为一些出罪事由，包括正当化事由、可宽恕事由、不可罚事由的统一的理论基础。然而，这些理解显然是存在问题的，甚至社会危害性理论的肯定论者都不会赞同。前述黎宏教授将社会危害性理解为客观危害，亦即比照德日刑法中的实质违法性去理解社会危害性，观点极其诱人。如果依照这种理解的话，社会危害性只反映了犯罪的客观方面（即不法），而没有反映犯罪的主观方面（即责任）。那么，不具有社会危害性实际上等同于没有实质违法性，此时，不具社会危害性应当是正当化的出罪事由（即违法阻却事由）的理论基础，而不是所有出罪事由的理论基础。不具社会危害性对于犯罪认定的功用，正如德日刑法中社会相当性之于违法阻却事由的功用一样。

以此视角观之，就不难理解中国传统刑法观点将不具社会危害性作为正当防卫、紧急避险的理论根据，而不认为是主观出罪事由，如陷于危困等事由的理论依据的原因了。以此反观刑法第

① 参见张仙根：《关于犯罪概念中社会危害性问题的商榷》，载《华东政法学院学报》1956 年第 2 期；王勇：《关于犯罪的社会危害性》，载《社会科学》1984 年第 3 期。

13 条对犯罪定义的规定，也可知社会危害性被诸多学者认可为犯罪的本质之一，而不是等同于犯罪的原因了。因为社会危害性只是指称客观危害——无论这种客观危害是指行为造成的客观实际危害（包括实害和风险，结果无价值），还是社会公众所认为的具有客观危害（行为无价值）。根据传统刑法主客观相统一的原理，社会危害性只揭示了犯罪客观属性的一面，而没有揭示犯罪人主观恶性的一面，因而不能等同于犯罪的全部。由此，对刑法第 13 条的规定作出这样的断言可能是妥当的：此条的犯罪定义要么是客观主义刑法的产物，亦即从客观损害的角度界定犯罪；要么其中的“犯罪”一词指称的确切意义应是“违法行为”或者“刑事违法行为”，亦即只定义了犯罪的客观方面，至于犯罪的主观方面（责任），是通过接续在第 13 条之后的第 14～16 条规定的。

笔者认为，以上对于社会危害性的解读，即认为社会危害性只是犯罪本质的客观方面，在内容上是恰当的，既符合法条规定和排列顺序，也符合传统刑法及当前刑法的解释解说，在逻辑上也是顺畅通达的，应当予以支持。结合上文从反面理解社会危害性的理念，即将不具有社会危害性作为出罪依据的理念。可以认为，不具社会危害性只是客观方面出罪事由的理论基础，亦即本书第一类出罪事由正当化的出罪事由的理论基础。本书在前文将正当化的出罪事由的理论基础界定为社会相当性，与这里我国刑法将其界定为不具社会危害性并不冲突。事实上，从社会危害性的词源本意来看，其素来被作为违法性的实质。现代刑法之父贝卡利亚就认为，“衡量犯罪的唯一和真正的标尺是对国家造成的损害。”[①] 费尔巴哈也持类似观点，并将犯罪对社会的危害性解

① ［意］切萨雷·贝卡利亚：《论犯罪与刑罚》，黄风译，北京大学出版社 2008 年版，第 20 页。

释为对权利的侵害，国家以刑罚所禁止的必须是侵害他人权利的行为以及侵害契约社会为了保护个人权利而设置的国家权利的行为。[①] 李斯特同样认为“实质违法是指危害社会的（反社会）行为”，“只有当其违反规定共同生活目的之法制时，破坏或危害法益才是实体上的违法；对受法律保护的利益的侵害是实体上的违法，如果此等利益是与法制目的和人类共同生活目的相适应的”。这也就是说，一般的简单的侵害法益还可能不是犯罪，只有达到危害社会程度的侵害法益才是犯罪。[②] 耶赛克等也承认：“在法益侵害中存在着对共同关系的损害，此等损害表明将犯罪行为描述为‘危害社会的行为’是正确的”。[③] 当然，这种理解与政治色彩浓烈、擅权擅断严重的前苏联“社会危害性理论”有所不同。以德日刑法的视角观察，可认为社会危害性强调的是行为本身的危险，以“社会”为标准评价危害性，关注的是行为对社会整体社会秩序的破坏，这与规范违反说是极为接近的。[④] 可以认为，不具社会危害性只是社会相当性的另外一种说法而已。

① 陈兴良：《刑法的启蒙》，法律出版社 1998 年版，第 107 页。

② ［德］李斯特：《德国刑法教科书》，徐久生译，法律出版社 2000 年版，第 201～202 页。

③ ［德］汉斯·海因里希·耶赛克、托马斯·魏根特：《德国刑法教科书（总论）》，徐久生译，中国法制出版社 2000 年版，第 288 页。

④ 规范违反说认为，人们在社会中是通过规范联结到一起的，刑法的目的不是保障法益，而是保障规范的有效性，刑罚不是保障犯罪人将来不再犯罪，而是证实人们对规范有效性的依赖是正确的，促成人们对规范的承认和忠诚，参见［德］雅科布斯：《行为责任刑法——机能性描述》，冯军译，中国政法大学出版社 1997 年版，“内容提要”。

二、出罪视角下的“但书”（刑法第13条后半段）

刑法第13条后半段规定，“但是情节显著轻微危害不大的，不认为是犯罪”，这就是“但书”规定。从“但书”的措辞来看，“但是”是对原则的例外，“不认为犯罪”是对构成犯罪的否定，故“但书”应当认定为出罪规定。在本书第二章和第五章中，笔者将“但书”作为一项出罪规定列出，但并未将其归入到正当化的出罪事由、可宽恕的出罪事由、不可罚的出罪事由的任何一类之中。如何理解“但书”，对其进行定位，在司法实践中是否可以直接援引“但书”进行出罪判断呢？下文进行探讨。

（一）“但书”与分则罪名中量的因素的关系

“但书”的内容是“情节显著轻微危害不大的”不认为是犯罪，反义解释即，只有情节恶劣危害严重才构成犯罪。从而，我国刑法学者普遍认为，这是我国刑法关于犯罪成立的量（程度）的规定，并将此规定与刑法分则罪名中广泛存在的数额犯（数额较大）、情节犯（情节严重）关联起来，视为这些罪名的总论性规定。

1. 分则罪名中量的因素的规定

应当承认，在我国刑法分则的罪名规定之中以及立法解释、司法解释的规定之中，犯罪成立条件中或追诉标准广泛存在数量或程度的要求，这是一个法律现实。[①] 在刑法分则中，诸如盗窃罪、诈骗罪、敲诈勒索罪等犯罪，都将“数额较大”作为犯罪成立的条件之一，此为数额犯。诸如不报、谎报安全事故罪、虐待罪等犯罪，都以“情节严重”、“情节恶劣”作为犯罪成立的条件，此为情节犯。诸如滥用职权罪、丢失枪支不报罪、挪用特定

---

① 储槐植：《我国刑法中犯罪概念的定量因素》，载《法学研究》1988年第2期。

款物罪，都以“重大损失”、“重大损害”、“严重后果”、“较大损失”、“严重破坏”等作为犯罪成立的条件，此为结果犯。而对于生产销售伪劣产品罪、逃避追缴欠税罪、贪污罪、非法持有毒品罪等，都规定了构成犯罪的详细数量标准。有学者统计认为，刑法分则中有三分之二强的罪名含有罪量因素。而在众多立法解释、司法解释之中，几乎对其中涉及的所有犯罪都详细规定了构成犯罪的数量标准和情节程度，这些规定尤其在最高人民检察院发布的各种犯罪的“立案标准”、“追诉标准”中最为集中。达到一定量的要求才能构成犯罪，并将此作为区分罪与非罪的重要界限，这几乎已经成为我国刑法学界以及司法实务界的通识。

2. 量的因素在犯罪论体系中的定位

在理论层面，既然量的因素是构成犯罪所必需的要素，那么必定是犯罪论体系（犯罪构成）的组成部分，其在犯罪论体系中应居于何种地位呢？学界存在不同的见解。起初，有学者直接将量的因素作为结果要素中的内容，认为其表征结果的程度。同时，很多学者将这种量的因素（数额、情节）置于客观要件之中，作为与行为、结果、因果关系等构成要件要素并列的要素。或者将其统称为情节要素（定罪情节），认为构成犯罪需要质和量两个方面的内容，定罪情节即量的内容。[①] 当然，也有学者认为犯罪构成要件只有四个方面，情节要素有的是客观方面的、有的是主观方面的、有的是对象方面的、有的是主体方面的，不易归类，故而不是犯罪构成要件要素，而只是提示性规定。[②] 张明

---

① 刘守芬、方文军：《情节犯及相关问题研究》，载《法学杂志》2003年第4期；刘艳红：《情节犯新论》，载《现代法学》2002年第5期。其中的定罪情节既包括数额因素也包括情节因素。

② 高铭暄主编：《中国刑法学》，中国人民大学出版社1989年版，第83页。

楷教授曾将量的因素作为客观要件的组成部分，认为刑法规定的“情节严重”是犯罪构成的“综合性要件”，其特点在于要通过分析案件的全部情况综合判断，刑法分则作出这种规定反映了犯罪的本质特征是应受刑罚处罚程度的社会危害性。[①] 而陈兴良教授在《规范刑法学》一书中将其作为一个独立的构成要件，称之为“罪量”，认为行为只有具备罪体、罪责、罪量三个要件，才能构成犯罪。罪量，是指在具备犯罪构成本体要件的前提下，表明行为对法益侵害程度的数量要件。罪量具有法定性、复合性、程度性三个特征，以数额和情节为其内容。[②]

关于量的因素在犯罪论体系中的定位，笔者认为，既然在刑法规定中有三分之二强的罪名必须达到量的标准才能构成犯罪，那么，其应当是犯罪论体系中的组成部分，所以，否认量的因素在犯罪论体系中地位的见解，并不是妥当的。而能否将量的因素（数额、情节）归入客观要素，无论是独立的客观要素“数额、情节”或“情节”还是反映结果要素的程度，需要考虑两个问题。一个问题是量的因素（数额、情节）是否都是客观的要素，特别是其中的情节要素，是否包括主观的内容。例如，实施违法行为时动机恶劣，或者是惯犯、累犯本次再犯，能否作为情节犯成罪条件的“情节严重”、“情节恶劣”？在以往的司法实务中，这些情形都被认为是情节要素，亦即认为情节的内容不仅涉及客观行为程度，还涉及主观恶性程度，甚至涉及主体的身份（如国家机关工作人员）、被害人的状况（如孤寡老人、未成年人），等等。从而据此认为情节要素不能置于客观要件之中，或者认为

---

① 张明楷：《刑法学》，法律出版社2003年版，第139~141页。

② 陈兴良：《规范刑法学》（上册），中国人民大学出版社2007年版，第191~194页；陈兴良：《作为犯罪构成要件的罪量要素》，载《环球法律评论》2003年秋季号。

其是“综合性要件”。现在看来，这种说法对于量刑情节中的“情节”是恰当的，对于定罪情节中的“情节”似为不妥。就刑法规定的定罪情节及司法解释（特别是追诉标准）解说的内容来看，绝大多数情节指称损害结果、违法所得、行为次数、恶劣影响（如假冒专利罪），或者对行为的道德伦理上或社会上的否定评价的程度。因此，定罪情节中的“情节”的内容应当是客观的，围绕行为程度展开。另一个问题是主观方面故意的必要认识要素问题。一般认为，主观方面故意的成立，需要认识到客观要件中的全部要素，包括行为、结果、因果关系、对象。如果将量的因素（数额、情节）归入客观要件中，那么，故意的成立是否要求行为人对此量的因素必须有所认识呢？显然，根据“天价葡萄案”所引发的讨论，似乎故意的成立无须对量的因素有明确认识。由此，即使将量的因素（数额、情节）归入客观要件中，也要特别强调此种要素与其他客观要素的不同——是无须主观故意必须认识的要素。正如张明楷教授所说的，是“客观的超过要素”。① 而由此也会导致既未遂认定的争论，如意图盗窃金库里的5万元实际窃得300元，是盗窃既遂还是未遂？鉴于这种凌乱的争论，笔者在此只能得出阶段性结论：量的因素的内容是客观的，但不属故意成立所必须认识的要素。

3. 分则罪名中量的因素与“但书”的关系

放下前文关于量的因素的体系定位的争议，回到“但书”的问题上来：分则罪名中量的因素的规定与“但书”中“情节显著轻微危害不大不认为是犯罪”到底是何关系？有学者认为，“但书”与量的因素存在一种照应关系，“但书”体现了犯罪概念中含有定量因素，而分则罪名中的具体的量的规定则是这种定

① 张明楷：《“客观的超过要素”概念之提倡》，载《法学研究》1999年第3期。

量因素的反映，两者属于统领关系。[①] 由此，“但书”被认定为刑法第 13 条“犯罪概念的定量因素”。[②] 从而，也引申出我国刑法中犯罪的成立需要具备质和量两个方面的要求的结论，质指的是违法行为类型，量指的是行为程度亦即量的规定。

笔者认为，从刑法分则归纳出的我国犯罪构成条件来看，将量的因素作为多数犯罪的共同构成要件，结论显然是正确的。但是，量的要素是否是由刑法第 13 条规定的，有待讨论。事实上，刑法第 13 条规定的犯罪概念，并未将所有犯罪成立的要件规定进去，如主观方面的故意、过失要素，在此条中就难觅踪影。甚至，根据上文的分析，刑法第 13 条前半段犯罪概念对于社会危害性的规定，可能只是对犯罪客观方面的提示，规定的是违法行为的本质，而不包括主观方面的内容（责任）。犯罪概念并没有规定具体的犯罪构成要件以及犯罪论体系（甚至是四要件体系），两者并不重合。认为刑法第 13 条后半段规定的是犯罪成立的量的要素，其实是根据该规定的原文以及分则规定推导出来的。从字面上看，“但书”是情节显著轻微危害不大“不认为”是犯罪，而不是情节恶劣危害严重“构成”犯罪。这也就是说，“但书”的本意是对犯罪成立消极要素的规定，而不是对犯罪成立积极要素的规定。所有认为“但书”标示了犯罪成立量的要素的观点，立论的基础其实是对“但书”的反义解释，而不是字面严格解释。

而进一步思考，将“但书”的“情节显著轻微危害不大”

---

① 储槐植、张永红：《善待社会危害性观念——从我国刑法第 13 条但书说起》，载《法学研究》2002 年第 3 期。

② 参见储槐植：《我国刑法中犯罪概念的定量因素》，载《法学研究》1988 年第 2 期；储槐植、汪永乐：《再论我国刑法中犯罪概念的定量因素》，载《法学研究》2000 年第 2 期。

反义解释为“情节恶劣危害严重”（认为这就是指代刑法分则规定的量的因素），似乎也并不严格。在我国刑法之中，对情节程度（包括定罪情节和量刑情节）的表述，从轻到重有：情节显著轻微、情节轻微、情节较轻、情节严重（或情节恶劣）、情节特别严重（或情节特别恶劣），共五种。除了“情节显著轻微”之外，其他四种情节均构成犯罪（量刑情节）。也就是说，不构成犯罪的“情节显著轻微”的对立面并非“情节恶劣”（或情节严重），而是“情节不显著轻微”——只要情节一般及其以上（包括情节轻微、情节较轻、情节严重或情节恶劣、情节特别严重或情节特别恶劣），就能构成犯罪。所以，“情节显著轻微危害不大”是相对一般情节而言的，应被理解为不同于正常情况的例外性的规定。

有鉴于此，笔者认为，刑法第13条“但书”的本意是消极的出罪规定，即将“情节显著轻微危害不大”的情形排出犯罪。刑法分则中部分罪名规定的量的因素则明显是积极的入罪规定，只有达到一定量的标准（数额、情节）才构成犯罪，严格地讲二者应当有所区分。当然，由于量的因素在分则罪名中规定的普遍性，应当承认我国刑法大部分犯罪的构成要件要素中包含量的因素，应当将量的因素作为犯罪论体系中的构成要素之一。如果要为这种作为构成要件要素的量的因素寻找法条依据，也只能说是根据“但书”引申而出的，而不是“但书”直接规定的。

4.“但书”的功用初探

根据上述分析，笔者认为，根据对“但书”解释内容的不同，“但书”具有立法层面和司法层面的双重功用。

首先，是“但书”在立法层面的立法指引功用。这是根据“但书”的引申含义推导出来的，亦即认为“但书”的内容即规定犯罪构成需要一定量的因素，因而刑法总则规定的“但书”与刑法分则罪名规定的量的因素存在一种照应关系，刑法分则罪名对于量的因素的规定是刑法总则"但书"概括性规定的具体化。如此理解"但书",只在立法设罪方面具有指引性,即要求立法者在立法规定犯罪时,应当只将危害程度严重的行为规定为犯罪,考虑一定量的要求。当然,就当前的立法现实来看,立法者并没有为所有犯罪的成立都单独设立量的因素。有些犯罪行为,其行为本身就表明情节严重,因此无须在立法时再明示情节严重才能构成犯罪。例如,刑法分则第一章规定的危害国家安全罪、刑法分则第二章规定的危害公共安全罪的大部分罪名,如放火罪、爆炸罪、投放危险物质罪等,常见的主要犯罪,如故意杀人罪、过失致人死亡罪、过失致人重伤罪、强奸罪、抢劫罪、绑架罪、拐卖妇女儿童罪、抢劫罪、贩卖毒品,等等。而对另外一些犯罪,则明文规定了量的因素(数额、情节),甚至明示的具体的量的标准,如盗窃罪、滥用职权罪、贪污罪等。还有一些犯罪,如走私文物罪、伪造货币罪、擅自设立金融机构罪等,刑法分则并没有明文规定数额和情节,是由司法解释作出规定的。"但书"的立法指引对于司法定罪作用不大,司法者只需根据立法者已经设定好的犯罪条件判案定罪即可,无须受到"但书"的限制。

其次,是"但书"在司法层面的司法出罪功用。这是"但书"条文直接规定的内容,亦即将"情节显著轻微危害不大"的情形不认定为犯罪。当前作为出罪的前提,是行为已经符合了刑法分则规定的犯罪成立的基本条件(构成要件)。对于刑法没有明文规定量的因素(数额、情节)的罪名,如杀人罪,如遇特殊情况,可以"但书"条款出罪,如前文第三章"蒲连升、王明成故意杀人案"即如此。对于刑法明文规定量的因素(数额、情节)的罪名,即使符合了量的因素,也可以"但书"条款出罪。例如,盗窃行为虽已达到起刑点数额标准,但如果符合最高人民法院《关于审理盗窃案件具体应用法律若干问题的解释》第6条规定的情节轻微的情况,也可以认为不构成犯罪。

按照这种逻辑，司法者可以依据“但书”，对已经符合立法规定条件的所有罪名出罪，这至少在理论上是可以成立的。

对于“但书”的立法指引功用，争议不大；但对于“但书”的司法出罪功用，并非如想象的那样简单，容后文再详议。

（二）“但书”在出罪事由体系中的定位

在这里先将“但书”的司法出罪功用的具体操作问题放一放，讨论一下我国刑法“但书”的理论原理以及其在出罪事由体系中的定位。“但书”的含义大体上是要求犯罪的成立需要一定量的要求（反义引申含义），如果“情节显著轻微危害不大”则应当排出犯罪。作为犯罪构成条件的量的因素为犯罪成立设立了量的限定，将未达到罪量标准的危害行为阻挡在犯罪圈之外；而“但书”则将形式上符合了构成要件但情节显著轻微危害不大的行为排出犯罪。二者合并起来，形成了我国刑法将轻微危害行为不认为是犯罪的形象。在美英刑事法中，也有将轻微危害行为不认为是犯罪的情况，其是通过“法不关微事”（De minimis non curat lex）、“法官不管小事”（De minimis non curat tor）的司法惯例，在刑事诉讼中不予受理而实现的。[①] 而环顾德日刑法理论，最为典型的用于解决轻微危害行为出罪问题的是日本刑法的可罚的违法性理论。

1. 日本刑法中的可罚的违法性理论概况

日本刑法理论中的可罚的违法性，大体上指的是“犯罪应当被科以刑罚的违法性，是值得处罚程度的违法性，是只处理那些从全体法秩序的观点承认违法性的情形中在量上具有一定程度以上的严重性、在质上予以刑罚制裁是适当的情形。”[②]

① 张明楷：《刑法格言的展开》，法律出版社 2003 年版，第 112 页。

② ［日］大塚仁：《刑法概说（总论）》，冯军译，中国人民大学出版社 2003 年版，第 314 页。

可罚的违法性理论的提出，源于著名的“一厘事件”。被告人系一位烟草种植者，代为政府耕作烟草，当收割后将应当卖给政府的重约七分（约3克）、价值一厘（相当于1/1000日元）的烟草，自己擅自卷烟吸食了，因而违反了当时日本《烟草专卖法》第48条第1款的规定，初由宇都宫地方裁判所，以犯罪证据不足为由，判决无罪，后经东京控诉院改判有罪并处罚金10日元。大审院于明治四十三年（1901年）10月11日对此案作出二审判决，改判被告无罪。其主要理由为：人类的琐细违法行为，如果不在可认为行为人具有特别的“恶性”这种情况下坚决实施，则产生的影响和对他人的害恶极其微小，一般应不认为是违法行为而不予追究，原因是这种违法行为没有追究责任的必要，并且由于追究责任而造成的损害，远远比不追究责任而发生的恶害要大得多。[①] 后来，宫本英修将该判决上升为法理，作为其“行为性—违法性—可罚性”犯罪论体系中第三阶层“可罚性”中“可罚类型性”的内容，称为“被害法益极轻微的情形”。[②] 再后来，佐伯千仞发展并完成了可罚的违法性理论，他认为，违法性是一个具有量和质的概念，只有在量上达到一定的严重程度，并且在质上应当受到刑法上的制裁时，才存在可罚的违法性。与违法性在量和质上的区别相联系，可罚的违法性应该被作为构成要件和违法性双方的问题来对待，即缺乏可罚的违法性，应该被区别为两种情形：一种是缺乏可罚的违法性就不符合

① 日本大审院刑事判决录第16辑第1620页“一厘事件”，转引自［日］曾根威彦：《可罚的违法性》，载西原春夫等编：《判例刑法研究2：违法性》，有斐阁1996年版，第285页。

② ［日］宫本英修：《宫本英修著作集》（第3卷），成文堂1936年版，第127页。其可罚性包括可罚能力性和可罚类型性两个层面，可罚能力性就是指行为人的受刑能力；可罚类型性就是指刑法规定的用刑罚制裁的违法类型，包括行为类型和故意过失、未遂既遂、单独犯共犯等类型。

构成要件；另一种是虽然符合构成要件，但是阻却违法性。而藤木英雄认为，行为未达可罚程度的程度轻微的实质违法性，阻却的不是违法性，而是对构成要件该当性本身的否定。而大塚仁认为构成要件符合性规定的是犯罪的类型性意义，不应该涉及其实质的程度，可罚的违法性应该在违法性论的领域内来议论，认为其是一种由于缺乏实质的违法性而出现的超法规的违法性阻却事由。[①] 大谷实也持有相似的观点。[②]

虽然可罚的违法性理论招致了一些学者的批判，其中木村龟二认为，可罚的违法性与一元论的违法性矛盾，扰乱了犯罪论体系的层次顺序、混淆了可罚和当罚。前田雅英认为，要对构成要件进行实质的解释，即从实质上判定是否存在达到值得科处刑罚的法益侵害，因此，构成要件该当的行为原则上就具有值得科处刑罚的违法性，所以可罚的违法性的概念完全没有必要。但是，总体上日本刑法学者还是大体赞成运用可罚的违法性理论来解决“轻微违法行为不施刑罚”这个问题的。只是，对于可罚的违法性的体系地位，存在两种不同的理解，一是认为不可罚的违法行为虽该当犯罪构成却阻却违法性（佐伯说），二是认为不可罚的违法行为不该当犯罪构成（藤木说）。佐伯千仞的阻却违法说是当前理论的通说，大塚仁和大谷实将不可罚的违法性作为超法规的违法性阻却事由都是阻却违法说的延伸。并且，阻却违法说也得到了“一厘事件”、“三友煤矿事件”、“门司信用金库事件”、“中邮事件”、“都教组事件”一系列司法判例的支持。很多学者认为违法性阻却事由和可罚的违法性阻却事由性质不同。例如，

① ［日］大塚仁：《刑法概说（总论）》，冯军译，中国人民大学出版社 2003 年版，第 318 页。

② ［日］大谷实：《刑法总论》，黎宏译，法律出版社 2003 年版，第 184 页。

佐伯千仞认为，违法性阻却事由只是指行为完全不是违法的，即规定为合法行为的事情；可罚的违法性阻却事由则是指并非完全失去违法性，只是其程度减低或者在质上不同。内藤谦也指出，正当化事由是违法性完全被阻却、被正当化的情形，可罚的违法阻却事由则是违法性虽然没有完全被阻却但在不能说是可罚的违法这种程度上被阻却，对相当于正当化事由的行为不能进行正当防卫，而对相当于可罚的违法阻却事由的行为可以进行正当防卫。但是，缺乏可罚的违法性，结果只是在刑法上阻却违法性，效果却与违法性阻却事由是相同的。可罚的违法性阻却事由是超法规地不存在实质的违法性，因而，其程度必须依照其他的违法性阻却事由进行严格的考虑，其适用流于恣意时，就不免造成刑法的弛缓化。因此，应该认为可罚的违法性阻却事由是一种超法规的违法性阻却事由。只是，因为允许进行正当防卫的“不正”侵害，并非限于从刑法的观点来看是违法的侵害，所以，即使在刑法上阻却违法性，它往往可以说是“不正”。[①]

在第二次世界大战之前，以可罚的违法性理论出罪的案件范围较为广泛，而在第二次世界大战之后，主要涉及的案件是极其轻微案件、劳动争议事件、公安条例事件。作为违法阻却事由的不可罚的违法性可以从行为的质和量两个方面来说明，作为量的问题，是指在犯罪中都各自被预定了一定严重程度的违法性，即使看起来行为符合犯罪类型（构成要件），但是，其违法性极其轻微（零碎的反法行为），没有达到法所预定的程度时，就不成立犯罪；作为质的问题，是指违法性虽然并不能说是轻微的，但是，其违法行为的质与刑罚不相适合（如近亲相奸和同性间的猥亵行为，在刑法上没有规定为犯罪）。其认定标准也可从违法

① ［日］大塚仁：《刑法概说（总论）》，冯军译，中国人民大学出版社2003年版，第315～316页。

性的质和量两个方向展开，包括被害法益的轻微性、行为样态的轻微性，质的轻微性，还有动机目的、行为的具体形式、周围的客观状况以及全体法秩序等标准。从质和量两方面着眼只是提供了可罚的违法判断的大体框架，具体的判断标准是由判例给出的，如在“门司信用金库事件”中，一审法院福冈地方法院小仓分院认为被告的行为，违反社会性极为轻微，等于欠缺违法性，适用超法规的阻却违法事由之法理，宣告被告等无罪。检察官抗诉认为，适用超法规的阻却违法事由必须充足“补充之原则”，而本案无此种条件。二审法院福冈高等法院维持该判决，认为一审适用的实际上是可罚的违法性理论，并确定其适用标准为：（1）侵害法益（即实害或威胁）程度轻微，尚未达到预定之程度。（2）行为样态相当性。依照行为目的、手段以及行为者的意思等各种情况，处在社会通常观念可以容许的相当范围内，即加害程度没有达到足以特别刺激一般社会感情的显著的恶劣性、粗暴性、廉耻性的程度。（3）并不要求补充性，即不要求该行为是保全法益的唯一的方法。可罚的违法性理论，并不是以将紧急行为予以正当化为目的的，而是以将未强烈地刺激通常的社会感情置于刑罚处罚范围之外为目的的。（4）手段相当性。并不要求手段正当，而只要求手段不具恶劣程度。[①] 前田雅英综合分析了判例意见，认为作为可罚的违法性的相对轻微型的具体要件有五个：（1）目的的正当性；（2）手段的相当性；（3）法

① 福冈高等法院昭和四十二年三月六日（1968年）二审判决。案情为门司信用金库的职员（已加入劳动组合而成为会员），曾因劳资纠纷事件要求金库经理与劳动组合团体进行交涉，但被经理拒绝，声言我要回家，而欲起身出门，于是会员等上前，有人抓住经理之手臂将其拉回，也有人围挡在他面前阻挡其外出，还有人推其胸部将其推回，因此检察官以暴行罪对这些会员提起公诉。本处案件转引自洪福增：《刑法理论之基础》，刑事法杂志社1977年版，第287～290页。

益衡量；（4）相对的轻微性；（5）必要性及紧急性。[①] 笔者认为，前田雅英是站在反对可罚的违法性的立场上作出如此归结的，其归纳的结论不是可罚的违法性的标准，而是超法规违法阻却事由的标准，标准内容中的法益衡量和必要性及紧急性是不必考虑的，并且排列顺序有误。比较言之，前述“门司信用金库事件”的二审判决适用的标准是恰当的，即从行为的量和质两方面着手，具体以侵害法益轻微性、行为样态相当性、手段相当性三个标准判断，是合适的。

2. 量的因素、“但书”与可罚的违法性

由上可知，日本刑法中的可罚的违法性理论的内容及要解决的问题，与我国刑法中犯罪成立量的因素以及“但书”是极为类似的。那么可否将二者等同呢？对此应先区分所处刑法背景的不同。日本刑法对于犯罪的规定，与我国刑法有所不同，这种不同首先体现在：日本的刑法在规定犯罪成立条件（构成要件）时，基本上只规定了行为类型而未规定行为程度，而我国刑法既规定了行为类型（定性）也对一些罪名规定行为程度（定量），也就是量的因素。[②] 由此，造成两国在刑法与其他法律（行政法、民事法）管辖事项的分配标准上的不同。日本主要是按行

---

① 原载前田雅英：《可罚的违法性理论研究》，本处转自刘为波：《可罚的违法性论——兼论我国犯罪概念中的但书》，载陈兴良主编：《刑事法评论》第10卷，中国政法大学出版社2002年版。

② 可以说，日本基本上是立法定性司法定量，我国是定性归于立法，定量由立法司法分担。这是因为我国的定量规定是由刑法和司法解释分担的，刑法典对多数罪名的罪量作了概括性规定、少数罪名的罪量作了具体规定，而司法解释对刑法的概括性规定作了详细解释，充当了准立法的作用，此外，刑法没有明文规定或者司法解释没有解释的情形是由法官自由裁量。详情参见李洁：《中日涉罪之轻微行为处理模式比较研究》，载《法律科学》2002年第4期。

为类型分配法律管辖，而我国是按行为类型和行为程度的混合标准分配法律管辖。例如，在日本一旦行为被认定为盗窃，无论数额多少都属刑法行为由刑法管辖。[①] 不会出现类似于我国的一定数额以上由刑法管辖、该数额以下由行政法（治安管理处罚法）管辖的情况。当然，犯罪并不一定比行政违法的危害程度要高，如盗窃行为无论数额多少都由刑法管辖，而不申报税款达数百万日元也仅为行政违法。[②] 相应地，刑罚也不一定比行政罚严厉。[③] 因为日本刑法中只有行为类型而没有行为程度的规定，就使得轻微危害行为出罪成为一个理论难题，轻微危害行为应是构成要件该当且违法的行为，应当构成犯罪，可是对于这种行为科处刑罚显然有所不妥，于是就产生了可罚的违法性理论。可见，正如日本刑法通说所理解的那样，可罚的违法性应当被认定为是一项违法阻却事由，其作用是将符合违法行为类型的轻微行为出罪。与之相比，我国刑法有所不同，刑法分则为多数罪名既规定了行为类型又规定了行为程度（量的因素），当量的因素被理解为积极的成罪要素时，轻微危害行为因为不符合犯罪成立的全部条件就不能被认定为犯罪，无须通过出罪的方式判定其无罪。当然，对

① 日本刑法典第235条之规定，“窃取他人之财物者，为窃盗罪，处十年以下惩役”，也就是说，无论窃盗数量的多少，都该当窃盗罪的构成要件。

② 日本《国税法通则》第66条规定所有的不申报税款行为都是行政违法，而不是犯罪。

③ 日本刑法典规定的刑罚最轻自由刑为拘留1日，最轻财产刑为料1000日元；行政罚主要为罚款，可按比例科罚。我国刑罚最轻自由刑为管制1个月，财产刑为罚金，但司法实践中适用数额一般较大；治安处罚针对个人的上限为拘留15日，罚款3000元。我国刑罚与行政罚并不衔接，在实践中存在盗窃1000元坐牢1年，盗窃900元拘留15天的处罚不均衡现象。

于少数罪名，我国刑法分则也只是规定了行为类型而没有规定行为程度。如果确有行为程度轻微的特殊情形，仍存在出罪的需求，此时与日本刑法遭遇的境况相同。根据此项分析，可以认为：我国刑法分则中犯罪成立量的因素的规定，与日本刑法中可罚的违法性理论有所差异。[①] 而我国刑法第 13 条中的“但书”，与日本刑法中的可罚的违法性理论，二者的功用都是对已经符合犯罪构成条件的行为出罪，功用上是相同的；并且，二者在内容上，“情节显著轻微”与“质量轻微”在程度上也是相当的，具有可比性和相似性。

3. “但书”在出罪事由体系中的定位：不可罚出罪事由的法条提示

在本章笔者研究我国刑法第 13 条“但书”的目的，是欲图运用前文构建的出罪事由体系和理论，以解释和定位“但书”。前文将出罪事由分为正当化的出罪事由、可宽恕的出罪事由、不可罚的出罪事由，理论基础分别对应于社会相当性理论、期待不可能理论、不可罚理论。那么，我国刑法第 13 条的“但书”，到底可归属于哪一类出罪事由，抑或是哪一类出罪事由的理论基础呢？笔者认为，“但书”应当归入不可罚出罪事由，定位于不可罚出罪事由的法条提示。

首先，前文已述，我国刑法中的“但书”，与日本刑法中的可罚的违法性具有相似之处，最终应当归结为可罚性的问题。依

① 例如，我国刑法分则中构成盗窃罪的量的因素要求“数额较大”，一般以 500 元至 2000 元为起点。盗窃 400 元的行为，因未达到“数额较大”的起点而不构成犯罪。但在日本，盗窃“一厘”才认为是不具可罚的违法性而不认为是犯罪，盗窃 1 日元是可以构成盗窃罪的。可见，日本刑法中可罚的违法性的量的标准，较之中国刑法中成罪的量的要素标准，要低得多。

据日本可罚的违法性理论的发展轨迹，有学者追问了可罚的违法性中“可罚”一词，认为其含义为基于刑罚目的值得处罚性。故而，可罚的违法性是可罚性（值得科处刑罚）分配到违法性阶层的结果，可罚的违法性与可罚的责任一样，最终都应归责为可罚性的问题。[①] 而在前文中，笔者将可罚性（不可罚性）作为第三阶层的出罪事由即不可罚的出罪事由的理论基础，其中也包括了可罚的违法性亦即轻微违法行为的内容。既然“但书”的精神与可罚的违法性是相符的，且其内容涉及的是行为程度的问题，将其归为可罚性的问题也不存在任何理论障碍。

其次，“但书”内容的性质与不可罚出罪事由的性质是相同的。“但书”中的“情节”、“危害”主要指称的是行为的程度（量），亦即行为的情节显著轻微，没有造成严重的危害结果，其为客观要素。并且，正如前文张明楷教授提倡的“客观的超过要素”概念那样，其为纯粹客观的要素，亦即无须故意构成所必须认识的客观要素。而前文所述不可罚事由中的客观处罚条件，其显著特征也是无须故意构成所必须认识的纯粹客观要素。故而，“但书”内容的性质与不可罚事由中的客观处罚条件是相同的，可归入不可罚的事由中。当然，这里所说的“客观”，指的是评价事实上的客观性。例如，事后悔罪行为，并不反映行为人在实施违法行为当时的主观恶性（责任程度），因此，根据事后悔罪行为将行为人出罪，这种出罪事由也是一种纯粹客观的评价事实。事实上，在德日刑法以及本书前文中，也是将可以出罪的事后悔罪行为归入到不可罚的出罪事由之中。例如，德国刑法

① ［日］佐伯千仞：《刑法讲义（总论）》，有斐阁1974年版，第232页。转引自冯军：《德日刑法中的可罚性理论》，载《法学论坛》2000年第1期。也可见前文第八章“不可罚性——不可罚的出罪事由之理论基础”相应部分。

典第83条a叛乱罪主动悔罪，日本刑法典第80条犯前两条之罪预备和阴谋内乱、帮助内乱在实行暴动前自首的，我国刑法第241条第6款收买被拐卖的妇女、儿童后不阻碍返回的。这些事由反映的都不是行为人实施行为当时的主观恶性程度，而是一种行为之后的事实。将“但书”作为不可罚出罪事由，也可以合理解释所谓“但书”内容广泛性的问题。例如，对于出罪情节的内容，最高人民法院《关于审理盗窃案件具体应用法律若干问题的解释》第6条中就规定了行为主体责任年龄、悔罪、投案、被胁迫等各种要素。[①] 这些要素可以区分为反映行为程度的要素（行为当时即存在的情节和危害要素）以及反映行为人行为后悔罪的要素（如悔罪、投案等这些行为当时不存在而行为后才出现的要素）。事实上，这些要素都不是行为人在实施行为时所必须认识的要素，对于裁判者而言都是一种纯粹客观要素。

再次，“但书”的功用与不可罚出罪事由一样，都是出罪，都应归入出罪事由之中。前文已述，“但书”的原文是“但是情节显著轻微危害不大的，不认为是犯罪”，是将符合构成要件质的方面的行为排出犯罪。不可罚出罪事由的内涵也是作为一种犯罪阻却事由而存在。二者都是对形式上符合犯罪条件的行为进行实质判断，根据犯罪预防的刑罚目的和“轻轻”的刑事政策，将不值得科处刑罚的违法、有责行为不认为是犯罪。其体系定位，不应从犯罪成立的积极方面理解，而应从阻却犯罪成立的消极方面理解。

---

① 最高人民法院《关于审理盗窃案件具体应用法律若干问题的解释》第6条第2款规定，盗窃公私财物虽已达到“数额较大”的起点，但情节轻微，并具有下列情形之一的，可不作为犯罪处理：1. 已满16周岁不满18周岁的未成年人作案的；2. 全部退赃、退赔的；3. 主动投案的；4. 被胁迫参加盗窃活动，没有分赃或者获赃较少的；5. 其他情节轻微、危害不大的。

这是将“但书”归入不可罚出罪事由的最有力理由。

最后，笔者在此暂时将“但书”定位为不可罚出罪事由的法条提示，亦即是我国刑法中反映不可罚出罪事由的法条规定，而未将其作为出罪事由本身。言下之意，不可罚的出罪事由以及不可罚性只是理论层面的归纳和说理，“但书”才是实定法层面的法条规定。从法条解释的角度来看，可以将“但书”规定的具体内容解释为不可罚的出罪事由（学理解释）。而从司法运用的角度来看，如果在司法实务中运用不可罚的出罪事由出罪时必须援引法条，那么就应当援引刑法第13条“但书”规定。

（三）关于可否直接援引“但书”进行司法出罪的争论——以危险驾驶罪为例

前文将“但书”定位为不可罚出罪事由的法条提示，根据这种界定，在司法实务中，援引刑法第13条的“但书”规定将符合构成要件的行为出罪，是完全可能的。在实践中确实也有类似的做法，显例为“蒲连升、王明成案”。用于指导司法实践的司法解释中涉及出罪标准时也多次引用“但书”规定，如最高人民法院《关于审理盗窃案件具体应用法律若干问题的解释》第6条第2款第5项“其他情节轻微、危害不大的”。当然，我国刑法学界对此也有不同观点。例如，张明楷教授即反对直接援引“但书”进行司法出罪，其基本理由是：刑法第13条规定的是犯罪概念，犯罪概念不是认定犯罪的具体标准，同样的，刑法第13条的“但书”也不是宣告无罪的具体标准。立法者根据刑法第13条规定了犯罪构成，而司法者又根据刑法第13条“但书”宣告无罪，就会使刑法规定的犯罪构成丧失应有的意义，也违反了刑法第13条的规定。既然可以直接根据刑法第13条的“但书”宣告无罪，那么也可以直接根据刑法第13条认定犯罪，这会从根本上否认罪刑法定原则。① 陈兴良教授也持类似的观点，认为刑法第 13 条主要偏重于立法指引功用，而不具有司法定罪功用。应当说，上述观点极具参考价值。

随着《刑法修正案（八）》增设危险驾驶罪并于 2011 年 5 月 1 日施行，关于可以直接援引刑法第 13 条的“但书”规定对醉酒驾驶机动车辆的行为出罪的问题，在司法实务界和理论界引起了巨大的争论，可否直接援引“但书”进行司法出罪的问题再一次被推到了风口浪尖。根据《刑法修正案（八）》第 22 条暨修正后的刑法第 133 条之一第 1 款的规定，在道路上驾驶机动车追逐竞驶，情节恶劣的，或者在道路上醉酒驾驶机动车的，处拘役，并处罚金。对于其中在道路上醉酒驾驶机动车的行为，根据立法原意，构成犯罪并无情节严重的限制。② 但是，最高人民法院副院长张军却认为，“不应仅从文意理解《刑法修正案（八）》的规定，认为只要达到醉酒标准驾驶机动车的，就一律构成刑事犯罪，要与修改后的道路交通安全法相衔接。也就是

① 张明楷:《刑法学》，法律出版社 2003 年版，第 106 页。

② 根据参与立法的刑法学者的介绍，关于醉酒驾车是否需情节限制的问题已在立法时争议过，也有不同的对立观点，但最终立法机关还是采纳了无须情节限制的观点和立法形式。周光权教授认为:“醉驾行为不论情节一律构成犯罪，不会浪费司法资源，因为司法资源本身就应该用于防范风险社会中的一些新的、突出的问题。”曲新久教授回忆说:“其实一审稿里，情节恶劣的条款也是只对应追逐竞驶的，但这样的表述，很容易让人误以为这个情节限制也针对醉驾，所以在二审稿里，为了表述更严谨，就调换了一下顺序，把追逐竞驶的条款放在了前面，明确醉驾没有情节限制，最后生效的条文也是如此，这已经充分表明了立法的初衷，这个条款就是社会关注焦点和民意下的产物，醉驾就是犯罪，不需要情节限制。”参见《醉驾入刑法规出台过程：是否需情节限制有争议》，载《三联生活周刊》2011 年 5 月 27 日。

说，虽然《刑法修正案（八）》规定追究醉酒驾驶机动车的刑事责任，没有明确规定情节严重或情节恶劣的前提条件，但根据刑法总则第13条规定的原则，危害社会行为情节显著轻微危害不大的，不认为是犯罪。"[①] 由此引发争议，其中高铭暄教授、黄京平教授、陈泽宪教授、刘仁文教授均支持张军的观点，认为刑法总则第13条"但书"的规定可以适用于所有刑法分则规定的罪名，危险驾驶罪当然包括在内；只不过，"情节显著轻微危害不大"应当予以明确化。[②] 而韩玉胜教授、魏东教授则反对此观点，认为立法者在立法时已经将情节严重的要素内含在醉酒驾车行为之中了，司法者以"但书"出罪就违背了立法原意，也会引发"随意执法、选择性执法、空置立法"。[③]

关于司法机关可否援引刑法第13条"但书"对醉酒驾驶机动车辆的行为出罪的争论，其焦点是"但书"是否具有司法出罪功用，亦即可否援引"但书"直接进行司法出罪的问题在具体罪名上的具体化。笔者认为，从前文将"但书"定位于不可罚出罪事由的法条提示的结论出发，应当认可司法机关援引刑法第13条"但书"对已符合构成要件的行为出罪。但是，"但书"只是出罪的形式依据和法条依据，而不是实体标准和具体事由。

① 《最高人民法院副院长张军：正确把握危险驾驶罪构成条件》，载"新华网"2011年5月11日，http://www.ah.xinhuanet.com/news/2011-05/11/content_22732530.htm。

② 曹晓波：《醉驾入刑引发法律界争议专家建议出台司法解释》，载《法制周报》2011年5月19日。

③ 《教授称刑法修正案条文已含情节，醉驾应一律入刑》，CCTV《新闻1+1》2011年5月27日，转自"中国新闻网"，http://www.chinanews.com/fz/2011/05-27/3070564.shtml。牛旭东：《法学专家：醉驾入罪不应有情节恶劣限制》，载"正义网"2011年5月11日，http://news.jcrb.com/jxsw/201105/t20110511_540888.html。

为维护此观点，下面围绕前文张明楷教授否定“但书”出罪的理由进行论证。

首先，依据“但书”出罪并不会违背罪刑法定原则。张明楷教授认为，允许依据“但书”出罪，即允许依据刑法第13条犯罪概念入罪，从而会使刑法明文规定的犯罪构成不被适用，违背罪刑法定原则。笔者认为，这种说法混淆了入罪判断和出罪判断的不同。入罪必须法定，出罪无须法定，这是本书所一贯强调的理念，也是世界各国刑法实践所一致赞同的。例如，超法规的违法阻却事由，即是没有法定规定却能出罪的范例。而作为罪刑法定的派生原则的禁止类推，也只是禁止不利于被告人的类推（即入罪类推），而允许有利于被告人的类推（即出罪类推）。因此，法定原则，亦即只有法有明文规定才可作出有效裁判的原则，只是限制入罪判断的原则，而不是限制出罪判断的原则。出罪判断本来就是对于形式上符合构成要件的行为，通过实质的判断而否定其犯罪性（违法性、有责性、可罚性），入罪与出罪的判断具有阶层性。形式理性亦即罪刑法定是第一阶层即入罪判断坚守的原则，其价值在于保障人权不受司法擅断的侵害。而实质理性是第二阶层即出罪判断所遵守的规则，是为了层层筛选将不应处罚的行为再次排出，其价值在于限缩犯罪圈更为精细地保障人权，这与罪刑法定的主旨是一致的。“但书”规定，其本意即是出罪，是对纯粹形式理性作出的实质正义修正，并不受法定原则的限制，当然也不违背罪刑法定原则保障人权的主旨。

其次，“但书”与犯罪的实质概念是两个不同范畴，应当区别对待，不可混为一谈。犯罪的实质概念（社会危害性）规定在刑法第13条的前半段，“但书”规定在刑法第13条的后半段，虽同属同一法条规定，但却是两个不同范畴。在本章中，笔者也是将这两个范畴区分开来，认为犯罪的实质概念（社会危害性）可以视为正当化出罪事由，另一种理论解说，而“但书”

是不可罚出罪事由的法条提示。张明楷教授认为允许依据“但书”出罪，即是允许依据犯罪概念入罪，可能是混同了两个不同范畴。此外，如有必要的话，正如前文所述，刑法分则规定的成罪的量的因素，与刑法第13条后半段规定的“但书”，严格地说也有所区分。量的因素是根据分则规定归纳或者由第13条引申而出的，而“但书”则是第13条所直接明文规定的。前者偏向于积极的入罪要素（当然也可以作消极理解），后者是则消极的出罪要素。两者在犯罪认定中所处的判断阶层存在先后次序，适用“但书”对符合量的要求的行为出罪，并不会造成逻辑上的悖论。

最后，张明楷教授认为“但书”不是具体明确标准的观点，应当赞同。“但书”“情节显著轻微危害不大”确系抽象的、概括性的规定，如在司法实践中直接为裁判者所适用，可能会带来标准不明、适用不公的问题。这也是本书将“但书”定位为不可罚出罪事由的“法条提示”，而为具体“出罪事由”的原因。笔者认为，“但书”规定对于刑事司法而言，其形式意义大于实质意义。在刑事司法中，虽然出罪无须法定，即使没有刑法对具体出罪事由作出明确，也可以依照犯罪论体系实质判断的原理进行出罪。但在具体实务操作时，出罪仍然需要尽量找到法条的依凭，以在判决书中做到“有法可依”。例如，对于被害人承诺的轻伤行为，应当被认定为无罪，但是，在我国刑法中却没有明文规定“被害人承诺”的具体出罪事由，在司法出罪时只能认定其不具社会危害性，即援引刑法第13条前半段的犯罪概念作为法条、形式依据。同样的，对于盗窃达到“数额较大”的起点，但全部退赃、退赔的行为人，宣判书认定其不构成犯罪时，出于判决书不能援引司法解释的惯例，就不能援引最高人民法院《关于审理盗窃案件具体应用法律若干问题的解释》第6条第2款第2项的规定，而只能援引刑法第13条后半段的“但书”规定。由此，司法机关援引“但书”规定对行为出罪，主要是出于形式依据的需要。至于出罪的实质依据，根据本书对出罪事由体系的规划，首先应当依据法定的出罪事由，然后再依据定型化的超法规出罪事由，最后才能适用出罪理论基础暨定型化的超法规出罪事由的具体标准。对于“但书”而言，其仅为不可罚出罪事由的形式表征，在适用“但书”出罪时，应当看案件情形是否符合具体不可罚出罪事由以及不可罚的实体标准。从此意义观之，张明楷教授及其他学者认为司法机关不能“直接”援引“但书”出罪，强调“直接援引”——亦即认为不能将“但书”作为出罪的实质标准的观点，是很有道理的。另外，司法机关虽不能直接将“但书”作为出罪的实质标准，但认为案件情形符合不可罚的实质标准之后，再以“但书”作为形式的、法条的依据进行出罪，这未尝不可。

这也就是说，刑法总则第13条后半段的“但书”，虽然不能作为出罪认定的实质标准，但可以作为出罪认定的法条形式依据。在理论上，此项法条形式依据可能适用于全部分则罪名的出罪认定，其中包括危险驾驶罪。当然，这只是在理论层面上具有可能性。醉酒驾车型的危险驾驶罪在出罪问题上之所以产生争议，深层原因在于该罪名本身的特性。确如曲新久教授等所言，立法者在将醉酒驾车行为入罪时，就已在该行为中内含了危害严重的含义——“醉酒”不同于“饮酒”，其本身就是危害严重的驾驶行为。这正如故意杀人罪中的杀人行为之后也不用设定“情节严重”字样一样，杀人行为本身就是危害严重的行为。危险驾驶罪的立法原意“只要醉驾（血液中的酒精含量大于或者等于80mg/100ml）就是犯罪，无须情节限制”的规定，类似于刑法第347条第1款“走私、贩卖、运输、制造毒品，无论数量多少，都应当追究刑事责任，予以刑事处罚”的规定。在已经规定了成罪情节且行为已经达到成罪情节的情况下，很难再想出什么样的情况属于“但书”规定的“情节显著轻微危害不大”。因此，造成了理论上虽可依“但书”出罪但事实上却无“但书”情形存在的境况。因此，不能援引“但书”对醉酒驾车行为出罪，这里的“不能”指的是事实上的不能（没有符合“但书”条件的情形），而不是指理论上不能（不能将“但书”作为出罪依据）。此外，危险驾驶罪本来就是情节轻微的行政违法行为上升为犯罪的立法例，其本身就是极轻微之罪（最高刑为拘役6个月）。在这种轻罪进入到我国传统意义上的重罪刑法（以往我国最轻之罪的法定最高刑一般为两年有期徒刑）之后，带来了一些理念上的冲击。同样是“情节显著轻微危害不大”，针对轻罪的出罪标准的轻微程度，与针对重罪的出罪标准的轻微程度显然有所不同。重罪行为只要不是程度太严重就可以不认定为重罪，但轻罪行为程度只有极其轻微才能不认定为轻罪。以重罪思维思考轻罪出罪，就会造成思维上一时转不过弯来。事实上，轻罪进入重罪刑法，不仅在出罪问题上带来了冲击，在其他问题上也会带来冲击，例如，窝藏醉酒驾车犯的窝藏者构成窝藏罪，依照刑法规定其法定刑却要高于被窝藏者。

综上所述，本章以出罪的视角对刑法第13条前半段规定的犯罪概念以及后半段的“但书”进行的分析，认为：犯罪的实质概念（社会危害性）可以视为正当化出罪事由的另一种理论解说，而“但书”是不可罚出罪事由的法条提示。二者均可运用于出罪判断之中，其中不具社会危害性是正当化出罪事由的理论基础，对于正当化出罪事由的判断具有理论指引作用；“但书”可在司法出罪中用作不可罚出罪事由的法条形式依据。由此，在出罪的视角之下，备受争议的刑法第13条规定获得了圆满的解释和定位，本书对其的论说由体系建构、理论阐述再次回到了我国刑事司法的具体实务操作，这就是出罪分析的力量。

第十章 出罪事由与犯罪论体系的构造

在前文中，笔者对我国刑法和刑法解释、司法判例和案件、德日刑法和英美刑法中的具体出罪事实进行了归纳、归类和分析，将它们区分为正当化的出罪事由、可宽恕的出罪事由、不可罚的出罪事由三大类别，并认为社会相当性、期待不可能、不可罚性是这三类出罪事由的理论基础，由此使得零散的具体的出罪事由被类别化和体系化。进行这些研究和努力的动机，是为了唤醒我国刑法对于犯罪认定中出罪问题的重视，改变只重入罪不重出罪的局面，也使人们认识到出罪判断与入罪判断一样，是犯罪成立判断不可或缺的组成部分。由此，作为认定犯罪成立的逻辑思考体系的犯罪论体系，在对犯罪成立的要素进行分配和布置时，不仅要考虑犯罪成立的积极要素即入罪要素，也要考虑合理布置犯罪成立的消极要素即出罪要素。前文我们分析出罪事由及其类别时，是以新古典暨目的论三阶层体系作为参照体系的。在本章中，笔者拟抛开这种体系，讨论对于出罪事由的不同定位和理解而导致的犯罪论体系的构造的不同。在当前我国，犯罪论体系的重新建构是一个重大的、热门的话题。任何一种犯罪论体系的建构，都需要合理、科学地安排出罪事由的位置。本章的探讨对于我国犯罪论体系的重建无疑具有参考意义。

一、正当化出罪事由与构成要件之间的关系：消极的构成要件理论介绍

正当化的出罪事由亦即违法阻却事由，是对该当构成要件的行为出罪的事由，其与构成要件之间是何种关系呢？对此问题的探讨，在德国刑法中引发了一场对犯罪论体系结构的变革，并由此形成闻名于世的"消极构成要件理论"①。回顾这段学说历史并了解其中的论争内容，对于正确把握正当化的出罪事由的性质和地位是有益的。

（一）消极构成要件理论简介

消极构成要件理论（Die Lehre von den negativen Tatbestandsmerkmalen，又称负面构成要件要素理论、否定性行为构成理论）是刑法理论发展史上一颗被遗落的珍珠。大体上，该理论的含义是，正当化事由（违法阻却事由、容许构成要件）是构成要件的组成部分，是从反面说明犯罪成立的消极构成要件，它与积极构成要件（正面的构成要件要素）一起说明不法的成立。

1. 默克尔首创消极构成要件理论

1889年，德国刑法学家阿道夫·默克尔（Adolf Merkel）首创了消极构成要件理论。② 默克尔注意到，刑法规定的正当化事由，如正当防卫、紧急避险等，被刑法规范单独规定提列出来，

---

① 在日本刑法学界，犯罪论体系的通说是三阶层论，即将构成要件该当性阶层与违法性阶层彻底分离的理论，虽然很多学者都赞成构成要件与违法可以在形式上合称为"不法"，但大多不赞成将它们实质地合并在一起，因此，赞成消极构成要件理论（二阶层论）的只有极少数学者，主要是佐伯千仞，以及晚年的泷川幸辰。

② 参见林山田：《刑法通论》（上编），三民书局1995年版，第163页；［德］克劳斯·罗克辛：《德国刑法学（总论）》，王世洲译，法律出版社2005年版，第185页。

与具体的构成要件规定存在形式上的区别，并且，对于判断犯罪成立的作用是不同的：满足一般刑法规定的构成要件会积极地促进犯罪成立，而满足正当化的条件则会消极地促进犯罪成立。由此，他认为，正当化事由仅仅是出于法律技术的根据——为了在每一个刑罚规定中不重复这些条件——从分则的行为构成中脱离出来，并被拉到“夹子之前”的。但是，这在内容上什么也没有改变，因此人们必须根据这个意义，在具体行为构成中接受它们。例如，应当把德国刑法典第223条故意伤害罪的规定解读成“在身体上虐待他人或者损害他人健康的，处以……刑罚，除非行为是为了防卫眼前的违法攻击，防卫一种对生命、身体、自由、荣誉、财产或者其他法益造成重大损害的危险，出于对自己孩子教育的原因”等所要求的。也就是说，正当化事由的不存在，也是满足构成要件的条件之一。由此，正当化事由应当属于否定性的构成要件要素，其与肯定性的构成要件要素的区别在于：满足肯定性的构成要件要素，构成要件实现；而否定性的构成要件要素不满足，构成要件才实现。[①] 这也就是说，将正当防卫等正当化事由单列出来，并不是因为它们与其他构成要件要素具有质的区别，而仅仅只是出于一种立法技术上的考虑；在本质上，正当化事由与构成要件要素对构成要件该当的机理和效果是一样的。

默克尔的消极构成要件理论可归纳为如下几个要点：(1) 正当化事由（违法阻却事由）与构成要件要素在本质上是同一的，不应区别对待；(2) 消极构成要件，如紧急防卫、正当化紧急避险、父母的责打权，是与积极构成要件要素，如禁止

---

① [德] 克劳斯·罗克辛：《德国刑法学（总论）》，王世洲译，法律出版社2005年版，第185页。也可参见李海东：《刑法原理入门（犯罪论基础）》，法律出版社1996年版，第36~37页。

行为类型、结果等相对应的，其作用是否定整体的不法构成要件；（3）在刑法规范中，之所以要将正当化事由抽取出来单独讨论，是为了避免重复，事实上可将这些抽取出来的正当化条件还原到法条中去，抽取完全是出于立法技术的考虑。

2. 总体违法构成要件理论

默克尔的消极构成要件理论的直接后果就是，原来三阶层体系中违法性阶层中所包括的正当化事由和条件被还原到构成要件阶层中，由此，犯罪论体系就由三阶层体系转变成了“构成要件（包括积极的构成要件和消极的构成要件）该当性—有责性”两阶层体系。正是根据这个结果，朗·欣里希森（Lang - Hinrichsen）将构成要件和违法性两个阶层融合成为一个阶层，即不法性的总体违法构成要件（Gesamt - Unrechtstatbestand，又称综合不法构成要件），它完整地包括了对不法判断有重要意义的全部特征（肯定性的和否定性的，书面的和非书面的，对作为具有重要意义的和对不作为具有重要意义的）。[1] 总体构成要件的理论尤其为德国基尔学派（Kieler Schule）学者所倡。[2]

大体上，总体违法构成要件包括了除客观处罚条件及责任因素以外，所有与行为客观可罚性之形成相关的因素，包括积极构成违法或消极阻却违法之因素。这种学说的作用在于：能够截然区别“合法”与“不法”。构成要件该当的行为成为不法行为的类型，但是如果个别案件另外具备消极构成要件，则可抵消构成不法类型。从而，一般狭义构成要件与消极构成要件，对于犯罪不法类型的成立，均有存在论上的意义，故将二者合称为总体构

① ［德］克劳斯·罗克辛：《德国刑法学（总论）》，王世洲译，法律出版社 2005 年版，第 189 页。

② 基尔学派（Kieler Schule）是 20 世纪 30 年代在德国出现的，其代表人物为夏夫斯泰因（Schaffstein）和达姆（Dahm）。

成要件。[①]

由此，犯罪论体系形成了总体违法构成“要件—有责性”的二阶层构造。例如，鲍姆加腾（Baumgarten）即认为，构成要件该当性与违法性不应视为两个相对独立的层次，而是应该结合起来成为一个整体，即“整体构成要件”，亦称“综合不法构成要件”。这是因为，对于某一行为，在判断其是否具备刑事不法时，不仅要探讨构成要件是否该当，而且必须以同样的程度，去考察是否成立正当化事由。因此，正当化事由可以将之作为“综合不法构成要件”的负面或消极构成要件。要成立刑事不法，则此种消极性要素不能存在，如果存在，则行为不再成立刑事不法。[②]

3. 我国台湾地区对消极构成要件理论的阐述

在我国台湾地区，作为通说的犯罪论体系是三阶层构造，但也有学者主张二阶层构造，黄荣坚教授就是消极构成要件理论的坚定支持者。其认为，犯罪是该当于不法构成要件、有责任的行为，亦即行为只要通过不法构成要件该当性与有责性两个阶层的检验即属构成犯罪。而其中的不法构成要件事实上即由三阶层理论当中的犯罪构成要件和违法性合并而成，换句话说（三阶层理论所说的）犯罪构成要件要素完全具备加上正当化事由的不存在，就等于这里所说的不法构成要件该当性。这种说法主要的理由是，三阶层理论所说的犯罪构成要件该当性和违法性的作用都是在确定犯罪的不法内涵，二者在性质上并无差异，所不一样

① Jescheck, Lehrbuch, a. a. O., S. 224ff.，转引自苏俊雄：《刑法总论Ⅱ》，大地出版社1997年版，第74页。

② 杜宇：《犯罪结构的另一种叙事——消极性构成要件理论研究》，载陈兴良主编：《刑事法评论》（第13卷），中国政法大学出版社2003年版。

的仅仅是他们对于不法内涵的描述形式一个是从正面的方式去描述，另一个是从反面的方式去描述而已。对于大多数行为，三阶层论和二阶层论得出的结果是一致的。但是，在少数情况下，同一行为用三阶层论和二阶层论分别检验得出的结果并不一样，特别是在容许构成要件错误与反面容许构成要件错误的情形下。[①]

此外，郑逸哲教授也对消极构成要件进行了详细解释，不过，他不是从理论层面入手的，而是从实例层面入手的。他认为，消极构成要件就是阻却构成要件该当事由，它是对积极构成要件的适用经常的不成文的限制。通常所说的构成要件，严格来讲，并不是指整个构成要件，而只是积极构成要件。积极构成要件的效果是：只要任何一个积极构成要件要素不能被满足，则行为就不具有构成要件该当性，即积极构成要件乃是指行为具有构成要件该当性时，其每一个构成要件要素均被满足的构成要件。而相反，任何一个构成要件要素被满足时，行为就不具有构成要件该当性的构成要件，就是消极构成要件。而将两个方面结合起来，构成要件该当性就是积极构成要件的每一个要素都被满足而且消极构成要件每一个要素都不被满足。由此，完整的构成要件应当包括既包括积极构成要件又包括消极构成要件。人们通常以构成要件之名来指代积极构成要件，而忽视消极构成要件的原因有三：其一，消极构成要件通常是不成文的；其二，消极构成要件性质上是对构成要件立法权的固有限制，它不待立法者的宣示，立法者亦不得依其意志加以变更；其三，消极构成要件被满足时，实务上鲜见检警介入，或成为法院审判的对象，而长期未引起学理的重视。最常见的消极构成要件，在故意犯罪中是阻却构成要件的被害人同意。例如，甲为了戒烟请乙替他把 10 条香烟都泡水，乙的行为虽该当毁损财物罪的积极构成要件（我国

① 黄荣坚：《基础刑法学（上）》，元照出版社 2004 年版，第 129 页。

台湾地区“刑法”第354条)，但未排除不成文消极构成要件，即不满足阻却构成要件同意，故不具毁损构成要件该当性。在过失犯罪中是客观不可避免性。例如，甲超速蛇行又闯红灯，正在玩捉迷藏的幼童乙突然从路边停放二车的间隙中奔出横穿马路，甲来不及刹车而撞上乙，乙当场死亡。甲的行为该当交通肇事罪的积极构成要件，但是，不成文的消极构成要件客观不可避免性被满足，而使过失构成要件不该当。①

(二) 消极的构成要件理论引发的犯罪论体系结构的变动

所谓“消极构成要件”指的就是正当化事由，既包括法定的违法阻却事由也包括超法规的违法阻却事由。其在内容上并无特别创新之处，但却改变了犯罪论体系的构造。使得构成要件该当性阶层与违法性阶层合二为一，从而犯罪论体系由三阶层构造陷缩为二阶层构造。故而，消极构成要件理论也被称为二阶层论。

(1) 消极构成要件理论合并构成要件该当性和违法性的方式是将违法阻却事由降格成为构成要件的内容（消极构成要件)，否认违法性在犯罪论体系中的独立地位，而将违法性判断的内容向构成要件方向合并。依照这种合并方法得出的结果是“构成要件—有责性”二阶层论，其中构成要件该当性阶层由积极构成要件和消极构成要件（正当化事由）组成（见图10-1)。

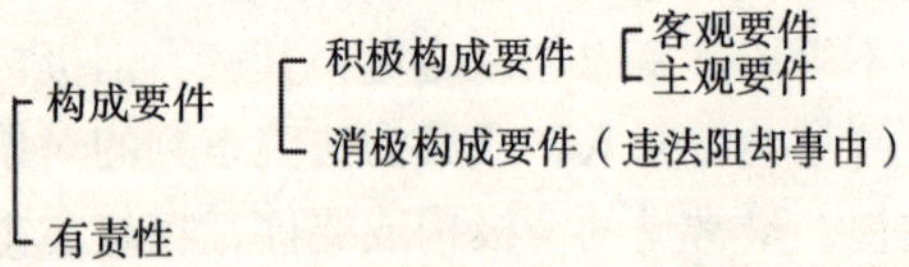

- 构成要件
  - 积极构成要件
    - 客观要件
    - 主观要件
  - 消极构成要件（违法阻却事由）
- 有责性

图10-1　二阶层论第一种构造

① 郑逸哲:《消极构成要件》，载《月旦法律教室》第17期之“说法解字”。

这种合并方法得出的结论是一种“构成要件中心论”的犯罪论体系，即以构成要件的该当性判断作为犯罪成立的基础和中心。当然，为与三阶层论中构成要件概念有所区分，该论者将这种既包括积极构成要件又包括消极构成要件合并而成的阶层称为整体不法构成要件，并对其概念内涵重新作出界定。此外，这种合并方法还可产生其他变种形式。例如，依照积极构成要件可划分为客观方面和主观方面的方法，同样可将消极构成要件划分为主观方面和客观方面，由此，可首先将整体不法构成要件划分为客观和主观两个方面，进而再将客观和主观这两个方面的要件再分别为积极要件和消极要件进行划分，产生如下图所示的犯罪论体系，前述黄荣坚所称的二阶层论即是如此（见图 10－2）。

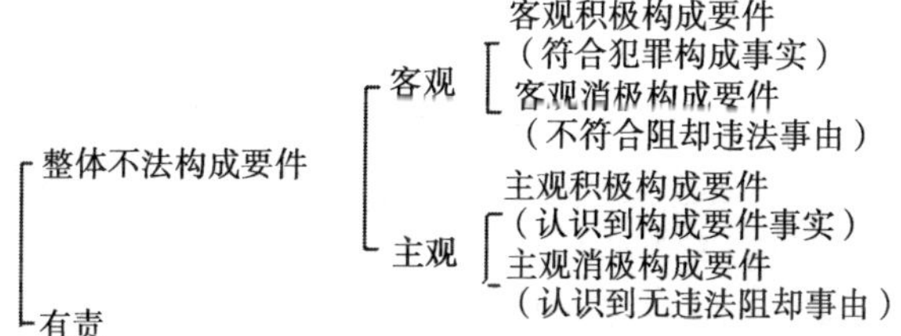

图 10－2　二阶层论第二种构造

这种二阶层论突出了这样一种观念，即不法构成要件是由客观方面和主观方面组成的，由此强调了其中的主观方面即构成要件故意（过失）不可或缺性。因为人的身体动作系来自于存于这个肉体里面的意志。人要改变并支配这个世界，人的意志是主体。因此，我们不可能去禁止一个抽离故意与过失之后的肉体行动，亦即所谓不法概念系没有办法抽离掉故意与过失的。而且不法构成要件系判断不法的标准，基本上就是供作判断主观不法之标准而已。关于故意概念在犯罪结构上之定位系属于不法。[①] 因此，故意应该是对不法构成要件的判断，依此角度观之，故意系构成要件要素。构成要件的故意过失对于犯罪构成该当性判断具有重大的区分意义，如故意杀人、故意伤害致人死亡、过失致人死亡在客观表现上都是一样的，如果认为构成要件只是客观层面的要素，则三种行为将无法从构成要件上予以区分，所以，构成要件之中应当包括诸如构成要件故意（过失）这样的主观因素。而正当化事由如正当防卫的成立所必需的防卫意识（缺乏防卫意识的防卫，如互殴、防卫挑拨、偶然防卫都不属于正当防卫），也充分说明通常所言的“违法性是客观的”这个结论并不能全然成立。当二阶层论将正当化事由视为消极构成要件时，当然也就吸纳了这种观点。二阶层论将构成要件该当性和违法性等同视之。

（2）在德国刑法中，受到消极构成要件理论将构成要件与正当化事由等同视之这种观点的影响，产生了另外一种方向相反的合并方法，这就是，将构成要件该当性视为违法性的一个构成要素（形式违法性），否认构成要件该当性在犯罪论体系中的独立地位，而将构成要件该当性判断和违法性合并。这种合并方法得出的结果是“违法性—有责性”二阶层论，其中的违法性阶层由形式违法性（构成要件该当性）和实质违法性（正当化事由）组成（见图10－3）。

---

① 黄荣坚：《故意的意义与定位》，载《台大法学论丛》1998年第28卷第1期。

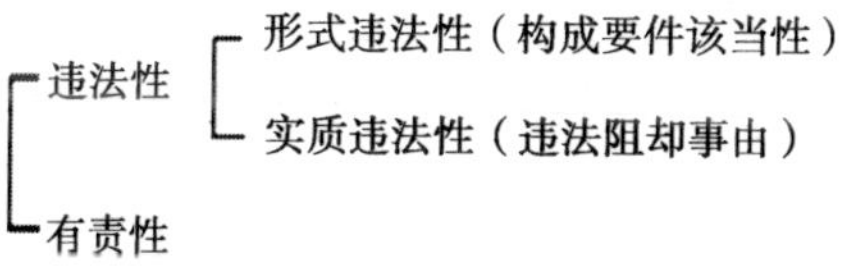

```
        ┌ 形式违法性（构成要件该当性）
┌ 违法性 ┤
│       └ 实质违法性（违法阻却事由）
│
└ 有责性
```

图 10-3　二阶层论第三种构造

这种合并方法得出的结论是一种“违法性中心论”的犯罪论体系，即以违法性判断作为犯罪成立的基础和中心。若将违法性作为犯罪成立的基础，是仍需首先解决“违法性”的概念问题。在德日刑法理论中，违法性通常被作为违反一般法规范（民事法、行政法、刑事法）的概念而使用，而并不专指违反刑法，因此，认为犯罪是违反一般法并有责的行为似为不妥，要维持这种二阶层论，就应当对违法性的概念进行更改，使之专指违反刑法规范，于是就产生了“不法”的概念。罗克辛认为，“不法”（Unrecht）与“违法性”（Rechtswidrigkeit）存在巨大差别，“不法”的概念包含了行为、构成要件该当性和违法性三个范畴，不法是以刑法规定的行为类型为条件的，虽然偶然也有民法上的不法、行政法上的不法这样的说法，但它总是一种特定的刑法上的概念；而违法性虽然也被限制在刑法中，但往往超越刑法规范，而泛指违反各种法律法规，既包括违反刑法，也包括违反民法、行政法。[①] 由此，“不法”成为专属于刑法的位于构成要件该当性和违法性之上的更高层次的概念，并与责任处于相对的位置上，而使得构成要件该当性成为不法的成立要件，而违法性成为不法的排除要件，两者都成为不法的下位概念，使两者都丧失与有责性平等并列的阶层地位，成为不法阶层的构成因素。这

① ［德］克劳斯·罗克辛：《德国刑法学（总论）》，王世洲译，法律出版社 2005 年版，第 389 页。

种合并方案得出的结果就是“不法—有责”二阶层论，其中不法阶层由构成要件该当性与违法性二者组成。这种犯罪论体系是当前德国刑法理论的通说（见图 10 –4）。

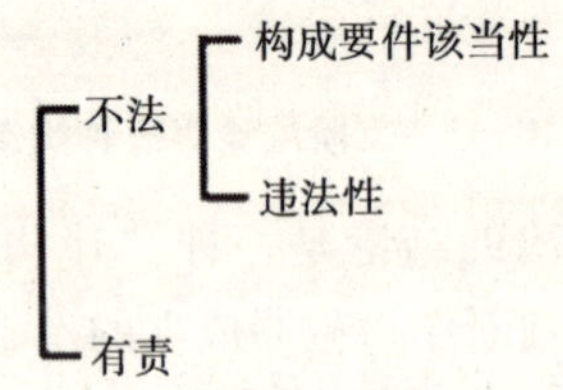

图 10 –4　“不法—有责”的二阶层论

“整体不法构成要件—有责性”的二阶层论是直接从消极构成要件理论的基本观点推导而出的，是纯粹的“消极构成要件理论”；“不法—有责”二阶层论实际上是对消极构成要件理论和三阶层论的一种折中。它既采用了三阶层论的要件名称和内容（构成要件该当性、违法性），又采用了消极构成要件的结构（二阶层），它不是纯粹的消极构成要件理论。但显然，“不法—有责”二阶层论是承认构成要件该当性和违法性在实质上是统一在“不法”（违反刑法性）之下的，只有两者共存才能得出不法与否的判定结果，因此，其在本质上与消极构成要件理论是共通的。

（三）消极构成要件理论带来的思考

消极构成要件理论是为了解决构成要件与正当化事由（违法阻却事由）之间的关系而产生的，认为二者具有同质性是其基本观点。由此也导致了三阶层论与之旷日持久的争论，争论的焦点仍然是构成要件该当性判断与违法性判断是否同质这个问题。尽管在三阶层论的话语霸权之下，消极构成要件理论似乎处于守势，但是，由其引发的对于构成要件该当性和违法性之间关系的深入探讨，使得人们重新思考犯罪论体系的构造，并由此形成了至今在德国仍系理论通说的“不法—有责”二阶层体系。

消极构成要件理论的理论要点有三点：其一，对构成要件范畴的扩展。认为构成要件不只包括对法益产生影响的违反规范性行为的抽象评价，而是已经包含了对具体行为的最终的非价判断。人们假定立法者在指定规范命令时已经考虑到例外情况，所以，禁止自始就因排除不法事由而受到限制。由此，构成要件既包括客观、记叙的构成要件要素，也包括规范的构成要件要素，还包括主观的构成要件要素；既包括成文的要素，还包括不成文的要素（如超法规的正当化事由）。其二，对构成要件与合法化事由（违法性判断）关系的重新认识，即认为构成要件特征与合法化事由的区别，不是以实质的矛盾为基础，而是受表述修辞技巧的要求制约，两者具有同质性。因此，构成要件特征任何时候均可被理解为合法化事由，反之，合法化事由在任何时候也可被理解为构成要件特征。构成要件特征和合法化事由从积极和消极两个方面为行为提供了全面的判断标准，只有两者结合起来，才能一起论证行为的“不法”（即违反刑法禁止性规定）特征，成为有责性关系的标的物。其三，消极的构成要件理论提出了一种有关犯罪论体系的“积极—消极”思维方式。它首先注意到了刑法规范之中除了规定构成犯罪的要素之外（积极构成要件），还规定了排出犯罪的要素（消极构成要件），而这种排出犯罪的要素与对构成要件要素的消极性规定（消极的构成要件要素）是不同的，它是从整体上否定行为的犯罪性（构成要件该当性），而不是单独否定构成要件要素。将构成要件区分为积极的和消极的两种，这是符合“一正一反”的思维习惯的。

这三点思考，亦即构成要件的范畴问题、正当化事由与构成要件的关系问题、“积极—消极”的思维方式对于犯罪判断的功用问题，对于每一种犯罪论体系的建构而言，都是在安置正当化事由等出罪事由时所必须考虑的重大问题。

二、构成要件的定性与出罪事由的安置

构成要件（Tatbesand）是三阶层犯罪论体系的首要要件，根据其词源来历，其系表征危害行为发生的典型事实，是犯罪成立的最基本模型。[①] 对其定性的不同，势必会影响到其包含的要素的内容，以及其后判断阶层中要素（包括出罪事由）的安排和分配，从而影响犯罪论体系的整体构造。以下借助几种经典学说对构成要件的不同定性，说明其引起犯罪论体系构造不同的原理。[②]

（一）贝林的构成要件中性无色说及其对出罪事由的安置

贝林认为，构成要件是将可罚的行为从法的价值判断中脱离的、纯粹的、形式的、记述性的、客观性的要素，是不包括主观构成要素和规范要素的行为类型，它与法的价值判断（违法性、有责性）无关，因此是中性无色的。在此理解之下，构成要件该当性、违法性、有责性是三个截然分离的犯罪认定步骤，三者之间不具有直接的关系，而只是犯罪成立所必须同时具备的三个彼此分离的要件。

由此，构成要件与作为违法性阶层内容的正当化事由之间便会形成“形式—实质”的关系。在解释构成要件该当性行为成为违法性判断的客体问题时，贝林极不情愿地在中性无色的构成要件与带有规范评价意味的违法性之间建立关系，认为满足构成

---

① ［日］小野清一郎：《犯罪构成要件理论》，王泰译，中国人民公安大学出版社 2004 年版，第 2 ~ 3 页。

② 参见［日］小野清一郎：《犯罪构成要件理论》，王泰译，中国人民公安大学出版社 2004 年版，第 21 ~ 28 页；黄丁全：《犯罪论体系的构成性考察》，载陈兴良主编：《刑事法评论》（第 13 卷），中国政法大学出版社 2003 年版。

要件就意味着违法性，即构成要件是违法性的征表。这也就是说，他认为只能根据该当构成要件推测出行为的违法性，构成要件仅是形象、形式，没有实质，只是意味着具备了形式上的违法性。而违法性阶层的内容才涉及实质的违法性的判断。由此，构成要件与正当化事由在体现违法性的问题上就处于“形式—实质”二元分离的状态中。而对于有责性的内容，只涉及责任能力、故意过失的问题，全体都是积极入罪因素的判断，还不存在责任阻却事由的问题。事实上，甚至违法性的判断，对于正当化事由进行判断，只是用于说明违法性之存在，违法性阶层也不能视之为出罪的消极判断。从而，在贝林的行为构成要件说（中性无色说）之下，违法性、有责性的内容都由积极的要素组成，没有消极出罪事由存在的余地。

（二）迈耶的构成要件违法性认识依据说及其对出罪事由的安置

迈耶继承了贝林构成要件该当性、违法性、有责性三阶层分离的观点，但是认为构成要件与违法性之间具有密切关系。构成要件是违法性的认识依据或征表，两者正如烟与火的关系，由此承认了构成要件该当性具有违法性推定机能。

在此种理解之下，构成要件与作为违法性阶层内容的正当化事由之间便会形成“原则—例外”的关系。该当构成要件的行为原则都是违法，但是在正当理由存在时，推定的违法被例外地阻却。也就是说，一般情况下无须进行阻却违法的判断即可认为该当构成要件的行为具有违法性。正当化事由是作为例外的否定违法性的事由而存在的，被作为出罪事由。但是，有责性判断阶层仍然是积极的判断。从而，在迈耶的违法性认识依据说之下，正当化的出罪事由是作为出罪事由而存在的，但有责性是积极的判断。

(三)迈兹格的构成要件违法类型说及其对出罪事由的安置

迈兹格将构成要件该当性解释为违法性的存在根据，或者是构成要件是违法性的类型。由此，他赞同“不法—责任”的二阶层体系，亦即认为可将构成要件该当性融入到违法性当中，即将二者实质地合并成为不法（违法性）一个阶层，由构成要件该当性及不存在的违法阻却事由共同表征行为的不法（违法性），由此使得构成要件该当性仅是违法性的一个构成要素，而丧失了独立的地位。同时，也可将正当化事由还原成消极构成要件，并入构成要件之中，使得构成要件由积极的构成要件（原构成要件该当性中的构成要件）和消极的构成要件（原违法阻却事由）构成，使得正当化事由成为构成要件的一个组成部分，而丧失了独立的地位。犯罪乃“构成要件的违法”，亦即“构成要件的违法行为”，而不是“该当于构成要件”并且“违法”的行为。

在迈兹格的体系之下，正当化事由是从反面来说明不法的构成要件，可以认为是阻却不法的出罪事由。此外，迈兹格还倡导主观的违法要素之说，认为在法律上确定何者为违法，有时如不兼从行为以及行为之内在根源——主观的因素加以判断，当无从明其真谛，因此其构成要件中已经（虽然例外地）包含了主观违法要素，如目的犯的目的等要素。而对于一般犯罪之违法，仍然认为可以离开主观的犯罪心理而单就客观行为方面予以评价。从而，责任阶层的要素仍然为积极要素，而非出罪判断。

(四)小野清一郎的构成要件违法有责类型说及其对出罪事由的安置

小野清一郎认为，构成要件在将行为的违法性加以类型化的同时，也要将行为人的道义责任类型化，还要将违法并且有责的行为中具有可罚性的行为用法律概念加以规定，构成要件是违法并且有道义责任的行为的定型，即犯罪类型。构成要件、违法性和责任三者不应是并列起来的，而是有所重合，在刑法中出现在前面的是构成要件（是形式的），站在背后的，是具有实体意义的违法性及道义责任（是实质的）。这也就是说，不仅违法要素而且责任要素都已被植入构成要件之中了，“杀人罪和伤害致死罪，明显地属于两种构成要件，它们的区别不就是在于责任类型的差异吗？我不理解新构成要件论者为什么把违法性与构成要件合而为一，却把责任置于构成要件之外”。由此，“行为（纯粹的）—违法性（＝构成要件）—责任”的体系在原理上是错误的，而记叙的三阶层体裁“构成要件—违法性—道义责任”，以实证主义的观点来看，应当是“构成要件—违法阻却原因—责任阻却原因”的三阶层论。[①]

在这种观点之下，构成要件与违法性、构成要件与责任这两对关系，既是实质—形式的关系，也是原则—例外的关系。从而，违法性阶层的全部内容即是由正当化事由组成的出罪判断，有责性阶层的全部内容也是由责任阻却事由组成的出罪判断。就整体构造而言，只有构成要件阶层是积极的、原则的、形式的判断，违法性、有责性阶层都是消极的、例外的、实质的判断。

除了上述几种经典的学说和体系之外，还有威尔泽尔的目的论体系以及后来者罗克辛的目的论暨刑事政策体系。将目的论思想融入构成要件之中，使构成要件包含了主观的构成要件要素，同时也将刑事政策思想贯彻到构成要件之中，使得构成要件成为不法、有责、可罚的综合体。在这种体系之下，构成要件该当性是积极的入罪判断，违法性、有责性都是消极的出罪判断，此外，还增加了客观处罚条件的判断，使得不可罚的事由也有了存在的余地。

① ［日］小野清一郎：《犯罪构成要件理论》，王泰译，中国人民公安大学出版社 2004 年版，第 28 ~29、38 ~39 页。

通过以上考察可知，犯罪论体系后两个阶层即违法性、有责性阶层的内容，以及是入罪判断还是出罪判断的定性，直接取决于对于第一个阶层即构成要件属性的界定。

三、构成要件要素的分类方法与犯罪论体系的两种基本构造

犯罪论体系是由构成要件要素组合而成的，对于构成要件要素不同的分类和组合方式，会导致犯罪论体系的结构不同。在犯罪论体系的纵向历史发展过程中，如禁止错误、客观处罚条件、期待不可能、客观归责，这些要素逐渐被发现和揭示，导致犯罪论体系的构造因要素增加而发生变化。但同一时期的不同犯罪论体系，构成要件要素基本相同，只要是因对于要素的不同分类和组合而形成了不同构造。无论是德日、英美还是我国犯罪论体系，或者德日不同的犯罪论体系，其构成要件要素基本相同，核心内容都是行为、结果、因果关系、行为情境（时间、地点）、行为对象等这些要素。① 对于要素最基本的分类方法是“客观—主观”和“积极—消极”这两种分类方法，从而犯罪论体系也形成了“客观—主观”和“积极—消极”两种基本构造。

（一）“客观—主观”的分类方法和构造

“客观—主观”的分类方法是哲学中的一个重要问题，一般从本体论的角度而言，客观的含义是指独立自存性，是具有独立自存性的事物的总称；而主观是人的精神过程和由此产生的各种意识的总称。存在论意义上的客观和主观产生分野的原因是主体意识的出现而导致的主体和客体的分化，主体是主动积极可变的，客体是被动消极不可变的。在自然科学之中，将客观理解为

① 参见宗建文：《论犯罪构成的结构与功能》，载《环球法律评论》2003 年秋季号；周光权：《行为评价机制与犯罪成立》，载《法学研究》2000 年第 3 期。

认识对象的物质存在，将主观理解为对象反映的精神世界，区分较为明显。然而，在人文科学中区分客观和主观的情况要更加复杂得多。正如皮亚杰所说：在人文科学中，由于对自身或对他人进行实验或观察的主体一方面可能受到所观察现象的改变，另一方面也可能是改变这些现象的展开甚至其性质的根源，而造成了既是主体又是客体的事实。客观性所不可或缺的非中心化，在客体是由主体构成的情况下要更加困难得多。这是出于两个原因，两个相当一贯的原因。一是由于观察者自我介入了他应该能从外部去研究的现象，自我中心主体（le sujetegocentrigue）与认识主体（le sujet epistemique）之间的界线就越发不明确了。二是就在观察者已经"介入"并对他所关心的事实赋予价值的情况下，他的倾向仍然是相信直觉认识，因而更加感觉不到有采用客观技术的必要性。① 在法学中，将行为的特征描述为客观和主观的情形可追溯到罗马法，如其界定的民法上的占有就必须既有持有事实，又需内在意思，后来德国学者萨维尼（Savigny）将他们称为体素和心素。体素，也称客观要件或物质要素，是指对物的实际持续的控制，即持有，心素是指所有的内在意思。

"客观—主观"的分类方法反映到犯罪论体系中，在德日刑法中，"不法是客观的，责任是主观的"这是一个基本共识。从而，从宏观体系来看，犯罪论体系就是由"客观（不法）+主观（责任）"两部分构成，形成了犯罪成立的两大基本要件（二阶层论）。当然，不法阶层内部，也有可能区分出客观的构成要件（行为、结果、因果关系等）和主观的构成要件（构成要件故意和过失、目的、倾向），从而形成了"客观+主观"的不法构造（主观违法说）。对于责任要件也是如此，可将责任能力

① 参见［瑞士］皮亚杰：《人文科学认识论》，郑文彬译，中央编译出版社 1999 年版第 1 章第 3 节"人文科学的特点及其认识论基础"。

（责任年龄、精神状态）作为客观的责任要素，而将故意过失作为主观的责任要素，也形成“客观＋主观”的构造。在英美刑法中，犯罪要件由犯行（actus）和犯意（mens rea）二者构成，犯行指的是行为人的客观外在事实，犯意指的是行为人的内在心理状态，显然也是“客观＋主观”的构造。而我国刑法传统的四要件体系，将“犯罪构成”区分为犯罪客体、犯罪客观方面、犯罪主体、犯罪主观方面，基本构造也是“客观＋主观”。大塚仁将中国刑法四要件体系，英美刑法区分犯行和犯意的体系，以及比克迈尔区分犯罪为“客观的构成要件”和“主观的构成要件”，大场茂物的区分犯罪为“客观的要素”、“主观的要素”、“中介要素（责任）”三要件论，宾丁和牧野英一的体系都归入“区分犯罪的主观要素和客观要素的体系”之中。[1]

（二）“积极—消极”的分类方法和构造

“积极—消极”的分类方法是另一种重要的分类方法，所谓积极要素，即其存在对体系成立具有正向促成功用的要素，所谓消极要素，即其存在对体系成立具有反向阻止功用的要素。行为、结果、因果关系、行为对象、故意、过失这些要素是典型的积极要素，而正当防卫、期待不可能等这些要素是典型的消极要素。事实上，本书讲述的出罪事由全部都是消极要素，而与之对应的入罪所要求的要素则是积极要素。

“积极—消极”是犯罪论体系的另一种基本构造。在德日刑法中，在二阶层论的不法阶层下，构成要件该当则不法成立，故构成要件是积极要件；而正当化事由成立则阻却不法，故由正当化事由组成的违法性阶层是消极要件。这种分类方法和构造也可延伸至责任阶层中，责任年龄、精神状况、故意过失，这些要素

---

① ［日］大塚仁：《刑法概说（总论）》，冯军译，中国人民大学出版社 2003 年版，第 104 页。

是证明责任存在的要素，属于积极的责任要素；而防卫过当、阻却责任的紧急避险、禁止错误、期待不可能则是否定责任成立的要素，属于消极的责任要素。甚至在构成要件该当性的阶层中，可以认为行为、结果、因果关系是积极要素，而客观归责是消极判断。在可罚性判断中，部分客观处罚条件促成犯罪成立，是积极要素，而部分客观处罚条件阻却刑罚，是消极要素。从而，不法、责任、可罚性各个阶层的内部构造都是“积极—消极”构造。当然，正如前文所言，对于构成要件属性的不同理解（中性的、违法性推定、违法类型、违法有责类型），会导致“积极—消极”构造触及的犯罪要件的不同。在将构成要件定性为违法有责类型的体系（如小野清一郎的理解）中，只有构成要件阶层是犯罪成立的积极要件，而违法性、有责性阶层都是犯罪成立的消极要件，从而，这种体系在整体上将会形成“积极（构成要件）—消极（违法性、有责性）”宏观构造。英美刑法犯罪论体系的整体结构是“犯罪要件—辩护事由”，所有促进犯罪成立的犯罪构成要素，如行为、结果、因果关系等，都聚集于积极层次的犯罪要件之下，而所有排除犯罪成立的要素，如正当防卫、紧急避险等，都聚集在消极层次的辩护事由之下，这显然是一种“积极—消极”构造。而我国传统刑法，在“犯罪构成”之外另有“排除犯罪事由”，在宏观上与英美刑法“犯罪要件—辩护事由”如出一辙，也应认为是一种“积极—消极”构造。

（三）对于两种基本构造的评述

“客观—主观”构造和“积极—消极”构造，是犯罪论体系的两种最基本构造。“客观—主观”的分类，原意是行为人中心主义的分类方法，说“行为是客观构成要件，目的是主观构成要件”时，这里的客观是指单纯的行为人客观行为，主观是指单纯的行为人精神。然而，客观判断也融入了裁判者认识的因素，如说“不法是客观的，责任是主观的”，但不法中的规范构成要件要素带有价值判断的意味，而责任要件中的责任能力则纯属客观要素。由此，“客观—主观”的分类就会产生双重标准的混乱。当然，大体上，客观要素大体上可以经由裁判者或一般公众的外在观察而得出较为一致的结论，而主观要素理论上应当立足于行为人本人的认识内容为限。从裁判者认定犯罪的过程来看，客观要素认定较为便利可以直接判断，而主观要素则必须经由客观推断、综合考察才能判断。从裁判者的主观认知思维的难易方面，形成“先客观后主观”的判断逻辑，有利于刑事司法操作。① 而“积极—消极”的分类，最初是基于原则与例外、形式与实质的考虑，由于原则只是形式的、表面的判断，时时刻刻都存在符合形式但不具实质的情况，故而，需要以例外的情况否定原则判断得出的结论。而后，特别是消极构成要件理论的提出，演变成为对要素功用的区分。正向促进要件成立的是积极要素，反向阻却要件不成立的是消极要素。这种区分从不法要件出发，逐渐弥漫至所有犯罪构成要件。在形式的、原则的、正向的判断之后，再辅之于实质的、例外的、反向的判断，是出于对纯粹形式理性的不信任，而以实质理性纠正纯粹形式理性偏差。由此也必将形成“先积极后消极”的判断逻辑。

应当说，任何一种犯罪论体系，都不能仅包含“客观—主观”构造和“积极—消极”构造中的一种。这两种基本构造交织和采用次序的不同，促成了犯罪论体系的多样性。例如，古典

---

① 从而，单纯平面式地将犯罪要素区分为客观和主观两方面的方法才遭到了大塚仁的反对。他认为，把犯罪的构成要素区分为客观和主观的东西当然可行，但仅平面地区分犯罪要素，并不足以正确地把握犯罪的实体，应着眼犯罪构成要素描述犯罪特征的性质的不同，而重叠或并列地考虑以推导出具体犯罪概念。参见［日］大塚仁：《刑法概说（总论）》，冯军译，中国人民大学出版社 2003 年版，第 107 页。

的二阶层体系是先采用“客观—主观”构造后采用“积极—消极”构造：第一级构造即“不法—责任”构造是“主观—客观”构造；而在第二级构造即不法和责任各自的构造中，再分别采用了“积极—消极”构造，形成“构成要件该当性—违法性（违法阻却事由）”以及“责任积极要素—责任阻却要素”的情形。而小野清一郎体系、目的论体系，则是先采用“积极—消极”构造，将全部促成犯罪成立的积极要素包括客观要素和主观要素都归入构成要件之中，再分阶层归类排出事由。构成要件是积极要件，其后的违法性、有责性、客观处罚条件都是消极要件。而英美犯罪论体系中的第一级构造即“犯罪要件—辩护事由”构造是“积极—消极”构造，而第二级构造即犯罪要件之下“犯行—犯意”则是“客观—主观”构造，辩护事由中的“正当行为—可得宽恕”也可认为是“客观—主观”构造。从而，犯罪论体系的整体构造，与选用“客观—主观”构造和“积极—消极”构造的先后次序有关。

四、作为犯罪论体系分析模式的“入罪—出罪”体系之提倡

本书的研究对象是出罪事由，所谓出罪事由，即犯罪成立的消极要素。区分出罪事由与入罪要素，是前文“积极—消极”构造形成的基础。出罪事由及出罪判断与入罪事由及入罪判断，在理念和原则上存在巨大差异：入罪判断系形式判断，须恪守罪刑法定原则；出罪判断系实质判断，无须以法定为必要。鉴于这种巨大的差异，以及我国传统刑法对于出罪事由及出罪判断的忽视，在建构新的犯罪论体系之时，笔者提倡一种“入罪—出罪”的体系。这种“入罪—出罪”体系的要点有二：其一，完整的犯罪论体系应当将全部出罪事由包括进来，而不能仅包括入罪要素。其二，出罪判断在入罪判断之后，形成先入罪后出罪的判断

逻辑。

（一）“入罪—出罪”体系的要点

“入罪—出罪”体系最大特点在于包容了出罪事由。构成要件的作用是促使犯罪成立，它对犯罪成立的作用是积极的，而出罪事由的基本功用是阻却犯罪成立，它对犯罪成立的作用是消极的。就犯罪成立的问题来看，既需要满足犯罪成立的积极条件，又需要不具有犯罪成立的消极因素。因此，犯罪成立亦即犯罪论体系就必须兼具积极和消极这两方面的考虑。

区别入罪判断与出罪判断的阶层构造，其形式虽只是在构成要件之上简单叠加了出罪事由阶层，但其意义却是深远的，强调了犯罪论体系中的出罪判断与入罪判断的显著差异。首先，这种差异体现在逻辑上，入罪的逻辑是符合所有要件则促进犯罪成立，出罪的逻辑是具备任一出罪事由则阻却犯罪成立。当然，对入罪要素（犯罪构成要件要素）的否定性判断也能将行为排出犯罪圈。例如，判定行为对象是带有色情内容的文学作品而不是淫秽物品，可使行为不构成传播淫秽物品罪。但是，这种排出是通过对单个行为构成要件要素的否定来实现的，而出罪事由排除犯罪的理由不是犯罪构成要件要素，是在符合构成要件要素的情况下对整体行为的否定。排出犯罪的事由是否属于犯罪构成要件要素，是区分入罪与出罪的标志。这也说明，出罪事由属于入罪机制划定的犯罪评定圈之外的事由，是以圈外事由否定犯罪之成立。其次，入罪与出罪更重要的差异是实质内容和作用机理的差异。入罪判断是封闭的、须严格遵循罪刑法定原则的机制，出罪判断是开放的，不必拘束于刑法规定。对于国家公权来说，未予授权就是禁止；对于公民自由而言，未予禁止就是允许。刑法规定界定的禁止行为，它是有限和狭隘的，认定行为是否构成犯罪，也只能局限于这个狭隘的范围之内，否则将会导致司法擅权。而刑法未予禁止的全都属于允许的非罪行为，它是无限和广泛的，刑法只规定少量出罪事由而无法穷尽所有出罪事由，人们可以超越刑法规定，从解释论的层面、依照由判例归结的标准和生活准则，根据刑法未作出明文规定的特定事由，将某些行为排出犯罪之外，可以“法外施恩”，当然这也需要明确的标准和依据，以避免出罪的恣意和擅断。也就是说，入罪机制须恪守罪刑法定原则；而出罪机制无须遵守法定原则。

由此，“入罪—出罪”体系应当：（1）将构成要件与出罪事由区隔开来，因为它们的功用不同，是否适用法定原则也不同；（2）应当保证出罪事由的开放性，使其不限于法定的出罪事由，还应包括超法规的出罪事由，当然，与之配套，应为超法规的出罪事由设立明确的标准和底线；（3）全部类别的出罪事由，应当能包括在这种体系中，这种体系也应能够解释我国刑法犯罪成立中的量的因素，以及作为出罪法条依据的“但书”；（4）出罪事由应当进行分类和区分，使之具备刑事政策导向功能；（5）客观的出罪事由的判断应当置于主观出罪事由之前。

（二）“入罪—出罪”体系的例示和功用

在本书中，笔者所提倡的“入罪—出罪”体系只是一种犯罪论体系分析模式，而不一定是一种实体的犯罪论体系。由此，既可以依照这种思维和构造去建构新的犯罪论体系，也可以运用这种体系构造去分析既有的各种犯罪论体系。其中，建构新体系最简单的例子，如图 10－5 所示：

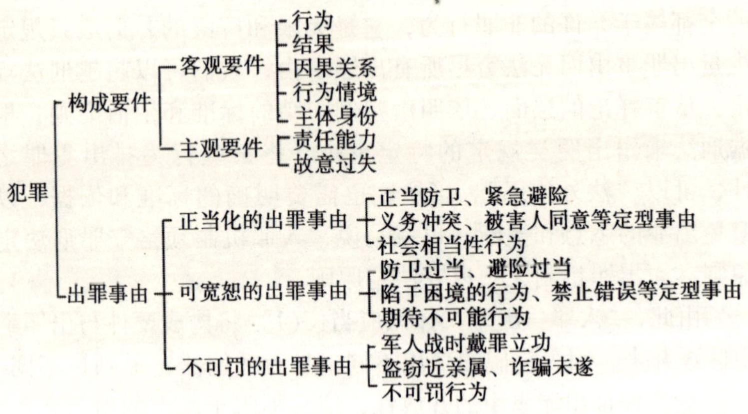

图 10－5 “入罪—出罪”新体系

在图 10－5 出罪事由阶层中，依照本书对于出罪事由体系及理论的论述，将出罪事由区分为正当化的出罪事由、可宽恕的出罪事由、不可罚的出罪事由三类，第一类之下又分为法定定型的出罪事由、超法规定型的出罪事由、作为出罪事由理论基础暨兜底性的超法规的未定型的出罪事由标准。这样一来，既保证了出罪事由的开放性特点，又限定了出罪判断的最低底线。

运用“入罪—出罪”体系分析既有犯罪论体系的例子，可对图 10－6 新古典暨目的论体系进行分析。认为其中的构成要件阶层属于“入罪”阶层，而之后的违法性阶层、有责性阶层、不可罚条件阶层，大体上都是“出罪”阶层，故而新古典暨目的论体系整体上也是“入罪—出罪”体系。其中，出罪事由被区分为违法阻却事由、责任阻却事由、不可罚条件三类，而各种阻却事由即出罪事由，又被分为法定事由和超法规事由。

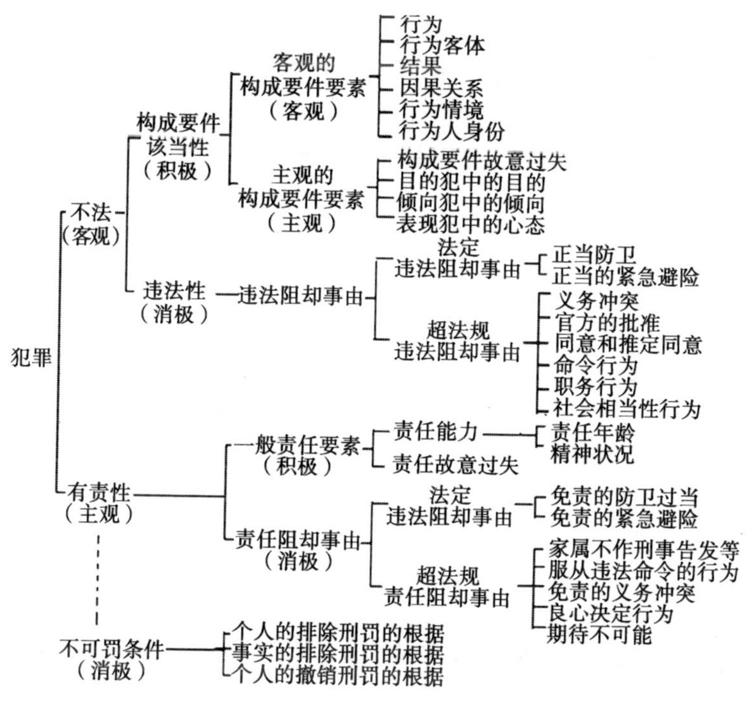

图 10－6　新古典暨目的论体系

运用“入罪—出罪”体系，也可对我国传统的四要件体系进行分析，可以发现，四要件体系的主要问题存在于出罪事由较少，仅限定为法定出罪事由（正当防卫、紧急避险），从而形成了封闭体系而不是开放体系。此外，没有对各类出罪事由进行进一步区分，如认为正当防卫与“但书”的法律后果是相同的，得出的都是不认为构成犯罪的结论，从而使刑事政策的导向功能丧失。这种体系性缺陷源自对出罪事由的不重视，从而，强调“入罪—出罪”的体系构造，有利于改造我国犯罪论体系。

（三）提倡“入罪—出罪”体系的理论意义

提倡“入罪—出罪”体系的直接原因是为了回应出罪事由的体系性地位，当然，这种体系的目标并不仅止于此，它更像一扇窗户，透视出犯罪论体系的深层问题，揭示出潜藏于体系之后的价值观念的选择。

1. 犯罪论体系价值导向的转变——从入罪到出罪

将犯罪论体系分为入罪判断阶层与出罪判断阶层，使得犯罪论体系的价值导向发生了巨大的转变。由构成要件构成的单层次犯罪论体系，在判定犯罪成立时体现的功能是单向度的，只注重将行为纳入犯罪圈。而既重视构成要件又重视出罪事由的犯罪论体系，具有两个向度：先入罪后出罪，在入罪之后，依靠出罪事由将特定行为排出犯罪圈，起到在司法上紧缩犯罪圈的效果。仅注重入罪的单向度与既注重入罪又注重出罪的双向度背后蕴藏的价值理念是不同的，分别体现了防卫社会和保障人权的价值差异。

就犯罪论体系的价值论导向而言，犯罪论体系其实是一整套名为表意却往往具有强加于事物暴力性质的话语体系。话语中的权力作用产生了关于犯罪构成的系统知识，使犯罪嫌疑人最终符合了现代国家刑法上形式化的犯罪构成标准，因而，犯罪论体系中的第一个概念和定义都具有刑事语言符号学的意义。因而，诸如行为、行为人、罪过、结果、因果关系、违法性、责任等构成要件事实不是根据其实际的特征来定义的，而是以人们对它们的看法来定义的。某一行为是否构成犯罪，或者说某一事实是否为犯罪事实，主要取决于有决定权的“人”是否相信它是犯罪。刑法条文提供了认定某一类行为为犯罪行为的基本框架，但这一犯罪构成特征只是备而不用之物，没有司法人员乃至社会公众的运用，立法上的规定毫无价值，因此，实际的评价活动的意义是决定性的，构成要件事实的判断过程就是一个对事实进行重建的过程。因此，作为一种“社会事实”的犯罪构成事实与其他任何个体行为及后果一样，并不是什么“事实”，而是一种根据我们自己的头脑中所找到的要素建立起来的思维模式。①

这种从解释学立场上对犯罪论体系进行的本质探讨是非常富有见地，也是符合刑事司法认定的实际的，犯罪论体系的权力话语特征，正是学者皓首穷经试图探寻构成要素的绝对明确标准以截然区分罪与非罪却始终不能达到目的的根本原因。由此，也揭示了犯罪论体系的另一层底蕴，也许，相形于其提供的“事实”标准，犯罪论体系所宣示的价值倾向更为重要，倾向于入罪观的犯罪论体系使得裁判者更易将行为认定为犯罪。而反之，对入罪出罪二者兼顾的犯罪论体系可能会使裁判者的裁判更为公允。而犯罪论体系的出罪观和入罪观正体现在它对出罪事由的重视程度。将论证重点放在犯罪成立积极因素上的犯罪论体系是出罪观的犯罪论体系，这种体系的最大特点在于判断犯罪时只通过具体行为的特征对犯罪构成进行“填充”而不“排除”或者忽视“排除”，我国传统的四构成要件理论就是入罪理论的显例，该理论的全部内容都是促成犯罪成立的积极因素，而作为出罪事由的正当防卫和紧急避险在体系中被忽略。表面上，犯罪构成要件要素的标准是明确而具体的，对于各个构成要件要素符合性的分别认定会使犯罪的认定严谨而公正。但是在具体案情之中，其中某一要件的过度强势会导致对其他要素的判断流于形式。这种认定对于主观的认识是形式主义的，似是而非的标准极易使“填充”思维向成立犯罪的方向倾斜，从而导致刑法适用的危险。平野龙一归纳过这种刑法适用的危险：其一，一旦发生引起人心冲动的案件，人们要求科处刑罚的感情强烈，便存在法律虽无明

① 周光权：《行为评价机制与犯罪成立》，载《法学研究》2000 年第 3 期。

文规定也科处刑罚的危险；其二，一旦发现行为人的内心恶劣，便存在不考虑其行为是否侵犯法益而科处刑罚的危险；其三，一旦造成严重结果，便存在不过问行为人的主观心态即科处刑罚的危险。[①] 这说明，仅仅重视犯罪构成要件的体系对于判断犯罪来说是不够的，反而它的抽象性和内藏的填充观念更易于造成裁判者仅仰赖形式的完备而匆忙致人入罪。

在犯罪论体系中设置出罪阶层以及出罪事由，会时时刻刻地提醒裁判者，不要仅从形式上看行为是否具备犯罪构成要件，还要看行为无罪的情形可否出罪。由此，使得出罪事由成为犯罪认定的必经阶段，犯罪成立不仅要看犯罪构成要件齐备与否，还必须考察出罪事由之有无。犯罪的概念也会由齐备犯罪构成要件改写为齐备构成要件且不具备出罪事由。虽然基于构成要件与出罪事由之间“原则—例外”的关系，齐备构成要件但不成立犯罪的情形是稀少的，但是，犯罪构成要件与出罪事由在犯罪论体系中形式上的对称关系和同等地位，会使这种稀少的判断成为一种必经的判断，由此而增加因出罪事由而使行为无罪的概率，也使得裁判者至少在形式上感悟到刑罚权的慎用。在本来就是遏制刑罚权的犯罪构成要件之上再设置进一步限缩犯罪圈的出罪事由阶层，会使犯罪行为的认定增加一层过滤机制，体现出更为细致的人权保障。出罪事由特别是超法规的出罪事由和理论，更多地考虑伦理的正当性和刑罚的谦抑性，这就软化了机械的冷酷的法条，使其更多地融入和吸纳人性、人情、人文的关怀，很多出罪事由，如社会相当性行为、期待不可能行为、不可罚行

---

① 与这三个危险相对应，刑法存在三个原则：罪刑法定原则、法益保护原则（或刑法目的）、责任主义原则。原载［日］平野龙一：《刑法总论I》，有斐阁1972年版，第90页；本注转自张明楷：《犯罪构成理论的课题》，载《环球法律评论》2003年秋季号。

为，具有行为人个体化的特征，重视出罪事由对于犯罪的排出作用，将使犯罪论体系由严格机械的法条主义走向温情灵活的人性主义。

2. 犯罪论体系类型的变化——由封闭型到开放型

现实生活的复杂和具体案件的灵活多样，法条和刑法理论不可能以具体制度列举的方法穷尽所有应被排除于犯罪圈之外的事由，因而，除了对最常见、最普遍的出罪事由以具体制度的方式确定下来以外，对于其他因特殊情况不能包括在内的出罪事由应在理论上有充分的预期。因此，就出罪事由而言，不仅应承认法定的出罪事由，还应承认超法规的出罪事由及出罪理论的合理存在。超法规的出罪事由一方面来源于解释学的推导和判例的定型，另一方面来源于社会相当性理论、期待可能性理论、可罚性理论等刑法理论给出的标准，这些理论标准使得裁判者具备了根据具体情况判断行为性质的可能性。但是，给出这些抽象标准的直接后果是使得出罪事由的范围由确定和有限扩展到不确定和无限，从而，犯罪论体系的类型也由封闭型转变到开放型。①

然而，人们对于这些抽象的出罪事由理论和标准一直存在争议，无论如何，这些理论标准都是抽象和不明确的，由此带来的裁判者恣意出罪的可能性更使人们忧心忡忡。是将出罪事由的范围限定于法律明文规定的有限的几种，还是应将其依一定标准扩张到无限种？支持前者反对超法规出罪事由的人的理由在于，犯罪成立要件是由法律明文规定的，应当严格依照法律规定来认定犯罪成立；同样的，出罪事由也应当由法律明文规定，同样应当

---

① 这里的“开放型犯罪论体系”与“封闭型犯罪论体系”不同于大陆法系刑法理论上的“开放构成”与“封闭构成”，这里指因出罪事由外延的不确定而造成的犯罪论体系的扩张。

严格依法出罪。对于法律没有明文规定的“超法规”出罪事由不能随意适用。这种理由表面上是对罪刑法定原则的维护，实际上是对罪刑法定主义的误解。罪刑法定原则的基本意义为“法无明文规定不为罪，法无明文规定不处罚”，它的根本价值在于限定刑罚权的发动以保障人权，因而，法无明文规定的不适用刑法的情况只适合于“入罪”而不适合于“出罪”，刑法没有明文规定该行为可以入罪的，该行为不能判定为犯罪，但是，刑法没有明文规定该种情形的出现可以排出犯罪的，仍然可以依照一定的标准将其不作为犯罪处理。这是符合罪刑法定原则的保障人权目的的。忧虑超法规出罪事由会因标准不明而致任意出罪是不必要的，因为它本属于裁判者自由裁量权的一部分，同时，可以进入这种判断视野的行为，必然确实存在情有可原与法定出罪事由类似和相当的理由与形态。

犯罪论体系的所有因素如果分为入罪和出罪两个阶层，则开放型的犯罪论体系仅仅意味着出罪判断是开放的和不确定的，可以在实定法和超法规两方面去寻求这些事由；但入罪判断的内容不能是开放的而必须是封闭的，只能依照刑法的明文规定去确定其内容。开放型的犯罪论体系使得出罪事由的范围得到扩张，从而为被告人获得了更多的辩护空间，有利于他们权利的保护。这种扩张的出罪事由，对于司法实践中处理特殊的案件，解决“合法不合情，合情不合法”的问题，调和理与法的关系也是具有实际价值的。例如，现行刑法中并无亲亲相隐不为罪的规定，亲属之间相互包庇、窝藏的，完全符合刑法第310条规定的包庇窝藏罪，但亲属间基于亲情的互佑是一种基本人性，也是社会关系的纽带，刑法苛求“大义灭亲”必将扭曲基本人性，毁坏社会根基，机械地适用该条并非值得提倡。但是，刑法对此没有作出任何出罪规定，于是有论者就开始批评刑法规定不合理，建议增设相应的特别免责条款。但是，如果有一种开放型的犯罪论体系作支持，承认超法规的出罪事由，那么，即使刑法中未规定亲亲相隐不为罪，也可以将其出罪化，从而合情合理。如此看来，封闭型的犯罪论体系向开放型的犯罪论体系的转变，是保障人权和解决司法实践现实问题的必然要求。

3. 犯罪论体系适用场域的变化——由实体认定到诉讼过程

犯罪论体系，主要是实体法中的理论和概念，也是以实体法的规定为存在基础的，因而与注重证据判断的程序法殊途有别。而出罪事由浸入犯罪论体系，使得犯罪论体系更具有了诉讼上的运用价值。

“入罪—出罪”体系有助于诉讼过程中控辩双方力量的平衡。从刑事诉讼控辩双方视角来看，控诉罪行证明犯罪成立是控方的义务和权利，控方没有为犯罪嫌疑人进行辩护的义务。而控诉罪行依据的是犯罪构成要素。在国权主义刑法下，作为定罪模式的犯罪论体系往往也由倾向于国家权力和正统意识者所确立，以作为公权力认定犯罪的“工具”，是为证明犯罪的成立而服务的，因而它甚少体现辩方利益并为其考虑辩护的理由和途径，如果有的话，那么也就是针对控方控诉理由的反驳，控方认为我符合主体要件、客观要件，有犯罪故意，辩方只有反驳不符合主体要件、客观要件，没有犯罪故意。辩方辩护的理由完全依附于并受控方所把持的构成要件要素所左右，没有专属于自己的辩护理由，这样的辩护途径是狭隘和无力的。正如有学者指出的：“在中国刑法中，由于四大要件一旦拼凑成功，就可以得出个人有罪的结论。所有的刑法学著作都众口一词地说：行为符合四个构成要件，就能够得出有罪的结论；而没有任何一本书讲：行为人可以借助于四个构成要件中的某些要件进行辩护！这样一来，犯罪构成就只能反映定罪结论（犯罪规格）；突出刑法的社会保卫观念，由此在保障人权方面必然存在制度性不足，所以犯罪构成理论总体上是对控方有利的，这使得刑事案件控诉容易而辩护困难。尤其在出现诱惑侦查、免责但并不阻却违法性的紧急避险等情况时，个人要进行无罪辩解，基本上没有可能。”①

在刑法由国权主义走向民权主义，由防卫社会走向保障人权的过程中，这种重犯罪成立而轻犯罪排出，重入罪而轻出罪，重构成要件而轻出罪事由的状况是亟待改变的。出罪事由将不应、不需、不值得受到刑罚处罚的行为从犯罪评定圈里排除出去，以个别化的方法来缩小犯罪圈，这种出罪的功效，其中蕴涵了以个人权利（合法辩护权）来制约国家权力的内容。权力与权利在定罪过程中的相互制约与均衡，表现为一个说理过程，犯罪论体系则为这种说理与对话提供了一个平台。国家可依据犯罪构成要件说明成立犯罪应予追究的理由，而被指控者也可以犯罪论体系中的出罪事由提出辩护的理由。但个人力量与国家权力的强制性相比要弱小得多，被指控者的辩护理由能否得到听取、权利是否可得到保护，这有赖于犯罪论体系框架内提供的辩护途径是否畅通和受到认可，在犯罪论体系中设立出罪事由阶层并重视之，正是使辩护通畅的途径之一。就刑事诉讼过程中的控辩机制而言，出罪事由就是辩护因素，这也是英美法系称其为“辩护理由”的原因。在犯罪论体系中重视出罪事由，也就为犯罪嫌疑人的辩护提供了合法的途径，从而保障了他们的人权。刑事诉讼永远是控辩力量展示的过程，控辩活动各有其归宿：控诉证明基本事实，确认评价犯罪的一般标准、原则的有效性；而辩护则意在证明出罪事由的存在，强调例外情形对于涉讼公民的人权保护。当出罪事由成为犯罪论体系不可或缺的阶层，那么在每一次判断犯罪的过程中，它都会提醒人们注意出罪事由，这样，就使这种

---

① 周光权：《犯罪构成理论：关系混淆及其克服》，载《政法论坛》2003 年第 6 期。

辩护合法合理化并扩张了辩方可辩护的范围。在犯罪论体系中，重视出罪事由的作用，为它们留出合法的地位和足够的空间，有利于在刑事诉讼中为辩护权利的行使留有余地，反映刑事诉讼控辩方力量对比的衡平，从结果上实现实体法保障人权的功效。

"入罪—出罪"体系还分配了诉讼过程中控辩双方的举证责任。铃木茂嗣教授认为，对于构成要件事实，检察官一开始就必须将其加以特定并向裁判所提出，然后在法庭上围绕其进行证明活动。与此相对，对于作为犯罪阻却事由（出罪事由）的事实，只要它们没有形成诉讼中的争点就没有必要加以考虑。也就是说，只有被告人提出了显示这些事由可能存在的某种资料，或者诉讼中客观地出现了某种使人能够推测或许存在构成这些事由的事实状况，裁判所才有必要将阻却事由的存在与否作为争点而纳入审判的对象。总之，阻却事由一旦争点化，也应理解为最终必须由检察官承担证明其不存在的举证责任。① 这也就是说，对于支持犯罪构成要件的事实，应该由公诉方承担证明责任；而对于支持出罪事由的事实，则辩护方有责任提出表面证据，使之成为争点，具有形式意义上的举证责任，而公诉方对于支持出罪事由不成立的事由具有实质意义上的举证责任。"入罪—出罪"体系恰好以前半段划定了公诉方的举证责任，以后半段划定了辩护方形式上的举证责任。

这不禁令人联想起小野清一郎言及的犯罪构成具有刑事诉讼

① 杜宇：《犯罪结构的另一种叙事——消极性构成要件理论研究》，载陈兴良主编：《刑事法评论》（第13卷），中国政法大学出版社2003年版。

指导意义的论断。[①] 应当说，以刑事法一体化的眼光去看待犯罪论体系，仅仅将其作为实体法考虑的问题是不够的，既然犯罪论体系从一定意义上讲是刑事诉讼过程的反映，最终的目的也在于为刑事诉讼判断犯罪的成立与否提供指导，必定要使其具备诉讼上的意义才会更利于这个目的。

① ［日］小野清一郎：《犯罪构成要件理论》，王泰译，中国人民公安大学出版社 2004 年版，第 199 页。

结　　语

犯罪认定过程是由入罪判断和出罪判断前后两个判断阶段组成的整体，入罪判断必须恪守罪刑法定原则，遵从形式理性和形式正义；而出罪判断则是对形式判断的结论进行否定，可以超越实定法规范，追求实质理性和实质正义。

我国刑法研究对于入罪研究较多而对出罪研究较少。例如，我国传统的四要件犯罪论体系就没有为出罪事由预留容身的场所。在刑事诉讼法中，也没有专门为出罪事由设定证据规则和证明规则。可以说，我国当前刑法是一部入罪刑法，而非入罪与出罪并重的刑法。相应地，我国刑事司法也形成了入罪容易出罪难的司法现实。欠缺出罪的理念、忽视对出罪事由及出罪理论的研究、没有对出罪事由进行准确的体系定位，从而导致出罪机制不顺畅，是我国当前刑法面临的最大问题。正是基于弥补此研究空白的考虑，才有了本书的研究和写作。

本书从出罪事由亦即出罪判断所依据的具体事实和理由切入，对具体出罪事由进行归纳、分类，以建构出罪事由的体系。同时，对隐含在具体出罪事由背后的出罪原理和理论进行探讨，以揭示将行为和行为人出罪的根本原因。

首先，本书对“出罪”一词的含义进行了界定和分析，将其定位于司法出罪，亦即认为出罪系指裁判者依据刑法、司法解释中的明文规定，或者依据刑法理论，通过刑法的犯罪判断机制，将进入犯罪评价体系、初步具备犯罪概貌特征的行为排出到犯罪圈之外的犯罪认定过程和刑事司法活动。由此将出罪事由定义为在认定犯罪时，将进入犯罪评定圈的行为排出出去、使其不被判决为有罪所依据的事实和理由。出罪事由不仅可以表现为具体的、定型化的事由，有时也可能仅仅只是一种理由。出罪判断与入罪判断一样，都是刑事司法必不可少的判断环节。出罪事由与构成要件要素一样，也都是犯罪成立不可或缺的判断要素。只不过，构成要件要素是从正面说明犯罪的成立，出罪事由是从反面说明犯罪的不成立。

其次，本书对我国刑法、司法解释等刑法规范中明文规定的出罪事由进行了收集和整理，对我国刑事司法实践中涉及出罪的案例进行了实证考察。通过这些考察和梳理，全面、系统地展示了我国刑法规范中的出罪规定。对其整体格局特征进行了描述，这就是：刑法总则规定较少（仅有正当防卫、紧急避险），而刑法分则及司法解释规定数量庞杂。而在司法实践中，存在以安乐死、避险过当、同居者相犯等非法定的出罪事由出罪的案例。总体上，我国出罪事由规定琐碎零散、庞杂却欠缺系统性，多数规定是出于规定而规定，仅能适用于较为特别、偶然的情形，没有形成系列化、层次化的体系，也没有对其出罪的原理和理论予以说明。司法实务对于出罪虽然具有旺盛的需求，特别是在遭遇“合情不合法”的情况而欲图作出无罪判决时，却常常苦于没有法条或理论的依据。最终，刑法第 13 条“但书”成为解决所有无法解决的出罪问题的救命稻草，这从蒲连升、王明成故意杀人罪的判决中可见一斑。笔者认为，出罪事由的范围不应当限于刑法规范的明文规定，基于出罪无须法定的理念，司法实践中的出罪判例本身就应成为出罪事由的来源之一。

它山之石，可以攻玉，德日、英美刑法和中国刑法虽理论体系不同，但所面临和需解决的司法实践问题是相同的。为解决我国刑法中的出罪问题，有必要对德日、英美刑法中的出罪事由进行考察。德日刑法中关于出罪的规定较多，在理论上可区分为违法阻却事由、责任阻却事由、不可罚事由（客观处罚条件）三大类别，对应于不法、责任、可罚三个犯罪成立要件。其出罪事由在理论上主要分为三个层次的问题：一为刑法典规定的法定的出罪事由，二为刑法理论中阐述的超法规的出罪事由，三为论证出罪事由原理的出罪理论。英美刑法基于控辩对抗的刑事诉讼模式，在犯罪要件之外专设辩护事由（出罪事由）阶层，作为犯罪成立条件的对立面。英美刑法将出罪事由区分为正当理由（justification）和可得宽恕（excuse），法律对待两种事由的态度和评价并不相同，正当理由被认为是道义上值得赞扬的行为，可得宽恕被认为是道义上不值得赞扬的行为；两者在实体法上的关注点及法律后果并不相同，在诉讼程序的举证责任承担方面也有所不同。德日、英美刑法中的出罪事由虽各有特色，但它们均有种类多样、范围广泛，分类阶层有别的特征，并形成了开放性的出罪事由体系。

而我国刑法在出罪理念、规范规定、体系建构、理论基础四个方面都存在重大问题。尤其是在出罪事由的体系建构方面，我国刑法中出罪事由分散零碎，没有形成完整的体系结构，对于出罪事由的研究，限于对具体的、个别的事由的研究，缺乏统一的、具有共性的标准和理论。由此，笔者提倡建立开放性、阶层性、多元化的出罪事由体系。开放性的体系是为了包容超法规的出罪事由，阶层性的体系是为了对出罪事由进行不同的性质区分，多元化的体系是为了扩展出罪事由的渊源，使其来源、内容、种类多元化。在此理念基础之上，本书建构了“正当化的出罪事由—可宽恕的出罪事由—不可罚的出罪事由”三层次的出罪事由体系。根据具体出罪事由性质的不同分别将其安置在不同的出罪事由类别之中，每一个层次的出罪事由都由法定的出罪事由、超法规的出罪事由、出罪理论三部分组成。

继而，本书对不同层次出罪事由的理论基础进行了探讨。认为正当化的出罪事由的理论基础是社会相当性，所谓社会相当性，是指对于属于历史形成的社会共同生活秩序范围内的行为，即使其侵害刑法所保护的法益，也不应认定为违法，而应认为是合法正当。社会相当性既可作为正当化事由的统一原理，也可作为一般性的超法规正当化事由。当其作为后者时，其评价标准所涉及的实体因素包括：行为在社会生活中具有惯常性、行为对于社会秩序没有重大扰动、行为在社会观念看来具有适当性。可宽恕的出罪事由的理论基础是期待不可能，所谓期待不可能，是指行为人在当时的情境下没有作出适法行为的可能性。同样的，期待不可能既可作为可宽恕的出罪事由的统一原理，也可作为一般性的超法规可宽恕出罪事由。当其作为后者时，其判断标准内容包括：事态紧急或面临困境，行为目的正当，行为人选择违法行为符合人性，选择适法行为极其困难，对违法行为科以刑罚显得过当。对于不可罚的出罪事由的理论基础，笔者认为就是不可罚性。所谓不可罚性，指的是从刑罚目的和刑事政策层面考虑，行为或行为人欠缺科处刑罚的必要性。认为不可罚所要考虑的实体要素包括：行为的恶害极其轻微或行为人的危险性程度极小；科处刑罚过于严苛，带来的负面损害大于收益而不值得科处刑罚。由此，社会相当性、期待不可能、不可罚性，分别是正当化的出罪事由、可宽恕的出罪事由、不可罚的出罪事由的理论基础，同时也是三类出罪事由中具有兜底性质的未定型的超法规出罪事由，是出罪判断的底线。行为之所以出罪，是因为行为、行为人以及案件本身与刑罚的严厉性不相当，不应、不需、不值得动用刑罚的措施进行制裁。

然后，本书从出罪视角对我国刑法第 13 条规定进行了分析和解读。认为只有立足于出罪，刑法第 13 条才在刑事司法上具有实际意义。其中，刑法第 13 条前半段的犯罪实质概念亦即社会危害性，应从反面解读，将不具有社会危害性作为正当化的出罪事由的理论基础，也就是说，不具社会危害性实际上是社会相当性的另外一种说法。而刑法第 13 条后半段的“但书”，应当将其定位为不可罚出罪事由的法条提示，亦即“情节显著轻微危害不大”不能直接用作出罪的实体标准，但其可以用作不可罚出罪事由的法条形式依据。从而，刑法第 13 条中的犯罪实质概念和“但书”事实上是针对出罪而设置的。

最后，本书对出罪事由与犯罪论体系构造之间的关系进行了探讨。通过叙述消极构成要件理论的来龙去脉，评述贝林体系、迈耶体系、迈兹格体系、小野清一郎体系对出罪事由的不同安置方法，揭示了出罪事由的定位和安置对于犯罪论体系构造的影响。各种犯罪论体系的构造的不同，源于对犯罪构成要件要素“客观—主观”和“积极—消极”的区分和不同配比。笔者认为，出罪判断与入罪判断在理念和原则上存在巨大差异，由此应当将两者区分开来，提倡一种作为犯罪论体系分析模式的“入罪—出罪”体系。亦即，认为完整的犯罪论体系不仅应包括入罪要素，还应包括出罪事由；在位阶顺序安排上，犯罪论体系中的出罪判断应当安排在入罪判断之后，形成先入罪后出罪的判断逻辑。当然，笔者所称的“入罪—出罪”体系并非一种实体的犯罪论体系，更多地可以视作一种犯罪论体系分析模型，“积极（入罪）—消极（出罪）”的构造也并非一定需要优先于“客观（不法）—主观（责任）”的构造。“入罪—出罪”的分析模式强调的只是出罪要素在犯罪论体系中存在的必要性，以及先入罪后出罪的犯罪判断逻辑。我国当前四要件犯罪论体系，最大缺陷在于没有为出罪事由预留容身之所，从而使得犯罪认定缺少了出罪判断环节。同时，平面而非阶层的体系构造，也使得四要件体系无法对出罪事由进行阶层分类，从而丧失了刑事政策层面上的区分功能。重视出罪理念、理论和出罪事由，将出罪事由引入到犯罪论体系之中，必将带来我国犯罪论体系的重大变革。

出罪无须法定，但出罪仍需标准和理由，这是本书的主旨。

本书将出罪事由划分为“正当化的出罪事由—可宽恕的出罪事由—不可罚的出罪事由”三大类别，并分别对这三大类别出罪事由的理论基础暨起兜底作用的超法规不定型事由亦即社会相当性、期待不可罚、不可罚性的探讨，即是为了探寻出罪的底线标准。入罪是形式的，出罪是实质的。出罪判断的过程，事实上是以实质判断否定之前已经成立的形式判断。作为出罪事由理论基础的社会相当性、期待不可能、不可罚性，即是从反面说明犯罪成立的实质。完整的犯罪成立判断是入罪与出罪并举，先入罪后出罪、先形式后实质的判断。入罪恪守罪刑法定原则，而出罪虽可超越实定法规范，但仍需遵循相应的理论标准，不可恣意出罪。当然，在出罪判断的具体司法过程中，对于出罪事由的适用应当遵循先法定事由后超法规事由，先定型事由再非定型事由（出罪理论）的适用顺序，可以广泛地采用有利于被告人的类推，与既有出罪事由和出罪规定向相类比进行类比适用，以扩大出罪事由的范围，并有理有据。对于出罪事由的举证责任，出于控辩平衡的考虑以及检控方已指控犯罪的现实，可由辩护方承担证明出罪事由成立的举证责任。当然，在证明程度方面，对于出罪事由的证明，无须达到超过合理怀疑的程度，只需达到优势证据或有力证据的程度即可。当然，如证明正当化的出罪事由成立，则行为即不再认定为非法；而即使证明宽恕的出罪事由、不可罚的出罪事由成立，行为仍可被认定为违法，虽不需承担刑事责任，但仍有可能承担行政责任和民事责任。当然，在立法和司法指导层面，有必要将一些常见的具体出罪事由定型化、判例化、法定化，以适应实务的需要。

从形式理性与实质理性分野的视角来看，出罪所体现的是形式理性之后的实质理性。作为出罪底线的社会相当性、期待不可能、不可罚性，涉及的是犯罪的实质问题。故而，本书是对刑法的实质层面进行的初步探讨。

主要参考书目

1. 陈兴良：《正当防卫论》，中国人民大学出版社 2006 年版。

2. 陈兴良：《刑法适用总论》，中国人民大学出版社 2006 年版。

3. 陈兴良：《刑法哲学》，中国政法大学出版社 2004 年版。

4. 陈兴良：《刑法的价值构造》，中国人民大学出版社 2006 年版。

5. 陈兴良：《刑法的人性基础》，中国人民大学出版社 2006 年版。

6. 陈兴良：《刑法的启蒙》，法律出版社 1998 年版。

7. 陈兴良：《本体刑法学》，商务印书馆 2001 年版。

8. 陈兴良：《规范刑法学》，中国人民大学出版社 2007 年版。

9. 陈兴良：《判例刑法学》，中国人民大学出版社 2009 年版。

10. 陈兴良：《教义刑法学》，中国人民大学出版社 2010 年版。

11. 陈兴良、周光权：《刑法学的现代展开》，中国人民大学出版社 2006 年版。

12. 陈兴良主编：《宽严相济刑事政策研究》，中国人民大学出版社 2007 年版。

13. 张明楷：《刑法分则的解释原理》，中国人民大学出版社2011年版。

14. 张明楷：《刑法学》，法律出版社2003年版。

15. 张明楷：《外国刑法学纲要》，清华大学出版社2007年版。

16. 张明楷：《刑法格言的展开》，法律出版社1999年版。

17. 张明楷：《罪刑法定与刑法解释》，北京大学出版社2009年版。

18. 张明楷：《法益初论》中国政法大学出版社2000年版。

19. 张明楷：《刑法的基本立场》，中国法制出版社2002年版。

20. 曲新久：《刑法的精神与范畴》，中国政法大学出版社2000年版。

21. 曲新久：《刑法的逻辑与经验》，北京大学出版社2008年版。

22. 曲新久：《刑事政策的权力分析》，中国政法大学出版社2002年版。

23. 储槐植：《美国刑法》，北京大学出版社2005年版。

24. 储槐植：《刑事一体化与关系刑法》，北京大学出版社1997年版。

25. 王政勋：《正当行为论》，法律出版社2000年版。

26. 田宏杰：《刑法中的正当化行为》，中国检察出版社2004年版。

27. 李海东：《刑法原理入门（犯罪论基础）》，法律出版社1996年版。

28. 李海东主编：《日本刑事法学者》，法律出版社、成文堂1995年版。

29. 黎宏：《日本刑法精义》，中国检察出版社2004年版。

30. 黎宏：《刑法总论问题思考》，中国人民大学出版社2007年版。

31. 肖中华：《犯罪构成及其关系论》，中国人民大学出版社2000年版。

32. 卢建平：《刑事政策学》，中国人民大学出版社2007年版。

33. 冯亚东：《理性主义与刑法模式》，中国政法大学出版社1999年版。

34. 梁根林：《刑事法网：扩张与限缩》，法律出版社2005年版。

35. 张永红：《我国刑法第13条但书研究》，法律出版社2005年版。

36. 朱平：《无罪判例名案精析》，群众出版社2004年版。

37. 何家弘：《外国刑事司法制度》，中国人民大学出版社2006年版。

38. 杜宇：《重拾一种被放逐的知识传统：刑法视域中“习惯法”的初步考察》，北京大学出版社2005年版。

39. 李立景：《亲告罪要论——告诉才处理的犯罪的研究新视角》，中国人民公安大学出版社2003年版。

40. 陈璇：《刑法中社会相当性理论研究》，法律出版社出版2010年版。

41. 高铭暄、马克昌主编：《刑法学》，北京大学出版社、高等教育出版社2005年版。

42. 高铭暄主编：《中国刑法学》，中国人民大学出版社1989年版。

43. 高铭暄、赵秉志编著：《新中国刑法学研究60年》，中国人民大学出版社2009年版。

44. 何秉松：《刑法教科书》，中国法制出版社1997年版。

45. 马克昌主编:《犯罪通论》, 武汉大学出版社 1999 年版。

46. 马克昌主编:《刑罚通论》, 武汉大学出版社 1999 年版。

47. 曲新久主编: 《刑法学》, 中国政法大学出版社 2009 年版。

48. 陈兴良、曲新久:《案例刑法教程》, 中国政法大学出版社 1994 年版。

49. 马克昌、卢建平:《外国刑法学总论(大陆法系)》, 中国人民大学出版社 2009 年版。

50. 许玉秀:《当代刑法思潮》, 中国民主法制出版社 2005 年版。

51. 许玉秀: 《主观与客观之间》, 春风煦日论坛编辑小组 1997 年版。

52. 柯耀程:《变动中的刑法思想》, 中国政法大学出版社 2003 年版。

53. 柯耀程:《刑法的思与辩》, 中国人民大学出版社 2009 年版。

54. 甘添贵: 《刑法总论讲义》, 瑞兴图书股份公司 1992 年版。

55. 陈子平:《刑法总论》, 中国人民大学出版社 2009 年版。

56. 林钰雄: 《新刑法总则》, 中国人民大学出版社 2009 年版。

57. 林钰雄:《刑事法理论与实践》, 中国人民大学出版社 2008 年版。

58. 林东茂:《刑法综览》, 中国人民大学出版社 2009 年版。

59. 林山田:《刑法通论》(上编), 三民书局 1995 年版。

60. 黄荣坚:《基础刑法学》, 元照出版社 2004 年版。

61. 黄荣坚:《刑法问题与利益思考》, 中国人民大学出版社 2009 年版。

62. 蔡墩铭编：《刑法总则论文选辑》，五南图书出版公司1984年版。

63. 余振华：《刑事违法性理论》，元照出版社2001年版。

64. 洪福增：《刑法理论之基础》，刑事法杂志社1977年版。

65. 徐久生译：《德国刑法典》，中国法制出版社2000年版。

66. 张明楷译：《日本刑法典》，法律出版社1998年版。

67. 班固，颜师古注：《汉书》（简体字本），中华书局1999年版。

68. 长孙无忌等撰，刘俊文点校：《唐律疏议》，中华书局1983年版。

69. 薛梅聊点校：《宋刑统》，法律出版社1999年版。

70. ［日］大塚仁：《刑法概说（总论）》，冯军译，中国人民大学出版社2003年版。

71. ［日］大塚仁：《犯罪论的基本问题》，冯军译，中国政法大学出版社1993年版。

72. ［日］福田平、大塚仁编：《日本刑法总论讲义》，李乔等译，辽宁人民出版社1986年版。

73. ［日］西田典之：《日本刑法各论》，刘明祥、王昭武译，中国人民大学出版社2007年版。

74. ［日］西原春夫：《犯罪实行行为论》，戴波等译，北京大学出版社2006年版。

75. ［日］西原春夫：《刑法的根基与哲学》，顾肖荣译，法律出版社2003年版。

76. ［日］小野清一郎：《犯罪构成要件理论》，王泰译，中国人民公安大学出版社2004年版。

77. ［日］大谷实：《刑法总论》，黎宏译，法律出版社2003年版。

78. ［日］大谷实：《刑法讲义总论》，黎宏译，中国人民大学出版社 2008 年版。

79. [日] 大谷实：《刑事政策学》，黎宏译，法律出版社 2000 年版。

80. [日] 川端博：《刑法总论二十五讲》，余振华译，中国政法大学出版社 2003 年版。

81. [日] 曾根威彦：《刑法学基础》，黎宏译，法律出版社 2005 年版。

82. [日] 野村稔：《刑法总论》，全理其、何力译，法律出版社 2001 年版。

83. [日] 木村龟二主编：《刑法学词典》，顾肖荣等译，上海翻译出版公司 1991 年版。

84. [日] 中山研一：《刑法的基本思想》，姜伟等译，国际文化出版公司 1988 年版。

85. [日] 西原春夫等编：《判例刑法研究 2：违法性》，有斐阁 1996 年版。

86. [日] 团藤重光：《刑法纲要总论》，创文社 1991 年版。

87. [日] 佐伯千仞：《刑法讲义（总论）》，有斐阁 1974 年版。

88. [日] 庄子邦雄：《刑法的基础理论》，评论社 1971 年版。

89. [日] 宫本英修：《宫本英修著作集》（第 3 卷），成文堂 1936 年版。

90. [德] 克劳斯·罗克辛：《德国刑法学（总论）》，王世洲译，法律出版社 2005 年版。

91. [德] 罗克辛：《刑事政策与刑法体系》，蔡桂生译，中国人民大学出版社 2011 年版。

92. [德] 汉斯·海因里希·耶赛克、托马斯·魏根特：《德国刑法教科书（总论）》，徐久生译，中国法制出版社 2001

年版。

93. ［德］雅科布斯：《行为责任刑法——机能性描述》，冯军译，中国政法大学出版1997年版。

94. ［德］弗兰茨·冯·李斯特、埃贝哈德·施密特：《德国刑法教科书》，徐久生译，法律出版社2000年版。

95. ［德］约翰内斯·韦塞尔斯：《德国刑法总论：犯罪行为及其构造》，李昌珂译，法律出版社2008年版。

96. ［德］冈特·施特拉腾韦特、洛塔尔·库伦：《刑法总论I——犯罪论》，杨萌译，法律出版社2006年版。

97. ［德］考夫曼：《当代法哲学和法律理论导论》，郑永流译，法律出版社2002年版。

98. ［德］考夫曼：《法律哲学》，刘幸义等译，法律出版社2004年版。

99. ［德］考夫曼：《类推与事物本质》，吴从周译，学林文化事业有限公司1999年版。

100. ［德］拉伦兹：《法学方法论》，陈爱娥译，商务印书馆2003年版。

101. ［德］马克斯·韦伯：《社会科学方法论》，中国人民大学出版社1992年版。

102. ［美］胡塞克：《刑法哲学》，谢望原译，中国人民公安大学出版2003年版。

103. ［美］乔治·P. 弗莱彻：《刑法的基本概念》，蔡爱惠等译，中国政法大学出版社2004年版。

104. ［美］Richard G. Singer and John Q. La Fond, Criminal Law: Examples and Explanations，方正出版社2003年版。

105. ［美］彼得·G. 伦斯特洛姆编：《美国法律辞典》，贺卫方等译，中国政法大学出版社1998年。

106. ［美］史蒂文·L. 伊曼纽尔：《刑法》，中信出版社

2003 年版。

107. ［美］帕克：《刑事制裁的界限》，梁根林等译，法律出版社 2008 年版。

108. ［美］赫希：《已然之罪还是未然之罪》，邱兴隆、胡云腾译，中国检察出版社 2001 年版。

109. ［美］富勒：《法律的道德性》，郑戈译，商务印书馆 2005 年版。

110. ［英］乔纳森·赫林：《刑法》，法律出版社 2003 年版。

111. ［英］史密斯、霍根：《英国刑法》，李贵方等译，法律出版社 2000 年版。

112. ［英］鲁珀特·克罗斯、菲特普·A. 琼斯：《英国刑法导论》，赵秉志等译，中国公安大学出版社 1991 年版。

113. ［英］艾伦·诺里：《刑罚、责任与正义：关联批判》，杨丹译，中国人民大学出版社 2009 年版。

114. ［英］维克托·塔德洛斯：《刑事责任论》，谭淦译，中国人民大学出版社 2009 年版。

115. ［英］边沁：《立法理论——刑法典原理》，孙力等译，中国人民大学出版社 1993 年版。

116. ［英］密尔：《论自由》，程崇华译，商务印书馆 1959 年版。

117. ［意］切萨雷·贝卡里亚：《论犯罪与刑罚》，黄风译，北京大学出版社 2008 年版。

118. ［意］加罗法洛：《犯罪学》，耿伟、王新译，中国大百科全书出版社 1996 年版。

119. ［意］杜里奥·帕多瓦尼：《意大利刑法学原理》，陈忠林译，中国人民大学出版社 2004 年版。

120. ［法］卡斯东·斯特法尼等：《法国刑法总则精义》，

罗结珍译，中国政法大学出版社 1998 年版。

121. ［瑞士］皮亚杰：《人文科学认识论》，郑文彬译，中央编译出版社 1999 年版。

122. ［波兰］叔本华：《叔本华论道德与自由》，韦启昌译，上海人民出版社 2006 年版。

123. ［俄］Л·В·伊诺加莫娃－海格：《俄罗斯联邦刑法（总论）》，黄芳等译，中国人民大学出版社 2010 年版。

124. ［俄］Н·ф·库兹涅佐娃、и·М·佳日科娃：《俄罗斯刑法教程》，黄道秀译，中国法制出版社 2002 年版。

125. ［前苏］A·A. 皮昂特科夫斯基等：《苏联刑法科学史》，曹子丹等译，法律出版社 1984 年版。

126. ［前苏］A·H. 特拉伊宁：《犯罪构成的一般学说》，中国人民大学出版社 1958 年版。

后　记

光阴荏苒，转眼间已从北京大学毕业五年有余，今天终于能将自己五年前就完成初稿的博士论文成书出版，感到非常高兴。记得五年前博士毕业之时，一位同侪无意间说了一句“有的博士论文看过之后让我觉得自己是个博士，有的博士论文看过之后让我觉得自己远远还不是个博士”。这句话一直让我忐忑不安，迟迟不敢将陋文示人。而今，在我觉得自己研究的主题亦即出罪问题确是刑法中的一个问题，具有一定的研究意义，并对毕业论文进行增补之后，才惴惴地将其付梓，也算是为六年北大硕博连读学习所作的迟来的小结。

在此，我首先要感谢恩师陈兴良教授。陈老师渊博的学识和勤勉的精神使我常常自叹渺小，他崇高的人格和宽仁的态度让我一直倍感亲切，十二年的教诲和关怀让我终生受益。师恩似海，没齿难忘。陈教授曾经说过，他最大的心愿是想看到学生学业上的进步和成就。而顽劣的我却一直汲汲奔波于生存和生活，在学术上少有着墨。但陈老师并未因此而放弃我这块难雕的硬木，一直鼓励、鞭策、支持我，希望我能在学术上有所进展。我将此书献给恩师，希望能捎去我的歉意，给他殷切的期望增添些许的慰藉。也企望自己能以此为起点，在学术的境域中奋发努力。同时，感谢师母蒋莺老师，她和陈老师对我和吕亚萍的关怀与关照，让我们时时刻刻沉浸在慈爱和温暖之中。

我要感谢北京大学法学院的储槐植教授、张文教授、刘守芬教授、郭自力教授、王世洲教授、赵国玲教授、白建军教授、梁根林教授，他们的谆谆教导让我终身受益。感谢清华大学法学院的张明楷教授，他渊博的学识和精彩的授课让我从本科时代起就对刑法着迷。感谢卢宇蓉、许永安、刘为波、劳东燕、周光权、邓子滨、王政勋、蒋熙辉、付立庆、车浩、林维等诸位同门师兄、师姐和学友，他们的照顾和帮助让漂泊在外的我有了家的感觉。感谢杨雄、葛磊、张会峰、刘忠、米传勇、叶慧娟、孙立红等诸位好友和同学，他们的陪伴和勉励让我倍感幸福。感谢贺卫方教授和罗淑颖师母，张芝梅、周威、汪庆华、黎敏、史大晓、王笑红、金铃、仝宗锦、周杰、王婧等诸位师兄、师姐和学友，他们吸纳我为“贺门女婿”，让我如鱼得水。感谢中国政法大学刑事司法学院刑法教研室的诸位师长和同仁，他们是曲新久教授、王平教授、李芳晓教授、薛瑞麟教授、阮齐林教授、张凌教授、赖修桂教授、王扬教授、徐久生教授、张建荣教授、侯国云教授、潘勤教授、董淑君教授、邬名安教授、刘丽娜教授、刘艳敏教授、王桂萍教授、赵天红教授、于国旦教授、罗翔教授、陆敏教授。

感谢我的父母、哥哥和嫂子、已近百岁的外婆和九岁的侄女，家人的支持是我力量的源泉。感谢爱妻吕亚萍的扶助，我们一起相濡如沫地走过了从蚁族、合租、整租到有房的京漂生活，回首往事，虽贫寒艰辛但也其乐融融。在此，我对所有曾经、正在关爱和帮助我的人奉上我最真诚的谢意。

因我水平有限，本书中的观点、纰漏难免贻笑大方，恳请各位方家不吝批评、指正和赐教。

方鹏

2011 年 7 月 16 日

于富力桃园家中